国视教育研究书系

田慧生◎主编　曾天山◎副主编

# 教育研究年度报告2013

高宝立 等 著

教育科学出版社

·北 京·

# 丛书编委会

# 丛书总序

为打造具有国家水准、国际视野的教育科研成果，更好地服务于办好人民满意的教育，服务于全面建成小康社会，在中央级公益性科研院所基本科研业务费专项基金的支持下，我院开展了对国内外重大教育理论与现实问题的系统研究，形成了“国情、国视、国菁、国际”四大书系。

“国情”教育研究书系以年度发展报告的形式，全面反映我国各级各类教育的成就、经验和挑战，对全国各省（自治区、直辖市）教育发展和政策进行区域比较，对我国各级各类教育的发展水平进行国际比较，力求对我国教育的规模、结构、质量和效益做出科学判断。

“国视”教育研究书系聚焦社会关注的教育热点难点，着眼于基础性、长远性、前瞻性问题，以了解事实、回应关切、提供政策建议为主要目的，探索教育发展规律。

“国菁”教育调研书系专门研究大中小学生的学习生活状态，涉及学校生活、家庭生活、社会生活、网络生活等，通过调查研究，了解当代学生的思想情感和行为特点，为研究如何促进学生的身心健康发展提供科学依据。

“国际”教育研究书系分为著作和译作两类，主要反映国际教育改革发展动态，回顾国际教育的历史进程，跟踪国际教育的改革动态，把握国际教育的发展趋势。

四大书系既各自独立又相互联系，在保持各书系特点的同时，力求做到：

一、“从事实切入”。“事实”是“事件真实的情形”，是在过去和现在被验证且中立的信息。在科学研究中，事实是指可证明的概念，是研究的起点。客观的事实是逻辑的基础和内容，逻辑是事实的理论再现。从实际对象出发，从实际情况出发，能够提高研究问题的针对性和实效性。

二、“用数据说话”。数据是研究和决策的基础。四大书系力图建立在数据和事实的基础之上，通过对数据的搜集、提炼、整合、分析，发现问题，探索规律。

三、“做比较分析”。没有比较就没有鉴别。四大书系力求通过国别比较、区域比较、类型比较、结构比较，找到差距，发现真知，提供卓见。

四、“搞协同创新”。协同创新是提高创新效率和创新水平的战略要求。四大书系研究调动院内外、系统内外、国内外资源，注重人员交叉、学科交叉、方法交叉，力求有所创新、有所突破。

五、“靠政策影响”。建言献策是智库研究的最终目的。四大书系以教育公共政策为研究对象，以影响政府决策为研究目标，以公共利益为研究导向，以社会责任为研究准则，建可信之言，献可行之策。

四大书系的编辑出版是我院全面提高教育科研水平的一项整体努力，也是建设国家一流教育智库的客观要求。在研究和编写过程中，书系得到了相关机构和同仁，特别是教育部相关司局及有关部委的大力支持，前期成果也受到了广大读者的欢迎，在此一并致谢！我们将以此为起点，不懈努力，加快中国特色新型智库建设，为推动中国教育事业科学发展发挥不可替代的重要作用。

**中国教育科学研究院**

**2014年11月**

# 目　录
CONTENTS

# 前　言

《教育研究年度报告 2013》是中国教育科学研究院在中央级公益性科研院所基本科研业务费专项基金支持下的成果之一。鉴于呈现 2013 年中国教育学科发展的脉络、突出基础性、前沿性问题的价值取向，本报告由教育研究前沿与热点问题以及中国教育学科新进展两方面内容构成。本研究从教育学科新进展、国内教育研究热点、教育科研重点项目进展、教育科研趋势展望等角度入手，重点对 2013 年度国内教育研究情况进行深入分析，并展望未来研究态势。

本报告采用“点—线—面”的研究思路，以“问题”为切入点，从不同理论观点的梳理入手，再将研究视野放在多学科多领域，按照分学科领域研究的路线，同时辅以跨学科研究路线。我们综合运用文献研究、定量分析等方法，对我国教育学科研究状况进行反思评价，从学科建设、方法论、成果影响力等维度展开探讨。

本报告以“问题”为切入点，以全国主要教育期刊为依据，对不同理论观点进行梳理，分析 2013 年度中国教育研究的主要热点等相关问题。此研究的主要目的在于提供政策建议。

根据 2013 年度不同领域研究成果的总体特征，主要按照分学科领域研究的路线，最终选取教育学原理、课程与教学论、中国教育史、外国教育史、比较教育学、学前教育学、高等教育学、成人教育学、职业技术教育学、特殊教育学、教育技术学等十一个学科作为重点分析对象。

# 第一章

# 教育研究前沿与热点问题

2013 年，是党的十八届三中全会胜利召开之年，也是贯彻落实《教育规划纲要》的重要一年。在这一年里，我国教育事业全面推进，教育领域综合改革扎实展开，在重点领域和关键环节取得了新进展和新突破。教育科研的创新能力和服务水平进一步增强，产生了一系列新成果，为深化教育领域综合改革提供了有力的学术支撑。本报告根据有关报刊发表的文献，对 2013 年中国教育研究前沿与热点问题进行评析。

## 一、教育梦助圆中国梦

习近平总书记指出，实现中华民族伟大复兴，就是中华民族近代以来最伟大的梦想。中国梦具有丰富的思想内涵、鲜明的时代特征和深远的历史意义。2013 年，社会各界就“认同中国梦、践行中国梦、实现中国梦”展开积极讨论，教育界紧紧围绕教育使命探索教育梦助圆中国梦这一重要议题。

### （一）实现民族伟大复兴，教育是基础和先导

实现中国梦，既对教育事业提出了新的期望，又为教育改革发展创造了良好的机遇。教育梦是中国梦的重要组成部分，并将有力助推中国梦的

实现。教育要为坚持中国道路提供有力支撑，为弘扬中国精神提供思想基础，为凝聚中国力量提供人才保障。[①] 有学者指出，教育担当着实现中国梦的历史使命：实现中国梦就是要实现国家富强，教育是国家富强的力量源泉；实现中国梦就是要实现民族振兴，教育是民族振兴的重要基石；实现中国梦就是要实现人民幸福，教育是人民幸福的根本途径。[②] 有学者认为，在实现中国梦的伟大进程中，教育工作者要深刻理解自己的历史使命。教育工作者要更新观念，积极探索，改革人才培养模式，培养具有高度社会责任心、具有创新精神和实践能力的人才，才能应对第三次工业革命的挑战，实现中华民族的伟大复兴。[③] 还有学者指出，中国梦熔铸着中国人民的国家和文化认同。教育不仅把国家的价值观、荣辱观和道德体系传递下去，为全体国民构建一个共同的精神家园，而且通过把新的奋斗目标，如国家的独立、民族的复兴、社会的发展，传递给未来的国民，把人民引向共同的追求。当前，中国梦的教育就是在为中华民族的伟大复兴塑造更加广泛的国家认同，并且为这种认同凝聚更伟大的中国精神和中国力量。[④]

### （二）惠民强国，办好人民满意的教育

中国教育梦必然是惠民强国之梦。中国教育梦的核心是实现“有教无类、因材施教、终身学习、人人成才”的美好愿景，这一表述获得了广泛认同。有学者分析教育梦的深刻内涵与辩证关系，指出学有所教就要坚持有教无类，基本导向是促进公平；学有所成就要坚持因材施教，核心理念是以人为本；学有所用就要坚持终身学习，根本目标是人人成才。在“促进全体人民学有所教、学有所成、学有所用”的过程中，“有教无类”主要回答人们能否公平接受教育的问题，“因材施教”更多关注的是所受教育的质量与方式，“终身学习”则解决的是人们错过学习机会后是否还有

---

① 袁贵仁．努力办好人民满意的教育 为实现中国梦贡献智慧和力量［J］．紫光阁，2013（7）．

② 翟博．教育是实现中国梦的力量源泉［N］．中国教育报，2013-05-13．

③ 顾明远．实现中国梦是教育工作者的神圣使命［N］．中国教育报，2013-07-03．

④ 韩震．教育与国家认同［N］．光明日报，2013-12-26．

补充继续学习的可能、需要更新知识技能时能否获得学习资源的问题。[①]

教育梦助圆中国梦，教育发展的根本方向就是办好人民满意的教育。有学者指出，人民满意的教育就是充分体现中国因素、社会主义因素、现代化因素的教育，办好人民满意的教育是一个教育水平不断上升、教育公平不断扩大、教育质量不断提高、教育结构不断优化、教育体系不断现代化的过程。[②] 有学者进一步强调，努力办好人民满意的教育，就要坚持教育优先发展，切实把教育摆在优先发展的战略地位；就要坚持教育以人为本，全面贯彻党的教育方针；就要坚持教育改革创新，以改革促发展；就要坚持促进教育公平，保障每个孩子的公平发展权；就要坚持提高教育质量，实现我国教育由大到强的历史性转变。[③]

### （三）加强教育综合改革，成就教育之梦想

教育梦是能够激发行动意志并具有行动力的梦，教育综合改革是实现教育事业科学发展的必由之路。有学者指出，当前教育体系内部改革的关联度增加，教育改革发展过程中众多矛盾和热点难点问题的产生，有着多方面和深层次的原因，系统改革已成为必然要求。进一步转变教育观念，建立统筹协调机制，营造良好社会氛围，推进教育综合改革和协同创新，是平稳涉过教育改革“深水区”的必然选择。[④] 有学者分析当前我国教育改革的特征，指出深化教育改革，成就中国教育梦想，必须加强教育改革的顶层设计和广泛协调，发挥广大教育工作者的积极性和创造性，放眼世界，主动迎接教育全球化的挑战，加强对教育改革的宣传，加强教育改革的研究，提升教育改革的理性自觉。[⑤] 有学者回顾近百年来教育改革经验，认为只有政府主导、民间参与、上下互动，教育改革才能取得良好的效果。先进的办学理念与制度设计是教育改革取得成效的重要因素，必要的

---

① 张力．学有所教、学有所成、学有所用——十三亿中国人的教育梦［J］．教育研究，2013（4）．

② 汪瑞林．中国梦　教育梦——访清华大学中国国情研究院院长胡鞍钢［N］．中国教育报，2013-03-03．

③ 杨银付．努力办好人民满意教育的若干思考［J］．教育研究，2013（1）．

④ 钟秉林．加强综合改革平稳涉过教育改革“深水区”［J］．教育研究，2013（7）．

⑤ 石中英．深化教育改革，成就中国教育梦想［J］．教育研究，2013（4）．

财政与法律保障、决策民主化和科学化是教育改革成功的有力保障。[①] 有学者指出，在实现中国梦的道路上，大学起着至关重要的作用。要在改革创新中丰富和彰显大学精神，铸造大学的精神和品格，走以质量提升为核心的内涵式发展道路，助力中国梦实现。[②]

## 二、立德树人是教育的根本任务

培养什么人、怎样培养人是我国教育事业发展中必须解决好的根本问题。十八届三中全会提出要坚持立德树人，反映了社会主义现代化建设新阶段对教育工作的新要求。学界围绕立德树人这一重大问题展开了积极讨论。

### （一）立德树人明确了教育的根本性质和任务

立德树人有着强烈的现实针对性和正本清源的重要意义。有学者指出，把立德树人作为教育的根本任务，明确表达了我们党对于教育本质的认识和坚守，是对于教育的根本性质和任务的新概括，更好地回答了培养什么人、怎样培养人这个根本问题。[③] 还有学者指出，立德树人事关我国从教育大国向教育强国迈进的全局，将为提高全体公民道德素质提供有力支撑，已成为教育系统贯彻落实科学发展观，坚持以人为本，促进人的全面发展的核心理念，因此，需要全面融入宏观教育政策的实施范畴。[④]

学者们普遍认为，贯彻“把立德树人作为教育的根本任务”的要求，必须从根本任务的高度来认识“立德”的重要性、根本性，把“立德”放在学校教育精神的首位来把握；把“树人”放到有利于学生主体地位和个性发展的视角来衡量。立德树人精神的广延性，在于师者先善其德的精神

---

① 周洪宇．百年教育改革的启示［J］．教育研究，2013（4）．
② 高宝立．筑梦中国 大学何为［N］．中国教育报，2013-04-12．
③ 龚克．立德树人、素质教育与内涵式发展［J］．中国高等教育，2013（2）．
④ 张力．纵论立德树人——教育的根本任务［J］．人民教育，2013（1）．

引领；立德树人路向的规定性，在于对少年儿童做人做事德行的培养；立德树人情怀的人文性，在于知识如何延展精神的长度。①

### （二）坚持立德树人，把社会主义核心价值观融入国民教育全过程

党的十八大分别从国家、社会、公民三个层面清晰地勾勒出了社会主义核心价值观的基本原则、目标取向和方式要求等方面的内容，为在新的历史起点下积极培育和践行社会主义核心价值观指明了方向。把立德树人作为根本任务，必须加强社会主义核心价值观教育。有学者认为，社会主义核心价值观是社会主义核心价值体系的提升和凝练，培育和践行社会主义核心价值观是坚持和发展中国特色社会主义的内在要求。如何培育和践行社会主义核心价值观，引领社会思潮、凝聚社会共识，关系到我们每个人的价值取向与行为规范，关乎整个国家的前途和整个民族的命运。② 学者们广泛讨论了把社会主义核心价值观融入国民教育的途径，综合来看，取得共识的是，夯实课程教学、校园文化、社会实践三个阵地，建设党政干部、专业教师、学生管理人员“三支队伍”，调动学校、家庭与社会“三支力量”，在课程教学中，推动社会主义核心价值观进教材、进课堂、进学生的头脑。

有学者认为，把社会主义核心价值观融入国民教育全过程，要明确学校教育的价值意蕴，树立正确的教育价值观，要把立德树人作为教育的目标，以社会主义核心价值观为引领，加强社会共同价值的建设。③ 有学者认为，学校价值教育应该以社会和谐和人生幸福为中心来建设，最终形成包括终极理想层、生活精神层、公共生活层、个人生活层四个方面的内容体系。④ 还有学者提出了道德教育的中国形态问题，认为在道德哲学的意义上，道德教育的“中国形态”是“精神形态”，“精神形态”的道德教育展现为“伦—理—道—德”四要素、“居伦—由理—明道—成德”四环

① 王继华．“立德树人”的文化价值［N］．中国教师报，2013-07-17.

② 刘春荣．培育和践行核心价值观的思考［N］．光明日报，2013-11-23.

③ 石中英．价值教育与公民培养［N］．光明日报，2013-12-26.

④ 余清臣．现代学校价值教育核心内容体系及其教育策略［J］．教育学报，2013（1）.

节的伦理与道德同一的价值生态与精神过程。回归“精神”传统，是中国道德教育为解决现代世界性难题做出的可贵的文化贡献。①

### （三）优化立德树人的长效机制和环境

建构科学完善的长效机制是实现立德树人根本任务的内在要求。有学者指出，德育为先是一条重要的教育原则。德育为先首在“育德为基”。德育过程是“知”、“情”、“意”、“行”相统一的过程，是学生将德育要求不断内化的过程，是学生在各种活动和交往中进行自我道德教育的过程。必须正确把握学生身心发展的顺序性和阶段性、不均衡性和差异性、稳定性与可变性等特点，通过深化德育的融入、渗透，增强德育效果。②由《中国德育》杂志社举办的2013年校本德育创新论坛，以“整体推进立德树人的途径与方法”为议题，集中探讨了不同学段、有关学科、教育教学环节、育人队伍、育人阵地五方面统筹协调问题。还有学者指出，立德树人重在规划学校文化路向。如何制定设计学校的行动纲领和发展脉络，将成为新阶段贯彻立德树人理念的重要议题。③ 与此相关，有学者提出，学校德育环境的生态建构中蕴含着学校德育的深刻变革，需要构建国家、社会、家庭与学校的“生态联盟”，实现学校内、外德育环境的“无缝对接”，使德育生态环境通过支撑与制约、熏染与陶冶、引发与导向、检验与反馈等作用机制发挥其德育影响。④ 也有学者讨论了德育学科建设问题，呼吁在教育学一级学科下设立德育学二级学科，加强德育专业人才培养。⑤

① 樊浩．道德教育的“‘精神’形态”与“中国形态”［J］．教育研究，2013（2）．
② 胡金波．中小学德育的现实路径［N］．中国教育报，2013-09-20．
③ 王继华．“立德树人”的文化价值［N］．中国教师报，2013-07-17．
④ 冯秀军．现代学校德育环境的生态建构［J］．教育研究，2013（5）．
⑤ 薛晓阳，翟楠．呼唤德育学成为二级学科［J］．中国德育，2013（9）．

# 三、加快教育现代化进程

教育现代化是社会现代化的组成部分，也是社会现代化的必要条件。学者们从教育现代化的战略地位、指标体系和任务实现等方面展开讨论，为基本实现教育现代化的战略目标建言献策。

## （一）明确教育现代化的战略地位

教育现代化是18世纪以来的一种教育变迁和世界潮流。有学者指出，教育现代化包括现代教育的形成、发展、转型和国际互动，教育要素的创新、选择、传播和退出，以及追赶、达到和保持世界教育先进水平的国际竞争和国际分化等，从政策角度看，它既是教育发展的世界先进水平，又是追赶或保持世界先进水平的行为和过程。①

人类社会已进入知识经济时代，人力资源的作用超越以往任何时期。有学者指出，教育现代化核心是人的现代化。基本实现教育现代化的战略部署，承载着持续推进人从传统向现代的转型、促进人的全面发展的历史使命。② 教育现代化是国家全面现代化不可缺少的组成部分，在促进国家全面现代化进程中起着基础和先导作用，是中华民族伟大复兴和科教兴国的战略支撑。③ 在社会主义现代化建设过程中教育既要面向现代化，也要服务现代化，更要率先现代化。④ 在复杂多元的国际关系格局下，我国教育现代化既要借鉴吸纳国际教育现代化的理念和经验，也要立足国情和传统文化，构建具有中国特色的教育现代化理论体系和实践模式。⑤

---

① 何传启．世界教育现代化的历史事实和理论假设［J］．教育学术月刊，2013（8）．

② 田芝健，等．现代化的核心是人的现代化［N］．光明日报，2013-01-28．

③ 曾天山．教育现代化是引领教育事业科学发展的先导旗帜［J］．中国高等教育，2013（8）．

④ 史秋衡．教育率先现代化：实现国家现代化的必然选择——纪念邓小平“三个面向”题词30周年［J］．教育研究，2013（9）．

⑤ 孙邦华．中国教育现代化运动中的中国化与美国化、欧洲化之争［J］．教育研究，2013（7）．

### （二）明晰教育现代化的标准与指标体系

教育现代化标准是教育现代化的具体表达和系统描述，是推动教育整体发展与改革的重要抓手。有学者认为，教育现代化的本质是教育现代性的增长，教育现代化的框架由教育的人道性、多样性、理性化、民主性、法治性、生产性、专业性和自主性所构成，由人的现代化和社会的现代化的客观要求所决定。① 有学者建议，在我国教育从初步现代化向基本现代化的跨越中，现代化标准应从《国家中长期教育改革和发展规划纲要（2010—2020年）》（以下简称《教育规划纲要》）的目标要求、国际相当水平、发达省区教育现代化标准数值，以及经验赋值等途径进行标准赋值。根据《教育规划纲要》所确定的教育发展方针，把更有保障、更加普及、更加适合、更加公平、更加优质、更加健全、更有贡献七项客观指标和更加满意一项主观目标作为教育现代化的核心指标，从而有效发挥标准的导向、监测、检测、评估、比较等多重功效。②

教育现代化指标体系是教育现代化标准的分解和细化。有学者指出，在教育现代化指标体系的建构过程中，应以育人为本，处理好指标的重点与非重点关系、指标多少的适量关系、指标要求的硬与软关系，根据教育现代化的内在要求确定若干指标，再进行测量。③ 还有学者认为，教育现代化是一个动态的发展过程，作为发展进程中具有新质意义的积淀，应该有相对的判断标识。教育现代化的衡量标准应体现物质基础、制度保证和观念核心三个维度，具有明确性和模糊性的双重特征，包括定性规定和量性规定两个方面。④

---

① 褚宏启．教育现代化的本质与评价——我们需要什么样的教育现代化［J］．教育研究，2013（11）．

② 曾天山．教育现代化是引领教育事业科学发展的先导旗帜［J］．中国高等教育，2013（8）．

③ 褚宏启．教育现代化的本质与评价——我们需要什么样的教育现代化［J］．教育研究，2013（11）．

④ 余慧娟，黄华．教育现代化的现实任务——访国家教育咨询委员会委员谈松华［J］．人民教育，2013（12）．

### （三）探索教育现代化的任务与实现路径

到2020年基本实现教育现代化是教育系统当前和今后一个时期的重要任务。实现教育现代化，一是更好地满足人民群众对教育的期盼，二是牢牢把握教育为经济社会发展服务的方向，三是最大限度地释放改革这个最大的红利，四是必须不断创新教育现代化的推进机制。① 也有学者从世界发展的时代特征和中国发展的历史阶段来探讨教育现代化的任务，认为现阶段的教育现代化就是要在更高程度上实现教育民主化，突出强调教育的个性化、多样化、社会化、信息化和国际化。② 考察世界教育现代化历史过程，有学者指出，教育现代化没有标准模式，不同国家在不同阶段可以采用不同模式。综合教育现代化是适合于发展中国家的一条路径，它包括教育行为、教育内容、教育结构、教育制度和观念的变化，包括追赶和达到世界教育先进水平的国际竞争。实现综合教育现代化的标志是教育投入、教育效率、教育质量和教育公平等达到当时的世界先进水平。③

有学者注重从方法论角度设计教育现代化的路径，强调我国基本实现教育现代化应当以教育分化和整合的张力平衡与运动为实践路径，具体包括教育利益、教育体系与结构、教育资源配置和质量内涵、教育体制与机制四个相互关联和作用的基本方面分化与整合。④ 也有学者提出，在基本实现教育现代化的历程中应加强顶层设计、注重整体发展、促进特色发展、注重扬长补短。⑤ 全国各地区教育现代化的发展水平不一样，如何根据各地不同的教育发展水平与阶段来确定自己工作的重点，是加快推进教育现代化的一个重要策略。而对于教育研究者而言，应继续加强教育现代化及其评价的基础研究，强化教育现代化评价指标体系的研制，重视对中国教育现代化的宏观状况、区域样本的研究，以及探索中国教育现代化的

---

① 张东．为到2020年基本实现中国教育现代化而努力奋斗［N］．中国教育报，2013-05-20.

② 余慧娟，黄华．教育现代化的现实任务——访国家教育咨询委员会委员谈松华［J］．人民教育，2013（12）.

③ 何传启．世界教育现代化的历史事实和理论假设［J］．教育学术月刊，2013（8）.

④ 阮成武．我国基本实现教育现代化的路径选择［J］．新华文摘，2013（1）.

⑤ 曾天山．教育现代化是引领教育事业科学发展的先导旗帜［J］．中国高等教育，2013（8）.

路径选择及政策保障。[①]

## 四、新型城镇化背景下的教育发展战略

新型城镇化是中国现代化进程中的一个基本命题。在城镇化背景下，如何统筹协调城乡教育发展，促进教育公平，全面提高教育质量，已成为我国教育面临的重大挑战，也是学者们普遍关注的问题。

### （一）城镇化拉动城乡教育一体化

党的十八大报告明确提出，坚持走中国特色新型工业化、信息化、城镇化、农业现代化道路。报告中提到的新型城镇化与传统的城镇化不同，它不是简单的城市人口比例增加和面积扩张，而是要在产业支撑、人居环境、社会保障、生活方式等方面实现由“乡”到“城”的转变。[②] 新型城镇化以“以人为本”为核心，以城乡统筹、城乡一体、产城互动、节约集约、生态宜居、和谐发展为基本特征，力促大中小城市、小城镇、新型农村社区协调发展和互促共进。[③]

推进新型城镇化，对教育提出新要求。有学者指出，教育发展对于将人口红利转化为人力资源红利、促进以人为本的城镇化进程具有重要意义和价值。教育战略的关键是打破户籍划分的城乡二元体制，建立根据常住人口来统筹教育发展的体制机制。国家要根据城镇化发展战略，以教育基本公共服务均等化为目标，特别要注重中小城市教育基本公共服务建设，引导大中城市和农村的教育资源合理布局。[④] 还有学者提出，在新型城镇化的过程中，教育要为实现农业劳动力的转移打好基础，为缩小农村儿童

---

① 杨小微，等．教育现代化：从梦想走向现实［J］．教育科学研究，2013（11）．

② 孙秀艳．新型城镇化 生态要优先——访中国科学院生态环境研究中心研究员王如松院士［N］．人民日报，2013-01-05．

③ 石伟平，陆俊杰．城镇化市民化进程中我国城乡统筹发展职业教育策略研究［J］．西南大学学报，2013（4）．

④ 李立国．我国城镇化进程中的教育战略重点［J］．现代教育管理，2013（5）．

与城市儿童的差距打好基础，为培养新农民打好基础。城市教育需要解决新市民、老市民的融合问题，农村教育也要为现代新农村服务，这需要考试选拔制度、人才培养模式、教育管理体制机制的创新与发展。①

### （二）适应城镇化进程，均衡发展义务教育

学者们认为，在当前贯彻落实《教育规划纲要》的新一轮教育改革发展热潮中，实现义务教育均衡发展必须放在国家城镇化战略的大背景下来谋划和推进。以建立城乡一体化义务教育发展机制为重点，实行国务院和地方各级政府根据职责共同分担、省级政府负责统筹落实的投入体制。高度重视和加强农村教师队伍建设，不断缩小城乡义务教育差距。结合城镇化建设进程，进一步保障进城务工人员特别是农民工子女平等接受义务教育。②

城镇化的核心在于人的城镇化。有学者提出，在一些大型城市，义务教育均衡发展的路径除了可视、可控的均衡投入之外，更为重要的是隐性的均衡观念的建构，是对不同家庭背景与社会阶层孩子一视同仁的受教育者待遇和对其文化相互认同与情感相互悦纳的积极引导，是对外来务工人员孩子的生活意义丰富与精神世界构建提供帮助。③ 还有学者提出，义务教育均衡发展具有阶段性，要经过硬件建设向内涵发展再到优质均衡的转变过程，可通过区外托管、合作共建、组团发展、校际联盟、设立督学责任区、创建区域新优质学校、校长流动等措施推动均衡。未来政策场域下的均衡实现最终要落实到学校和教师等微观层面的探索和实践，围绕教师资源配置、学校改进及特色发展。④ 此外，要大力发展乡镇教育，尤其是以实施义务教育均衡发展为契机，大力推进乡镇学校标准化建设和“强镇教育”，以分流和吸引一部分农村学生，减少因城区教育资源短缺而导致

---

① 向朝伦．成都：城乡教育一体化，需更深层次创新［N］．四川日报，2013-12-31.

② 张力．纵论我国城镇化背景下的农村义务教育［J］．中国党政干部论坛，2013（9）.

③ 薄小波．义务教育均衡发展成关注热点［N］．文汇报，2013-12-22.

④ 薄小波．义务教育均衡发展成关注热点［N］．文汇报，2013-12-22.

的“大班额”现象。①

### （三）科学规划，合理布局农村义务教育学校

农村弱势家庭子女和留守儿童的教育问题，也是城镇化过程中不容忽视的问题。有学者指出，在城镇化过程中，我们既要适应城镇化趋势大力推进教育的城镇化，也要考虑社会发展阶段性以及社会弱势群体独特的教育需求。在学校布局调整中，要大力发展农村教育，让农村孩子在家门口享受优质教育。② 针对农村学校布局调整中存在的问题，学者们认为，要审慎推进农村义务教育学校的布局调整，严格规范农村义务教育学校撤并程序，科学制定农村义务教育学校布局规划，改变盲目追求“学校进城”的规划，按照“小学就近入学，初中以乡镇为中心适当集中”的观念，规划和建设好农村学校。③ 要优先考虑学校规模的社会效益和教育效益，因地制宜地布局不同规模的学校；善于利用小班额预存的人数弹性空间，合理安排学校的布局密度；严格控制以住宿和校车为替代方式的大规模学校特别是超大规模学校。④

## 五、稳步推进高考改革

考试招生制度改革是教育领域综合改革的突破口，高考更是牵动着千家万户，一直是全社会共同关注的焦点。学者们围绕高考改革的复杂性、制度创新和政策制定等问题展开了系列思考。

### （一）充分认识高考改革的复杂性

高考是中国传统文化和现实社会环境的产物，现行高考制度有其产生

① 雷万鹏．家庭教育需求的差异化与学校布局调整政策转型［J］．新华文摘，2013（6）．
② 王定华．我国农村义务教育学校布局调整的调查与思考［J］．新华文摘，2013（6）．
③ 杨东平．关于深化教育领域综合改革的思考［J］．清华大学教育研究，2013（1）．
④ 傅维利，刘伟．学校规模调控的依据与改进对策［J］．教育研究，2013（1）．

的必然性和存在的合理性。有学者指出，高考改革不仅关系到国家创新人才的培养、学生健康成长，而且关系到社会公平的维护、高等教育资源的分配，涉及宏大的社会利益再分配问题，关系到维护我国改革发展稳定的大局，因此特别重要，也非常复杂。① 也有学者认为，由于高等教育利益相关者的诉求呈多样化趋势，高考招生制度被赋予了更多的功能，而高考改革的举措及效果与社会预期仍有差距，公平与效率、近期与长远、内部与外部之间的矛盾相互交织，这使得高考改革任务仍然十分艰巨。② 由于高考改革影响范围大，涉及问题广，情况复杂，远远超出教育领域，是一种高度敏感的综合改革，因此，高考改革不能脱离中国的历史文化传统和社会现实，要从我国国情、教育规律和深化教育领域综合改革的要求出发，植根于中国社会的深厚土壤。只有如此，高考改革方案才不会脱离实际，才具有可行性。③

### （二）做好顶层设计，积累经验有序推开

《教育规划纲要》描绘了高考改革的理想蓝图，即“分类考试、综合评价、多元录取”。有学者指出，高考改革实质上是一场体制改革。高考改革突破点的选择，必须建立在系统设计的基础上，使改革具有可遵循的路线图与时间表。评价和招生体制是高考改革关键，一是建立多元化的招生标准体系，二是落实高校招生自主权，三是建立高等教育招生公平监测和调节机制。④ 也有学者指出，当下高考改革更为急迫的任务，一是提高命题的科学化水平，将真正有潜质、有才能的生源选拔出来；二是分层分类进行统考，将真正适合的生源挑选出来；三是实行招考分离，进一步扩大高校招生自主权，使高校的招生与培养机制真正交融统合，相得益彰。⑤ 有学者认为，要使高考内容与高中课程教材的内容相分离；逐步实现高考

---

① 刘海峰．理性认识高考制度 稳步推进高考改革［J］．中国高等教育，2013（7）．

② 钟秉林．积极稳妥地推进高等学校考试招生制度改革［J］．新华文摘，2013（3）．

③ 刘海峰．高考改革不能脱离文化传统和社会现实［N］．光明日报，2013-06-03．

④ 林露，王烽．高考改革不是简单的考试改革，是一场体制改革［EB/OL］．http：//edu.people.com.cn/n.2013/1017/c367001-23236058.html．

⑤ 李玉兰．高考公平的理想与现实，你怎么看［N］．光明日报，2013-06-24．

的标准化、专业化和统一化；扩大高考录取的路径和方法。① 高考改革中须警惕两种不良倾向：一是缺少制约的特权授予倾向，二是否定高考合理性的极端倾向。这样，才能守住高考原本公平的底线。② 高考改革要以地方、高校试点为突破口，逐步积累经验，有序推开。

### （三）异地高考政策应因地制宜、分步实施

“异地高考”问题是伴随我国经济社会发展、人口大规模流动产生的一个新问题，是城镇化过程中必然面对和急需解决的问题。异地高考的解决不仅涉及考生利益，也是事关受教育机会平等的大事。但是，异地高考政策的推行还存在诸多现实困难。有学者认为，作为一项非常复杂的社会系统工程，异地高考既要统筹考虑进城务工人员随迁子女升学考试的迫切诉求，又必须充分考量人口流入地教育资源的承载能力与现实可能。③ 如果处理不当，异地高考可能会加剧高等教育资源的紧张，造成不同社会群体的矛盾；而且，异地流入人口无法估量，异地考生条件也难以限定。④ 这样，可能并不能使中国城市的中低层群体获益，相反很可能成为共同的牺牲者；一般的城市外来务工人员也可能不能从异地高考政策中真正获益，相反很可能遭遇“二次剥夺”；可能会进一步加剧农村教育的衰落。⑤

正因异地高考的情况如此复杂，有学者指出，对待异地高考问题既不能拖而不决，也不能操之过急，更不能不分情况、地域搞“一刀切”。各地要在国家政策指导下拿出具体解决办法，有序逐步推进；要在现有资源和利益格局下，因地制宜设定条件。⑥ 有学者指出，异地高考不可能“孤军深入”，必须有相应的配套改革做支撑，必须与教育综合改革相协调。⑦

---

① 张武升．高考改革要对症下药［N］．中国教育报，2013-03-15.

② 罗海鸥．破解“冷酷”，守护“公平”［N］．中国教育报，2013-08-03.

③ 袁新文．异地高考“不怕慢就怕站”［N］．人民日报，2013-01-04.

④ 王晓辉．异地高考的出路何在［N］．中国教育报，2013-04-12.

⑤ 李涛，邬志辉．中国实施“异地高考”政策后亟待预防的三重风险［J］．教育发展研究，2013（13，14）.

⑥ 谈松华，王建．“异地高考”需要积极稳妥地推进［J］．求是，2013（7）.

⑦ 袁新文．异地高考“不怕慢就怕站”［N］．人民日报，2013-01-04.

还有学者指出，在疏通民间公共治理渠道的基础上加快系统性的顶层设计，实现二者间沟通的同步性与理解的有效性，可能是破解“异地高考”难题的有效办法。①

## 六、教育质量视野下的教师发展

《教育规划纲要》提出，建立以提高教育质量为导向的管理制度和工作机制，把教育资源配置和学校工作重点集中到强化教学环节、提高教育质量上来。聚焦教育质量探讨教师发展，成为近年来教师教育研究的突出特点。

### （一）完善教师专业标准

20 世纪 80 年代以来，通过明确教师专业标准来凸显教师职业的专业性、推进教师专业化进程，成为世界许多发达国家提高教师质量的共同战略。教师专业标准为教师发展提供更为准确的方向引导和价值坐标，对教师队伍质量提升具有重要的意义。② 有学者指出，教师资格及标准是教师质量的基本要素，教师资格认证是保证和提高教师质量与学生学业发展水平的有效途径。国外学者关于教师质量的理论和实践研究，凸显出教师质量基础性因素的资格导向、教师质量人性化因素的个性导向、教师质量过程性因素的实践导向、教师质量结果性因素的效能导向这四种教师质量观，反映了教师质量概念的复杂性和多维性特征，建构起一个较为完整的教师质量的概念框架。③

作为对教师的核心要求，教师标准不仅包括学科内容知识，还应包括教师工作的范围和内容，确立教师责任的主要范围并详细阐明每项标准对

---

① 李涛，等．中国“异地高考”政策开放的深层困局［J］．中国教育学刊，2013（11）．

② 陈时见，谭丽君．苏格兰教师标准及启示［J］．外国中小学教育，2013（3）．

③ 赵英．美国教师质量观研究述评［J］．外国教育研究，2013（4）．

于教师知识和实践的意义。[①] 有学者指出，已出台的教师专业标准提出教师专业发展的“师德为先，学生为本，能力为重，终身学习”基本理念，是对中小学教师专业发展的深度和广度提出的“规定性”和“标准性”要求。[②] 然而，一套标准如果不要求教师通过一系列独立的评价任务来展示证据，以表明他们怎样达到了标准，那么这种标准无论其陈述和要求如何恰当，也很难有效。实现从标准文本向实施策略的转化，将标准转化为基于标准的认证评价，使标准贯彻到教师的教学实践中去，通过教师评估认证使标准和教师行为联系起来，是一个完整的标准开发过程中非常重要的环节。[③]

### （二）重视教师责任和情感

对教师责任范畴，学界虽已作了不少探讨，但概念依然相对模糊，有必要再进行审理和思辨。有学者指出，教师责任有狭义和广义之分，并具有职业本分性、认识相对性、社会伦理性和权利对应性等属性。教师主要承担相应的教育责任、法律责任和道德责任，但对文化创造和促进社会文明的责任也须重视，教师责任担当的范围随个人能力的增长日益扩大。教师责任是一个完整的体系，各责任要素存在时间、空间和人际关联，要督促并鼓励教师在认真履行基本的职业责任的基础上承担更多、更大的文化和社会责任，并在教育界形成良好的责任担当氛围。[④]

教师情感具有重要的教育价值。有学者指出，教育具有丰富的情感性，教师情感劳动包括情感意识、情感管理和情感表达等要素，各要素之间的相互作用构成了情感劳动的机制。教师优化情感劳动需遵循情感规则，提升情感劳动的动力，自觉养成符合教育情境和教育目标的积极情

---

① 陈德云，周南照. 教师专业标准及其认证体系的开发——以美国优秀教师专业标准及认证为例［J］. 教育研究，2013（7）.

② 李更生.《专业标准》视域下教师培训的变革与创新［J］. 教师发展研究，2013（8）.

③ 陈德云，周南照. 教师专业标准及其认证体系的开发——以美国优秀教师专业标准及认证为例［J］. 教育研究，2013（7）.

④ 李保强，陈忠伟. 教师责任范畴：内涵、外延及其架构［J］. 教育科学研究，2013（5）.

感，调节不当情感，彰显情感劳动的教育意蕴。[①] 教师的教学伦理敏感性是教师专业素养中不可或缺的组成部分，是教师专业成长的内在推动力，缺乏教学伦理敏感性，教师很难真正成为教学道德的践行者和捍卫者。[②] 教师应该在追求和获取自身教学工作的优秀或卓越的过程中，努力实现学生的全面发展和教师自身的智慧成长。这意味着真正的教学应该是博雅的或自由的，而不只是专业的或功利的。教学质量的提升，需要教师具有某些美德，而不只是娴熟的专业技能和职业习惯。[③] 还有学者指出，教学文化是教师发展的根基，若缺失教学文化，任何一种组织和制度形式都无法形成教育质量的提升。[④]

### （三）唤起教师的道德使命

教师自身的道德素养会对学生的道德形成产生深刻的影响。师德成为教师专业发展的外在标准和内在品质。有学者提出，应建立与教师专业生活相匹配的专业道德体系，强调教师面对复杂的道德情境时产生的内在自觉性力量，在具体情境下充分发挥教师自身的实践智慧，不断对自身所信奉的道德原则进行反思与建构，以使专业道德与专业生活同步。[⑤] 另有学者认为，仅仅学习师德规范、养成良好的师德品格并不足以帮助教师理解和解决教育教学中的伦理困境，教师还需要学习解决伦理冲突的程序与策略。师德教育也要从空泛的说教规范转向学习解决问题的策略。[⑥] 教师发展的价值，在于教师的生命发展，生命发展所诉求的绝不是狭窄的专业发展，它更多要求的是教师的生命自觉。[⑦] 教师要从对教育生活的反思、对话、研究方面促进自我成长与丰富，自我更新教育生活，积极担当建设社

---

① 赵鑫，熊川武．教师情感劳动的教育意蕴和优化策略［J］．人大复印报刊资料《教育学》，2013（3）．

② 郑信军，吴琼琼．论教师的教学伦理敏感性及其发展［J］．教育研究，2013（4）．

③ 程亮．教学是麦金泰尔意义上的实践吗［J］．教育研究，2013（5）．

④ 邬大光．教学文化：大学教师发展的根基［J］．中国高等教育，2013（8）．

⑤ 苏启敏．论教师专业道德的实践品格［J］．教育研究，2013（11）．

⑥ 王凯．基于对话伦理学取向的程序性师德观［J］．教育发展研究，2013（10）．

⑦ 伍叶琴，等．教师发展的客体异化与主体回归［J］．教育研究，2013（1）．

会生活责任，用自己的行动和品格影响和示范社会。[①] 教师应当具有文化自觉，推进立德树人，担当时代使命。

## 七、教学研究的新取向

教学改革作为教育改革的重要环节，成为近年来教育研究的一个着力点，随着教学改革的深化，学者们对教学从哲学认识到实践改革等方面进行了一些新的探索。

### （一）教学认识的多维探析

随着课程教学改革的推进，教学认识论本身的基本理论问题得到了持续探讨。生成教学论就是研究者探讨较多且不断提出新见解的一个研究话题。有学者认为，在生成论教学哲学中，教学观念中的人道主义不仅仅涉及价值论立场，更重要的还在于贯穿其中的人道主义的思维向度及其认识论意义。教学中的人道主义的集中体现着教学中的爱，包括热爱、尊重、信任等。教学认识论的人道主义观念，有助于从更基础的层面和更广阔的视野去体察、分析和解释纷繁复杂的日常教学生活，促使教学认识论从科学认识论走向生活认识论，从实体思维走向关系思维，从关注知识走向关怀人。[②] 也有学者认为，目前，由于对生成性教学存在着机械化的理解和庸俗化的解读，致使生成性教学降格为一种可供模仿和操作的具体教学方法，并导致教学实践中滋生了伪生成和乱生成的现实问题和实践乱象。这非常值得我们反思。只有在哲学方法论观照下才能达成理论的清晰，才能求索并践履生成性教学之真谛。[③]

教学是一种有特定意义的活动，在教学哲学的理论支持下，许多学者关注课堂教学对话研究。有学者指出，师生在教学活动中发生的教学对

---

① 叶文梓．觉者为师［J］．教育研究，2013（12）．

② 张广君．教学认识论的人道主义向度［J］．教育研究，2013（4）．

③ 靳玉乐，朱文辉．生成性教学：从方法的惑到方法论的澄清［J］．教育科学，2013（2）．

话，具有教学的特殊性。教师与学生对特定的课程或教学内容的认识程度或水平不同，构成教学活动中特殊的“教学主体”。教学对话的话语权力也是教学责任。教学对话是方法不是目的，是过程不是定式。① 近年来，在推进学习型社会建设的背景下，学界也在关注“学习究竟是什么”这一本体问题，进而为“如何优化人类学习”和“如何建设学习型社会”等提供坚实的学习理论基础。有学者指出，长期以来学习主要被理解为个体对知识的获得，这是一种民俗理论和传统认知方式，存在不可避免的认识悖论和价值困境。当前，人类已经迈入知识社会，学习被认为不仅仅是知识的消费和传承活动，更应该成为知识的生产和创造活动。创造知识的学习活动主要有组织化的知识创造、拓展性学习和知识建造三种模式。②

### （二）回归课堂的教学研究

面对教学理论原创性的缺失，我国教学论领域出现了回归课堂研究热潮，为教学论学科的原创性研究带来了生机。有学者提出，研究者要深入教学现象发生与教学规律呈现的“域”之中，综合开展课程、教学活动、师生关系、教学方法、学习方式、教学环境等方面的研究，探索与总结课堂教学的科学规律，解释课堂教学中生成的人文现象。作为教学理论与实践的中观性理论，课堂研究的价值不仅在于为原创性教学理论提供源头活水，而且在于以理论创新推动课堂教学实践的变革。③ 有学者认为，课堂研究的发展趋势是：教学研究者走近教学的“田野”，置身于教学活动之中，从教师、学生的眼睛来理解教学故事，诠释其中的意义，并且在教学与社会的互动中，以批判的眼光来审视教学，倡导通过教学中权力关系的重建来促进社会的民主。④

有学者概括课堂研究的基本路径为：聚焦课堂的校本教学研究之路，基于大学与中小学合作的研究之路，信息技术支持下的课堂研究之路，走

---

① 杨启亮．教学对话之“道”的特殊性［J］．教育研究，2013（7）．

② 曾文婕，柳熙．获得·参与·知识创造——论人类学习的三大隐喻［J］．教育研究，2013（7）．

③ 王鉴，宋生涛．课堂研究价值定位［J］．教育研究，2013（11）．

④ 赵仁明．教育研究的理论反思：范式的视角［J］．教育研究，2013（11）．

向课堂变革的行动研究之路。[①] 有学者认为，课堂研究目前已进入重建的新阶段，出现了观点纷呈、争论不绝和模式迭出的新局面。课堂研究的进一步推进，需要进入对教学过程两个前提性问题的再认识：对教学活动性质的特殊性、构成要素及其相互关系的再认识，进而对教学过程展开中必然涉及的预设与生成的关系做出动态整合性的再认识。为此，课堂研究者的工夫不要放在提出新论点上，而应放在“清”全局之“思”，对自己的认识做出反思，在理论与实践结合的意义上深化研究，进而形成在再认识基础上的系统新认识。[②]

### （三）基于现代信息技术的教学创新

现代信息技术的发展正在深刻影响着教育教学，泛在学习已经成为数字化学习的重要发展方向。有学者认为，泛在学习环境的构建是泛在学习成功实施的基础和保障。泛在学习环境模型包括泛在学习生态系统、系统发展的保障环境和社会生态系统，和谐的泛在学习环境的实现需要解决的三类关键问题是硬技术、软技术和教学法。[③]

慕课（MOOCs）是当前教育领域出现的一种新型教学模式。它以学生规模“巨型化”、学生身份的“多元化”和教学模式的“人本化”设计引起了社会各界的广泛关注。有学者认为，慕课作为一种区别于传统课堂教学的教学模式，就教学设计而言，较为综合地运用了学习科学近30年不断倡导的人本化学习、掌握学习、建构主义学习、程序教学及有意义学习等理论原则。慕课将以其新颖、科学、合理的教学设计，给教育带来深刻变化和深远影响。[④] 有学者指出，教学方式改革必须与学习方式改革相匹配，学习方式要与内容相匹配，内容要与学习目标相匹配。[⑤] 也有学者认为，目前人们对慕课的关注往往在“海量”、“开放”和“在线”上，而“课程”

---

① 李泽林．课堂研究方法：基本范式与路径嬗变［J］．教育研究，2013（11）．

② 叶澜．课堂教学过程再认识功夫重在论外［J］．课程·教材·教法，2013（5）．

③ 杨现民，余胜泉．生态学视角下的泛在学习环境设计［J］．教育研究，2013（3）．

④ 李曼丽．MOOCs的特征及其教学设计原理探析［J］．清华大学教育研究，2013（4）．

⑤ 张春铭，汪瑞林．“慕课”来了，中国教育怎么办［N］．中国教育报，2013-09-26．

似乎没有吸引人们多少眼球，但恰恰“课程”才是应关注的重点。① 还有学者认为，尽管媒介整合为课程功能的有效释放创造了可能的空间，但课程实施人本化、公平化、优质化目标的达成也依然面临着挑战。新媒介技术在课程领域的使用与推广是一个长期的过程，要审慎乐观地展开坚实的探索。② 现代信息技术对教学的革命性影响，正在吸引和启发学校管理者和一线教师对课堂教学模式除旧布新。

## 八、大学章程推进现代大学制度建立

2013 年，教育部核准首批六所高等学校章程，标志着我国大学章程制定工作取得了实质性进展。制定大学章程是构建和完善中国特色现代大学制度的一项重大举措。总体上看，我国大学章程建设工作仍任重道远，相关问题受到研究者们的关注。

### （一）制定大学章程　助推依法治校

制定大学章程旨在落实高校办学自主权，完善内部治理结构，推动高校形成自我定位、自我发展、自我约束的体制机制，实现依法治校。有学者指出，大学章程建设，一方面可以对大学举办者、办学者的权利边界和职责义务进行明确界定，对大学内部治理进行规范；另一方面，可以将大学的办学理念、组织属性等落实在学校的制度层面，成为现代大学制度的标志和载体。大学章程的重点是完善学校内部治理结构，要把管理重心从政府办教育转移到学校依法自主办学作为章程的根本目的所在。③

大学章程是现代大学制度的载体和大学治理的根本理据，是保障大学自主权利的基础。有学者认为，制定与核准大学章程是实现协商民主、充

① 顾小清，等．MOOCs 的本土化诉求及其应对［J］．远程教育杂志，2013（5）．

② 赵婧．媒介数量的增加会带来课程质量的提升吗［J］．课程·教材·教法，2013（8）．

③ 原春琳．大学章程：完善高校治理结构——专访教育部政策法规司司长孙霄兵［N］．中国青年报，2013-12-02．

分体现法治原则的重要实践。法律所规定的高等学校办学自主权，有待通过大学章程建设的“立法”过程来具体落实。完善大学法人治理结构，提高自主办学行为的合法性应是大学章程建设核心性的重要任务。坚持大学的公共性，是大学作为一种学者共同体的重要文化自觉。① 大学章程建设的时代价值在于：宣示独立主体、固化内涵特色。章程既是大学自治权的象征又是外部对大学实施影响的产物，对内部而言是学校的一个组织规程，对外部而言其实是学校和政府间的一个合约。②

### （二）协调大学内部权力关系

大学章程的本质重在确立使命和治理结构，既在学理深度又在操作层面处理好以党委领导下的校长负责制为核心的内部权力关系，深入推进中国特色现代大学制度建设。大学章程的法律性质具有制定依据的上位性、制定主体的内部性以及效力范围的相对性。因为大学章程制定过程既是制定文本的过程，也是一个规范的研究过程，它是集科学性、实效性于一体的过程。③ 有学者指出，大学章程的主要内容是大学权力的分配及其制约，它通过对大学与政府关系的规定、决策机构的议事规则、大学具体的管理规则等构建一个大学的基本秩序结构，通过建立以大学章程为核心的制度体系来完善对权力运行的制度制约。④ 中国元素的大学章程，呈现为“坚持民主集中制，集体领导，分工负责，共同治理”的学校治理结构的核心思路，在学校层面坚持和完善党委领导、校长负责、教授治学、民主管理“四位一体、相互协调制约”的治理结构。⑤ 其中，“党委领导下的校长负责制”是关键特征，⑥ 互补性是协调行政权力与学术权力相互关系的

① 秦惠民．有关大学章程认识的若干问题 [J]．教育研究，2013 (2)．

② 马陆亭．不再观望，我们真的需要大学章程 [N]．中国教育报，2013-10-14．

③ 金丹，李广海．大学章程制定应有理论、政策和实践依据 [J]．教育研究，2013 (9)．

④ 刘献君，等．高校权力运行制约机制：模式、评价与建议 [J]．中国高教研究，2013 (6)．

⑤ 田达仁．系统构思 因地制宜 力求最优 [N]．中国教育报，2013-11-04．

⑥ 文新华．党委领导与校长负责如何依法协调——大学章程制定中的难题与突破之二 [N]．中国教育报，2013-12-16．

准则。[①]

强调多元共生、合作共赢，摒弃零和博弈思维。为保证程序的正义性，吸纳多元利益主体参与是大学章程制定程序的重要原则。[②] 大学章程通过对大学内多元主体之间的权力配置和制度安排，实现彼此权力的分权制衡。有学者认为，在大学治理结构中，应明确政治权力的领导地位，明确行政权力的执行地位，明确学术权力的核心地位，明确民主权力的基本地位，以保障大学自主管理、自主运行、自主发展。[③] 还有学者提出，借力大学章程规定防范性的学术权力制约机制，可以解决当前我国高校学术权力“缺位”和行政权力“越位”问题。[④]

### （三）在实践中完善大学章程

大学章程必须遵循共同性的实践基础，又必须追求实质性特色，应结合中国国情与文化，制定具有中国特色的大学章程。有学者指出，构建大学章程是大学永恒价值制度化的具体体现，大学章程的特色是大学特色实践的反映。大学的特色实践是在必须遵循的共性之中坚持个性从而形成特色，是在共性中寻求提升或突破从而形成特色。因此，大学章程的特色，关键是要体现大师成长的规律，体现学生成才的规律。[⑤] 落实真正保护大学内生力量的客观法则才是最具特色、最有效的大学章程。[⑥]

有学者进一步指出，将大学章程纳入立法机构的立法程序，重塑政府与大学间关系，董事会、党委集体和校长以及行政团队的组成、遴选和权

---

① 文新华．如何实现行政权力与学术权力的互补——大学章程制定中的难题与突破之三［N］．中国教育报，2013-12-23.

② 贾玉明．大学章程要体现多元利益主体诉求［J］．教育研究，2013（9）.

③ 林 群．大学章程应有效推动高校内部治理结构调整［J］．教育研究，2013（9）.

④ 李红伟，石卫林．大学章程关于学术权力制约机制的规定——基于美、英、德三国大学章程的文本比较［J］．高等教育研究，2013（7）.

⑤ 文新华．大学章程的共性与特色——高校制定章程中的难题与突破之一［N］．中国教育报，2013-12-09.

⑥ 史秋衡．章程原点：真正保护大学内生力量［N］．中国教育报，2013-10-21.

责界定，重塑学术权力与行政权力间关系，从宣示性权利到可诉性权利。①还有学者指出，要从多个视角推进和引导大学章程建设，正确认识大学章程的地位和作用，推进高等教育管理体制改革；完善高等教育立法体系，保证大学章程应有的法律地位；建立和完善高校董事会制度，明确大学章程制定主体；以大学精神引导大学章程建设，构建各具特色的大学治理结构。②

## 九、提升大学生就业质量

就业是民生之本。大学生就业质量问题不仅关系着大学生及其家庭的幸福，而且影响着高等教育改革与国家劳动力资源结构调整。围绕大学生就业质量问题，学者们进行了广泛探讨。

### （一）基于就业满意度的就业质量标准建构

从经济学、社会学、教育学多视角研究大学生就业问题，为国家政策制定提供建设性意见，扭转大学生在劳动力市场的种种误区和错误观念，促进其顺利进入劳动力市场，有助于大学生就业质量的提升。有研究表明，就业满意度等于就业实际感知值减去就业期望值。大学生就业满意度被视为大学生对自身就业状况的综合评价指标，满意度反映在就业结果上，可以体现出工作质量；满意度反映在求职过程中，可以考察高校的就业服务质量和劳动力市场的公平性；满意度反映在人力资本上，可以考察高等教育人才培养的质量。③ 构建大学生就业质量的评价标准，可以为分析大学生就业问题提供客观、科学的依据。有学者根据顾客满意理论，选取就业率、专业对口率、就业结构 3 个二级指标评价政府对毕业生就业的

---

① 柯文进．关于大学章程制订中法律地位、外部关系与内部治理结构的思考［J］．北京教育，2013（4）．

② 谭胜．高校章程建设的逻辑起点与困境［J］．现代教育管理，2013（9）．

③ 岳昌君．中国高校毕业生就业满意度的影响因素分析［J］．北京大学教育评论，2013（2）．

满意度，选取工作报酬、工作环境、职业发展 3 个二级指标评价毕业生对就业的满意度，选取专业技能、通用技能、思想品德 3 个二级指标评价用人单位对毕业生的满意度，构建了高校毕业生就业质量评价指标体系。[①]

还有学者通过对高质量就业标准的分析和研究，提出基于薪资、福利、保障、工作时间及工作地点的定量描述模型，进而界定高质量就业的评判标准。[②]

### （二）就业结构失衡是大学生就业难的主因

高校毕业生就业难既有总量矛盾也有结构性矛盾，但结构性矛盾是主要矛盾。高等教育的专业设置失衡，培养目标与社会需求脱节，最后导致许多大学毕业生的素质和能力不适应市场的需要。[③] 有学者通过实证研究发现，从总体来看，专业结构性短缺问题长期存在，从变化趋势来看，专业结构性短缺问题呈周期性变化。第一产业中的各行业大学生劳动力供不应求，但是大学生缺乏足够的就业兴趣，结构性就业矛盾突出；第二产业各行业对大学生的就业吸纳潜力较大，就业结构较为合理，但是建筑业的大学生人员变化滞后于经济发展；第三产业人才供求基本平衡，但是过度竞争加剧了部分专业的结构性失业。[④]

就业结构性矛盾既是对我国现存教育内容与教育模式的挑战，也是倒逼我国教育发展方式转型和体制改革的机遇。在推进产业升级，改变对人力资源需求的同时，需通过教育改革，培养产业发展所需要的、多层次的、不同规格的人才队伍，满足企业转型升级的不同需求。[⑤] 教育要真正适应经济转型和产业升级的需要，教育结构调整的重要途径是强调高等教育的应用性。应用本身既是一种知识的转化，同时也意味着一种新知识的生产。应用型高等教育意味着高等教育中的所有知识都必须在一种目的合

---

① 张瑶祥．基于三方满意度的高校毕业生就业质量评价研究［J］．中国高教研究，2013（5）．

② 陈晨，等．高质量就业标准建模分析与研究［J］．现代教育管理，2013（10）．

③ 邓峰．高等教育质量与高校毕业生起薪差异分析［J］．教育研究，2013（9）．

④ 楼世洲，林浩波．大学生结构性就业失衡：专业与行业的实证分析［J］．清华大学教育研究，2013（5）．

⑤ 辜胜阻，等．就业结构性矛盾下的教育改革与调整［J］．教育研究，2013（5）．

理的情境中加以应用，这是高等教育发展到一定阶段的必然取向。[①]

### （三）通过深化改革促进大学生就业

大学生就业问题涉及因素复杂，在理论研究与实践探索过程中，需要落实和完善促进高校毕业生就业创业的各项政策措施，特别是要完善就业与招生、人才培养的联动机制。有学者提出，为了提升大学生就业质量，高校应深化人才培养模式改革，创新教学模式，提高教学质量，安排学生进入企业调查和实践、实训，特别是以项目为导向的产学合作，注重培养学生职业素养和创业意识，让学生在各种社会实践中成长。以市场需求为导向推进专业设置制度改革和教学内容调整，改变教学内容滞后于产业结构变化对技能与知识需求的状况，改变专业设置同质化的局面。[②] 这需要构建普通教育、职业教育和成人教育互动协调的多层次教育体系，适应经济社会对不同层次、不同规格人才的需求。

完善创业教育体系是高等教育改革的重要内容。创业教育新体系的本质是将创业教育理念与内容融入人才培养全过程，提升大学生的创新意识、创业精神和创业能力，培养经济社会发展需要的既懂专业又善创业管理的高素质复合型应用人才。[③] 当前，我国高校创业教育的薄弱环节主要体现在课程设计不合理、创业教育师资力量匮乏、创业教育模式单一、创业教育配套机制不健全等方面。高校创业教育应构建科学的课程教育体系、建立完善的创业实践体系、建设优秀的师资队伍体系、构建完善的教育模式体系、完善创业教育评估体系。[④]

---

① 王建华．高等教育的应用性［J］．教育研究，2013（4）．

② 辜胜阻，等．就业结构性矛盾下的教育改革与调整［J］．教育研究，2013（5）．

③ 黄兆信，等．以岗位创业为导向的人才培养体系研究与实践［J］．教育研究，2013（6）．

④ 李伟铭，等．我国高校创业教育十年：演进、问题与体系建设［J］．教育研究，2013（6）．

# 十、增强教育研究的方法论自觉

教育研究方法论问题始终是教育学研究的基础问题，因为它直接关系到教育学的科学地位并影响到教育学的进展方向，对于教育研究具有重要的意义。学者们普遍重视教育研究方法对教育研究的基础性作用，通过不断增强教育研究的方法论自觉，寻求教育理论创新的路径。

## （一）破解教育研究的方法论困境

遵循什么样的立场、逻辑与方法，是教育研究中的一个根本性问题。有学者指出，纷争与冲突是教育研究过程中的常见现象与棘手问题。只有突破简单化思维，超越二元性方法，立足二重性原理，重构教育研究方法论，才能使教育研究摆脱由来已久的纷争与对抗局面及困境。① 有学者分析了近十年来教育研究方法的特点后指出，我国教育研究领域存在学术研究缺乏规范、教育研究方法单一等问题。应加强我国教育研究方法体系建设，提高教育研究者在研究方法运用方面的学术素养，并加强教育研究的多元化研究取向。② 还有学者指出，教育要成为一门科学，需要引入科学的研究范式，以探求教育领域的因果关系为研究目的。在教育科学领域要注重实证方法的运用，采取调查研究的方式获得因果关系；要注意因果的生态效度，不能过度推论；要注重因果关系的理论假设，不能泛化数据统计的能力。③

有学者针对我国质化和量化研究分庭抗礼的现状指出，单独的质化或量化方法都存在不足之处，混合法有望成为与质化研究和量化研究比肩的

---

① 郝德永．从二元性转向二重性：教育研究的方法论突破［J］．教育研究，2013（11）．

② 姚计海，王喜雪．近十年来我国教育研究方法的分析与反思［J］．教育研究，2013（3）．

③ 辛涛，姜宇．教育科学的因果推论：困境与超越［J］．清华大学教育研究，2013（6）．

第三种研究范式。[①] 还有学者指出，科学计量学的方法在教育基本理论问题的研究方面具有独特的价值，不仅可以为我国教育理论研究增加新的可供选择的路径，还可以推进我国教育理论研究信息化建设水平。[②] 有学者指出，教育研究所具有的描述、规范、解释和批判四种基本功能形成了一个"超循环"的逻辑体系。所有的研究方法都可以在此循环中衍生出来，也可以在此循环中得到进一步发展。在把握传统方法的基础上继续向系统方法学习和迈进是教育研究的发展方向。[③]

### （二）以方法论自觉推动教育理论创新

学者们普遍认识到，在文化全球化时代，坚持"综合创新"促进教育理论的本土生成，既是中国教育理论发展历史的见证，也是教育理论发展和本土创生的内在要求。有学者指出，只有立足本土、研究本土，才能使中国教育理论跻身于国际学术之林。[④] 本土生长是教育理论的创生之路，社会人类学给教育理论本土生长带来了启示：本土文化是本土生长的现实土壤；历史文化是其根基；田野研究应成为其方法论之一；自下而上创生理论的路径值得借鉴。我们可以通过回归文化原点、躬身教育实践、关注本土对象、创生本土话语等努力实现教育理论的本土生长。[⑤]

当代中国教育学研究在多元化格局构成中总体上表现出广义现象学的认识论旨趣，为教育学认识论转向提供了新路径。在不断拓展的广义现象学认识论意义上，教育学研究需要在个体教育学、文化教育学、生命教育学、生态教育学和实践教育学方面有新建树。[⑥] 从历史发展来看，中国教育学发展中有本质主义与反本质主义教育学之争。很多学者认为，二者都

---

① 张东辉．美国教育研究方法论的最新进展：混合法研究的兴起与应用［J］．教育研究与实验，2013（8）．

② 蔡建东，等．教育理论研究的量化与技术化路径——科学计量学方法与技术在教育理论研究中的应用［J］．教育研究，2013（6）．

③ 程岭，王嘉毅．教育研究方法的内在逻辑［J］．教育研究，2013（12）．

④ 柳海民，等．新中国成立以来教育基本理论的发展与贡献［J］．教育研究，2013（2）．

⑤ 闫世贤，扈中平．教育理论的"本土生长"：社会人类学的观照［J］．教育发展研究，2013（8）．

⑥ 程从柱，等．当代中国教育学研究：广义现象学的认识论透视［J］．教育研究，2013（5）．

有合理之处，应走向融合。有学者指出，怀特海的有机哲学对中国教育学发展具有借鉴价值。在理论建构上，要强调理解的整体性；在认识探究上，要重视生成的意义性；在价值取向上，要重视经验的全面性；在研究方法上，要体现世界的复杂性；在未来发展上，要保持开放性。①

### （三）凸显教育学的独特视角与中国特色

不断提升教育学的理论水平，是教育理论界追求的目标。因为教育实践活动与社会、经济、政治、文化等领域的实践活动密不可分，才有众多的科学学科和人文学科参与到教育研究的行列中，迄今已经聚集了一个庞大的“学科群”，形成了一个多学科研究教育的语境。如何坚守教育学特定的学科立场，形成教育学自身的“独特视角”，是教育学理论建设的基础性问题。有学者指出，教育实践与人类其他实践活动的差别与联系，是教育学在多学科研究教育的语境中确立自己学科立场的依据，站在教育学的学科立场上研究教育，更强调人是目的而不是手段。今天，探索建构教育学理论框架所需的基本范畴，仍然是推进教育学理论建设的现实需要。②

在全球化背景下，中国教育学的中国特色如何体现？这也是学者们关心的重要问题。有学者指出，构建“中国特色”的基石来自于两种意义上的互动实践：一是通过与中国本土教育实践者的交往互动，体现对当代中国教育变革实践的置身式参与；二是通过与来自他国的研究者与实践者的交往互动，实现对世界教育研究与教育改革实践的深度参与。当代中国教育研究需要以全球眼光透析中国问题，包括“问题的全球性”，“眼光和视角的全球性”，“方法的全球性”和“思维方式的全球性”。提升教育研究的学术品质，创造中国经验和中国知识，为此需有中国自觉和中国立场，基于中国本土进行长期教育实践，形成全球视野下“国际化”转化能力与表达能力。③ 有学者提出，对东西方文化都要关注和研究，特别是对中国

---

① 杨丽，温恒福．怀特海的认识论及其对中国教育学发展的启示［J］．教育研究，2013（8）．

② 冯向东．教育自身：教育学学科立场与理论的基石［J］．教育研究，2013（7）．

③ 文娟，李政涛．当代教育研究中的全球视野、跨文化能力与中国特色［J］．全球教育展望，2013（7）．

文化和丰富的中国教育思想要深入研究，这是中国教育学的生成之根。[①]

2014 年，是贯彻落实党的十八届三中全会精神、全面深化改革的第一年，是全面完成“十二五”规划目标任务的关键之年。在新的一年，随着教育改革向纵深推进，教育研究必将推出更多精品力作，在教育改革发展中发挥更大功能和作用。

① 杨丽，温恒福．怀特海的认识论及其对中国教育学发展的启示［J］．教育研究，2013（8）．

# 第二章

# 教育学原理

2013年，教育学原理学科研究紧扣时代脉搏，不断加强理论创新，力求形成具有中国特色、中国风格和中国气派的教育理论；直面现实，引领教育改革走向，服务教育决策，回应百姓关切，研究视野进一步扩大；问题意识进一步增强，研究成果进一步丰富，努力为深化教育领域综合改革提供智力支持。本章借助相关统计数据，试对2013年度教育学原理学科的发展情况做出简要报告。

## 一、学科发展与学术交流动态

### （一）学科发展现状

#### 1. 教育学原理学科学位授权点情况

我国教育学原理学科自第一批学位授权点批准以来，已近三十年。30年以来，教育学原理的学位授权点建设取得了跨越式发展，呈现出授权院校多样、分布较为广泛的特点。

截至2013年，拥有教育学原理学科学位授权点的院校共86所，其中，教育学原理博士授权点35个，教育学原理硕士授权点84个[①]。在拥有学位授权点的院校中，“985工程”院校16所，“211工程”院校28所，其在空间和时间上的分布情况如下。

第一，空间分布。基于我国华北、东北、西北、华东、华中、华南、西南的七大区划分，教育学原理学位授权点空间分布情况见表2-1。

**表2-1 教育学原理学位授权点空间分布**

| 地区 | 院 校 | 拥有博士授予权的院校数目 | 拥有硕士授予权的院校数目 |
| --- | --- | --- | --- |
| 华北地区 | *北京大学、*北京理工大学、*北京师范大学、*首都师范大学、*天津师范大学、*山东师范大学、*河南大学、中国人民大学、中央民族大学、南开大学、天津大学、*河北大学、河北科技大学、河北师范大学、*山西大学、山西师范大学、*内蒙古师范大学、曲阜师范大学、鲁东大学、河南师范大学、信阳师范学院 | 10 | 20 |
| 东北地区 | *辽宁师范大学、*东北师范大学、*哈尔滨师范大学、大连理工大学、*沈阳师范大学、*渤海大学、*延边大学、*北华大学、*吉林师范大学、长春师范学院 | 8 | 10 |
| 西北地区 | *陕西师范大学、*西北师范大学、*新疆师范大学、西安外国语大学、青海师范大学、宁夏大学、石河子大学 | 3 | 7 |

① 从理论上，当作为一级学科的教育学成为学位点后，教育学原理作为二级学科的学位点自然覆盖，但实际中有的院校虽然拥有教育学原理的学位授予权，但并未开办专业，也不招收学生。而有的学校虽然没有教育学一级学科博士点，但可以招收并授予教育学原理博士。因而本次调查的学位点情况是按照实际院校是否真正成立教育学原理专业、是否真正招收教育学原理研究生为准的。

续表

| 地区 | 院 校 | 拥有博士授予权的院校数目 | 拥有硕士授予权的院校数目 |
|---|---|---|---|
| 华东地区 | * 华东师范大学、* 上海师范大学、* 南京师范大学、* 浙江大学、浙江师范大学、* 厦门大学、同济大学、苏州大学、东南大学、中国矿业大学、河海大学、江南大学、江苏大学、江苏师范大学、杭州师范大学、* 安徽师范大学、淮北师范大学、南昌大学、江西农业大学、* 江西师范大学、赣南师范学院、扬州大学、宁波大学 | 7 | 21 |
| 华中地区 | * 华中科技大学、* 华中师范大学、* 湖南师范大学、武汉大学、长江大学、中国地质大学、湖北师范学院、湖南大学、中南大学、三峡大学 | 3 | 10 |
| 华南地区 | * 华南师范大学、* 福建师范大学、深圳大学、* 广西师范大学、广州大学、海南师范大学 | 3 | 6 |
| 西南地区 | * 西南大学、* 四川师范大学、四川大学、重庆师范大学、西华师范大学、贵州师范大学、云南大学、云南师范大学、云南民族大学、西藏大学 | 2 | 10 |
| 合计 | | 35 | 84 |

注：＊为拥有教育学原理博士点的院校。

从空间分布形态看，教育学原理学位授权点的发展并不均衡，拥有教育学原理学位授权点的院校大多集中于华东地区和华北地区，其中尤以京津地区、上海、江苏、湖南、湖北、吉林、辽宁等东部和中部地区分布较广。相比而言，西部地区尤其是新疆、青海、西藏等地分布较少，而且硕士学位点与博士学位点呈现出较为一致的分布特点。

第二，时间分布。从拥有教育学一级学科博士授权点与只拥有教育学一级学科硕士授权点两个方面，分别对我国教育学原理学位授予权的批次时间进行整理，得出学位授权点的时间分布情况详见表 2-2。

**表 2-2　教育学原理学位授权点获批时间分布**

| | 拥有博士点的院校（拥有教育学一级学科博士授予权） | 数目 | 拥有硕士点的院校（只拥有教育学一级学科硕士授予权） | 数目 |
|---|---|---|---|---|
| 1998 | 北京师范大学、华东师范大学 | 2 | | |
| 2000 | 南京师范大学 | 1 | | |
| 2003 | 华中师范大学、华南师范大学、西南大学 | 3 | | |
| 2006 | 北京大学、东北师范大学、浙江大学、西北师范大学 | 4 | 中国人民大学、南开大学、河北大学；沈阳师范大学、福建师范大学、湖南大学 | 6 |
| 2011 | 北京师范大学、首都师范大学、天津师范大学、辽宁师范大学、哈尔滨师范大学、上海师范大学、厦门大学、山东师范大学、河南大学、华中科技大学、湖南师范大学、四川师范大学、陕西师范大学 | 13 | 中央民族大学、天津大学、河北科技大学、河北师范大学、山西大学、山西师范大学、内蒙古师范大学、大连理工大学、渤海大学、延边大学、北华大学、吉林师范大学、长春师范学院、同济大学、东南大学、中国矿业大学、河海大学、江南大学、江苏大学、江苏师范大学、杭州师范大学、安徽师范大学、淮北师范大学、南昌大学、江西农业大学、江西师范大学、赣南师范学院、曲阜师范大学、鲁东大学、河南师范大学、信阳师范学院、武汉大学、长江大学、中国地质大学、湖北师范学院、中南大学、深圳大学、广西师范大学、四川大学、重庆师范大学、西华师范大学、贵州师范大学、云南大学、云南师范大学、云南民族大学、西藏大学、西安外国语大学、青海师范大学、宁夏大学、石河子大学、三峡大学、广州大学、扬州大学、宁波大学、海南师范大学 | 55 |
| 2013 | 新疆师范大学 | 1 | | |
| 合计 | | 24 | | 61 |

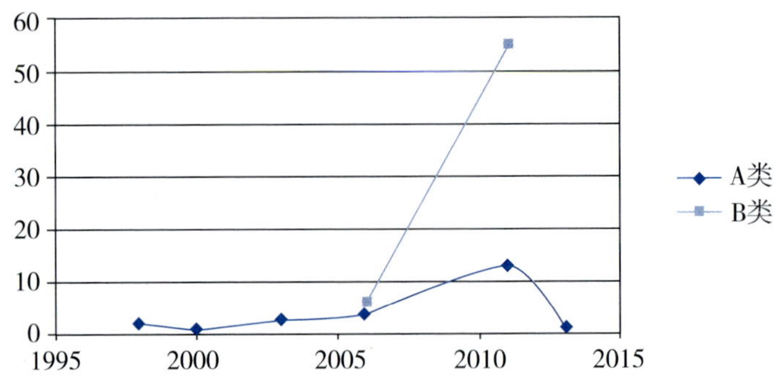


**图 2-1　教育学原理学位授予点获批时间分布**

注：A 类代表拥有博士点的院校（拥有教育学一级学科博士授予权）；B 类代表拥有硕士点的院校（只拥有教育学一级学科硕士授予权）。其中横轴为年份，纵轴为院校数目。

从图 2-1 可以看出，2011 年教育学原理的学位授权点大幅增加。在调查的数据中，2006 年与 2011 年是我国教育学原理硕士学位授权点获批较为集中的年份。而教育学原理博士学位授权点自 2000 年起逐年增加，至 2011 年达到高峰，而后有所下降。我国的教育学原理学位授权点获批时间的分布与教育学学科发展进程相一致，深受师范教育改革影响。尤其在 1998 年后经历了较大规模的学科专业调整，1999 年 3 月，教育部出台《关于师范院校布局结构调整的几点意见》（以下简称《意见》），明确指出师范教育的层次结构要实现从三级师范（高师本科、高师专科、中等师范）向二级师范（高师本科、高师专科）过渡。《意见》强调到 2010 年左右，新增的中小学教师分别基本达到专科和本科学历。教育学科专业的规范化和师范教育走向开放式的培养模式，必然带动一批高师本科院校乃至综合类大学的教育学学位点发展，相应教育学原理的学位点建设也被划入进程之中。

综上，从教育学原理专业学位授权点发展的基本情况看，目前已经形成从数量到布局相对合理的学位授予体系。综合学位点的空间和时间分布情况，教育学原理学位授权点的院校类别日益多样，且呈现出由沿海向内地推进的趋势。但是，我们还应该看到，教育学原理学位点的发展还很不均衡。

### 2. 教育学原理学科专业设置情况

参考2013年教育学原理研究生招生目录，通过整理，得到教育学原理下属专业方向数目较多的类别见表2-3。

表2-3　教育学原理各院校专业方向设置情况

| 专业方向 | 设置该专业方向的院校数目 |
| --- | --- |
| 教育基本理论 | 39 |
| 教育哲学 | 33 |
| 教育社会学 | 21 |
| 德育原理 | 17 |
| 教师教育 | 15 |
| 基础教育改革 | 9 |
| 教育法学 | 6 |

通过表2-3可以看到，在我国设置教育学原理专业的各院校中，教育基本理论、教育哲学、教育社会学和德育原理成为主导的学科专业方向。这些专业方向从不同方面，共同构筑了教育学原理的学科基础，对教育学原理的研究发挥着基础性的作用。近年来，个别院校还增设了教师教育、基础教育改革和教育法学的专业方向。此外，一些地方高校结合自身特点，亦开设了一些极具地方特色和自身培养特色的专业方向。如云南大学、云南民族大学和云南师范大学的民族教育学研究。宁夏大学、西北师范大学的多元文化教育学等。但同时我们也发现，一些院校在教育学原理专业方向设置中出现教育基本理论、教育哲学、德育原理等专业方向的“空场”现象，从长远看，这将不利于教育学原理的学科发展。还有个别院校将教育史、教育经济与管理置于教育学原理的专业方向中，这种跨二级乃至一级学科的安排使得学科领域变得混乱无序，有违学科体系的科学性。

### （二）学术交流动态

2013年教育学原理学科围绕学科重大理论与现实问题展开学术交流。这些交流，深化了学术研究，回应了改革需求，彰显了学者智慧，凝聚了学术力量，活跃了学术氛围，引领了学科发展方向，丰富了话语体系，促进了教育学原理学科的学术繁荣。一年来，学术活动的主题主要集中在四大方面。

教育基本理论。一是教育与国民性研究。这是教育基本理论专业委员会第十四届学术年会的会议主题（2013年9月西南大学）。会上，教育学原理专业的各位学术同仁围绕国民性辨析及教育学思考，教育与国民性的比较研究，国民性与德育，国民性改造，养成的实践研究，现代教育与国民性，国民性视野下的文化与教育，国民性与人的发展，历史变迁中的教育与国民性等话题展开了热烈的讨论，为学界呈现了一场别开生面的学术盛会。二是公平与质量：政策视野下的教育变革国际学术研讨会（2013年11月在华东师范大学召开）。来自三大洲（欧洲、北美洲、亚洲）的六个国家（英、美、加、挪威、日、中）22所高校和科研机构的50余名专家学者，围绕教育公平和政策进行了为期两天的深入讨论。

教育哲学。一是海峡两岸建设性后现代教育哲学（2013年8月在哈尔滨师范大学召开）。来自全国各地的50余位专家学者，包括来自台湾的9位学者、集中探讨了怀特海的教育哲学思想。二是复杂性与教育学（2013年10月在华东师范大学召开）。来自中国、英国、澳大利亚、新西兰四国的22名教育学者以工作坊的方式，充分交流了学术思想，分享了学术成果，以基于复杂性的会议组织方式，生成了未来开展国际合作研究的若干主题。

德育。一是道德教育专题研讨会（2013年9月在华中师范大学召开）。与会学者分别就德性教育的实践，自砺教育的探索和基于组织伦理的教师道德成长进行了大会报告交流。二是全国和谐德育年会暨第十六届学术研讨会（2013年9月在天津市召开）。会议集中探讨了构建区域、学校、班级三级德育体系；整体构建大、中、小学有效衔接的德育体系和德育的实践探索、教育模式及其对教育改革和社会发展的价值。三是道德教育与中国人的精神基础重建（2013 年 11 月在安徽师范大学召开）。与会代表围绕公民德性与公民精神，技术时代与精神基础的重建，学校德育的时代话题和中西传统文化与现代人的精神等议题展开了专题学术研讨。

基础教育。一是提高质量——基础教育科学发展的永恒主题（2013 年 11 月在山东青岛召开）。会议代表分别围绕教学模式创新与教育质量提升，推进教改实验提高课堂教学质量，素质教育与舞蹈课程教学，教育质量的标准及评价，农村教育质量分析与提高路径等主题进行了讨论。二是学校改进与伙伴协作：变革背景下“U-S”协作的理念与实务学术研讨会（2013 年 9 月在东北师范大学召开）。与会者围绕“U-S”伙伴协作的模式创新与路径选择，协作背景下的学校组织变革、制度创新与文化建设，学校改进中的课程开发与课堂变革，学习方式变革与学生成长，学校改进中的大中小学教师专业发展，学校系统变革与领导发展，学校改进中的家校合作、校社（区）合作等议题展开了深入的学术研讨。

## 二、学术进展与成果分析

根据相关数据分析，2013 年度教育学原理学科的学术研究有了长足的发展，研究范围进一步扩展，研究内容相对集中，研究成果不断创新。

### （一）学术研究数据统计分析

#### 1. 科研项目

第一，全国教育科学规划课题。全国教育科学规划课题自 1983 年开始启动，包括了最高层级的国家社科基金项目和教育部课题两大层次，获得项目的层次和数量反映着全国各区域、机构和个人的教育科研竞争力。（见表 2-4）

**表 2-4 全国教育科学“十二五”规划课题统计**

| 课题类别 | 2011 年 | 2012 年 | 2013 年 |
|---|---|---|---|
| 国家重点 | 8 | 9 | 6 |
| 国家一般 | 87 | 91 | 111 |
| 国家青年 | 72 | 72 | 89 |
| 教育部重点 | 144 | 152 | 156 |
| 教育部青年 | 91 | 95 | 79 |
| 总计 | 402 | 419 | 440 |

资料来源：全国教育科学规划领导小组办公室 http：//onsgep. moe. edu. cn。

2013 年度国家社科基金教育学重点课题资助标准为 20 万—25 万元、一般课题资助标准为 12 万—15 万元，青年基金课题资助标准为 10 万—12 万元；教育部重点课题平均为 3 万元、教育部青年专项课题平均为 2 万元。“十二五”期间不仅课题数量呈增长趋势，而且课题经费资助力度也不断提升。(见表 2-5)

**表 2-5 2013 年全国教育科学“十二五”规划课题前 10 位立项单位**

| 排序 | 立项单位 | 总立项数 | 国家重点 | 国家一般 | 国家青年 | 教育部重点 | 教育部青年 |
|---|---|---|---|---|---|---|---|
| 1 | 华东师范大学 | 17 | 1 | 2 | 5 | 6 | 2 |
| 2 | 东北师范大学 | 15 | 0 | 3 | 4 | 4 | 4 |
| 3 | 中南民族大学 | 14 | 0 | 3 | 3 | 3 | 5 |
| 4 | 北京师范大学 | 13 | 1 | 2 | 3 | 4 | 3 |
| 5 | 华南师范大学 | 10 | 0 | 2 | 4 | 2 | 2 |
| 6 | 南京师范大学 | 8 | 0 | 1 | 4 | 3 | 0 |
| 6 | 华中师范大学 | 8 | 0 | 4 | 1 | 1 | 2 |
| 6 | 沈阳师范大学 | 8 | 0 | 2 | 4 | 1 | 1 |
| 10 | 浙江大学 | 6 | 0 | 3 | 0 | 2 | 1 |
| 10 | 山东师范大学 | 6 | 0 | 2 | 1 | 2 | 1 |
| 10 | 西南大学 | 6 | 0 | 2 | 2 | 1 | 1 |
| 10 | 河南大学 | 6 | 0 | 2 | 3 | 1 | 0 |

资料来源：全国教育科学规划领导小组办公室 http：//onsgep. moe. edu. cn。

从课题立项单位性质分析，高校仍然是教育学原理科研课题的主要承担单位；科研项目从地区分布来看，上海市、北京市、江苏省、广东省名列前茅，显示区域教育学原理学科研究水平与其教育发展程度、经济发展水平密切相关；从具体立项单位来看，以华东师范大学、东北师范大学、北京师范大学、华南师范大学为代表的师范大学和以中南民族大学、浙江大学、西南大学、河南大学为代表的综合性大学占据前 10 位，显示了师范院校和综合性大学这两类科研机构的综合实力。（见表 2-6）

**表 2-6　2013 年全国教育科学“十二五”规划课题国家重点课题**

| 课题名称 | 立项单位 | 负责人 |
|---|---|---|
| 教育现代化评价指标体系及推进路径研究 | 华东师范大学 | 杨小微 |
| 人力资源强国评价指标体系与实践路径研究 | 浙江师范大学 | 楼世洲 |
| 学生健康素养评价指标体系研究 | 复旦大学 | 傅华 |
| 职业教育推进县域经济和城镇化发展实践研究 | 广东省教育研究院 | 黄崴 |
| 以学生为本的高校教育质量评价体系研究 | 教育部高教评估中心 | 吴岩 |
| 教育国际化政策及其实施效果的国际比较研究 | 北京师范大学 | 马健生 |

资料来源：全国教育科学规划领导小组办公室 http：//onsgep. moe. edu. cn。

第二，高校人文社会科学研究项目。2013 年高校人文社会科学研究规划基金、青年基金、自筹经费项目共计 3232 项，其中教育学共计 250 项，约占 7. 7%。（见表 2-7）

**表 2-7　2013 年度教育部人文社会科学研究教育学项目前 10 位单位**

| 序号 | 立项单位 | 总立项数 | 规划基金项目 | 青年基金项目 |
|---|---|---|---|---|
| 1 | 南京师范大学 | 7 | 4 | 3 |
| 2 | 华中师范大学 | 6 | 1 | 5 |
| 2 | 北京师范大学 | 6 | 5 | 1 |
| 2 | 东北师范大学 | 6 | 4 | 2 |
| 2 | 西南大学 | 6 | 5 | 1 |
| 7 | 上海师范大学 | 5 | 2 | 3 |

续表

| 序号 | 立项单位 | 总立项数 | 规划基金项目 | 青年基金项目 |
|---|---|---|---|---|
| 7 | 浙江师范大学 | 5 | 2 | 3 |
| 7 | 重庆师范大学 | 5 | 3 | 2 |
| 9 | 温州大学 | 4 | 0 | 4 |
| 9 | 杭州师范大学 | 4 | 2 | 2 |

资料来源：中华人民共和国教育部 http：//www. moe. edu. cn。

从课题立项数量来看，南京师范大学、华中师范大学、北京师范大学、东北师范大学、西南大学等师范大学位居前列。（见表 2-8）

**表 2-8　2013 年度教育部人文社会科学重点研究基地重大项目立项情况**

| 序号 | 基地所在高校 | 研究基地名称 | 课题名称 | 负责人 |
|---|---|---|---|---|
| 1 | 华东师范大学 | 基础教育改革与发展研究所 | 公平视域下中小学与政府、社会的关系研究 | 夏正江 |
| 2 | 华东师范大学 | 基础教育改革与发展研究所 | 全球化背景下基础教育政策的“中国经验”研究 | 张天乐 |
| 3 | 华东师范大学 | 基础教育改革与发展研究所 | “千禧年群组”发展重要特征研究 | 马和民 |
| 4 | 华东师范大学 | 课程与教学研究所 | 义务教育阶段促进学习的课堂评价研究 | 王少非 |
| 5 | 华东师范大学 | 课程与教学研究所 | 叙述的行动 | 刘良华 |
| 6 | 北京师范大学 | 比较教育研究中心 | 创建世界一流大学政策的国际比较研究 | 刘宝存 |
| 7 | 北京师范大学 | 比较教育研究中心 | 高等学校分类管理的国际比较研究 | 高益民 |
| 8 | 东北师范大学 | 农村教育研究所 | 农村新教育理论的探索性研究 | 杨兆山 |
| 9 | 北京大学 | 教育经济研究所 | 高校毕业生就业结构的实证研究 | 岳昌君 |

续表

| 序号 | 基地所在高校 | 研究基地名称 | 课题名称 | 负责人 |
| --- | --- | --- | --- | --- |
| 10 | 北京大学 | 教育经济研究所 | 经济发展方式转变与产业结构升级背景下的高等教育分类管理与结构调整研究 | 丁小洁 |
| 11 | 西北师范大学 | 西北少数民族教育发展研究中心 | 藏传佛对藏区现代学校教育及藏族青少年民族认同和国家认同影响的实证研究 | 杨军 |
| 12 | 西北师范大学 | 西北少数民族教育发展研究中心 | 五省区藏区学校双语教学实践有效推进模式研究 | 孙百才 |
| 13 | 厦门大学 | 高等教育发展研究中心 | 中国科举通史 | 刘海峰 |
| 14 | 厦门大学 | 高等教育发展研究中心 | 世界一流大学多样化招生政策研究 | 郑若玲 |

资料来源：中华人民共和国教育部 http：//www. moe. edu. cn。

从课题立项质量来看，2013 年度教育部人文社会科学重点研究基地重大项目（经费数在 40 万—80 万元）共计 240 项。其中，基础教育改革与发展研究所、教育经济研究所、课程与教学研究所、高等教育发展研究中心、西北少数民族教育发展研究中心优势明显。可见部署重点师范院校、综合型大学具有一定的资源优势，地方师范大学具有一定的特色优势。

“十二五”期间，充分发挥了课题指南的导向作用，形成了基础研究和应用研究、决策研究和实践研究分工合作的研究格局。教育科研机构、大专院校，教育行政机关、专业教育学会和行业部门成为课题承担的主体。

### 2. 学术论文

国家标准 GB 7713—87 对学术论文所做的定义为：“学术论文是某一学术课题在实验性、理论性或观测性上具有新的科学研究成果或创新见解和知识的科学记录；或是某种已知原理应用于实际中取得新进展的科学总结，用以提供学术会议上宣读、交流或讨论；或在学术刊物上发表；或作其他用途的书面文件。”现以 2013 年度中国人民大学复印报刊资料（以下简称“人大复印报刊资料”）《教育学》所刊载的学术论文进行分析。

第一，栏目设置及论文分布。人大复印报刊资料《教育学》2013 年度设置专栏 11 个，转载论文总计 260 篇。可见，教育基本理论、比较教育、教育史研究栏目在《教育学》论文分布中几乎占据半壁江山，同时，教育基本理论栏目的转载数更是遥遥领先，是学术界关注的重点领域。（见表 2-9）

表 2-9　2013 年度人大复印报刊资料《教育学》常设栏目论文分布

| 序号 | 栏目 | 转载数（篇） | 占总数比例（%） |
| --- | --- | --- | --- |
| 1 | 教育基本理论 | 45 | 17. 3 |
| 2 | 比较教育 | 39 | 15 |
| 2 | 教育史研究 | 39 | 15 |
| 3 | 教师与教师教育 | 25 | 9. 6 |
| 3 | 教学与课程 | 25 | 9. 6 |
| 4 | 德育研究 | 23 | 8. 8 |
| 5 | 教育技术 | 21 | 8. 1 |
| 6 | 教育改革与发展 | 19 | 7. 3 |
| 7 | 教育与经济 | 11 | 4. 2 |
| 8 | 教育政策与制度 | 9 | 3. 5 |
| 9 | 教育科研方法 | 4 | 1. 5 |

参见：宣小红等《教育学研究的热点与重点——对 2013 年度人大复印报刊〈教育学〉转载论文的分析与展望》，载《教育研究》2014 年第 2 期。

第二，论文来源杂志全文转载量情况。2013 年，人大复印报刊资料《教育学》的文章来源比较广泛。以下选取学术水平较高、影响力较大的前 10 名进行排序。（见表 2-10）

**表 2-10　2013 年度人大复印报刊资料《教育学》的文章来源杂志转载排名**

| 序号 | 刊名 | 转载数（篇） | 占总数比例（%） |
| --- | --- | --- | --- |
| 1 | 教育研究 | 35 | 13.5 |
| 2 | 全球教育展望 | 15 | 5.8 |
| 3 | 教育学报 | 12 | 4.6 |
| 3 | 课程·教材·教法 | 12 | 4.6 |
| 4 | 教育发展研究 | 11 | 4.2 |
| 4 | 教育学术月刊 | 11 | 4.2 |
| 4 | 教育研究与实验 | 11 | 4.2 |
| 5 | 比较教育研究 | 10 | 3.8 |
| 5 | 河北师范大学学报：教育科学版 | 10 | 3.8 |
| 6 | 华东师范大学学报：教育科学版 | 8 | 3.0 |
| 6 | 外国教育研究 | 8 | 3.0 |
| 7 | 电化教育研究 | 7 | 2.6 |
| 7 | 高等教育研究 | 7 | 2.6 |
| 8 | 中国电化教育 | 6 | 2.3 |
| 9 | 北京大学教育评论 | 5 | 1.9 |
| 9 | 中国教育学刊 | 5 | 1.9 |
| 9 | 教育理论与实践 | 5 | 1.9 |
| 10 | 清华大学教育研究 | 4 | 1.5 |
| 10 | 现代远程教育研究 | 4 | 1.5 |

参见：宣小红等《教育学研究的热点与重点——对 2013 年度人大复印报刊〈教育学〉转载论文的分析与展望》，载《教育研究》2014 年第 2 期。

第三，第一作者所属单位情况。从第一作者所属单位性质来看，高校处于绝对的主体地位。2013 年度人大复印报刊资料《教育学》转载的文章总计 260 篇，其中有 245 篇文章的作者来自高校，比例达 94.2%，较 2012 年略有上升。就高校而言，文章第一作者所属单位仍以师范院校为主。北京师范大学以 28 篇名列榜首，华东师范大学与南京师范大学分列第二、第三名。相较于 2012 年，2013 年的文章第一作者所属单位比较分散，在此仅对转载文章排序前 10 单位进行统计。（见表 2-11）

表 2-11　2013 年度人大复印报刊资料《教育学》高校论文转载

| 序号 | 第一作者所属单位 | 转载数（篇） | 占总数比例（%） |
|---|---|---|---|
| 1 | 北京师范大学 | 28 | 10.8 |
| 2 | 华东师范大学 | 26 | 10 |
| 3 | 南京师范大学 | 24 | 9.2 |
| 4 | 西南大学 | 12 | 4.6 |
| 5 | 东北师范大学 | 10 | 3.8 |
| 6 | 华中师范大学 | 8 | 3.1 |
| 6 | 陕西师范大学 | 8 | 3.1 |
| 6 | 浙江大学 | 8 | 3.1 |
| 7 | 华南师范大学 | 7 | 2.7 |
| 8 | 湖南师范大学 | 6 | 2.3 |
| 8 | 浙江师范大学 | 6 | 2.3 |

参见：宣小红等《教育学研究的热点与重点——对 2013 年度人大复印报刊〈教育学〉转载论文的分析与展望》，载《教育研究》2014 年第 2 期。

### 3. 学术著作

学术著作是教育学原理科研成果的结晶体，是学科发展成果的集中体现。2013 年度出版图书 44.4 万种，其中新版图书 25.6 万种，较 2012 年度增长 5.78 个百分点。文化教育科学体育类新版图书 8.51 万种，较去年增长 6.53 个百分点①。其中，2013 年教育科学出版社出版教育基本理论图书约 128 部，人民教育出版社出版教育基本理论图书约 95 部。

第一，按读者反馈分析。自 2009 年始，《中国教育报》联合国内近 20 家主要教育出版单位，面向广大教师推荐近 500 本中外教育书目。根据网上投票和专家参评的方式，评选出年度“影响教师的 100 本图书”。2013 年度“影响教师的 100 本书”，教育理论类图书占 11 本。（见表 2-12）

① 资料来源：2013 年新闻出版产业分析报告 http：//www.gapp.gov.cn

表 2-12　2013 年影响教师的 100 本图书（教育理论图书，排名不分先后）

| 序号 | 书　名 | 作　者 | 出版单位 |
|---|---|---|---|
| 1 | 人是如何学习的：大脑、心理、经验及学校 | 约翰·D. 布兰思福特，等 | 华东师大出版社 |
| 2 | 基于脑的课堂教学：框架设计与实践应用 | 李金钊 | 华东师大出版社 |
| 3 | 激活内在的潜能：学生创新素养的评价与培养 | 沈之菲 | 华东师大出版社 |
| 4 | 提升教师的教育境界：教学的道德尺度 | 约翰·I. 古德莱德，等 | 教育科学出版社 |
| 5 | 课程动态学：再造心灵 | 杰恩·弗丽纳 | 教育科学出版社 |
| 6 | 当代教育伦理学译丛 | 陆有铨、杜成宪 | 教育科学出版社 |
| 7 | 儿童的利益 | 弗朗索瓦兹·多尔多 | 上海社会科学院出版社 |
| 8 | 在学校中培养品德：品德教育实践导引 | 卡伦·博林，等 | 教育科学出版社 |
| 9 | 变革中的公民身份：教育中的民主与包容 | 奥德丽·奥斯勒、休·斯塔基 | 教育科学出版社 |
| 10 | 理解教育：何为家庭教育的本质 | 韦尔纳·劳夫 | 龙门书局 |
| 11 | PISA 测评的理论和实践 | 陆璟 | 华东师大出版社 |

资料来源：中国教育新闻网 http：//book. jyb. cn

第二，按出版机构分析。全国有教育类图书出版单位 35 家，在各大出版社出版的教育学术著作中，出版社重点推荐、销量较好的学术丛书。从丛书的选题来看，教育改革、教师发展、德育理论是受到读者欢迎的热门选题。（见表 2-13）

**表 2-13　具有良好社会影响的学术丛书**

| 丛书名称 | 出版单位 |
|---|---|
| 中国教育评论系列 | 教育科学出版社 |
| 教育博士文库 | 教育科学出版社 |
| 当代中国教育思想探索书系 | 教育科学出版社 |
| 教育科学研究新视野丛书 | 教育科学出版社 |
| 当代德育理论译丛 | 教育科学出版社 |
| 中国基础教育发展研究报告系列 | 教育科学出版社 |
| 世纪之交中国基础教育改革研究丛书 | 教育科学出版社 |
| 教育学专业系列教材 | 北京师范大学出版社 |
| 教育学专业方向课系列教材 | 北京师范大学出版社 |
| 当代中国教育学家文库 | 北京师范大学出版社 |
| 中国教育改革 30 年丛书 | 北京师范大学出版社 |
| 中国当代教育论丛 | 人民教育出版社 |
| 教育科学分支学科丛书 | 人民教育出版社 |
| 教育随笔系列 | 华东师范大学出版社 |
| 教师专业发展系列 | 华东师范大学出版社 |

## （二）学术研究成果分析

根据相关学术成果数据分析，2013 年度教育学原理学科学术研究聚焦的前沿与热点问题主要体现在以下几个方面。

### 1. 立足时代转型，重塑国民性

一百多年前，随着国家的衰落，国民性改造一度成为“救亡图存”的时代主题；今天，随着中国面临现代化转型，国民性的改造再次成为学者们探讨的热点。理论界从教育学视域出发，既关注“教育与国民性”的历史深度，又不断拓展其当代广度。

国民性内涵的教育学意蕴。有学者认为，从教育学视角解读国民性，即一国之民所应具备的基本品格和整体素养，也是一个国家人性的高度概括和集中体现。[①] 有学者认为，国民性强调的是国家成员的类型化特征，即一国国民所共同具有的、相对稳定的、趋同性的文化精神特征和行为方式。社会成员要拥有这种“国民性”，就要通过后天的教育而习得和了解国家的历史、文化、语言、制度、风俗、习惯和思维方式，教育的重要意义在于塑造国民素质，提高民族精神品格。[②] 国民性被纳入教育学的话语体系，既是教育学学者对相关理论与实践的自觉回应，也是对其学术使命的积极担当。

国民性特征的多元化视角。第一，文化品性。有学者认为，国民性具有丰富的文化内涵，或者可以说国民性实际上就是民族文化的积淀、结晶和升华。文化是国民性的根，国民性则是文化的显现。只有深入且全面地考察文化形态，才有助于理解国民性的主要特征、历史作用和历史地位，从而获得对国民性比较客观全面的认识。[③] 第二，政治学视角。有学者认为，任何一个国家公民的国民性都与这个国家的政治意识形态性质息息相关，带有国家政治立场的印痕。第三，生态学视角。有学者以生态学理论和方法为指导，从国民性的生态学基本逻辑，自然环境、社会环境和规范环境构成的复合生态环境对国民性的作用机理，国民性的演变机制及其动力系统三个方面研究了生态学视域下国民性的意蕴及其演变范式。强调通过调控国民性、主动改造国民性中不适应社会发展的部分，推进其正向演变，来实现国家生态系统的良性演化和正向演替。[④]

国民性重塑的教育学反思。有学者认为当代中国基础教育在国民性养成方面应秉持反对臣民倾向、批判人民倾向、提出公民倾向的立场。公民倾向下国民性养成的实践策略包括打造注重公民品质培养的社会氛围、培

---

① 刘黎明.“国民性”探究的教育学诉求［A］. 教育与国民性论文集［C］. 教育基本理论专业委员会第十四届学术年会，重庆，2013.

② 胡萨. 国家认同教育何以可能［A］. 教育与国民性论文集［C］. 教育基本理论专业委员会第十四届学术年会，重庆，2013.

③ 赵彦俊，等. 国民性的文化性格、生成机理及其学校教育［A］. 教育与国民性论文集［C］. 教育基本理论专业委员会第十四届学术年会，重庆，2013.

④ 郭辉. 国民性的生态学意蕴［A］. 教育与国民性论文集［C］. 教育基本理论专业委员会第十四届学术年会，重庆，2013.

养具有公民教育能力的师资以及改革公民教育课程。[①] 国民性中的臣民意识和私民意识，决定了我们必须以公民性改造国民性。[②] 从国民性形成的多元化路径出发，有学者认为相对于制度适应、族群文化濡染与国民自觉而言，国民教育参与着国民性的形成与提升，并在这一过程中发挥着奠基、引领、调控的作用。在助推国民性进化中，现代国民教育肩负着四重使命，即借助传统教育、时代教育、国族教育与国际教育来加速积极、健康、优秀国民性在民众身上的形成。[③] 与此同时，有学者进一步指出，教育之于国民性的培养，必须确定“中国人”在教育目的中的应有之义。“中国人”的定位，并不只是文字上的表述，而是中国教育价值导向的确立。事实上，定位于“中国人”的教育，所体现的既是国家的利益，又是个体人的利益，更是教育自身与之俱来的本真内涵。[④]

坚持立德树人，践行社会主义核心价值观。党的十八大报告明确把“立德树人”作为教育的根本任务，反映了社会主义现代化建设新阶段对教育工作的新要求。十八届三中全会明确要求“坚持立德树人，加强社会主义核心价值体系教育”。核心价值观培育是以核心价值体系为依托，以形成社会和公民公认的主流价值观念为目的的教育活动。

从社会主义核心价值观认同的视角探讨德育的新使命。有学者认为，学校德育工作应在把社会主义核心价值体系融入教育教学的基础上，积极开展社会主义核心价值观认同教育，从教育认同、社会认同、自我认同着手，引导学生培养和践行社会主义核心价值观。[⑤] 有学者认为，立德树人的教育思想要求中小学核心价值观培育与学校德育实现共同发展，统一于教学过程当中，前者为后者提供宏观上的指导和丰富的内容，后者为前者提供实施导向和践行模式，在中小学教育中，架设学校德育与核心价值观

---

① 杨清溪，柳海民．从臣民到公民：中国基础教育国民性养成倾向的批判与反思［A］．教育与国民性论文集［C］．教育基本理论专业委员会第十四届学术年会，重庆，2013.

② 冯建军．国民性改造的社会支持与教育使命［A］．教育与国民性论文集［C］．教育基本理论专业委员会第十四届学术年会，重庆，2013.

③ 龙宝新．论国民教育与国民性的形成［J］．现代基础教育研究，2013（12）.

④ 刘黎明．“国民性”探究的教育学诉求［J］．教育理论研究，2014（7）.

⑤ 邱伟光．学校德育新使命：核心价值观认同［J］．思想理论教育，2013（12）.

培育之间的桥梁更具有时代意义。[①] 具体到学校价值教育的内容体系，有学者认为，现代学校价值教育核心内容体系应以社会和谐—人生幸福为中心建设，形成包括终极理想层、生活精神层、公共生活层、个体生活层四个方面的内容。现代学校价值教育可以从五个方面来加强，要进行系统的价值教育、要抓住核心价值层次和核心价值条目、要注意协调各个价值品质层次之间的关系、要准确定位具体价值的内涵、要适度加强价值理性教育。[②]

从优化立德树人的机制及其环境探求德育的新对策。优化长效机制建构德育环境是实现立德树人根本任务的内在要求。2013 年由中国德育杂志社主办的校本德育创新论坛围绕“立德育人整体推进的途径与方法”这一主题，就“学科联动育人”、“社会实践育人”、“学校管理育人”、“校园文化育人”、“家庭合作育人”五个方面进行了深入探讨和交流。有学者指出，德育是以过程的形式存在，以过程的方式展开、变化、发展的，过程属性是德育的本质属性，它进一步体现为德育的生成性、情境性和阶段性。基于此，要做好德育工作，必须尊重德育的过程属性和过程本质。具体而言，德育需要耐心，重在过程；德育需要生成，根在创造；德育追求功效，贵在长远。不仅如此，有的学者认为，在新时期，考察通识教育包含的人本德育精神，在通识教育视域下探讨人本德育在教育资源拓展、文化场域营建、思维方法择取等方面的实践路向，将有助于德育工作者把握德育内在规律，创新工作方法，增强德育的实效性。[③] 在营建德育环境方面，有学者认为，需要建构国家、社会、家庭与学校的“生态联盟”，实现学校内、外德育环境的“无缝对接”。[④]

### 2. 立足新型城镇化背景，探索教育改革与发展

十八大报告提出了城乡一体化发展的新型城镇化道路，未来二十年是

---

① 杨飞云，刘济良．架设德育与核心价值观培育的桥梁［J］．中国德育，2013（20）．

② 余清臣．现代学校价值教育核心内容体系及其教育策略——以社会和谐—人生幸福为中心［J］．教育学报，2013（1）．

③ 王启明．人本德育实践路向及其形态——基于通识教育视角［J］．中国教育学刊，2013（12）．

④ 冯秀军．现代学校德育环境的生态建构［J］．教育研究，2013（5）．

中国城镇化快速发展的关键时期。2013 年，学者们积极探索如何在新型城镇化背景下，深化城乡教育改革，促进教育公平，提高教育质量，全面推进教育内涵式发展。

推进城乡教育一体化与均衡发展。2013 年 9 月在东北师范大学、2013 年 12 月在华东师范大学相继召开了“新型城镇化背景下义务教育均衡发展”学术会议。会议上有学者认为，均衡发展义务教育不仅是价值引领式发展和学校优质特色化发展，也是学生全面个性化发展。均衡发展义务教育的实践取向是：关注县域推进同时，更加突出省级统筹；在采取保护型、补偿型政策举措的基础上，更加突出发展型举措；在兼顾义务教育发展外延式评价时，更加注重内涵式评价，持续促进义务教育内部均衡，更加注重调试义务教育发展的外部环境。① 制定义务教育均衡发展的评估标准，对科学衡量我国义务教育均衡发展水平具有重要理论意义和实践价值。有学者通过在全国范围内开展一线调研、小样本测试、全样本模拟，提出了衡量县域内校级间义务教育均衡发展水平的 8 项核心指标，即师生比、生均高于规定学历教师数、生均中级及以上专业技术职务教师数、生均教学仪器设备值、每百名学生拥有计算机台数、生均图书册数、生均教学及辅助用房面积、生均体育运动场（馆）面积。确定了以差异系数作为义务教育均衡发展水平的测算方法，提出了义务教育均衡发展的评估标准，形成了义务教育均衡发展的国家标准体系。②

关注留守儿童和寄宿制学校建设。有学者认为，留守儿童的教育问题，应该由学校、家庭、社会及政府各方面共同努力，充分发挥学校教育的主体作用，全面承担起留守儿童的教育与管理责任；积极营造良好的家庭教育氛围，让留守儿童感受父母关爱和家庭温暖；调动社会各方面的力量，为留守儿童公平接受教育创造良好外部环境；积极鼓励城市公办中小

---

① 李宜江，朱家存．均衡发展义务教育的理论内涵及实践意蕴［J］．教育研究，2013（6）．

② 中国教科院“义务教育均衡发展标准研究”课题组．义务教育均衡发展国家标准研究［J］．教育研究，2013（5）．

学降低入学门槛，尽可能地接纳进城务工农民子女入学。[①] 有学者提出，推进义务教育均衡发展，必须高度重视农村寄宿制学校建设，加大对农村寄宿制学校建设的投入力度，适当放宽农村寄宿制学校教师的编制、千方百计改善农村寄宿制学校的办学条件、加强寄宿制学校的日常管理、开展丰富多彩有益身心的活动。[②] 此外，有学者关注城镇化背景之下的农村薄弱学校的建设，指出大力加强农村薄弱学校建设，确保城乡义务教育真正实现均衡发展，让广大农村适龄儿童都能公平接受义务教育。具体而言，加大农村教育投资体系改革，增加对农村薄弱学校的投入；创新学校管理思路，大力提升薄弱学校的管理水平；坚持疏堵结合，抑制城乡间教师的“逆向”流动；坚持就近入学，均衡城乡生源。[③]

关注“随迁子女”异地高考问题。随着城镇化进程的加快，异地高考问题日益凸显。2012 年 8 月，国务院办公厅转发了教育部等部门的《关于做好进城务工人员随迁子女接受义务教育后在当地参加升学考试工作的意见》，异地高考问题终于破冰。有学者认为，异地高考不仅彰显了制度公平，而且反映了公平竞争制度设置理念，还能体现高考公平观变迁。[④] 然而在推进的过程中面临重重现实困境。有学者认为，在政策制定和执行过程中要注意解决一些潜在问题，如本地考生与随迁子女之间的矛盾冲突；“高考移民”在异地高考中浑水摸鱼；政策执行中引发钱权交易腐败行为等。有学者认为，要理解这种公平难以达成一致的缘由，就必须超越异地高考命题本身，去理解政策设计中针对该议题容易忽视的政治社会学发生根源，如底层政策设计的模糊、个体化中国社会的兴起、农村教育的政策误区以及“文凭中国”、“本科出生论”的思想共谋等，从而为异地高考公

---

① 范先佐 . 义务教育均衡发展与农村教育难点问题的破解 [J]. 华中师范大学学报：人文社会科学版，2013（2）.

② 范先佐 . 义务教育均衡发展与农村教育难点问题的破解 [J]. 华中师范大学学报：人文社会科学版，2013（2）.

③ 郭清扬 . 义务教育均衡发展与农村薄弱学校建设 [J]. 华中师范大学学报：人文社会科学版，2013（1）.

④ 孙新 . 异地高考的目的、流入地类型与条件设置分析 [J]. 教育理论与实践，2013（14）.

共政策精细化设计提供另一条治本思路。[①] 有学者从复杂理论的视角出发，将异地高考作为一个复杂系统进行考察，指出坚持公平价值取向，以学籍控制准入，同步改革户籍制度和高考录取政策，并建立经费筹措和保障机制，监督和问责机制，以破解异地高考政策难题。[②]

### 3. 聚焦教师专业发展，探索多元实践路径

“百年大计，教育为本；教育大计，教师为本”。今天，教师专业发展已经成为一种浪潮，思考教师专业化的意义格外重要。教师专业化能够带来新的自我认同与教师虔信，影响教师的行为方式，并促使教师成为一个懂教师与教育的人，成为一个有思想的教师，成为一个服务、探寻与实践真、善、美的自由者。[③]

首先，反思教师专业发展内容。反思内容涉及五个方面。第一，教师道德。有学者提出，应该建立与教师专业生活相匹配的专业道德体系，强调教师面对复杂的道德情景时产生的内在自觉性力量，在具体情景下充分发挥教师自身的实践智慧，不断对自身所信奉的道德原则进行反思与建构，以使专业道德与专业生活同步。[④] 第二，教师信念。有学者认为，教师信念是教师人生的精神支柱、教师职业的奉守信条、教师文化的核心要素、教师行为的隐性向导和教师专业发展的内在动力。[⑤] 第三，教师责任。教师责任就是担当教师角色的人所应当承担的分内事务。教师主要承担相应的教育责任、法律责任和道德责任，但对文化创造和促进社会文明的责任也须重视，教师责任担当的范围随个人能力的增长日益扩大。[⑥] 第四，教师知识。有学者认为，在专业群体中认同较高的核心教育知识是新教师在从教前必须掌握的教育知识，核心知识对于教师专业发展具有高营养、

---

① 李涛，邬志辉．“异地高考”公共政策议题争论的背后——一种政治社会学的分析［J］．中国青年研究，2013（7）．

② 李慧，杨颖秀．如何破解异地高考政策难题［J］．国家教育行政学院学报，2013（2）．

③ 阮成武．我国基本实现教育现代化的路径选择［J］．新华文摘，2013（1）．

④ 苏启敏．论教师专业道德的实践品格［J］．教育研究，2013（5）．

⑤ 肖正德．基于教师发展的教师信念：意蕴阐释与实践建构［J］．教育研究，2013（6）．

⑥ 李保强，陈忠伟．教师责任范畴：内涵、外延及其架构［J］．教育科学研究，2013（5）．

高效能、高价值。① 第五，教师能力。有学者认为，教师的教学创新能力是一种复杂能力，是教师教学创新的认知系统、动力系统、人格系统以及行为系统等多种心理结构共同体的综合反映。②

其次，探索教师专业发展路径。当前，教师专业发展范式正由“被动性发展”转向“主体性发展”，由“个体化发展”转向“交往性发展”。第一，探求个性化发展方式。有学者认为，个性化专业发展立足从“需求导向”出发，以适合教师自身专业发展的方式，引导和满足教师多样化专业发展的需求，探索“轻负担、高质量、可持续”的“生长型”专业发展新路，通过个性化的专业引领，帮助每一位教师自主建构并实现从“实践者——行动研究者——专业领导者”的角色转型。③ 第二，创建协同创新机制。有学者认为，创建高校和地方政府、教研机构、中小学的协同机制，是实现教师专业技能发展的重要保障。④ 第三，充分发挥自组织的作用。有学者认为，教师的自组织依托实践——反思、交往——对话、自我叙述、写作——科研等模式发挥对教师专业的促进作用。⑤ 第四，推动学校组织变革。学校需要走出“工厂模式”和“官僚模式”两种形态的禁锢，构建合作的学校组织文化，朝向“专业取向”的学校组织形态发展。⑥ 第五，培养教师专业发展指导者。教师专业发展指导者是指对教师专业发展承担着专业指导与成长服务责任的专门人员，他们是教师教育知识的启蒙者、教育艺术的点拨者、教育者人格的引导者，是教师专业成长过程的参与者、见证者与合作者、辅助者，是教师专业发展服务的主要创造者与供给者，是助推教师走向专业成熟的一个台阶或桥梁。培养教师专业发展指导者，让教师成为自己，发现教师的专业潜能，用教育服务引领教师专业发展，做好教师发展的导师与谋士，从而促进教师专业发展。⑦

---

① 龙宝新．论核心教育知识及其特征［J］．教育发展研究，2013（10）．
② 游旭群，王振宏．教师教学创新能力及其发展［J］．当代教师教育，2013（2）．
③ 史静寰，王振权．适合教师的个性化专业发展方式［J］．教育理论与实践，2013（10）．
④ 邹绍清，陈亮．教师教育协同机制的创建与实施［J］．教育研究，2013（8）．
⑤ 阳泽，杨润勇．自组织：教师专业发展的重要机制［J］．教育研究，2013（10）．
⑥ 周坤亮．指向教师专业发展的学校组织变革［J］．教育理论与实践，2013（19）．
⑦ 龙宝新．论教师专业发展指导者［J］．教育学术月刊，2013（7）．

#### 4. 探讨教学理论，推动教学改革

教学作为教育改革的核心和关键，直接关乎人才培养的质量。随着教学改革实践不断深化与发展，教学研究日益成为教育学原理的一个着力点，有学者从深化教学研究到教学实践改革等方面进行了积极的探索和有益的尝试。

教学研究回归。教学改革是教育研究的永恒主题。有学者认为，提升教学质量的关键是开展教学研究，合乎教学活动本性的教学研究是基于真实情景和问题解决的现场探究，而不是简单套用常规研究方法。它必须直面教学活动的复杂性、以问题解决为旨趣，不拘固定的形式和手段，案例研究、叙事研究、行动研究、反思等是其主要形式。① 还有学者认为，不断深化教学研究是当代中国教育研究的重大使命。教育研究必须回归教学，特别重视教学研究立项和奖励，大力鼓励教学实验研究，努力加强科学研究和教学研究的紧密结合，积极吸引精英人才从事教学研究，处理好教学研究现代化和民族性的关系，从而实现教学理论与教学实践的现代化和本土化。②

深化理论探究。随着课堂教学改革的持续推进，教学研究要不断深化和发展。有学者认为，生成性教学之美是教学中所蕴含的独特的教学美。与预设性教学相比，它更能凸显教学的过程之美、意外之美和创新之美。生成性教学之美不仅美在教学的“预设之外”，美在教学的“即兴创作”，也美在“教学机智”以及教学的“情境观照”之中。生成性教学之美的创生策略为：保持教学目标“刚柔相济”，给生成性教学美的创生留有余地；灵活处理教学内容，为生成性教学美的创生提供多样态的鲜活素材；艺术性地使用教学方法，为生成性教学美的创生提供多样化的手段支撑；恰切把握师生间的教学互动，为生成性教学美的创生提供持续不断的内在动力。③ 有学者认为，对待生成性教学的正确态度应该是在坚决拒斥伪生成和乱生成的基础上，将生成性教学由方法层面的应用导向方法论层面的清

① 刘旭东．论回归教学研究的原点［J］．国家教育行政学院学报，2013（11）．

② 郝文武，郭祥超．回归教学：当代中国教育研究的使命［J］．教育理论与实践，2013（13）．

③ 杨晓奇，李如密．生成性教学美：意蕴、特点与创生［J］．教育理论与实践，2013（7）．

思，这样才能把真正的生成保留于理论和实践视野的核心，而把那些所谓的“生成”驱逐出去，以便集中力量求索并践履生成性教学之真谛。[①]

随着教学理论研究日益深化，有学者认为，课堂教学改革研究目前已经进入到重建的新阶段，出现了观点纷呈、争论不绝和模式迭出的新局面。研究的进一步推进，需要梳理并透过已有认识的分歧，进入到对教学过程两个前提性问题的再认识；对教学活动性质的特殊性，构成要素及相互关系的再认识，进而对教学过程开展中必然涉及的“预设与生成”的关系做出动态整合性的再认识。为此，研究者的工夫不要重在提出新论点上，而需放在“清”全局之“思”，对自己的认识做出反思，在理论与实践结合的意义上深化研究，进而形成再认识基础上的系统新认识。[②]

教学模式创新。伴随着新理念和新技术的不断涌现，现代信息技术与教学改革的整合日益深入。时下，慕课作为一种新型的教学模式正在引发教育领域的一次深刻革命。有学者认为，MOOCs 在教育技术上的根本突破在于实时交互和大数据，从而形成了一场真正的教育变革。这种革命引发了学习、教学、人才培养、大学及其组织、高等教育乃至整个社会的巨大变革。[③] 还有学者认为，MOOCs 不同于传统的课堂教学：一是学生规模的“巨型化”及学生身份的“多元化”；二是它的结构与内容设计模式新颖，设计合理。还有学者认为，MOOCs 呈现了网络化时代下新型教与学的特点：一是落实了学习者的中心地位，二是拓展了学习方式的时空界限，三是创设了沉浸式、社交化的学习环境，四是提供了免费享有优质教育的可能。[④] 可以说，一个快速崛起的在线高等教育课程市场向百年形成的大学学历学位市场发起了挑战，直接冲击了班级式教学、校园教育、课程管理认证、校际跨境服务等传统教育观念和高校管理制度。[⑤] 有学者认为，应该让 MOOCs 的开放与变革精神激发并启迪高等教育变革。具体而言，一

---

① 靳玉乐，朱文辉．生成性教学：从方法的惑到方法论的澄清［J］．教育科学，2013（1）．

② 叶澜．课堂教学过程再认识：功夫重在论外［J］．课程·教材·教法，2013（5）．

③ 苏芃，罗燕．技术神话还是教育革命？——MOOCs 对高等教育的冲击［J］．清华大学教育研究，2013（4）．

④ 马若龙，袁松鹤．MOOCs：教育开放的模式创新与本土启示［J］．中国高教研究，2013（12）．

⑤ 张少刚．MOOCs：网络教育观念与学校管理制度的碰撞［J］．中国高教研究，2013（12）．

是加强学习规律研究，改革传统教学模式；二是迎接开放教育挑战，重构课程体系；三是适应网络学习发展，转变教师角色；四是借力信息技术，促进教育系统性变革。① 因此，有学者积极呼吁推进 MOOCs 的本土化。一是技术平台不仅要足够健壮，更需要在捕捉学习过程数据、实现学习分析和个性化服务方面有突出表现；二是在教学方法方面，发挥渗水式数字资源优势，课程设计和教学活动也成为资源并向学习者个性化集中；三是在制度和外围环境中，需要有效突破涉众之间的利益壁垒。②

### 5. 推进学科反思，促进理论创新

改革开放以来，教育学原理学科的学术研究进入到了一个新的历史发展阶段，形成了一些具有中国特色、中国风格和中国气派的教育理论，对中国的教育改革和教育实践起着越来越重要的作用。③

坚守学科立场。有学者认为，重构教育学的学科立场，要求教育研究恪守独特的价值取向、厘定研究的问题域、重视学科知识体系的建构，以此培育教育学的独立品格。④ 立足于教育自身，拓宽视野，开放边界，是教育学在多学科研究教育的语境中可以秉持的学科立场。⑤ 中国教育学要想在夹缝中获得新生，就必须具备专业和朴素两种气质，并扎根于中国之土壤，通俗而不庸俗，采取多元回归策略，从而赢得广大教育学人的认同。⑥

推动本土创生。有学者撰文总结概括了新中国成立后特别是改革开放以来中国本土创生的教育理论。第一，辨清了教育本质论。教育本质研究经历了上层建筑说、生产力说、双重属性说、个体社会化说、传授说等，最终提出了教育的本质是根据一定社会需要培养人的社会实践活动的主张。明晰教育本质的重大意义在于明确了教育的本体方位，知道教育是什

---

① 祝智庭，等. 观照 MOOCs 的开放教育正能量 [J]. 开放教育研究，2013 (6).

② 顾小清，等. MOOCs 的本土化诉求及其应对 [J]. 远程教育杂志，2013 (5).

③ 柳海民，王澍. 伟大成就：教育基本理论的创生发展 [J]. 教育研究，2013 (2).

④ 满忠坤. 教育学研究学科立场的缺失与重构 [J]. 教育发展研究，2013 (3).

⑤ 冯向东. 教育自身：教育学学科立场与理论的基石 [J]. 教育研究，2013 (7).

⑥ 李栋，杨道宇. 论教育学何以巩固自己的学科地位——为中国教育学“突围”另辟蹊径 [J]. 教育理论与实践，2013 (3, 4).

么、应该干什么，并为人们分析教育现象、诊断教育问题、把握教育实践提供了明确的依据。第二，明确了教育功能论。教育功能的类型有社会功能与本体功能、正功能与负功能。教育功能的结构包括：政治功能、经济功能、人口功能、文化功能、科技功能和生态功能。教育功能的提出使人们明确了教育在社会发展和人的发展中的重要性，为提升教育的社会地位提供了重要的舆论力量。第三，确立了教育先行论。明确了教育优先发展的内涵，即在纵向上，社会用于发展教育的投资要适当地超越于生产力和经济发展的现有状态而超前投入；在横向上，教育发展要先于或优于社会上的其他行业和部门而先行发展。教育先行理论为党中央确立科教兴国、教育优先发展战略提供了坚实的理论依据。第四，提出了素质教育论。素质教育，就是全面贯彻党的教育方针，以提高国民素质为根本宗旨，以培养学生的创新精神和实践能力为重点，造就“有理想、有道德、有文化、有纪律”德智体美等全面发展的社会主义事业的建设者和接班人。素质教育实践的国家指向是：德育为先，立德树人，引导学生形成正确的世界观、人生观和价值观。能力为重，着力提高学生的学习能力、实践能力、创新能力，教育学生学会知识技能，学会动手动脑，学会生存生活，学会做人做事。全面发展，加强和改进德育、智育、体育、美育，重视安全教育、生命教育、国防教育和可持续发展教育。第五，形成了教育公平论。经过多年的研究，研究者明确了教育公平的三大含义：教育机会公平，意味着保障公民依法享有受教育权利；教育过程公平，体现为每个人在资源分配中具有公平的份额，尤其是要向弱势群体倾斜，缩小教育差距；教育结果公平，保证公民受益于教育的公正性。教育公平理论成为中国教育走向高水平、高质量均衡的重要理论支撑。[①]

引导教育实践。教育实践是教育理论发展的源泉和动力，也是检验教育理论科学性的重要标准。[②] 有学者认为，教育理论的价值或生命力取决于是否来自于教育实践，亦取决于是否能够持续地作用于教育实践。[③] 有

① 柳海民，王澍．伟大成就：教育基本理论的创生发展［J］．教育研究，2013（2）．

② 冉亚辉．构建服务于实践的中国教育理论体系［J］．基础教育研究，2013（4）．

③ 林丹．实践引导：教育基本理论的存在价值［J］．教育研究，2013（2）．

学者认为，教育基本理论的实践价值体现在对中国教育改革进行批判与反思，为教育改革的方向提供理念引导，为教育改革方案提供策略支持。①

## 三、现存问题与未来展望

### （一）教育学原理学科的现存问题

首先，在研究选题方面，教育学原理的学术研究仍存在进一步深化与细化的空间。目前，教育学原理的研究选题覆盖面较全，形成了相对稳定的研究范围，教育的目的与价值取向、教育理论与教育实践的关系、教育改革以及教育学学科自身的建设与发展等基本理论问题仍是现今教育学原理的研究重点。随着教育实践对教育理论的进一步诉求，教育学原理的研究不应仅满足于宏大的理论建构，而应逐渐将研究视野转向教育实践一线，以更为微观的、具体的、实践的"教育问题"作为研究选题。教育学原理研究重心的"问题转向"与"实践转向"应成为教育学原理学术研究新的生长点。

其次，在研究视角方面，教育学原理研究视角的专业性需要得到进一步凸显。多学科研究视角的介入丰富了教育学原理学科的研究切面，为教育学原理学科的研究呈现了更为全面的研究图景。但如何在多学科研究的话语语境中守护教育学原理的学科立场，如何在多学科研究视角林立的情况下凸显教育学原理的专业视角，如何在借鉴多学科研究视角的条件下将研究成果进行合理整合，是当下教育学原理研究需要面对的重要问题。

再次，在研究方法方面，存在以下两大问题。第一，多学科研究方法的引入较为盲目。在后现代哲学思潮多元化思维的影响下，叙事研究、个案研究、田野调查研究等多学科研究方法在教育学原理研究的引入，为教育学原理的研究提供了更多描述教育现象、解释教育问题的思想方法，在

① 柳海民，王澍．伟大成就：教育基本理论的创生发展［J］．教育研究，2013（2）．

一定程度上缓解了以往纯理论思辨式的教育学原理研究在面对教育实践问题时乏力的现象。但多学科研究方法的引入极易产生如下问题：一是忽视研究方法与研究内容本身的适切性；二是研究者对研究方法实质内涵的理解存在偏差，缺乏研究方法的实际操作技巧，从而影响研究结果的客观性等。第二，欠缺实证研究作为证据支撑。一直以来，教育学原理学科的研究主要以演绎思辨作为研究方法论，对教育事实与教育现象的解释与描述往往基于研究者个人的主观体验，欠缺来自实证研究的证据支持，导致部分所谓的理论研究并不具备完整的逻辑推理结构，所得出的结论既无法证实也无法证伪，顺利返回到教育实践中更是无从谈起，从而制约了教育学原理研究的科学性，教育实践对理论的认同性以及理论顺利走向教育实践的落地性。

最后，在研究者方面，教育学原理学科研究能否产生出有价值的教育理论，取决于教育学原理研究者的方法素养与学术水平的高低。换言之，从事教育学原理研究的研究者对教育学原理学科的研究品质起到至关重要的作用。研究者个体的学术水平体现在对研究问题的发掘与认识程度、逻辑推理的严密程度以及理论表述的规范程度等方面。研究者个体的方法素养体现在方法论意识、方法的适切应用与规范运用等方面。教育学原理研究中存在的问题都与研究者个体学术素养的水平息息相关。当前，教育学原理的研究者群体在合作程度与成员结构上仍存在改进的空间。在合作程度方面，教育学原理的研究仍以个人研究为主，学科内合作研究、跨学科合作研究、区域内合作研究和“理论研究者—实践者”合作研究较少，体现出教育学原理研究者群体的合作程度较低。在成员结构方面，若从成员的年龄、学科背景、知识结构、研究视野与研究范式作为衡量的要素，可以发现，研究者群体的成员结构比较扁平单一，未能体现出层级性与差异性。

### （二）教育学原理学科的未来发展

第一，应明确学科性质，稳固学科地位。教育学是一门理论性和实践性极强的学科。作为教育学学科群中的一门基础学科，教育学原理学科研究应当直面教育实践，有勇气为解决教育实践中存在的问题提出独到对策，给出有说服力的回答。由此，普适性、系统性与抽象性是对教育学原理研究成果的学理要求，以高度抽象的一般性教育理论解释教育现象、阐释教育规律、解决教育问题是教育学原理学科应有的研究特色。

第二，应稳固教育学原理学科的“元层次学科”的学科属性与学科地位。明确教育学原理学科片面追求理论之高深而忽视教育实践中的现实问题，或是直面教育实践的现实问题但不注重理论生产的理论深度，或是止步于零散浅显的阶段性研究而未形成理论成果体系，均未达到教育学原理学科的学理要求。明确教育学原理的学科性质是教育学原理学科研究良性发展的前提基础，教育学原理学科应当发挥的理论引领作用，从而稳固教育学原理学科作为教育学学科群中的“元层次学科”的学科属性与学科地位。

第三，应扩大学术视野，注重学术品质。教育学原理研究成果的广度取决于教育学原理研究的学术视野。扩大教育学原理研究的国际视野，加强国际交流、注重国别比较研究是教育学原理研究的必经之路，以期实现由单纯的理论输入转向积极的理论输出，由被动的复制移植转向积极的平等对话。在学科视野方面，研究选题与研究方法尚有较大的局限。因此，扩大教育学原理研究的学科视野，加强学科间的交流与借鉴是教育学原理研究的必然选择。

第四，教育学原理研究成果的深度取决于教育学原理研究的学术品质。第一，高品质的教育学原理研究要求研究者秉持先进的研究理念，提升教育学原理研究成果的专业性、系统性、前瞻性、创新性。第二，高品质的教育学原理研究要求研究者具备端正的研究态度，注重教育学原理研究的“问题意识”、“本土意识”、“学科意识”、“方法意识”。第三，高品质的教育学原理研究要求研究者恪守严谨的学术规范，从理论的生产源头上杜绝学术泡沫与学术不端等不良现象。与此同时，教育科研机构应当优化现有的科研评价机制、加强学术成果质量保障体系，教育学界应当加强学科学术规范制度与学科内权威评价体系的建构，为教育学原理研究创设良好的研究环境与学术氛围。

第五，应优化学术队伍，加强协同研究。教育学原理学科未来发展的关键性因素是学术队伍的扩大和水平提升，培养和吸引优秀的学者加入教育学原理学科队伍是一项持久的建设任务。国家“2011 计划”的实施已提供了开展重大研究的范例，教育学原理学科要实现重大成果的突破亦应借鉴国家协同创新的研究范式，选择教育学原理的重大问题和重大需求，组建协同创新共同体，共同致力于学科重大课题的研究，以更高水平的研究成果服务于国家教育改革实践。

# 第三章

# 课程与教学论

2013年，我国教育综合改革全面铺开、扎实推进，在一些领域和关键环节取得了新进展和新突破。理论基础、研究范式、课程建设、教学实践等涉及课程与教学论学科发展等问题的研究得到进一步深化；教科书研究的价值得到学者们的认同并持续关注；高中课程改革和课堂教学存在的问题成为课程与教学论关注的重点；现代教育技术影响下的电子教科书、"云课程"、"慕课"等新问题受到学者们的广泛关注，并进行了专题研究。

## 一、研究进展

### （一）教学论学科发展的深化研究

随着基础教育课程改革的不断深入，我国教学论无论在引领本土教学实践、解决教学实践问题方面，还是在凝练教学论的中国元素、寻找具有世界意义的中国教学论思想和思维方式等方面都还存在很多问题，教学论研究者从各个角度思考和研究这些问题，以期进一步增强教学论引领教学实践和改进教学实践的能力。有学者采用文献计量法和内容分析法，对《课程·教材·教法》杂志里30年以来关于教学理论的文章进行了实证分析。结果表明，我国教学论研究存在着国外教学理论研究相对活跃，本土研究亟待加强的问题。希望今后教学论研究能够强化问题意识，关注本土教学思想，提升教学论的理论品性。①

### 1. 理论基础与研究范式探讨

理论基础是教学论学科发展的前提和保障。现代教学论学科发展和理论建构必须建立在坚实的理论基础之上，教学论产生和发展的历史表明，理论基础是现代教学理论得以产生的土壤和催化剂，是教学理论流派多元共存的内在依据，是教学论适应实践需要改革发展的生长点和外部推动力。现代教学论的基础主要包括三个方面：一是现代教学论的学科史基础；二是现代教学论的相关学科基础；三是现代教学论的实践基础。现代教学论就是在这三大基础之上获得进一步发展空间的。其中哲学、心理学、社会学、科学技术等相关学科基础是现代教学论发展的“外在基础”，学科史基础和教学实践基础等是教学论发展的“内在基础”。“外在基础”是现代教学论变化发展的条件，“内在基础”是现代教学论变化发展的根据，“外在基础”通过“内在基础”共同推动现代教学论向前发展。②

教学论研究范式在教学论学科发展中起着关键作用。归纳和演绎是教学论学科长期讨论的两种研究范式，就当前我国教学论研究的现状来说，演绎体系仍占主流，导致教学论的知识远离教学实践。当前的教学论研究就是要引导更多的研究者从演绎式的理论构建走入归纳式的实践研究，进而为教学论的丰富与完善提供研究成果。③

### 2. 教学论的理论自觉与反思

理论自觉、理论自信是我们党的思想战线方面近年来关注的热点问题，也是教学论研究重点关注的问题，它不仅关涉理论研究的价值导向，还会影响研究方法的选择和研究结果的呈现。

我国教学论研究之所以未能贡献出真正有知识增量意义的教学理论知

---

① 苏丹兰．我国教学理论研究主题的变迁：特点、问题与前瞻——基于 1981—2012 年《课程·教材·教法》实证研究［J］．课程·教材·教法，2013（3）：42-49.

② 王鉴，姜振军．论现代教学论的发展基础［J］．西北师范大学学报：社会科学版，2013（6）：86-90.

③ 王鉴，田振华．从演绎到归纳：教学论的知识转型［J］．教育理论与实践，2013（4）：45-48.

识，其主要原因是我国教学论研究的理论自觉缺失。① 除了理论自觉之外，教学论研究还应重视历史自觉问题。教学论研究者在对教学实践的探索和教学观念的构建中形成理论体系，研究者自身的思维特征、关注的教学问题、继承的教学传统、生活的社会年代等都会对其提出的教学理论产生深远的影响。研究者个体对所处时代教学现象和问题的思考与探究，同历史上已有的教学思想、所处时代的教学思潮也是密不可分的。从古至今的教学论研究者，都是在以时代的名义阐发个体的教学思想，同时以个体的身份讲述时代的教学思想。因此，教学论研究是以“时代性的内容、民族性的形式以及个体性的风格”去探索人类社会中的教学问题。要深化教学论研究，必须具有强烈的历史感，在遵循历史规律的基础上选择教学论实践转向和理论创新的发展道路。②

### 3. 学科边界与跨学科研究

教学论和其他学科一样也存在学科的边界问题。在当前的教学论研究中，教学论学科边界内的一些基础性的问题被边缘化了。人们关注教学论的比较研究，却不同程度地忽视了谁与谁比较，以谁为基准比较的问题；借鉴域外教学论，而忽视了它的生存环境与适应人群，尤其是弱势人群的适应性问题。③ 教学论的发展不仅应该关注边界内的问题，还应该关注边界外的问题，拓展自己的研究空间。教学论学科的特殊性决定了教学论急需跨学科研究。教学论跨学科研究具有综合性、互融性和实践性等基本特征，它不仅在量上扩充了教学论的内容和结构，而且在质上充实了教学论赖以建立的理论基础；不仅加强了教学论学科理论体系的建设，而且提高了对教学实践的解释力和指导作用。如何进一步强化对跨学科引进与移植中的消化和融合而形成自己的“专属领地”，如何吸收其他学科的理论成果而保持自己独有的风格，如何结合教学实践需要而进行研究领域的扩

---

① 安富海．教学论研究的理论自觉及其实现路径［J］．高等教育研究，2013（7）：56-59.

② 赵鑫，李森．教学论研究实践转向和理论创新的历史自觉［J］．西南大学学报：社会科学版，2013（7）：63-70.

③ 杨启亮．教学论基础研究的几个边缘问题［J］．教育研究与实验，2013（3）：31-35.

展，这是未来教学论跨学科研究亟待解决的问题。[①] 事实上，当代教学论研究已呈现出关注学习行为的重大转向，且学习行为研究在教学论研究中具有重要的理论价值和现实意义，不仅有助于丰富对学习问题的认识，提升教学论研究的理论与实践品性；也有助于缓解学习负担过重问题，提高学生学习生活质量；还有助于引领教与学关系的变革，真正实现课堂教学的转型。[②]

#### 4. 教学实践研究

教学论研究要关注教学实践、走进教学实践，中小学的教学实践是教学理论的活水源头，这些观点已被大多数教学论研究者认同，但相当一部分教学论研究者还是不愿意真正深入中小学教学实践开展教学理论研究。有学者认为，其根源在于研究者进入研究现场时表现出来的“专家情结”和“怨妇情结”。教学论研究者秉持的两种错误观念是导致两种病态情结的内在根源：一是将理论指导实践等同于理论工作者指导实践工作者；二是将教学规律混同于教学规则。教学论研究者需要正视自身知识结构的局限性，戒除“专家情结”，同时充分认识教学实践的复杂性，戒除“怨妇情结”。[③] 从上述研究我们看出，关于教学论学科发展的研究，涉及教学论的发展历史、教学研究的历史、教学论的理论基础与研究范式、教学论的学科领域与边界、教学论的理论源头与实践等，旨在开启教学论学科的理论自觉与自信，并通过完善学科自身的逻辑体系，形成学科必备的理论独立。

### （二）课程理论的研究与反思

我国新一轮基础教育课程改革已走过十余年的历程。十余年来，从指导思想、理论基础、改革方式到改革效果等方面，新一轮课程改革使基础教育产生了翻天覆地的变化，成绩可以说是有目共睹。但是，课程改革也

---

① 肖正德．教学论跨学科研究检视［J］．课程·教材·教法，2013（5）：38-45.

② 向葵花，陈佑清．聚焦学习行为：教学论研究的视域转换［J］．课程·教材·教法，2013（12）：30-36.

③ 张建桥．试析教学论研究中两种病态情结［J］．中国教育学刊，2013（3）：39-43.

暴露了一定的问题，遭遇到一定的质疑与批评。① 有学者研究认为，我们基于“西方教学方式能够培养创新型人才”的假设，使得新课程理念表现出显著的西方化倾向。政策强有力的推动，使得新课程理念逐步为广大教师所认可。但制约新课程顺利实施的教育评价改革举步维艰、教学时间有限、课程改革的城市化取向、教师专业发展的缺位、教学环境和课程资源的限制等问题依然存在。② 学者们一致认为，不解决理论上的困惑与实践中的困境，新一轮课程改革的深入推进就会受到限制。因此我们应用相关理论从各个维度不断反思和研究课程改革推进中遇到的实际问题。

#### 1. 课程思想与课程目标研究

选择什么样的课程思想作指导，是决定课程改革成败的关键。只有“有根有翼”的课程思想，才能担当指导课程改革的重任。“有根有翼”的课程思想总能达成强调课程思想的本土化和原创性、重视课程与生活的联系、鼓励学生学会探险和创造、谋求知识与智慧的协调发展、倡导课程活动的知行合一等课程目标。③

#### 2. 课程权力与课程决策研究

市场经济背景下，如果仍然笼统地认识、运行课程权力，就会导致权力运行不畅，甚至混乱。根据转换职能的要求与权力作用的范围和过程，课程权力可细分为行政权力、社会权力和个人权力三个类别。对这些权力进行配置，需要遵循各就各位、分权制约和两条路线的原则。④ 学校课程变革是一项复杂系统工程，是多种因素相互综合作用的过程。不仅需要改变课程思想、明确课程权力，还需要根据学校课程变革的环境、动因、组织与实施策略的差异，确立有效的课程秩序来规范和约束学校课程行动与行为。⑤

---

① 郝德永．新一轮课程改革：我国基础教育的“长征之旅”[J]．课程·教材·教法，2013（2）：9.

② 肖磊，靳玉乐．中国新课程改革的检视：异域学者的观点［J］．课程·教材·教法，2013（6）：8.

③ 张晓瑜．课程改革呼唤“有根有翼”的课程思想［J］．课程·教材·教法，2013（10）：10.

④ 蒋建华．课程权力的内容、类别与配置［J］．课程·教材·教法，2013（4）：44.

⑤ 廖辉．学校课程制度变革的路径分析［J］．课程·教材·教法，2013（11）：3.

作为一项复杂的系统工程，在新一轮基础教育课程改革中，课程与教学论研究者不回避问题，始终站在课程改革的前沿，直面课程改革的复杂性，针对实践中暴露出的课程目标与教学目标关系混淆、课程权力不清晰等问题深入研究，提出了切实可行的对策建议，推进了课程改革的顺利进行。

### （三）课堂教学改革的实践探索与理论研究

随着基础教育课程改革的推进，课堂教学改革也在逐渐走向深入。研究者对于教学理论的关注从注重宏大叙事开始转向对具体教学实践问题的引领和解释，对于教学实践问题的研究从自说自话转向在理论指导下、结合实际深入探索。

#### 1. 深入对教学基本理论问题的研究

随着课程教学改革的推进，教学认识论本身的基本理论问题得到了持续探讨，生成教学论就是研究者探讨较多且不断提出新见解的一个研究话题。有学者认为，在生成论教学哲学中，教学观念中的人道主义不仅仅涉及价值论立场，更重要的还在于贯穿其中的人道主义思维向度及其认识论意义。教学中人道主义的集中体现，就是教学中的爱，热爱、尊重、信任是其基础。教学认识论的人道主义观念，有助于从更基础的层面和更广阔的视野体察、分析和解释纷繁复杂的日常教学生活，促使教学认识论从科学认识论走向生活认识论、从实体思维走向关系思维、从关注知识走向关怀人。[①] 也有学者认为，目前由于对生成性教学存在着机械化的理解和庸俗化的解读，致使生成性教学降格为一种可供模仿和操作的具体教学方法，并导致教学实践中滋生了伪生成和乱生成的现实问题和实践乱象。这值得反思。只有在哲学方法论观照下才能达成理论的清晰，才能求索并践履生成性教学之真谛。[②] 教学是一种有特定意义的活动，在教学哲学的理论支持下，许多学者关注课堂教学对话研究。有学者指出，师生在教学活

---

① 张广君．教学认识论的人道主义向度［J］．教育研究，2013（4）．

② 靳玉乐，朱文辉．生成性教学：从方法的困惑到方法论的澄清［J］．教育科学，2013（2）．

动中发生的教学对话，具有教学的特殊性。教师与学生对特定的课程或教学内容的认识程度或水平不同，构成教学活动中特殊的“教学主体”。教学对话的话语权力也是教学责任。教学对话是方法不是目的，是过程不是定式。①

有效教学或教学有效性一直是课程与教学论探讨的热点话题，从国内的教育界到国外的课堂，都把它作为教学研究的一个重心。虽然教学必然追求其有效性，但并不意味“有效”的追求可以囊括教学的全部意蕴，更不意味“有效”的追求可以僭越教学的本真。认真审视我国新一轮基础教育课程改革以来“有效教学”的探索历程，其间似乎总游荡着“技术”的幽灵，使课堂教学呈现出“技术化”的倾向，教学因缺乏实践智慧的观照，而成为一种工具和手段，丧失了其“善”的面向和生动的情境意蕴。“有效”的追求遮蔽了“教学”的本真。追寻本真的有效教学，需要重建实践智慧。着眼于完整的生命发展，植根于弹性的教学预设，践行于机智的教学行为，是其可能的路径。② 许多教师的教学存在教学准备的重复性、教学过程的程序性、教学结果的同质性等问题。

### 2. 聚焦课堂的教学研究

课堂生活是课堂研究的重要内容，完整的课堂生活包括三个有机的组成部分：作为“地基”的课堂日常生活，作为源泉的社会现实生活，作为核心的课堂专业生活。课堂教学质量问题的实质是教师与学生在课堂上过一种什么样的生活。把课堂生活作为研究的基本内容，从方法论上走一条“事实积累—方法分析—意义解释”的“田野”之路。课堂的变革就是在课堂研究的基础之上，以教师和学生的日常生活世界为基础重建课堂生活之“地基”，通过反映社会生活的时代特点来丰富课堂生活之源泉，把握专业生活世界这一课堂的核心，重建课堂生活新理念。③ 重建课堂生活不仅要研究学生当下的课堂生活状况，还要关注学生的课堂生活史，因为课

---

① 杨启亮．教学对话之“道”的特殊性［J］．教育研究，2013（7）．

② 叶波．反思“有效教学”的技术化倾向［J］．课程·教材·教法，2013（6）：34.

③ 王鉴，王俊．课堂生活及其变革研究［J］．课程·教材·教法，2013（4）：26.

堂生活史是学生生活史的核心源泉。①

随着基础教育课程与教学改革的不断深入，课堂研究的类型、方式、路径和形式方面都应进行相应的改革，以适应不断变革的教学实践发展要求。课堂研究的类型从研究者的角度来划分，可分为理论工作者视角的课堂研究和实践工作者视角的课堂研究。传统课堂研究中，前者旨在通过课堂研究获取第一手的研究资料，进而发展课堂教学理论，落脚点在理论；后者旨在通过课堂中问题的发现与解决，进而提升课堂教学的质量，落脚点在实践。通常情况下，理论工作者与实践工作者在课堂研究过程中获得各自专业发展需要的素材，即在“教学相长”的同时，完成“教研相长”。作为教学理论与实践的中观性理论，课堂研究的价值不仅在于为原创性教学理论提供源头活水，而且在于以理论创新推动课堂教学实践的变革。②课堂研究范式是课堂研究的模式、模型和图式，是进行课堂研究的思考方式和研究类型，范式之间最大的区别不是方法论的差别，而在于实质性内容的不同，不同范式下的课堂理论及研究向我们展示的是课堂的某个侧面。我们需要根据不同的研究目的，采用适切的研究方法来认识课堂的不同面目。③ 课堂研究路径主要包括聚焦课堂的校本教学研究之路，大学与中小学合作的研究之路，信息技术支持下的课堂研究之路，走向课堂变革的行动研究之路四大路径。④ 课堂研究的形式应该从过去理论研究者和实践工作者各取所需、各自为政的状态转变为互相学习、通力合作。⑤

除了探讨课堂研究范式、路径等宏观问题以外，许多学者还对课堂教学的内部关系进行了深入研究。有学者认为，基础教育改革的核心环节是课程改革，课程改革的核心环节是课堂教学改革，新课程课堂教学改革的健康发展必须处理好知识技能、过程方法与情感态度价值观的关系、教科书与课程资源的关系、学生自主学习与教师指导教学的关系、个体独立学

① 刘训华．近代学生课堂生活的多维呈现［J］．教育研究，2013（9）：134.

② 王鉴．课堂研究价值定位：以理论创新推动实践变革［J］．教育研究，2013（11）：92.

③ 赵明仁．课堂研究的理论反思：范式的视角［J］．教育研究，2013（11）：96.

④ 李泽林．课堂研究方法：基本范式与路径嬗变［J］．教育研究，2013（11）：99.

⑤ 安富海．课堂研究的形式：从各取所需到通力合作［J］．教育研究，2013（11）：102.

习与小组合作学习的关系、接受学习与探究学习的关系、预设与生成的关系、信息技术与学科教学的关系、有效性与道德性的关系。① 有学者通过对一所小学问题式教学实践的现实考察发现，尽管教师接受了许多新课程培训，但教师内心对传统教学观念的高度认同和坚守使得问题式教学实践缺乏实效性，改变教师的教学观念，并不能仅靠对教师的知识培训和技能训练来实现，必须确立一种整体观，改变教师生存于其中的学校场景和生活场景，为教师观念的转变提供外部支持。② 有学者认为，课堂教学必须加强有效师生互动策略研究与应用的依据有三：一是课堂教学具有师生互动的本质属性，二是课堂师生互动具有教育价值，三是当下中小学课堂师生互动出现了诸多问题需要改进。实现有效师生互动的主要策略是以相互尊重为前提策略，以启发探究为基本策略，以反馈调控为强化策略，以人际合作为深化策略，以开放教学为拓展策略。③ 有学者研究发现，在现实的课堂教学实践中，教师只关注教什么、怎么教、有没有教，而没有很好地去思考“学生真的在学习吗?”、“学生到底学会了什么，没学会什么?”其根本原因是教师不知道要顾此或不知道如何顾此。④ 学生自主性程度和方式对于学习中心课堂的建设具有非常重要的意义。⑤

课堂教学改革研究目前已进入重建的新阶段，出现了观点纷呈、争论不绝和模式迭出的新局面。研究的进一步推进，需要梳理并透过已有认识的分歧，进入对教学过程两个前提性问题的再认识：对教学活动性质的特殊性、构成要素及其相互关系的再认识，进而对教学过程展开中必然涉及的“预设与生成”的关系做出动态整合性的再认识。为此，研究者的工夫不是重在提出新论点上，而需放在“清”全局之“思”，对自己的认识作出反思，在理论与实践结合的意义上深化研究，进而形成在再认识基础上

---

① 余文森．论新课程课堂教学改革的八大关系［J］．当代教育与文化，2013（1）：62.

② 王平，周文颖．课堂教学文化重建困境探析［J］．当代教育与文化，2013（3）：57.

③ 杜萍，张毅．强化课堂师生互动的依据与教学策略探析［J］．当代教育与文化，2013（3）：64.

④ 崔允漷．追问“学生学会了什么”——兼论三维目标［J］．教育研究，2013（7）：98.

⑤ 熊川武，江玲．论学生自主性［J］．教育研究，2013（12）：25.

的系统新认识。①

### 3. 课堂教学改革研究

随着基础教育课程改革在全国范围内全面启动，中小学课堂教学改革日益深入。洋思中学、杜郎口中学、东庐中学等学校的课堂教学改革得到了政府、社会、家长和教育同行的广泛认可。审视和借鉴这些现象和有效经验对课堂教学改革的推进有一定的积极意义。许多学校都在学习和全盘引进这些学习的教学模式，然而任何一所学校或地区在应用教学模式指导教学实践时，其教学模式、方法都不能是机械的、教条的，而应是灵活多变、富有个性、充满灵性的，必须根据学校条件、教师状况、教学内容，更重要的是根据学情合理地选择适合学生的方法。教学的关键在于教学模式的灵活操作、应用与多元创新。任何一所学校或一个地区，应用教学模式指导教学实践，旨在教给教师在学科教学中的“基本套路”，而不是限制或扼杀教师的创造性，特别是根据教学目标、具体教学资源和在无法预设的课堂情境中，通过与师生互动灵活调整，形成适合于自己教学实际的“变式”。教学的关键在于教学模式的灵活操作、应用与多元创新。虽然“隔校不隔理”，但每所学校都有其特殊的生情、教情、校情。学生的背景、天赋、兴趣与人生观多元，学业水平与学习能力有较大差异性，这就要求中小学教师在课堂教学过程中，需要针对各种因素与条件灵活运用不同的理论设计与课堂教学模式。②

有学者在情景学习理论的指导下，针对儿童学习知识的复杂性、学习过程的不确定性、学习系统的开放性以及学习催发儿童潜能的不易性的特点，以“利用艺术之美”、“情感生成之力”、“凭借儿童活动”、“发展想象、培养创造力”为对策，进行教学设计，让儿童在与教师和伙伴的互动中、与世界和生活相关联中学习知识，为他们的学习提供有力支撑，营造高质量的学习环境，使得教学设计更具科学性和创造性，并且从根本上保

---

① 叶澜．课堂教学过程再认识：功夫重在论外［J］．课程·教材·教法，2013（5）：3.

② 时晓玲，于维涛．中小学课堂教学模式改革的省思与多元创新——基于洋思、杜郎口、东庐等校课堂教学实践的思考［J］．教育研究，2013（5）：129.

证课堂的快乐、高效。[①] 有学者以"以学为本、有学无类"为教学理念，推动教学从"知识体系"逐步走向"能力体系"的课堂。在此基础上构建了以个体自学、同伴助学、互动展学、教师导学、网络拓学、实践研学为特征的卓越课堂。[②]

### （四）普通高中课程改革研究

进入 21 世纪以来，我国普通高中教育稳步发展，普及程度、投入水平、师资队伍、办学条件等都有了明显提高。[③] 2003 年 4 月，教育部颁布了《普通高中课程改革方案（实验）》，正式启动了我国普通高中课程改革。经过近十年的实验，取得了不小的成绩，当然，也存在一些问题。各试验区所反映的问题也主要集中在课程结构方面，主要表现在：选修模块必修化，模块设置缺乏系统性，综合实践活动实施难，学业水平测试与学分管理相矛盾，以及高考的制约性。[④] 教育部对高中新课程实施状况调查发现高中课程存在《课标》规定的课程内容的广度与深度要求过高，不符合多数学生的认知特点；《课标》规定的课时量严重不足；个别选文经典性不够等问题。我们应从宏观到微观实现课程结构的整体优化；改革高考制度，形成与新课程结构相适应的课程评价体系；积极探索学校制度的改革；着力加强教研组织的建设；增加《课标》内容的弹性；修改"教科书编写建议"；调整必修课程与选修课程的比例与内容。[⑤]

推进高中课程改革，既需要把握我国实情，也需要拓展国际视野，还需要抓住课程选择性的深化，课程探究性的升华，课程现代性的彰显，课程数字化的统整四个重点。[⑥] 一些高中根据《教育规划纲要》的要求和社

---

① 李吉林．学习科学与儿童情境学习——快乐、高效课堂的教学设计［J］．教育研究，2013（11）：81.

② 裴光勇，胡艳蓓，李继星．从模式建构走向文化自觉——"以学为本、有学无类"卓越课堂文化的理论与实践［J］．教育研究，2013（6）：138.

③ 高丙成，陈如平．我国普通高中教育综合发展水平研究［J］．教育研究，2013（9）：58.

④ 张俊列．普通高中课程结构改革的问题与对策［J］．课程·教材·教法，2013（3）：17.

⑤ 顾之川．高中语文课程：内容的分量与难度［J］．课程·教材·教法，2013（5）：63.

⑥ 唐盛昌．如何提升我国普通高中学校课程的现代水平［J］．课程·教材·教法，2013（3）：10.

会发展诉求，积极推进课程改革，不断满足不同类型学生的需求，陆续开发文科实验班课程、理科实验班课程、项目式学习实验班课程、社科特色班课程、数字化学习特色班课程，形成“班班有特色，人人有所长”的多元课程局面。各类课程在“校本化”和“生本化”的实施中兼顾了共性与个性的统一，具有很强的选择性、开放性和实践性，有效促进了学生全面而有个性的成长。①

高中课程改革是近年来课程与教学论领域关注的重点领域之一，学者们普遍认为我国高中课程改革应该走多样化发展的道路，推进高中课程改革，提升普通高中学校课程的现代水平，是一个需要统整思考和长期实践的课题。

### （五）校本课程开发与实施模式研究

校本课程开发承载着国家课程体系在学校的价值实践，作为重新唤起学校、教师、学生乃至社会各界课程意识的专业行为得到政策确认。校本课程是一种“为了学校、基于学校、在学校中”的个性化课程。是一种“以校为本”、为了学校的特色化建设和学生未来发展需要、由学校师生共同研发的特色课程。它是新课程推进中“学校根据当地社会、经济、科技、文化发展的需要和学生兴趣，开设若干模块，供学生选择”的课程。其目的是促进学校办出特色，保障学生全面成长，引领学生个性发展。重庆巴蜀中学根据自己的资源优势和时代特征开发出“131”校本课程体系，尝试提出校本课程的理论构建和实践策略。认为校本课程可分为三个层面。第一层面，体现学校总体办学特色的校本必修课程 1 门；第二层面，保障学生全面发展的校本限定性选修课程 3 门；第三层面，引领学生个性化成长的校本自主选修课程 1 门。这三个层面的统筹兼顾与有机统整，在实施中，应本着“限定+自选”和“供大于求”的原则，提出必要的“限

---

① 阮国杰，陈志强，王鹏．普通高中多元化课程开发的实践探索——以北京师范大学第二附属中学为例［J］．课程·教材·教法，2013（11）：73.

定”要求，留给学生足够的“自主”选择的空间。[①] 北京一〇一中学积极探索国家课程校本化的有效途径，努力实现理想课程向实施课程的转化，着力打造一〇一中学的特色课程。他们认为课程改革只有扎根学校土壤之中，立足学校实际，才能生根、开花、结果。理念的校本化和课程的校本化，是国家课程校本化的两个基本着力点。前者是观念层面，后者是操作层面。只有解决了操作层面上的问题，才算是做到了接地气，国家理想的课程才能变成实施的课程。课程管理的校本化、课程目标的校本化、课程顺序的校本化、教材内容的校本化、教学模式的校本化、课程评价的校本化，是校本化实施的基本内容。国家课程校本化收到的效果是，提高了课程的适应性，促进了学生的个性成长；增强了教师的课程意识，促进了教师的专业发展；实现了学校的课程创新，促进了学校特色的形成。[②] 湖北省葛洲坝中学实践认为，校本课程开发的价值取向主要体现为培养学生实践能力和创新精神、拓展国际视野、凸显地域（学校）特色、养成健康和谐人格等方面。为了落实校本课程开发的价值取向，需努力做到改变教师传统的教育观、提高教师进行校本课程开发的专业知识水平和能力、增加校本课程开发的经费投入、开展校本课程评价的深入研究、建立良好的课程开发机制。[③]

关于校本课程的研究已经从理念论述层面走向了深入研习层面，大多数学校校本课程开发开始重视改变教师传统的教育观、提高教师进行校本课程开发的专业知识水平和能力、开展校本课程评价研究、建立课程开发机制等影响校本课程开发的实质性因素，校本课程正在发挥它在三级课程中的应有作用。

---

① 王国华，等．“131”校本课程体系的理论构建与实施策略——以重庆市巴蜀中学为例［J］．课程·教材·教法，2013（3）：92-98.

② 郭涵，等．积极探索国家课程校本化的有效途径——以北京一〇一中学为例［J］．课程·教材·教法，2013（12）：80-87.

③ 付全新，王坤庆．课程改革深化背景下校本课程开发的价值取向及实现路径——以湖北省葛洲坝中学为例［J］．课程·教材·教法，2013（9）：17-23.

### （六）教材编写与设计研究

教科书的编制是否满足教师教和学生学的需求，是衡量教科书质量的重要标准之一。教师和学生是学校教育中使用教科书的主体，教科书的编制必须满足教师教和学生学的需求。教师和学生使用教科书的反馈信息，是修订完善教科书的重要依据。基于对中学教师和学生使用化学教科书情况的调查研究，可以看出，教科书在内容选择上应坚持“范例”与“权威”的统一；角色定位上应是“学本”与“教本”的融合，教科书编制的依据是课程标准，同时需考虑考试评价这一客观因素的影响，应作为教科书编制的出发点和参考方向。①

2012 年，教育部启动了中小学教材修订工作，教材的编写与设计问题进一步成为课程与教学论学科关注的焦点。学者们不仅关注了教材编写与设计的适切性问题，还进一步强调了教材编写与设计的有效衔接问题，使教材编写与设计更加科学、合理。

### （七）百年教科书研究

教科书是课程标准具体化的产物，是教材系列中最规范、最具代表性的印刷材料，是教师教和学生学的重要资源和工具，对学生的学习和教师的教学有着重要的指导作用。《中国近现代教科书史》② 填补了我国近现代教材史系统研究的空白，开辟了中国教育史研究和课程与教学论的新领域。全书立足于第一手资料，采取系统分析和重点深入研究相结合的基本思路安排结构框架，以时间发展和重要教科书文本为脉络，动态地、系统地、实证地阐明鸦片战争至今教科书编辑出版的时代背景、编审制度、主要机构、编撰群体、内容概要、形式体例等方面发展演变的过程，总结不同历史阶段教科书发展的特点，做出科学的评价，探求中国近现代教科书发展的客观规律。对我国教科书的改进和发展有非常重要的借鉴价值。

---

① 毕华林，万延岚．学校需要什么样的教科书［J］．教育学报，2013（2）：70.

② 石鸥．中国近现代教科书史［M］．长沙：湖南教育出版社，2012.

现代意义的教科书应该是根据学制，依学年、学期、学科而分级分册分科的。传统的教材不能称之为教科书。我国现代意义的教科书发展历程，大体上是迈向一个多样化的时代。[①] 展望21世纪，现代教科书正进入后现代教科书发展阶段。它体现在三个方面：其一是教科书形式的革新。在传统的纸质教科书基础上，开始出现电子教科书。其二是教科书性质的变化。纯知识的传播价值将弱化，非知识的如创造力、情感、价值观等素养的培育将在教科书中日益凸显。其三是教科书意义的变化。教科书的标准性和权威性将被大幅度瓦解。[②]

有学者从教科书本土意识萌芽与觉醒、教科书教授者与农村密切联系、教科书内容的地域化与实用化、教科书教学方式对农村生产生活实际的依托、教科书版本对于农村的关照、教科书以乡土文化为根基、教科书教学环境同农村经济生产发展进步相联系、教科书实施的行政力量推动八个方面对20世纪初到1949年新中国成立这50年间教科书适切于农村问题进行了研究。研究发现，50年来教科书在政治时局影响、教科书多样化、传承乡土文化的过程中贴近农村，又在过度模仿苏联教科书、过度强调直接知识、城乡教育差距加大等因素的影响下，与农村渐行渐远。建议要用整体性思维考虑教科书的农村适切性问题，营造教科书在农村教学的良好环境，加大教科书在农村的二次开发力度，由代表农村师生利益的力量为研究与实践主体，站在农村师生的视角，以乡村文化为根基，在统一基础上开发灵活多样的教科书。[③]

有学者还对蔡元培[④]、李廉方[⑤]、戴伯韬[⑥]等教育家的教材编撰思想进行了深入研究，蔡元培的教科书编撰的结合性、时代性、心理化和中国化

① 石鸥，刘学利．跌宕的百年：现代教科书发展回顾与展望［J］．湖南师范大学教育科学学报，2013（3）：28.

② 石鸥，刘学利．跌宕的百年：现代教科书发展回顾与展望［J］．湖南师范大学教育科学学报，2013（3）：28.

③ 李长吉，张文娟．教科书适合农村：对20世纪初到1949年教科书的研究［J］．课程・教材・教法，2013（6）：103.

④ 王玉生．蔡元培教科书编撰思想探析［J］．课程・教材・教法，2013（9）：105.

⑤ 郭戈．李廉方对清末民初教科书的贡献［J］．课程・教材・教法，2013（4）：96.

⑥ 刘来兵．戴伯韬的教材编撰活动、思想及其启示［J］．课程・教材・教法，2013（12）：93.

等重要思想至今仍具有旺盛的生命力。李廉方既是清末国外教材的引进者、使用者，又是民初新制教科书的编辑者、撰写者，还是早期国人自创课程教学法的实验者、开拓者。他编著的教科书和教师用书不局限于基础教育的诸多学科，还涉及师范教育的一些领域，对中国近代教科书的发展做出了重要贡献。戴伯韬的教材编撰以科学研究为基础、注意吸收国外先进经验、与教学相结合、以国家精神为灵魂等思想，有力地指导了新中国30年来的教材编撰事业，至今仍有重要的指导意义。

有学者以语文学科为例，研究了我国小学语文教科书的建设与发展的历史。研究总结了60年教科书建设三个方面的历史规律：第一，教科书的建设需要正确的历史观，并且要符合历史发展规律和现实的可能；第二，教科书是文化传承的重要载体，教科书的建设需要坚持正确的文化观；第三，教科书的建设需要正确的理念观，并且要体现国家的意志与民族的意愿。同时，学者也发现了我国语文教科书建设的许多经验：首先，教科书内容日益立体化；其次，开发出一系列经典的语文教科书；再次，形成了较为成熟的体系；最后，教科书建设理念得到更新。当然，从语文教科书建设的历史教训的维度来看，我国教科书还存在理论“本土化”研究不足的问题。希望课程主体要有正确的教科书观念，为教科书建设创设良好的环境，创造适合教科书发展的“场域”，还应着眼于教科书相关机制的建立与健全，为教科书的发展提供发展的场域。①

学者们关于百年教科书的研究强调了教科书的建设不仅要符合历史发展规律、体现时代的特色，还要坚持正确的文化观、体现国家的意志与民族的意愿，注重吸收国外先进经验、打造有中国特色的教科书体系和制度。

### （八）百年教学法研究

中国近代教育上的进步，从一定程度上体现为教学方法的改进和

① 徐哲亮，李广．窥探与审视：六十年小学语文教科书建设之流变［J］．河北师范大学学报：教育科学版，2013（10）：23.

实验。

著名教育家张九如先生所主持的协动教学法实验，就是中国近代众多教学法实验中比较有影响的一个实验。协动教学法的实验，既对中国近代教学方法改革实验产生了较大的推动作用，也对我国当今的教学方法改革实验具有十分重要的现实价值。协动教学法是在推行设计教学法遭遇困境的过程中，在吸收道尔顿制和葛雷制等教学方法优点的基础之上，结合中国近代小学教育实践而设计出的一种教学方法。协动教学法的实验虽然没有达到预期目的，但却给当时教育界的教学方法实验指明了新的方向，即从对新教学方法的介绍、模仿走向自己的发明创造。科学的精神和实验的态度，成为新教学方法实验必须遵循的基本原则。① 20 世纪 20 年代前后，在杜威教育理论的影响下，克伯屈的“设计教学法”传入中国，在俞子夷、沈百英等教育家推动下，设计教学法在当时小学教育界得到了广泛运用。“设计教学法”强调儿童的自主活动、动手能力、合作意识和生活实践等，为当时教育实践注入了一股新的活力，也为我国当前教学改革实验提供了有益的启示。设计教学法实验无论对我国当前教学理论发展还是教学方法改革都具有一定的启示。从教学理论来看，设计教学法实验告诉人们，输入外国先进教育理论不可盲目照搬，必须从中国实际出发，领会其精神实质，做到融会贯通，才能使理论得以创造性地发展。从教学方法来看，必须大力开展中小学教学改革试验，通过试验转变教育观念，探索新的教学方法。②

活动教学法历经百年曲折演变，不同阶段呈现出不同的样态。活动教学法在移植试验与本土改造时期尝试借鉴与融入；停滞与异化时期一度走向低谷与极端；多元发展时期彰显蓬勃生机与活力。总体而论，百年间活动教学法主要强调以儿童为出发点，尊重儿童天性；力行为本，教学做合一；基于多元活动，促进素质发展。尽管如此，活动教学法也遭遇自身难以克服的局限，资讯科技时代对活动教学法提供了更多的挑战与机遇。活

---

① 孙杰．中国近代“协动教学法”的实验及其启示［J］．课程·教材·教法，2013（1）：82-88.

② 易红郡．“设计教学法”述评［J］．课程·教材·教法，2013（7）：3-10.

动教学法需要进一步丰富内涵，拓宽或深化理论基础，需要加大实验研究力度，以新的面貌适应和满足不断变化的社会新需求。①

除了回顾和反思引鉴国外教学法以外，学者们对我国本土有影响的教学法也进行了总结和反思。李吉林“情境教学法”已经引起小学语文乃至整个教育界的普遍关注。情境教学历经30多年的积淀，从最初“外语情景教学法”的尝试移植到吸纳民族文化经典，创造性地运用于作文教学，踩出了一条具有中国特色的道路；借鉴运用图画、音乐、戏剧等艺术手段，让阅读教学美了起来，逐步形成了今天促进儿童快乐、高效学习的情境教学。在探索的过程中，情境教学吸收其他教学法的长处，优化语文教学结构，同时汲取我国当代语文专家的思想，在不断地反思、追问中构建起情境教学、情境教育以及情境课程的理论框架和操作体系。情境教学不仅能给儿童带来快乐学习，自己也分享到教育的快乐。② 邱学华以“先练后讲，先学后教”为特征的尝试教学思想，在中国已被越来越多的教师接受。尝试教学法经历了50年春华秋实的发展已经成为名副其实的具有中国特色的教学理论模式。从20世纪60年代开始思考酝酿，80年代正式启动教学实验，历经从小学数学尝试教学法—尝试教学法—尝试教学理论—尝试学习理论，直到尝试教育理论，用了近20年时间酝酿思考和亲自摸索性实践，再用30多年时间进行系统的教学实验，不断探索、提高并进行理论概括，直到构建具有中国特色的尝试教学理论。当前尝试教学的相关成果已译成日文、英文、德文、俄文在国外教育杂志上发表。中国新闻社、《人民日报（海外版）》多次向海外报道，美国、日本、澳大利亚等国外专家都给予尝试教学法以高度评价。③ 李庾南的“自学·议论·引导”教学法实验探索自1978年始，至今历经35年。它发端于初中数学教学，其后由一学科推广至多学科，从个人的教学探索而成为团队教学变革行为，并且向许多地区与学校辐射，形成较具影响力的教学流派。这一探索先后

---

① 李臣之，王虹．活动教学法：历程、要义及趋势［J］．课程·教材·教法，2013（11）：94-101.

② 李吉林．为儿童快乐学习的情境教学［J］．课程·教材·教法，2013（2）：3-9.

③ 邱学华．尝试教学研究50年［J］．课程·教材·教法，2013（4）：3-11.

经历了起步、发展、高潮、深化四个阶段，它们分别围绕“学法与教学”、“学程与教程”、“主体与学力”、“风格与流派”四大主题展开，并先后进行了八项课题的实验研究。对我国教育教学理论和实践的发展都有非常重要的借鉴意义。[①] 黎世法的异步教学法是为克服“满堂灌、注入式、一刀切”脱离学生学习实际的教学弊端，进行了以“现代教育理论和教学方式的实验研究”为课题的现代教育科学研究的教学方法。历经30年，创立了能实现“学生学习个体化、教师指导异步化、教学活动过程化”的异步教学法。这种教学方法，能在较短时间内有效地培养学生的自主学习能力，达到大面积提高教学质量的目的。来自全国各地的数以万计的实验报告表明，这项改革已走出了一条轻负担、高效率、大面积提高教学质量的素质教育成功之路。异步教学作为一种现代个性化教学，不仅促进了我国教育的发展，也对世界教育的发展产生了一定的影响。2001年8月，黎世法应泰国文化教育基金会的邀请赴泰国讲学，受到泰国教育界的热烈欢迎，并在泰国布点实验，这标志着异步教学开始走向世界。[②] 我国本土教学法的成功经验告诉我们：教育实践是教育理论的源泉；要继承和发扬中国教育思想，走自己的路；教育实验周期长，必须坚持长期作战；教育实验要面向农村，到最需要的地方去；应组织各方面力量，形成研究团队；中国的教育理论要走向世界。[③]

关于百年教学法的研究，不仅梳理了我国引鉴国外教学法的历史和存在的问题，还总结了我国本土教学法探索过程中的宝贵经验，为新一轮课程改革顺利实施和教学方法的变革提供了可资借鉴的材料。

### （九）中小学课业负担问题研究

#### 1. 减轻中小学生课业负担是义务教育阶段的重要任务

减轻中小学课业负担简称“减负”，是社会各界人民群众十分关注的

① 李庚南．“自学·议论·引导”教学法三十五年的实验研究［J］．课程·教材·教法，2013（8）：3-13.

② 黎世法．异步教学法研究与实践30年［J］．课程·教材·教法，2013（9）：3-11.

③ 邱学华．尝试教学研究50年［J］．课程·教材·教法，2013（4）：3-11.

热点问题。我国对中小学生课业负担问题的治理可以追溯到20世纪50年代。半个多世纪以来，国家就减轻学生课业负担问题先后发过多次政策文件，2010年，《教育规划纲要》又把“减负”列入了中长期规划。[①]《教育规划纲要》将减轻中小学生课业负担视作义务教育阶段的重要任务。从理论与实践来看，减轻中小学生课业负担不仅需深入探索课业负担的关键维度，还应定量探究课业负担的发生规律，剖析其作用原理，从而提出更具针对性和操作性的“减负”策略。要想对我国中小学生课业负担做出全面的定量评价，仍需要一个较长的过程，不可能期望仅仅靠某一个地区、某一种统计方法就能找出科学、有效的“减负”策略。“减负”政策的实施处于国家逻辑、地方教育行政部门逻辑和中小学校逻辑的共同治理之中，多元行动主体和多重制度逻辑的错乱交互导致了课业负担问题治理的困境。以“复杂性”思维驾驭“减负”问题，坚持多元行动主体的实践跟进，呼吁社会、家庭、教师等多方力量的积极回应，应是未来我国学生课业负担问题治理的可行之道。

### 2. “减负”不仅需要正确的理论引导，还需要深入了解中小学生的负担状况

《教育规划纲要》明确提出要建立中小学生的课业负担检测与报告制度。自新中国成立，减轻中小学生过重课业负担的讨论就从来没有停止过。有学者通过对国内500篇代表性文献的分析，发现学术界对课业负担概念的外延和边界、对课业负担的词性及对课业负担是主观感受还是客观存在的理解，都存在着明显的争议和矛盾，限制了对该问题的进一步研究。[②] 诚然，无论怎样界定和理解课业负担，中小学生的课业负担过重，作为一种存在的事实，已经不需要解释。但是多年来关于减轻课业负担的诸多理论、各级教育主管部门的诸多规定、各层次教育实践者的诸多措施，的确没有创造出多少实际效果。中小学生的课业负担过重依然是个现

---

① 梁倩，林克松，朱德全．多重制度逻辑下的课业负担问题治理［J］．教育发展研究，2013（6）：36.

② 胡惠闵，王小平．国内学界对课业负担概念的理解：基于500篇代表性文献的文本分析［J］．教育发展研究，2013（6）：18.

实问题，中小学生课业负担过重的“课业”是指哪些课业？“减负”为什么如此艰难？我们以“考业”替代课业，遮蔽了许多课业没有负担也无须“减负”的事实。事实上课业负担不是过重而是失衡。① “减负”的主旨是减去学生过重的课业负担，摒除那些随意盲目、机械重复、低效或无效的作业，设计合法、有度、优质的有效作业，以激发学生的学习兴趣，促进学生的进步与发展，提高教学效率，实现轻负高效。

### 3. 作业观对中小学课业负担问题的改进有重要影响

作业是连接教与学的重要环节，作业观演变立足教学知识观和学习观。30 多年来，我国中小学作业观从强化作业的工具理性到逐渐回归作业本体价值，但是由于传统作业模式根深蒂固，以及缺乏完整家庭、社会和学校协同工程，作业改革明显滞后于课堂教学改革。当前必须重新审视作业功能，回归作业本质；继续从技术层面探寻作业改革策略；综合治理，优化作业改革外部环境。② 中小学作业作为教学的重要组成部分，在传统认识论的影响下，作业目标、作业内容、作业方法和作业评价等方面存在突出问题，导致学生负担过重，作业改革也因此陷入困境。重新理解作业改革需要科学的理论基础，生存论为作业改革提供了新的理论视阈。以此为指引将有助于重构作业改革目标，进一步明确学校作业的宗旨；处理好作业内容设计的科学性、规范性与人性化之间的关系；重构作业模式，培养合作精神和生存本领；处理好作业评价中自评与他评的关系。③ 教授主义作业观弊端明显，影响学生学习，应当坚持发展主义作业观，崇尚德性，强调主动做，倡导生态化。注重作业的整体关联，并处理好个性与共性、现实与长远的关系。用发展主义作业观审视作业，需要调整作业目标功能观，把作业纳入教学内容整体设计，适度控制作业量，建立多方协调的作业审阅机制。④

---

① 杨启亮．课业负担过重与学业质量评价失衡［J］．课程·教材·教法，2013（1）：12-18.

② 张济洲．中小学作业观：特点、问题与走向［J］．课程·教材·教法，2013（7）：25-31.

③ 李学书．从认识论到生存论：中小学作业改革的新取向［J］．课程·教材·教法，2013（7）：31-37.

④ 李臣之，孙薇．发展主义作业观［J］．课程·教材·教法，2013（7）：17-25.

#### 4. “减负”不能搞一刀切，应严守“减负”不减效的底线

“‘减负’不能搞一刀切。”学校首先应该在教育观念上做出调整，通过改进教法促进学生全面发展。“减负”并不是简单地做“减法”，也不等于学校在减轻学生课业负担之后就无事可做，而是应结合实际，适当增加学生课外活动和社会实践活动的内容，成立相应的社团，着力培养学生社会责任感、创新精神和实践能力。“减负”还应严守不减效的底线。从目前基础教育的实际情况看，给中小学生，特别是给小学生减轻过重的课业负担，还有四个问题需要深入研究和认真解决。第一，“减负”应该适可而止，不能过度操作。第二，“减负”应该区别对待，不能一概而论。第三，“减负”应该综合治理，不能各自为政。第四，“减负”应该保证质量，不能“减负”又减效。“减负”很难，“减负”增效难上加难，但是，确保不减效应当成为“减负”的底线。要做到“减负”不减效，科学合理的跟进措施一定要到位。①

学者们关于学生课业负担的研究基本形成共识，即课业负担存在不均衡的问题；“减负”应该区别对待，不能一概而论；“减负”应该综合治理，不能各自为政；应以“复杂性”思维驾驭“减负”问题，坚持多元行动主体的实践跟进，而不断将“减负”问题简单化。这些共识引起了相关部门的重视，一些地方教育行政部门已汲取了学者们的研究成果，以政策文件的形式下发到相关单位，学生课业负担问题也得到相应遏制。

### （十）基于现代教育技术的课程与教学研究

随着信息技术在课程与教学领域的深入应用，课程形态与教学模式正在发生深刻变革。课程与教学论学者对这种新的课程形态与教学模式给予了广泛的关注。

#### 1. 电子教科书

在平板电脑技术发展的影响下，全世界教科书的数字化浪潮以前所未有的汹涌势头扑面而来。其特征表现为教科书呈现的富媒性与定制性、教

① 刘永和．二评切实减轻小学生过重课业负担［N］．中国教育报，2013-09-11.

科书内容的关联性与开放性、教科书教学的互动性与自主性、教科书载体的多样性与移动性。虽然电子教科书有很大优点，但我们的课堂到底需要不需要电子教科书，电子教科书到底要以什么样的方式引入课堂，电子教科书是否可以取代纸质教科书，电子教科书可能会存在哪些不足等问题都还亟待深入研究。事实上，自电子教科书进入教育教学领域以来，就一直存在着两种极端对立的声音。实际上中小学课堂中使用的电子教科书并不是简单的纸质书籍的数字化。现今的电子教科书推进过程中，并不需要有强烈的统计数据去证明电子教科书真的能提高学习效果，而是应该客观、冷静和科学地认识电子教科书，从电子教科书构成的基本要素，即硬件、软件、内容、网络和使用者的角度去理解其便利与限度，从而对未来教科书的数字化走向提供策略性建议。①

历史的经验告诉我们，在推动使用电子教科书的进程中应该把握好“度”的问题，应无过也无不及。有学者认为，在使用电子教科书之前，必须真正省察电子教科书可能给教学带来怎样本质性的、不可逆转的影响，思考如何使用才能使其发挥积极作用。考察电子教科书必须以教科书的教育性作为核心准绳，教科书的所有构成条件都应该围绕教育性做出取舍，为了教育性有必要适当放弃便利性。电子教科书的呈现方式对学生学习会产生一定的负面影响，但其无法彻底取代纸质教科书，因而，电子教科书与纸质教科书应共同使用。目前需要注重研究的是电子教科书的引入方式和教学方法。

#### 2. “慕课”

“慕课”（MOOCs）是当前教育领域出现的一种新型教学模式。它以学生规模“巨型化”、学生身份“多元化”和教学模式“人本化”的设计引起了社会各界的广泛关注。以“慕课”为代表的在线课程以崭新的教学模式、显著的发展优势以及对现代教育教学模式的冲击迅速在全世界掀起了热潮。有学者认为，“慕课”作为一种区别于传统课堂教学的教学模式，

① 孙立会．关于电子教科书的争议、正确理解与科学使用［J］．课程·教材·教法，2013（3）：32.

就教学设计而言，较为综合地运用了学习科学近30年不断倡导的人本化学习、掌握学习、建构主义学习、程序教学及有意义学习等理论原则。“慕课”将以其新颖、科学、合理的教学设计，给教育带来深刻变化和深远影响。[①] 也有学者指出，教学方式改革必须与学习方式改革相匹配，学习方式要与内容相匹配，内容要与学习目标相匹配。[②] 还有学者认为，尽管媒介整合为课程功能的有效释放创造了可能空间，但课程实施人本化、公平化、优质化目标的达成也依然面临着挑战。新媒介技术在课程领域的使用与推广是一个长期的过程，要审慎乐观地展开坚实的探索。[③]

### 3. “云课程”

“云课程”是指以云计算技术为支撑的新型课程形态，它的提出充分体现了蓬勃发展的信息技术对推动课程变革性实践的开展以及促进课程理论创新所具有的深远意义。与传统平面、静态、单维的纸质课程相比，立体、动态、多维的“云课程”特别强调“需求为本”的核心理念，具体涵盖了五个方面的基本内容，即：社会我与个性我的高度统一、固定化与随机化的全面融通、集中式与分散式的整合服务、基础性与拓展性的立体架构、富媒体与多形式的无缝连接。总体而言，伴随着我国教育信息化战略的全面推进，加强“云课程”建设将有助于实现课程资源的集成化和课程服务的个性化，进而为进一步促进每位学生的最优化发展创造更加有利的环境条件。[④]

“云课程”作为一种新的课程形态，它的出现并不是偶然的，它是技术发展促进课程形态变革的一种必然结果，是建立在云技术（云计算）、智能移动等新技术基础上的新课程形态。具体说来，它是以云平台为课程载体，以育人目标、学科知识、相关课程资源及预期教学活动方式有机协调、统整起来的资源为课程内容，以正式学习与非正式学习、集中学习与个性化学习相结合为课程实施主要方式的一种新的课程形态。它较好地概

① 李曼丽．MOOCs的特征及其教学设计原理探析［J］．清华大学教育研究，2013（4）．

② 张春铭，汪瑞林．“慕课”来了，中国教育怎么办［N］．中国教育报，2013-09-26．

③ 赵 婧．媒介数量的增加会带来课程质量的提升吗［J］．课程·教材·教法，2013（8）．

④ 王本陆．关于加强云课程研究的几点思考［J］．课程·教材·教法，2013（12）：3-7．

括了诸如视频共享课、网络课程、数字教材、虚拟课堂、远程同步教学、学科资源中心、数字化学校等信息技术所带来的课程与教学的形式变化。这些具体的产品和应用大大扩展了课程容量，丰富了课程元素，提升了课程功能；[①] 打破了传统课程难以及时更新、资源少且分散无序等弊端，具有课程资源聚合性的特点；突破了时空限制，面向任何学习者，能够随时随地提供所需任何内容，共享课程资源，具有课程构建共享性的特点；拓展出了一个崭新的学习空间，也为教师和学生在获取知识、分享资源和相互沟通中创造了一个全新的课程实施环境，具有课程实施创新性的特点。因此，“云课程”的建设不仅可以聚合课程资源，提升资源利用效率；共享课程资源，促进教育公平；还可以进一步丰富课程开发的内涵，使因材施教等难题得以创新性地解决。[②] 课程形态的变革顺应了时代发展的基本趋势，是对信息技术的教育优势和教育潜能的充分利用和挖掘。在我国，“校校通”、“班班通”工程所取得的成就为“云课程”的实施奠定了坚实的前期基础。当然，云课程建设不可能一蹴而就，建设的过程必然充满了各种问题和挑战。[③] 对于学生而言，学校不仅是一个知识学习的地方，还是个人接受社会化教育的重要场所。学生在学校中不仅习得知识，更应习得如何与人交往。“云课程”教学增强了学生与网络的互动，与虚拟人的互动，但长期习惯或依赖于基于网络的学习互动，有可能削弱学生之间在学校场景里的真实互动，容易造成现实中学生之间的冷漠与隔阂。在真实互动交往中，学生间通过情感、认识、行为等方面全面接触，会得到各种不同的感觉和领悟，学生心理健康水平和学生社会化水平能够在互动中得以提升，而此目标又是单纯“云课程”教学所难以达到的。如何在提升基于“云课程”教学有效性的同时，又能兼顾学生在真实场景的有效互动，不断提升学生社会化水平，消除学生间的隔阂，也是需要进一步研究的问题。[④] 总之，“云课程”问题不仅是重大的教育理论问题，也是重大的教育

---

① 王本陆．关于加强云课程研究的几点思考［J］．课程・教材・教法，2013（12）：3-7.

② 潘新民．“云课程”：特征、意义与问题［J］．课程・教材・教法，2013（12）：8-13.

③ 赵婧．“云课程”解析：背景、理念与趋势［J］．课程・教材・教法，2013（12）：13-18.

④ 潘新民．“云课程”：特征、意义与问题［J］．课程・教材・教法，2013（12）：8-13.

发展战略问题。当前我国正在积极推进教育信息化战略，课程资源共享、数字教材建设等问题已经提上了日程，但对于“云课程”的发展问题却缺乏清晰整体的战略规划，需要尽快组织力量开展研究。第一，需要在战略上明确“云课程”建设的政策导向；第二，需要在战略上确立“云课程”建设的目标体系；第三，需要在战略上确立云课程建设的基本机制。①

课程与教学论研究者针对现代信息技术在课程与教学领域的应用中，所呈现出的新的课程形态与教学模式进行了专题研究，使课程与教学论的理论研究者和中小学的一线教师了解电子教科书、“慕课”、“云课程”等相关概念和课程类型产生的背景、实施的方式、存在的局限以及运用中应该注意的问题。这种关于现代教育技术影响下的课程与教学问题深刻系统的研究不仅拓展了课程与教学论学科的空间，也减少了教学实践的盲目性。

### （十一）国外基础教育课程改革研究

我国新一轮基础教育课程改革有着广阔的世界背景，在制定改革的方案和策略时曾参考和借鉴了世界各国课程改革的经验，当今世界处在全球化、信息化的境遇之中，我国的改革和发展一刻也离不开对世界的了解，课程改革也不例外。因此，我们应及时关注国外基础教育课程改革的新变化，以期对我国基础教育课程改革的深化提供参考和借鉴。

英国随着《2002 教育法案》的颁布与施行，国家课程改革迈入了新的历史时期，并在全球化背景下立足本土实际，从而形成了自身较为完备的课程发展机制。英国国家课程改革中表现出利益团体需求评估机制、国际基准的课程政策制定以及课程专家审议制度等国家课程发展的一些新特点，形成了具有英国特色的课程目标系统、课程结构、评价机制及课程价值取向等。英国国家课程改革不仅是政府行为，体现了国家意志和价值表征，更体现了一种社会性行为，集所有相关利益集体的价值取向于一体，充分发挥学术界的专业研究作用，借鉴国外成熟的有益的做法和研究成

① 王本陆．关于加强云课程研究的几点思考［J］．课程·教材·教法，2013（12）：3-7.

果，一个整体的、系统的国家课程发展机制逐步形成。① 加拿大基础教育课程改革主要体现在“分权”和“统一”相结合；注重与社会的联系，增加科学课程和实用性课程；将信息技术与课程合理整合；体现和尊重“多元文化”。加拿大新世纪课程改革存在着课程内容混乱，缺乏省际交流；对教师的要求过高，改革操之过急，造成教师能力发展滞后；过分尊重学生的天性，不利于系统知识的传授等一些问题。加拿大基础教育课程改革的经验与教训启示我们：在进行基础教育课程改革时应确立学生为中心的原则；应适当下放教育权力；要改革科学技术课程中的不合理之处；要建设一批高素质的教师队伍，培养一批具有领导才能的教育管理人员；要增加教育经费投入，为课程改革提供财力支持等。②

总的来说，学者们普遍认为各国基础教育课程改革的变化主要包括：全球视野，本土出发；改革的系统性、全面性和持续性；目标面向全体、追求高质量；重视课程结构的变革；强调课程内容的现代化、综合化和终身化；重视教师的参与和培训。这些变化对反思和推进我国基础教育课程改革有重要的借鉴意义。

## 二、存在的问题

学者们关于课程与教学论的研究取得的成绩给予了高度肯定，这不仅促进了课程与教学理论的提升，也推动了课程与教学实践的改革和发展。然而，近年来的研究也表明，当前关于课程与教学论的研究还存在以下几个问题。

### （一）关于“课程与教学论”学科分分合合的两难选择

中国课程论学科经历了30多年的发展，呈现出多元发展的格局。教学

① 罗生全．英国国家课程的发展机制［J］．课程·教材·教法，2013（12）：111.

② 和学新，杨静．新世纪以来加拿大基础教育课程改革及其启示［J］．当代教育与文化，2013（6）：36-45.

论和课程论经过多年的发展，都有了稳定的概念范畴和研究视域，形成了各自较为完备的学科体系。由课程论和教学论整合而成的课程与教学论则是一门新兴学科，应该有他相对独立的概念范畴和研究视域。学者们对此也进行了大量的探索。但从当前的研究状况来看，这方面的研究始终没有摆脱课程论和教学论的研究范式和话语系统，一些概念和理论则是机械套用了教学论或课程论中的阐释，并未根据整合后的课程与教学论做出新的界定和论述。由于缺乏体现学科特色的概念范畴和言说方式，难以形成相对统一的逻辑结构，致使课程与教学论学科体系较为混乱，影响了学科内容的科学性和学科结构的系统性。简单相加或拼盘研究仍然是当前课程与教学论研究的主要问题。课程论与教学论在传统的学术分类中属于教育学下的二级学科，经过各自几十年的发展，均形成了较为稳定的研究范畴与体系，确定了相对稳定的研究队伍，建立了相应的学术团体与组织。长期以来，教学论研究者不会轻视课程理论的研究，当然主业是教学论，副业是课程论；课程论研究者同样不会不闻不问教学理论，主业是课程论，副业是教学论，这两支队伍分工相对明确，各自有主攻方向，相得益彰。但新的“课程与教学论”学科作为教育学下位的二级学科，虽然从名称上很容易合并而成新的学科，但在理论体系的表述方面却不是那么容易合并的事情。研究者已经受到了传统研究分工与学科训练的影响，难以打破常规，况且学科的概念、范畴、体系等均存在着一定的不兼容性。就目前而言，课程与教学论的学科建设还处在一个较为混乱的时期，各自为阵的分科论者与兼收并蓄的合并论者正处在相持阶段，这也正好表明一个学科的分分合合也是有一定规律的，合久必分、分久必合似乎也是一个基本的学科发展规律。

### （二）关于课程与教学论学科体系建构的两难选择

不论是关于教学论与课程论的学科建设，还是课程与教学论的学科建设，学科的体系不论是分还是合，均有两种取向，一种是演绎的体系，一种是归纳的体系。这两种体系并不矛盾，也不冲突。在一定的时期，学科体系的建设可以以演绎为主或以归纳为主。凡注重体系自身的完善与严密的均以演绎为主，演绎会通过其他学科的成果来建构自身的逻辑体系并使之相对成为一个新的体系。凡注重客观实证的研究者，均擅长从事实与材料中找到共同的规律形成独特的学科体系。从研究传统而言，中国的研究者擅长演绎，也正因为如此，几十年来我国课程论与教学论的体系均是以演绎为主，从哲学、心理学、社会学等学科中汲取了丰富的养料，形成了一个相对独立的学科体系。西方的研究者在实证主义的影响下，关注课程与教学中的具体问题，在问题解决中形成对策与方法，形成了西方课程与教学领域的演绎体系。前者注重宏观理论，并以此指导实践，而能否指导实践一直受到怀疑。后者注重具体问题，并以此为构建理论体系的基石，但能否建构完善的体系也长期不被看好。就当前我国的课程与教学论领域而言，学科分化与合并正处在一个磨合期，分合并存处在一个常态发展过程之中，我们既被一定的现有体系束缚着思维，同时又正在打破一个传统的研究范式，走向实证与归纳的路径。如何通过在实践的研究中积累素材为归纳做准备，这正是在基础教育课程改革过程中许多研究者正在做的事情，但是如何通过对归纳体系的再演绎形成独特的课程与教学论新体系，已经成为当代课程与教学论研究者需要研究的一个问题。

## 三、未来趋势

通过对2013年我国课程与教学论研究的前沿与热点问题的梳理与分析，我们认为今后一段时间我国课程与教学论领域的研究将会呈现三大趋势。

### （一）在批判反思中推进“课程与教学论”学科建设

如前所述，课程与教学论正处在一个学科重建和范式重建的关键时期，但由于缺乏体现学科特色的概念范畴和言说方式，难以形成相对统一的逻辑结构，致使课程与教学论学科体系较为混乱，影响了学科功能的发挥。因此，需要研究者进一步明确课程与教学论的学科性质，抓住课程与教学论的核心问题，形成课程与教学论概念范畴和研究视域，进而构建合理的课程与教学论体系结构。另外，课程与教学论学科建设研究还需要扬弃传统课程论和教学论研究中的逻辑演绎范式，建立基于课程与教学论学科发展和实践改进的综合研究范式。我国课程论研究者和教学论研究者们都习惯于采用思辨的研究方法，以建立普适性的、能解决一切场域中发生的教学问题和课程问题的宏大体系为宗旨，这种研究方法只能揭示静态的、线性的课程问题和教学问题，不能解决不断变化发展的课程与教学实践问题。许多研究者都在深入批判这种演绎范式对课程与教学研究的影响，号召研究者应由思辨为主的研究向归纳为主的研究范式转换。但是这种转换不是否定演绎研究范式的价值，不是放弃演绎独求归纳，而是在侧重点上的一种转换和变化，是一种视角的倾斜。事实上，这两种体系的课程与教学论是相互并存的，同时是相互促进的。没有了归纳层面的课程与教学论，演绎就会陷入思维的智力游戏而言之无物；没有了演绎层面的课程与教学论，归纳就只能停留在经验水平而难以具有普适性和规律性，归纳和演绎的有机结合应该是课程与教学论学科研究的未来趋势。

### （二）课堂教学研究应该成为“课程与教学论”关注的热点领域

课堂教学研究将成为“课程与教学论”关注的热点领域，其中有两个方面的原因。

第一，研究课堂教学不仅可以推进教学实践的改进，还可以促进课程与教学论的发展。文献研究发现，新课程改革以来，许多课程与教学论研究者开始重视并深入课堂教学实践研究课程与教学问题，取得了许多成绩。他们认为课堂教学实践是课程与教学论学科发展的活水源头，也是课程与教学理论发展的落脚点；具有中国特色的、原创性的课程与教学理论既在课堂研究的过程中形成，又在课堂研究的过程中发展与成熟。因此，重视和研究课堂教学不仅可以为原创性课程与教学理论提供源头活水，而且可以为原创性课程与教学理论的运用创造条件，为课堂教学问题的解决和课堂教学质量的提升打下基础，还能以理论创新推动课堂教学实践的变革。研究课堂教学不仅是课程与教学论学科职责使然，也是保持课程与教学论学科创新发展持久生命力的有效途径。课程与教学论研究者的这种认识，必将促使课堂教学研究继续成为“课程与教学论”关注的热点领域。

第二，课程与教学的大部分问题都会集中暴露在课堂教学之中，只有持续关注课堂教学研究才能真正发现和解决课程与教学存在的问题，进而促进课堂教学质量的提升。我国课程改革已经步入“深水区”，课程与教学中暴露了不少问题，如不同版本的教材的使用及评价问题、校本课程的实施及评价问题、体育课程的建设及学生身体素质的评价问题，教师教学方式的变革与学生学业成绩的评价问题，高中阶段的课程结构问题、课程内容中选修模块与必修模块的关系问题、综合实践活动的实施与评价问题、学业水平测试与学分管理的矛盾问题、学生学习方式的变革问题等一系列问题使得课程改革进一步推进显得异常艰难，课程与教学论的研究者要正视并深入探讨和解决我国基础教育课程改革遇到的各种课程与教学问题，为基础教育课程改革深入推进提供学术支持和决策参考。

### （三）课程与教学论研究的空间将进一步拓展

现代课程与教学论学科的发展，必须广泛汲取一切有价值的思想资源，不仅要借鉴国外的先进经验，也要借鉴和利用相关学科研究成果，这一点已经成为广大课程与教学论研究者的共识。因为借鉴和利用不仅使课程与教学论学科发展有一个较高的起点，而且也开拓了学科研究空间，拓展了研究者的学术视野，进而促进课程与教学论研究主题及研究范式的转换。

在现代信息社会中，课程与教学论研究不关注或不重视信息技术是一个假问题，用什么视角去关注信息技术，从哪些方面重视信息技术才是真问题。从当前的情况来看，现代信息技术对课程与教学的影响已经引起研究者和相关部门的关注和重视，但都还处于探索阶段。“慕课”虽然以较低的教育成本将各学科丰富的知识通过在线教育平台让更多的学习者分享，以新颖、科学、合理的教学设计，给教育带来了深刻和深远的变化，但课程资源质量的评价问题，课程实施的人本化、公平化、优质化问题等也亟待深入研究。“云课程”的出现虽然扩展了课程容量，丰富了课程元素，提升了课程功能，具有聚合课程资源，提升资源利用效率，共享课程资源，促进教育公平等优点，但当前关于“云课程”概念的理解问题、结构与功能问题、教学机制问题等都还处在混沌状态，这些都需要课程与教学论研究者密切关注并结合实际深入研究，使信息技术能够最大限度地促进课程实施与教学活动的开展。

# 第四章

# 中国教育史

中国教育史是教育学的基础学科之一。经过几代学者的辛勤耕耘，中国教育史研究取得了丰硕成果，已有不少学者对教育史学科的百余年历史与传统进行了考察，对学科性质及不同阶段的发展特点也多有讨论。[①] 进入21世纪之后，“危机”与“困境”越来越成为许多教育史研究者经常提起的话题。[②] 把握教育史研究的现状，是学科反思的基础，也是推动教育史研究进一步扩展的基础。

我们以2013年度中文社会科学引文索引（CSSCI）来源期刊所刊发的中国教育史学术论文为研究对象，运用文献计量学的方法，在对客观统计数据分析的基础上，考察中国教育史研究的现状。基本数据的收集，主要根据CSSCI公布的2012—2013年度来源期刊及集刊目录，具体分析主要根据CSSCI公布的2012—2013年度来源期刊及集刊目录，分别按照教育学类（37种）、历史学类（26种）、综合性社科期刊（50种）及高校综合性学报（70种）的分类检索“中国教育史”主题的学术论文，并依据篇名及内容进行筛选，最终选定278篇中国教育史研究性论文为分析对象。

---

① 代表性专著及论文有：杜成宪、崔运武、王伦信著《中国教育史学九十年》，华东师范大学出版社1998版；田正平著《老学科·新气象——改革开放30年教育史学科建设述评》，载《教育研究》2008年第9期；于述胜著《中国教育史学科结构方式的历史探究》，载《北京师范大学学报（社会科学版）》2008年第1期；李涛著《百年中国教育史研究高潮的回顾与反思》，载《东北师大学报（哲学社会科学版）》2003年第2期。

② 田正平，肖朗．教育史学科建设的回顾与前瞻［J］．教育研究，2003（1）．

在研究方法上，运用文献数量统计及词频分析等文献计量学的方法，在定量分析的基础上对重要刊物及学术成果进行分析，以直观的图表方式呈现统计结果，并选取有代表性的核心论文进行深入讨论。采用定量和定性相结合的方法，是希望能够尽量客观地呈现中国教育史学科的发展状态，避免经验想象和主观武断。

## 一、学科概况

### （一）研究时段

中国教育历史源远流长，不同时段对研究主题的讨论，在视角方法等方面存在一定差异。本文对 278 篇文章的研究时期以“先秦”、“汉唐”、“宋元明清”、“晚清民国”、“中华人民共和国”及“其他”为标准进行了分类。[①]（见表 4-1）

**表 4-1　研究时段统计**

| 研究时段 | 先秦 | 汉唐 | 宋元明清 | 晚清民国 | 中华人民共和国 | 其他 |
|---|---|---|---|---|---|---|
| 篇数 | 21 | 6 | 23 | 187 | 20 | 21 |
| 比例（%） | 8 | 2 | 8 | 67 | 7 | 8 |

除去“其他”部分之外，近现代教育史的文章共有 208 篇（占 74.46%）；而古代教育史的文章仅有 50 篇（占 17.99%）。研究主题存在“厚今薄古”现象，这显然是与中国古代教育丰富的历史资源难以相称的。

在此基础上，这里分别对古代教育史及近现代教育史的研究主题进行统计。总体来说，古代部分关注的主题仍以中国教育史的传统论题为主，对先秦诸子的讨论一般从教育哲学的角度展开；宋元之后的科举及书院成

① 需要说明的是：首先，“清”以 1840 年为界，归属于不同历史时期，意在强调近代中国的特殊性；其次，将“晚清民国”视作前后相继的完整时段，不做细致区分；最后，“其他”类主要是指教育史学的元问题、书评以及总论性质文章，因各项数量均较少，不再做细致区分。

为研究主题上关注的热点，除了考辨基本史实之外，也不乏将科举、书院与现代教育精神相互发明之作。对晚清民国时段的研究，无疑是学界的热点，以总数 187 篇（占 67%）高居各时段榜首。[①]（见表 4-2）

**表 4-2　古代教育史研究主题**

| 研究时段 | 研究主题 | 篇数 | 总计篇数 |
|---|---|---|---|
| 先秦 | 诸子学 | 15 | 21 |
| | 儒学教育 | 6 | |
| 汉唐 | 官学 | 2 | 6 |
| | 科举 | 1 | |
| | 社会教育 | 2 | |
| | 家庭教育 | 1 | |
| 宋元明清 | 科举 | 12 | 23 |
| | 书院 | 7 | |
| | 家庭教育 | 1 | |
| | 蒙学 | 1 | |
| | 庙学 | 1 | |
| | 社学 | 1 | |
| 晚清民国 | 教育家 | 53 | 187 |
| | 高等教育 | 47 | |
| | 课程与教学 | 16 | |
| | 教育刊物/教科书 | 13 | |
| | 区域教育 | 10 | |
| | 留学教育 | 9 | |
| | 教育制度及政策 | 7 | |
| | 科举 | 6 | |
| | 师范教育 | 6 | |
| | 基础教育 | 5 | |

① 由于研究本身并非只涉及一个维度的讨论，为便利统计，在涉及单个人物或特定群体（如大学校长、传教士等）时一般归为“教育家”。

续表

| 研究时段 | 研究主题 | 篇数 | 总计篇数 |
|---|---|---|---|
| 晚清民国 | 社会教育/乡村教育 | 4 | 187 |
| | 教育现代化问题 | 4 | |
| | 职业教育 | 3 | |
| | 民族教育 | 2 | |
| | 学前教育 | 1 | |
| | 军事教育 | 1 | |
| 中华人民共和国 | 教育家 | 6 | 20 |
| | 高等教育 | 6 | |
| | 教育制度及政策 | 3 | |
| | 课程与教学 | 3 | |
| | 教育学史 | 1 | |
| | 教育影像 | 1 | |

相对于古代教育史，近现代部分的主题更加丰富多元，其中，尤以教育人物研究及高等教育史研究为热点；其次，课程与教学、教育刊物、教科书、留学、科举、教育制度与政策等关注较多的主题，均可视为社会转型期间的新旧教育冲突的表征，也是近现代教育史研究一贯关注的问题。除此之外，围绕福建、安徽等地展开的区域教育史也占有一定比例，研究者则主要来自当地的高校。

### （二）研究主题

我们采用对篇名及关键词进行词频分析进而提炼2013年度研究主题的方法。词频分析是文献计量学常用的研究方法，主要在文献中以特定词语出现次数高低来确定研究热点。词频越高，表明受关注度越高。同一篇文献，篇名与关键词所起作用不同，篇名是文章主题的直接反映，更加概括和抽象，关键词一般来说是从摘要和正文中选取的，一定程度上更能反映文章的内容。具体操作时利用中科院张华平博士研发的NLPIR/ICTCLAS2014软件进行自动分词，再从结果中剔除无意义的词语，筛选出若干关键性词语，在此基础上根据实际研究主题并结合现有分词结果补充若干词语，计算出现的频率。

因只有一个年度的数据，从结果来看，篇名及关键词的词频结果较为接近。表 4-3 及表 4-4 所列分别为对篇名及关键词统计后词频不小于 5 次（含 5 次）以上的词语，表格中的阴影部分为在篇名及关键词的词频分析中都出现的词语。另外，在分类整理的过程中，删除诸如“评价”、“研究”、“探析”等非概念性的虚指关键词以及一些诸如“中国”、“我国”等专指度低的词语，并根据部分文献研究内容提炼了一些词语。经过此处理后，所选定的篇名与关键词能更客观地反映研究内容和研究热点，词频分析也更具有代表性。

**表 4-3　针对篇名的词频统计**

| 篇名 | 词频（次） | 篇名 | 词频（次） | 篇名 | 词频（次） |
| --- | --- | --- | --- | --- | --- |
| 教育 | 126 | 教育家 | 8 | 政策 | 6 |
| 大学 | 51 | 语文 | 8 | 乡村 | 6 |
| 思想 | 34 | 教育史 | 8 | 意义 | 6 |
| 民国 | 28 | 留学 | 7 | 教授 | 6 |
| 教育思想 | 18 | 课程 | 7 | 学术 | 6 |
| 科举 | 15 | 传统 | 7 | 西南联大 | 6 |
| 教学 | 13 | 学校 | 7 | 留学生 | 6 |
| 教科书 | 11 | 教材 | 7 | 乡村 | 6 |
| 改革 | 10 | 运动 | 7 | 蔡元培 | 5 |
| 社会 | 10 | 理念 | 7 | 西北联大 | 5 |
| 文化 | 10 | 价值 | 7 | 哲学 | 5 |
| 发展 | 10 | 反思 | 7 | 教育学 | 5 |
| 高等教育 | 9 | 特点 | 7 | 视角 | 5 |
| 书院 | 8 | 师范 | 6 | 制度 | 5 |
| 校长 | 8 | 大学校长 | 6 | | |

表 4-4　针对关键词的词频统计

| 关键词 | 词频（次） | 关键词 | 词频（次） | 关键词 | 词频（次） |
|---|---|---|---|---|---|
| 教育 | 130 | 价值 | 9 | 国文 | 5 |
| 大学 | 52 | 文化 | 8 | 中国化 | 5 |
| 思想 | 28 | 改革 | 8 | 政策 | 5 |
| 民国 | 20 | 留学生 | 7 | 乡村 | 5 |
| 科举 | 17 | 西南联大 | 7 | 政策 | 5 |
| 教学 | 16 | 语文 | 7 | 学院 | 5 |
| 制度 | 15 | 课程 | 7 | 学科 | 5 |
| 学生 | 15 | 师范 | 6 | 理论 | 5 |
| 学校 | 14 | 教师 | 6 | 精神 | 5 |
| 历史 | 14 | 教材 | 6 | 意义 | 5 |
| 教育思想 | 13 | 蔡元培 | 6 | 现代化 | 5 |
| 高等教育 | 12 | 学制 | 6 | 科学 | 5 |
| 学术 | 11 | 教育史 | 6 | 抗战 | 5 |
| 社会 | 11 | 教育家 | 5 | 教授 | 5 |
| 留学 | 10 | 教育学 | 5 | 办学 | 5 |
| 书院 | 9 | 教学法 | 5 | | |

上述结果也与前文按主题统计所示结果一致，即涉及近现代部分主题的词语，如“大学”、“留学”、“教科书”等出现频率较高，“民国”、“抗战”等有明确时间性指涉词语的排名也较为靠前。虽然古代教育史主题的整体关注度较低，但“书院”、“科举”等与古代教育相关的词语仍占有一定比例。此外，“校长”、“大学校长”、“教育家”、“教师”、“学生”等有关教育人物的词语，均有较高出现频率。其中“蔡元培”是唯一出现频率大于 5 次的一位教育人物。

## 二、学科进展

在上述词频统计的基础上，我们选取在篇名及关键词词频统计中排名靠前的词语，并结合前面所述研究时段、研究主题等维度，回到具体篇目，对 2013 年度中国教育史研究的热点问题展开分析。

### （一）大学

“大学”在篇名及关键词的词频统计中出现频率较高，这与前面统计中显示的高等教育主题的高关注度可互相印证。高等教育改革问题，是当前教育学术研究的热点，高等教育史研究也日渐繁荣。许多研究者采取以古鉴今方式，从丰富的历史传统中寻找到可资借鉴的思想资源。从研究主题出发，我们对近现代教育史中涉及大学主题的 70 篇文献（占全部文献的 25.18%）具体讨论的问题进行了分类统计。① 为了论述便利，适当归并了某些主题。（见表 4-5）

**表 4-5　“大学”主题下具体研究问题及篇数**

| 研究时段 | 研究主题 | 分类 | 具体讨论问题 | 篇数 | 合计 |
|---|---|---|---|---|---|
| 晚清民国（共 61 篇） | 总论 | 历史变迁 | 西北联大兴衰历史、近代高等教育发展动因 | 7 | 12 |
| | | 布局调整 | 中央与地方关系、20 世纪 20 年代教会大学的调整 | 3 | |
| | | 校庆 | 北大百年校庆、教育家的校庆观 | 2 | |
| | 制度、政策与管理 | 政策制定 | 政策演进历史、现代大学制度的重构、“争取学术独立的十年计划”、国联教育考察团，大学章程 | 5 | 18 |

① 此处 70 篇文献，包括近代教育史以高等教育为主题的 54 篇，同时也包括归属于“教育家”主题中涉及人物与大学关系的 16 篇。

续表

| 研究时段 | 研究主题 | 分类 | 具体讨论问题 | 篇数 | 合计 |
|---|---|---|---|---|---|
| 晚清民国（共61篇） | 制度、政策与管理 | 教授治校 | 西南联大教授会、与教授治学的关系、北大评议会 | 4 | 18 |
| | | 考试制度 | 大学学业考试 | 1 | |
| | | 经费 | 索薪问题、国立大学经费、私立大学经费、学费政策 | 4 | |
| | | 大学院与大学区制 | 价值重估、北平大学区时的北大 | 3 | |
| | 人才培养 | 培养特色 | 研究生教育、创新人才培养 | 2 | 9 |
| | | 招生 | 燕大招生、男女同校问题 | 2 | |
| | | 课程与教学 | 燕大英文系、清华国文教学、西南联大历史系、西北联大历史系 | 4 | |
| | | 教科书 | 商务印书馆“大学丛书” | 1 | |
| | 学术研究 | 学术机构及社团 | 中国教育学会、中央研究院 | 2 | 5 |
| | | 研究与服务 | 社会教育、教育学学科发展 | 3 | |
| | 人物研究 | 校长 | 严复、陈垣、曹云祥、狄考文、张寿镛、胡适、罗家伦、张乃燕 | 13 | 18 |
| | | 教师 | 林损、西南联大诗人群 | 3 | |
| | | 学生生活 | 学生自治、教会大学学生的爱国情感 | 2 | |
| 中华人民共和国（共8篇） | 制度、政策与管理 | 政策制定 | 政策演进历史、院系调整、布局调整 | 4 | 8 |
| | 人才培养 | 研究生教育 | 发展历程 | 1 | |
| | 学术研究 | 学科发展 | 苏联专家与人大学科设置 | 1 | |
| | 人物研究 | 校长 | 蒋南翔 | 2 | |

总体来看，热点集中于近现代高等教育制度、政策的历史变迁以及人物研究。其中，晚清民国时段的讨论最为丰富深入，涉及高等教育史研究各个层面，1949 年后的讨论则以发展历程梳理及高等教育结构布局调整为主，该主题主要有以下特点。

第一，重视历史与当下的关联。从研究论题的选择看，中国高等教育传统与当下现实问题，在历史与逻辑上均有难以割舍的联系，是“大学”主题关注频率较高的原因之一。比如，近年来大学章程、高校学费等问题关注度逐年增加，有研究者系统梳理了1860—1937年间由膏火制到收费制、再发展为收费与奖助补减免互补体系的过程，提出时政虽日益艰难，大学学费政策的执行和效果也因此受到不小影响，但“对教育公平的追求始终是大学学费政策发展变化的根本动因和目的”。即便在当时的历史条件下，政策设计仍能够注意到“针对不同群体实行区别对待”，这都可以在当前高等教育改革中找到共鸣。①

第二，利用新的材料，选择新的视角，对一些“老”论题予以“新”解释。大学与政治之间的关系，是讨论近代中国大学中不可回避的重要的论题之一。中央大学由东南大学改组而来，并一度被纳入新的大学院和大学区体制内，其改制过程也显现出了大学与政治的密切联系。研究者指出，张乃燕之所以能够担任中央大学的首任校长，得益于由吴稚晖、蔡元培、李石曾和张静江等国民党元老主导的中央教育行政权，即大学院与大学区体制；反过来，张乃燕的下台也因是而起，其背后昭示的是“国民党教育行政中元老政治在内部的最终瓦解，教育学术权势开始从元老转移至党内学术圈的新辈手中”。不过，作者亦同时提示，对此问题并不能简单化放置于“学术与政治之间”的认知模式下：虽然有着“党国元老”兼“学术精英”身份的蔡、李、吴、张“四老”曾跻身国民党决策层，但并不能就此断言此事代表着“学术精英由边缘进入核心”，蔡元培等人在知识界的巨大影响力以及在革命党内早已拥有的历史地位，都对元老政治的实施产生了影响。② 在近代中国社会复杂多变的环境之中，实际上很难找到带有普适性的分析框架和模式。同一起因却发生在不同地域、由不同人参与的事件，其实际过程和最终结果都会有天壤之别。因此，能否发现每一历史事件各自独特的行动逻辑，能否针对具体的语境进行分析，可以说

① 李海萍．清末民初1860—1937年大学学费政策研究［J］．高等教育研究，2013（10）．

② 蒋宝麟．“党国元老”、学界派系与校园政治——中央大学首任校长张乃燕辞职事件述论（1928—1930）［J］．社会科学研究，2013（3）．

都是对研究者学术素养的考验。

教会大学史也是一个传统的论题。近年相关研究逐渐走出了通史性的宏观分析，越来越注意对具体个案的梳理和分析，通过对各教会大学的学术研究、教育教学和校园生活等问题的讨论。相较于其他类型的大学，教会大学在近代中国社会的位置较为特殊，特别是在20世纪20年代的非基督教运动、收回教育权运动、向政府立案等一系列民族主义运动中受到相当大的冲击，这也使得教会大学不得不“一方面调整办学目标以适应中国政府和社会的要求，另一方面则在校园范围内坚守基督教的办学方针”①。也有研究者指出，教会大学内部的环境实际上还是要再做细致区分，教会大学内部一切均按照西方教育体系运行，实际上是“非民族化”的。民族主义运动兴起后，教会学校学生才发生分化，一部分学生以激烈的方式表达民族主义情绪，竭力“洗刷‘汉奸’嫌疑”，欲与校外的民族主义运动保持一致；而另外一些学生则强调，应以“储蓄知识”的“反省”方式来表达爱国思想。作者指出，在处理对民族的认同与对母校的认同时，教会学校学生往往会引发内心强烈冲突，特别是当校外的民族主义浪潮足以威胁到教会大学自身的存在时，这种冲突会表现得更加强烈。②

第三，对各大学的具体研究持续深入。我们还对以大学本身为研究对象的文献进行统计，其中以西南联大、清华大学、西北联大、北京大学、燕京大学出现频率靠前。主题后标示数字为具体篇数。(见表4-6)

---

① 章博．生存与信仰之间：教会大学的两难处境（1922—1951）——以华中大学为中心［J］．江汉论坛，2013（9）．

② 徐保安．故土中的他乡：民族主义与教会大学学生的爱国情感表达［J］．学海，2013（3）．

**表 4-6　以大学为对象的研究主题及篇数**

| 大学 | 篇数合计 | 主题 |
| --- | --- | --- |
| 西南联合大学 | 6 | 总论：办学特色（3） |
| | | 行政与管理：教授治校（1） |
| | | 课程与教学：历史系（1） |
| | | 学术研究（1） |
| 西北联合大学 | 5 | 总论：办学特色（4） |
| | | 课程设置：历史系（1） |
| 清华大学 | 5 | 行政与管理：教授治校（1） |
| | | 课程与教学：国文教学（1） |
| | | 校长：曹云祥（1）、罗家伦（2） |
| 北京大学 | 4 | 总论：历史变迁（1）、百年校庆解读（1） |
| | | 行政与管理：评议会（1） |
| | | 校长：严复（1） |
| 燕京大学 | 4 | 总论：办学特色（2）、招生（1） |
| | | 课程与教学：英文系（1） |
| 上海圣约翰大学 | 2 | 总论：办学特色（1） |
| | | 校长：卜舫济（1） |
| 辅仁大学 | 1 | 校长：陈垣（1） |
| 光华大学 | 1 | 校长：张寿镛（1） |
| 四川大学 | 1 | 行政与管理：院校整顿（1） |
| 山西大学 | 1 | 行政与管理：院校整顿（1） |
| 中国人民大学 | 1 | 学科发展（1） |
| 中央大学 | 1 | 校长：张乃燕（1） |

大学校史的研究向来是学界较为关注的主题。研究对象多集中于北京大学、清华大学、西南联大等校，主要探讨学校办学特色、行政管理制度、课程设置及教学等。其中北京大学因与近代中国社会历史进程的紧密关联以及当下所处的位置，受关注程度一直居高不下。不过就其目前的整体研究状况而言，仍有不少细节问题面目甚为模糊。部分教育史论文对北

大历史的讨论，所言必称“五四”，似乎北大于“五四”之外便无教育可谈。对一所大学而言，无论是各学科学术风气的转换，课堂上下师生的讲学论道，校园之内景物的变迁，等等，均是学校历史重要的组成部分，对于丰富认识和理解一所学校的历史沿革和精神传统都有重要的意义。例如，20 世纪 20 年代中后期，北大经历多次称谓上的改变，由京师大学校到中华大学、再到大学区制中的北大学院，等等，每一变化对应的都是一次学校内外权力及人事的震荡，同时也可显现出政治斗争的实际影响。对此，有研究者对北平大学区时期北京大学进行了考察，将北大在这一特殊时期里的合并与分离过程中各方各派利益的博弈较为清晰地予以梳理。① 大学区制改革并不是一个成功的实验，究其原因有制度设计上的失误，还掺杂着人事上的斗争，同时也不乏具体执行中的各种偏差，这些都给研究这一主题带来了不少困难。此外，恐怕还有一种观念多少也影响了研究对象的选择，即喜谈成功的经验，而甚少提及失败的经历，因此，大学区制的研究问津者甚少。但有学者从历史、制度及文化等层面进行分析，指出大学区制改革，并不是凭空而来的理论设计，而是在赴法留学运动、中法大学等一系列法国教育模式实验的基础上展开的，是“法国教育模式在近代中国不断扩展的‘移植’链条上的重要一环”，从其制度设计来说，实际上已经考虑到了“中法政治体制的亲和性”，是在考虑到了中国政治传统与历史现实的前提下，“理性解决政府与大学关系的努力”。②

此外，值得一提的还有西北联大研究的兴起。相对于西南联大，西北联大的研究一直较为沉寂。2012 年 9 月，与西北联大有直接传承关系的西北大学、北京师范大学、天津大学等八所高校，共同发起主办了第一届“西北联大与中国高等教育发展论坛”。借由此次论坛，一系列有关西北联大的研究论文开始涌现，开启了西北联大研究的序幕。

在众多主题中，大学校庆问题，选取的是一个在历史与现实中均有值得讨论的题目，颇有新意。有研究者指出，早在民国时期中国大学就对校

---

① 黄启兵．北平大学区时期北京大学的合并与分离［J］．高等教育研究，2013（7）．

② 茹宁．民国大学院与大学区制改革的价值重估［J］．高等教育研究，2013（2）．

庆颇为重视，北京大学、清华大学、厦门大学、南开学校、广西西江学院等校都曾一年一度或数年一度举行过庆典，此时的校庆“不是在追求‘形象校庆’、‘政绩校庆’”，而是“视为建构大学精神的过程”。[①] 还有研究者对北京大学百年校庆的政治功能进行了解读，具体描述了北大如何利用百年校庆的机会，“通过设计和筹划使得本校的发展目标上升为中央政府的政策目标”的过程。作者认为，北大使“创建世界一流大学”这一学校目标变为国家战略，“是一种比较典型的理想导向型而非问题导向型的政策制定方式，带有鲜明的中国特色”，对北大第二个百年发展影响深远。[②] 现实的教育问题都是有其历史渊源的，而找到这种勾连，无疑对于教育史研究主题和范围的扩展是有积极意义的。

### （二）科举

“科举”作为延续一千三百多年的选士制度，是文史研究中传统而又重要的研究领域。2013 年度共有 20 篇文章（占总数的 7.19%）探讨科举制的相关问题，其中有史学背景学者的研究成果占到 65%。（见表 4-7）

**表 4-7 科举制相关文章作者学科背景**

| | 教育学 | 历史学 | 中国语言文学 | 合计 |
|---|---|---|---|---|
| 篇数 | 4 | 13 | 3 | 20 |
| 比例（%） | 20 | 65 | 15 | 100 |

不同的学科背景以及专业训练使历史学者与教育学者的研究呈现出不同的研究取向。历史学者探讨的科举制上下勾连、纵横贯通，既考察科举制与皇帝的关系，[③] 又考察科举制与宗族之间的关联，[④] 旁及科举制与出版业的关系等。他们更为关注科举制作为政治制度、文化制度和社会制度的

① 王建军．没有精神，校庆何为？［J］．华南师范大学学报：社会科学版，2013（5）．

② 陈学飞．北京大学百年校庆的政治功能［J］．华南师范大学学报：社会科学版，2013（5）．

③ 龚延明．宋代科举与皇帝［J］．浙江学刊，2013（3）．

④ 曲晓红．古代宗族与科举仕宦的关系研究——以明清徽州社会宗族为例［J］．河南社会科学，2013（5）．

特性，而不像传统的教育史研究仅将科举制度视为教育考试制度。具体的研究主题可以划分为两大类：一类是针对科举制的具体问题的研究，另一类是针对科举制以及科举制研究的反思。

在第一类研究中，历史学者和教育学者的研究有其共性。科举制度延续千余年，但学者的眼光却更多地集中在了明清，特别是晚清民国时期。科举制作为一项内涵丰富的重要制度，其遽然废除之影响不仅限于教育领域，更触及众多社会领域，且其影响并不随科举制废除而同时消失，相反会向后波及。正因如此，学者将对科举制的研究时段拉长到民国时期。在更长时段中，科举制与新学传播、知识转型以及知识分子职业选择等的关联凸显。（见表 4-8）

**表 4-8 科举制的研究时段**

| | 汉唐 | 宋代 | 明代 | 晚清民国 | 综论① |
|---|---|---|---|---|---|
| 篇数 | 1 | 2 | 5 | 7 | 5 |
| 比例（%） | 5 | 10 | 25 | 35 | 25 |

研究者大多以微观视角切入，或以一人为例，或以一地或几地为例探讨科举制中的若干问题，即个案式、地域性的研究较为常见。个案式的研究似显微镜般放大了一些被宏大叙事遮蔽的历史事实，进而可以丰富或者改变我们对历史的认识。科举制废除与新式教育的关系一直是探讨废科举影响的一项重要议题。有研究者“以相关档案、时人文集等资料为据，重建清季豫、湘、赣三省兴设尊经、景贤、达材、明经等学堂的相关史实”，增进了对清季官方保存国粹的了解。作者通过与张之洞设存古学堂方案异同的比较，指出“是否”以及“在何等程度上”接纳西学，或许并非存古学堂区别于传统书院的核心标识。②

不管是历史学者还是教育学者都有比较强烈的“经世致用”取向，援

① 此处的综论包括针对科举制度本身的反思和针对科举制度研究的反思两类文章，这两类文章一般纵贯古今，涵盖科举制度涉及的所有朝代，因此单列。

② 郭书愚．为“旧学应举之寒儒筹出路”兼彰“存古”之义：清季豫、湘、赣三省因应科举停废的办学努力［J］．社会科学研究，2013（3）．

引科举制的资源以图解决今日之问题，如教育公平、异地高考等热点问题，尤其厦门大学高等教育研究院在此方面一直在进行持续不断的努力。而从更为具体的主题来看，各位研究者各自为说，彼此之间关联性不大。

### （三）教育人物

教育人物研究是教育史重要的组成部分。不同时代的研究者对人物思想观念和生平实践的解读，皆带有时代的烙印，是研究者基于各自独特的立场和研究取向的反映。在此意义上，教育人物的研究是历久弥新的。2013 年度以教育人物为研究对象的文献共有 89 篇，占总数的 32.01%。①

以研究时段区分，晚清民国段人物出现频次较高，且总人数较多，古代教育人物出现的频次及总人数均相对较少。对比表 2 古代教育史主题的统计，先秦部分的研究 70%以上都是人物研究，关注点基本上只集中在孔子、孟子、荀子等儒家教育家；汉唐时段没有选择以单个或群体人物为研究对象的；宋元明清时段的人物研究只出现了一次，即讨论明末国子监祭酒的汤宾尹与书商之间的儒商共生关系。孔子、孟子及蔡元培并列为篇名中频次最高的教育家（各 5 次），杜威（2 次）和康德（1 次）为在篇名上就出现的外国教育家。（见表 4-9）

**表 4-9　篇名教育人物频次统计（单位：次）②**

| 时段 | 次数 | 人物 |
| --- | --- | --- |
| 先秦 | 5 | 孔子、孟子 |
| | 2 | 荀子 |
| | 1 | 韩非子 |
| 宋元明清 | 1 | 汤宾尹 |

① 文献数量统计是从研究主题出发进行的分类，其中晚清民国时段部分文献已经在“大学”主题之下进行过分析。因本段分析采用了不同维度，此部分文献再次纳入统计。

② 针对篇名中出现的人物姓名及频次进行了统计（如遇同一篇名出现两人情况，则分别计数），频次越高，说明以该人物为研究对象的文献越多。

续表

| 时段 | 次数 | 人物 |
| --- | --- | --- |
| 晚清民国 | 5 | 蔡元培 |
| | 3 | 罗家伦 |
| | 3 | 孙中山 |
| | 2 | 杜威 |
| | 2 | 郭秉文 |
| | 2 | 李廉方 |
| | 2 | 严复 |
| | 1 | 卜舫济、曹云祥、康德、陈嘉庚、陈垣、戴伯韬、狄考文、范源濂、傅兰雅、辜鸿铭、傅斯年、高阳、黄炎培、黎锦熙、胡适、蒋廷黻、李鸿章、侯鸿鉴、雷沛鸿、刘海粟、林损、舒新城、陶行知、王国维、邰爽秋、汪懋祖、毛泽东、张寿镛、叶圣陶、臧伯平、张乃燕、晏阳初、余家菊 |
| 共和国 | 2 | 蒋南翔 |
| | 1 | 杜国庠、冯友兰、钱伟长、田正平 |

蔡元培一直是学界研究的热点。他早年留学德国的经历被视为缔造北京大学重要的思想资源。以往的研究对此段经历大多语焉不详，而有研究者却能于不疑处有疑，追问："蔡元培对德系学术、知识乃至教育究竟有多少认知"，"究竟在多大意义上熟悉和了解了德系教育"。有学者指出，蔡元培思想的基础是德国哲学，更倾向以"制度模式"引入外来资源，更关注赫尔巴特、福禄培尔等"更具有制度建设功用的思想者"，同时又因学术兴趣在大学，所以，对包尔生代表的德国大学观和伦理思想用功更深。[①] 蔡元培的研究，可以说是"既老又新"的题目，其自身经历和思想的丰富性，为后世提供了"按需所取"进行解释的可能。其整体的研究状况可以说有相当的代表性，教育史的研究很难在短期内出成果，需要较长

① 叶隽．王国维、蔡元培等人对德系资源的比较接受及其相关教育理想［J］．教育学报，2013（3）．

时间的准备和积累，而某些跟风而上的研究，只知“热点”和现实需要，只要古人曾说过类似话题、使用类似词语，便不问语境与涵义，一股脑拿来为现实需要服务。史学研究一向“有鉴于往事，有资于治道”的传统，不过却只有在对“古”有充分之了解之后，才谈得上“以古鉴今”、“以史鉴今”。

学界对罗家伦的研究展开则相对较迟，近年发文数量才有所增加。作为五四运动的健将，罗家伦先后出任清华大学和中央大学校长，却在两校有着截然不同的境遇，其中存在颇多可供讨论的空间。正如研究者所述，罗家伦是“以革命者的姿态来清华上任的”，因此，与清华自始至终保持“极强的内在张力和矛盾”。这些矛盾具体表现为三点：一是他所代表的国家管制教育与大学自治发展之间的冲突；二是其办学理想、治理理念与清华大学的传统有着很大的矛盾；三是其个性与清华的传统也格格不入。[①]作者“以同情之了解的研究立场”探讨罗家伦领导的清华改革运动，也揭示了教育史研究某种新的取向：与以往完全依靠教育学体系而进行的割裂式的人物研究相比，越来越多的研究者依托大量的史料对历史事实进行爬梳，挖掘历史人物自身丰富多元的内心世界，也更加注意不同历史语境中不同人物之间的思想碰撞和观念互动。这种史实的重建，一方面使得教育历史的进程中本身多重复杂面相得以呈现，另一方面也可增强对当下教育问题复杂性的认识和理解。

与罗家伦研究状况类似的还有对曹云祥、张乃燕、张寿镛、高阳、汪懋祖等人的研究。他们的共同特点是，此前或因政治立场问题，或因相关资料难以获取，系统地专题研究并未完全展开，甚至是一直被忽视。如果仅将教育史理解为对部分著名教育家思想体系的解读，显然无法多元地展现出近代以来丰富的教育历史本身。这也是教育史研究可待深入拓展之处。

为了能够提供多维度的审视角度，本文还从研究主题出发，对以人物

---

① 刘继青．大学改革的理想与困境——罗家伦整理整顿清华大学的前前后后（1928—1930）[J]．清华大学学报：哲学社会科学版，2013（6）．

为研究对象的文献进行了讨论。[①]（见表 4-10）

**表 4-10　各时段人物研究的主题及篇数**

<table>
<tr><th>研究时段</th><th>研究主题</th><th>涉及人物</th><th>具体讨论问题</th><th>篇数</th><th>合计</th></tr>
<tr><td rowspan="3">先秦<br>（共 20 篇）</td><td>总论</td><td>老子、孔子、孟子、荀子</td><td>教育思想解读</td><td>12</td><td rowspan="3">20</td></tr>
<tr><td>比较研究</td><td>孔子、孟子、荀子、韩非子</td><td>教育哲学思想比较、性恶观比较</td><td>2</td></tr>
<tr><td>儒学教育</td><td>诸子</td><td>儒家之“礼”、儒者之“学”</td><td>6</td></tr>
<tr><td>宋元明清<br>（共 1 篇）</td><td>科举</td><td>汤宾尹</td><td>科举与出版业的关系</td><td>1</td><td>1</td></tr>
<tr><td rowspan="4">晚清民国<br>（共 68 篇）</td><td>总论</td><td>黄炎培、郭秉文、杜威、王国维、蔡元培、孙中山、陈嘉庚、臧伯平、盛宣怀、李鸿章、范源濂、罗家伦、严复、毛泽东、黎锦熙、辜鸿铭、康德、高阳、晏阳初、余家菊、侯鸿鉴、雷沛鸿</td><td>教育思想与实践的解读（乡村教育、社会教育、女子教育、教育哲学、成人教育、教育学术思想）</td><td>23</td><td>23</td></tr>
<tr><td rowspan="3">学校教育</td><td>校长群体、严复、陈垣、曹云祥、张寿镛、胡适、罗家伦、张乃燕</td><td>治校理念与实践</td><td>13</td><td rowspan="3">24</td></tr>
<tr><td>教师群体、林损、西南联大诗人群、蒋廷黻、王国维</td><td>学术思想、学术风气转换</td><td>6</td></tr>
<tr><td>学生群体</td><td>学生自治、教会大学学生的爱国情感、学生课堂生活、师范毕业生出路</td><td>5</td></tr>
</table>

① 先秦部分主要是对诸子典籍的义理阐释，此处统计将归为“儒学教育”主题之下的 6 篇文献纳入分析范围，即在 95 篇文献的基础上进行统计。

续表

<table>
<tr><th>研究时段</th><th>研究主题</th><th>涉及人物</th><th>具体讨论问题</th><th>篇数</th><th>合计</th></tr>
<tr><td rowspan="7">晚清民国（共68篇）</td><td rowspan="2">传教士办学</td><td>传教士群体</td><td>传教士与教育的早期近代化</td><td>1</td><td rowspan="2">3</td></tr>
<tr><td>狄考文、傅兰雅</td><td>办学思想与实践</td><td>2</td></tr>
<tr><td>教科书</td><td>陶行知、李廉方、叶圣陶、蔡元培、戴伯韬</td><td>编撰思想及实践、贡献</td><td>6</td><td>6</td></tr>
<tr><td rowspan="2">留学教育</td><td rowspan="2">留美学生、留日学生、留欧学生</td><td>留学期间（学业情况）</td><td>2</td><td rowspan="2">9</td></tr>
<tr><td>归国以后（对近代中国文化教育的贡献、与革命的关系）</td><td>7</td></tr>
<tr><td>学术研究</td><td>舒新城、汪懋祖、邰爽秋</td><td>教育史研究、文言文教育、教育行政学</td><td>3</td><td>3</td></tr>
<tr></tr>
<tr><td rowspan="2">中华人民共和国（共6篇）</td><td>教育理念</td><td>蒋南翔、杜国庠、冯友兰、钱伟长</td><td>教育理念及其现代意义、人文教育思想</td><td>5</td><td rowspan="2">6</td></tr>
<tr><td>学术研究</td><td>田正平</td><td>教育现代化研究</td><td>1</td></tr>
</table>

总体来看，以单篇文章的形式对人物的教育观念进行提纲挈领式的概括和提炼，在各时段的研究所占比例均较高。晚清民国时段人物的研究，不仅数量最多，主题也更为丰富多元，其中又以研究各级各类的学校教育中的人物篇数最多。

对于教育人物及其思想特别是古代人物的研究，要想卓有成效，要求研究者有必要的学术素养，既要对研究对象的思想逻辑有深刻理解，又要对其在教育学术思想脉络里的定位有准确把握，还需要对当下学术研究的基本方向和问题有清晰的认识，贯通历史与现实。譬如，研究以《四书》为重要标志的传统教育思想，就需要把握其内在的价值意蕴和思维方式。长期以来，众多教育史教科书把中国第一本教育专著锁定在《学记》上。可是，《学记》与《大学》、《中庸》同为《礼记》中之重要篇章，为什么独取前者而弃置后者呢？这可能是因为《学记》更像中国的现代教育学，更符合那种“目的—手段”、“原理—原则—方法”的“知识—技术”化的现代教育思维。于是，摆脱“知识—技术”化教育思维的束缚，基于

"意义—兴发（感通）"之学去重新认取中国的教育思想传统，① 在接续传统中进一步激活传统与现代的对话，可能成为改进和发展中国现代教育思想的重要途径。

对于留学生群体的考察，也是教育史研究的传统题目。近些年来，相关讨论逐步从整体通论式的研究转为局部微观研究。比如，有研究者从社会角色变化和冲突的角度，讨论了任教于京师大学堂的留学生们的生存境遇以及心态与观念上的冲突。留日学生是近代留学生中所占比例较大的群体，废科举后，京师大学堂专设进士馆，由留日归来的毕业生"以'学生'之出身"担任教师，向进士及第的科举精英们传授法政、理财等新知。在此过程中，由于年龄、功名、地位、学识、师生观念的差异与错位，折射出时代转换中的过渡特征。② 同样是对此主题的考察，有研究者选取了开风气之先的浙江为重点，提出留日群体虽有新学背景，却仍是传统阶层的一部分，所以，要从他们归国后与传统社会阶层的冲突互动和整合进行观察。留日学生归国后参与到浙江自治运动及宪政运动之中，不仅在人数和议案数量上有一定优势，且能够在政治博弈中"彰显代议机构的主体意识，体现出集体的力量"③。此外，也有研究者分别通过对哥伦比亚大学师范学院获博士学位的 49 名留学生的博士论文④以及 1902—1928 年间的 728 篇硕士、博士论文⑤的选题及研究取向进行了分析，指出其中以中国问题为选题者占有相当比例（统计结果分别为 60%和 28%）。两位研究者依据的主要材料是 2010 年国家图书馆出版社出版的袁同礼编著的《中国留美同学博士论文目录》，这也弥补了以往因相关资料不足而较少关注留学生在国外求学经历的空白，也为进一步拓展留学史的研究提供了便利。

---

① 于述胜，包丹丹．儒者之"学"：修身与学艺——以《四书》为中心的义理阐释［J］．教育学报，2013（3）．

② 韩策．师乎？生乎？留学生教习在京师大学堂进士馆的境遇［J］．清华大学学报：哲学社会科学版，2013（3）．

③ 徐立望．留日学生与清末浙江变革［J］．浙江学刊，2013（4）．

④ 丁钢．20 世纪上半叶哥伦比亚大学师范学院的中国留学生——一份博士名单的见证［J］．高等教育研究，2013（5）．

⑤ 林晓雯．1902—1928 中国留美学生学位论文选题分析［J］．江苏社会科学，2013（3）．

## （四）课程与教学

课程论与教学论是集中关注制度化的学校教育的现代教育学的重要组成部分，2013 年度对百年来课程与教学发展历史的考察也占有不小的比重，涉及该主题的文章共计 38 篇（占 13.67%）。[①] 从研究时段来看，晚清民国时期的研究成果占压倒性多数（占 92.1%），仅有 3 篇探讨 1949 年以后的课程与教学问题。由于晚清民国时期更重视教材教法而轻视课程，所以，研究教材教法的文章相对较多。

总体来看，研究者普遍认为晚清和民国时期的教学论“初步确定了中国近代教学论的基本内容及构架，并深受赫尔巴特学派的影响”[②]，奠定了百年来课程与教学论的整体知识结构与框架，但其理论和实践发展都不能令人满意。现代中国教育学具有鲜明的西方印记和致用倾向，课程与教学论的发展同样如此。学者的不满主要源于此，他们比较一致地认为，隔绝中国传统教学思想的路向是存在的严重问题；中国教育与文化传统不仅是建立具有中国气派的课程与教学理论的重要资源，甚至能够指引西方教育乃至哲学的发展。[③] 学者们意识到了中国教育传统的重要性，但还没有真正地与传统对话，尚未深入教育传统中。中国的教学传统到底是什么，它在何种程度上能够为现代教学理论所援引，这些问题可以深入探讨，以便古为今用。该主题的研究大致可分为三类。

第一类研究从哲学高度上思考和把握课程与教学的百年历程。如有研究者将百年来的教学论分为知识哲学教学论、主体性哲学教学论、对话哲学教学论、主客一体教学论四个阶段，并认为朝向中国教育哲学传统的复

---

① 有 3 篇文章主题是学生生活，包括了学生的课堂生活，也被计算在内。

② 肖朗，肖菊梅．清末民初教学论的知识结构、特征及其影响——以教材文本分析为中心［J］．社会科学战线，2013（1）．

③ 如靳健著《我国教学论百年发展的哲学转向与特点》，载《北京师范大学学报》2013 年第 1 期；李乾明著《近代教学理论“中国化”的历程》，载《教育科学》2013 年第 3 期；荀渊著《近代中国知识与教育变革的普遍化取向》，载《大学教育科学》2013 年第 5 期。

归正是教学论未来发展的方向。①

第二类研究通过回顾和反思百年历史进程，提炼出若干具有共性的特征和问题。研究者依据中国近代教育家对西方教学论态度的变化，将近代教学理论中国化的历程分为观风期（1840—1861 年）、尝试期（1862—1900 年）、教授法时期（1901—1918 年）、教学法时期（1919—1936 年）和民族化改造时期（1937—1949 年）。② 虽然其对中国气论的论述尚待商榷，但对于教学论不能照搬西方理论，应注意对中国传统的吸收是可取的。

第三类研究是对具体的教学与课程问题探讨。值得注意的是，研究者对民国教科书问题的特别关注（共计 14 篇）。近年《开明国语读本》等老教材的再版引发了当下中小学语文教材的讨论。但不少研究者对民国时期的历史投射了过多的理想色彩，借此表达对现实的不满，致使有些研究成果略有脱离历史情境之嫌。

研究者对具体论题的关注范围较为广泛，但基本只就各自论题发言，对同行的研究关注甚为欠缺。另外，对教科书、教学法的考察，仅围绕着制度文本和教材文本本身展开，并未真正深入到历史情境之中，在历史与文本、制度与现实的互动中的讨论也较少见。

## 三、分析讨论

### （一）古代教育史研究亟待加强

本文对 278 篇文章的研究时期也进行了统计，除去没有明确时间性的教育史元问题、书评等文章，近现代教育史的文章共有 208 篇（占 74.82%），而古代教育史的文章仅有 50 篇（占 17.99%）。古代教育史研

① 靳健．我国教学论百年发展的哲学转向与特点［J］．北京师范大学学报：社会科学版，2013（1）．

② 李乾明．近代教学理论“中国化”的历程［J］．教育科学，2013（3）．

究所占比例过低，既与教育史研究者日趋强烈的致用情结有关，也与新一代教育史工作者日益缺乏古代文字学、文献学和文化经典的学术训练有关。改革开放以来，古代教育史研究曾在教育史研究中占有重要位置。自20世纪70年代末80年代初起，中国教育史学科的恢复和重建，首先便是以古代教育史研究的复兴为起点。老一辈教育史家毛礼锐、陈景磐、顾树森、孟宪承等编写的中国古代教育史教材正式出版，首先开启了古代教育史的研究的序幕。[①] 如果翻检当时重要的教育学术刊物，不难发现，研究热点集中于教育思想史与教育制度史。当时的博士、硕士学位论文选题，大多也以古代教育思想与制度为题。如今，这批学者早已步入中年，仍是从事古代教育史研究的中坚力量。当下古代教育史研究讨论较多的领域和主题，正是由20世纪80年代成长起来的那批学者所奠定的。近十余年来，其中部分学者的研究兴趣发生转移，或转向近现代教育史研究，或转向教育学其他领域，这就使古代教育史研究相对有所削弱。而由他们所培养的新一代教育史研究者，其学术训练、研究领域与选题又常常深受导师当下研究趣味之影响。不仅如此，相对于近现代教育史研究，研究古代教育史需要更长的学术准备和训练，更要耐得住寂寞。可是，面对越来越大的升学压力和“快出成果，多出成果”的科研压力，越来越多的学者会避难趋易，选择研究近现代教育史，而对古代史敬而远之。

古代教育史研究之所以值得特别重视，不仅因为中国古代教育历时更长、遗产更加丰厚，而且在于中国教育的发展已经到了反思和超越其现代传统、进一步接续古代传统的历史时刻。由于存在着一个移植外来思想和制度的宏观背景，中国现代教育“借来说”要比“接着说”的成分更多、色彩更重；要想超越这个接续不足、断裂过甚的现代传统，重视古代教育史研究，在古今对话中返本开新、重塑具有中国文化气质的教育思想和理论，是不得不然的学术选择，也是中国教育史家责无旁贷的学术使命。

从论文的学术质量来看，古代教育史研究还有较大提升空间。这主要表现在以下几方面。第一，专业的教育史研究者基本上封闭于本学科的传

① 杜成宪，等．中国教育史学九十年［M］．上海：华东师范大学出版社，1998：127-227.

统研究视野之中，对史学、哲学等相关领域的研究成果关注不足，相关学科的新进展尚未及时充实到教育史研究中，难以在跨学科对话中凝聚论题，诸多考古新发现亦未得到充分运用。第二，就思想史研究而言，一方面，从教育哲学的角度切入者居多，却往往难以进入到哲理层面去深入把握古人思想的意义与思维脉络；另一方面，对于思想之历史内涵重视不够、透视不深，像余英时《朱熹的历史世界》那样的成果，在中国教育思想史研究至今仍难以见到。第三，就研究时段和主题而言，基本集中于诸子学、书院、科举等主题，视域较褊狭。要解决古代教育史研究中存在的问题，并非一朝之功。重视学术后备人才培养，应该成为学科和学术发展努力中的重中之重。

### （二）现代教育人物及其思想研究的取材应更为广泛

从2013年度学术论文的统计分析可以看出，现代教育史研究中涉及众多的教育人物及其思想。但仔细分析可以发现，相关人物不外两类：一是专业的教育学家，二是在兴办各级各类教育中有影响的教育家。其实，这两类人物又都关涉以现代学校教育为主体的中国现代教育体系的建立和发展。所以如此，是因为建立一个以学校教育为中心的现代化的教育体系，确实是中国现代教育史的主流和主题。同时，如此选取教育人物及其思想，也与研究者的观察视角有关。

大致说来，自晚清以来百余年中，中国先后成长起六代学人。其中，学术和思想造诣最高的，当属第二代学人。他们的学术和思想基本上成熟于20世纪二三十年代，大致相当于陈寅恪那代人。那正是中国现代学术确立的年代。其中，马一孚、熊十力、刘咸炘、梁漱溟一类学人，他们学贯古今中西，兼备儒佛（或道）且归宗于儒学。与“五四”后成长起来的那批浸没于西式教育和学术体制之中的新知识人不同，他们大都努力实践颇具传统色彩的书院或私塾式教育，对传统文化和学术精神有很深刻的体认，以传承和发展中国文化和学术命脉为己任。在中国现代学术思想史上，他们长期被视为文化保守主义者，且处于现代思想、学术之边缘地带。近些年来，这些人的学术思想尽管日益为时人所重，但基本上被定位在思想家或哲学家行列。其实，他们应该被恰当地定义为中国现代学术史上的“通人”，其学术和思想贡献已超越了现代学术中比较狭隘的学科、专家限制。教育史学界虽对其个别人物（如梁漱溟）有所涉猎，但研究所重显然在其乡村建设和乡村教育一隅。

从教育学术史和教育思想史的角度来看，上述教育人物及其思想之所以值得特别重视，原因有二：其一，他们坚定守护中国文化命脉，勇于面对现代中国内外新思潮的冲击，并对新思潮有深刻的理论回应，其教育见解往往超越了专业的教育学者之狭隘视野，有广阔的文化视野和深刻的文化内涵，譬如，刘咸炘仅凭其《一事论》一文，即可跻身中国现代最杰出的教育思想家之列。其二，他们深厚的文化、学术素养，敏锐的理论感觉，深刻的问题意识，从容淡定的文化定力，不仅确立了中国现代教育学术进一步发展的可能思想典范，也成为今人重新接续中国教育思想传统的重要跳板。

### （三）进一步重视有特色学术团队的发展

本文还对第一作者的第一署名单位进行了统计：浙江大学以21篇的发文量居各校榜首，其后为华东师范大学（16篇）、北京师范大学（14篇）及厦门大学（12篇）。在长期历史积累中，这些教育史研究重镇已经逐渐形成自己的研究特色：浙江大学教育史学科师承清晰，自改革开放以来沿着“现代化史”的研究路径不断深入和拓展；华东师范大学在教育史学史、教育史学理论以及叙事研究的理论与实践方面，均有创造探索；厦门大学以科举制为重心进行了长期而富有特色的努力；北京师范大学则关注大学史、学术史。另有一些研究团队也在坚持不懈地进行研究，也逐渐形成了较为鲜明的特色。以侯怀银教授为代表的山西大学教育史学研究是以教育学史为研究专长的。福建师范大学则关注福建地区的教育历史，特别是科举史，以地域式的探究方式丰富了教育史研究的成果。各学术团队在自身研究专长的基础上持续努力、不断积累，是形成教育学派的重要知识前提。

一个研究方向明确、成员层次分明的研究团队，应当包括老中青三代人。老一辈的学者引领方向，年轻的学者承续前人。我们对作者的职称分布及年龄阶段进行了统计。总体来看，职称与发文量呈现正比关系，职称越高，发文量越多。年龄在46—55岁之间、具有正高职称的教师发文量占到了全部发文量的60%，为各年龄段之最。教育史学科兼具人文学科和社会科学两种属性，不仅要求学者的知识积累，更要求学者的人生阅历与社会经验。四五十岁正应当是教育史学者开始或已经取得丰硕研究成果，形成自己的思想体系和研究特色，并指引学科发展方向的黄金年龄。从发文数量上看，该年龄段的学者也起到了学科中坚的作用。(见表4-11)

**表4-11 职称及年龄段发文量统计**

单位：篇

| | 正高 | 副高 | 中级 | 博士后 | 合计 |
|---|---|---|---|---|---|
| 35岁及以下 | 0 | 8 | 15 | 6 | 29 |
| 36—45岁 | 17 | 35 | 20 | 4 | 76 |
| 46—55岁 | 58 | 11 | 2 | 0 | 71 |
| 56岁及以上 | 36 | 2 | 0 | 0 | 38 |
| 合计 | 111 | 56 | 37 | 10 | 214 |

值得深思的是，35岁以下的青年教师研究成果数量居于所有研究者之末。高校的青年教师面临着科研、教学与生活的多重压力。尽管各校评定职称要求不尽相同，但都重视科研产出，要求青年教师有一定的论文发表量和课题数量。同时，各高校特别是以教学为主的院校，教学任务繁重，又以新进青年教师负担最重，课程安排很难与个人志趣和专业方向相符合，不少青年教师疲于奔命。除此之外，青年教师还是完成其他工作的主力军，如批阅全国性考试试卷、兼任辅导员、指导教育实习等。真正能够留给青年教师专心读书、潜心研究的时间少之又少。

目前的科研体系、职称评定体系没有为青年教师的成长做出制度性的合理规划。很多院校都秉持外来的和尚会念经的理念，花大价钱去聘请成名的教授、学者，不注重培养自己的青年教师。长此以往，本是学术潜在力量和未来中坚的青年教师很难获得良好的发展，会对学科长远发展带来负面影响。

教育学科既是社会科学，也是人文学科。教育史则是教育学分支学科中最具人文学科特性的。百余年来，在“富国强兵”的国家功利主义目标驱策下，教育学在很大程度上被理解成造就教师的知识、技术之学，这使它深陷于“目的—手段”、“原理—原则—方法”之类比较单一的“工程—技术”话语之中。教育史具有人文学科的根本特质，在于关注和呈现历史活动主体的生存状态和发展命运。它要求研究者本着尊重、同情、体贴、理解之心，切入历史活动者的生存境遇之中（简言之曰“入境”），并依之重构历史情境（简言之曰“构境”）。这也是人文化教育史研究的根本探究方式。在表达方式上，人文化的教育史研究并不追求抽象的概念化、普遍化结论或意义，而是在“具体”中呈现“一般”，让读之者在与历史活动主体的生命与情感的共鸣中，体验、体认那难以言表的教育之深刻意蕴（不妨称之为“引人入境”）。唯有如此，教育史研究方能成就其无法替代的人文化成之功。

最后，需要说明的是，我们的分析主要是基于CSSCI来源期刊2013年度的数据，不能涵盖年度全部的学术信息，因此严格意义上说，并不能反映出当前中国教育史研究的全貌，对趋势变化也无法给出更详细的解释。不过，通过对2013年CSSCI来源期刊所发表的278篇论文的统计和分析，也从一个侧面上揭示出了中国教育史研究实际现状。根据我们的粗略估计，有较高学术水准的研究性论文比例大约占总数的10%。不管怎么说，进一步提高中国史学科的学术水准是一项紧迫、艰巨而又长期的任务。

# 第五章

# 外国教育史

本章以“中国知网”收录的近三年（2011—2013 年）公开发表的近两千篇外国教育史研究论文、一千篇美国教育史研究论文、部分著作和博士学位论文为基础，在较为宽泛的意义上讨论外国教育史的研究进展。本章所谓的“外国教育史研究”不仅包括教育史学界关于外国教育史的研究成果，也包括教育学原理、课程与教学论、比较教育学和高等教育学等相关学科，以及历史学等教育学一级学科以外的学者所取得的与外国教育史研究相关的工作及成果。

## 一、研究进展概述

近几年来，外国教育史研究的总体状况可以简要地归纳为四个方面。高等教育史研究异军突起，学校教育史研究遭受“冷遇”；教育制度史研究日趋兴盛，教育思想史研究受到削弱；美国教育史研究一枝独秀，欧洲教育史研究渐趋边缘；古代教育史研究门庭冷落，现代教育史研究则“趋之若鹜”。

长期以来，外国教育史作为中小学教师培养的基础科目，主要在师范院校进行教学和研究。由于这样的原因，在 20 世纪 90 年代之前，外国教育史的研究一向以普通中小学教育为主，除教材对高等教育史有所介绍之外，很少涉及高等教育史。而从21世纪初以来，研究的重心发生了急剧变化。经过21世纪第一个十年的积累，外国（主要是欧美）高等教育史研究成果大幅度增长，研究范围广泛，研究主题多样。与此同时，一向受到关注的学校教育史则受到明显的“冷遇”，虽然仍有一些研究成果面世，但其影响已远非昔日可比。

与上述情形相似，多年来，在外国教育史研究中，教育思想史的研究一直占据着明显的优势，而教育制度史则相对薄弱。近年来，或许是受大环境的影响，教育史学界对教育思想史研究的兴趣明显减弱，除了卢梭、杜威之外，大多数教育家的思想研究基本上处于停滞状态，偶有一些零星的成果出现，也难以产生较大的影响。在教育思想史研究受到削弱的同时，教育制度史的研究却出人意料地“红火”起来。梳理近几年外国教育史研究的成果，绝大多数的著作、论文（包括博士学位论文）的研究主题都与实践、活动、政策、制度和实务等相关，基本不涉及或很少涉及思想、理论、学说等属于思辨领域的问题。

在20世纪八九十年代前，欧洲教育史是外国教育史研究主要关注的对象，至少与美国教育史研究处于相对平衡的状态。但从20世纪90年代后期开始，对美国教育史的兴趣逐渐上升，到21世纪第一个十年已经明显超越欧洲教育史研究。近几年，美国教育史研究已对欧洲教育史形成压倒性优势。如果对研究成果所占比重进行粗略估算，那么，美国教育史研究与欧洲教育史研究之比应该在6∶4甚至7∶3。如果仔细分析这些研究成果的结构，还可以看到，对美国教育史的研究涉及美国教育历史发展的各个主要方面，而对欧洲教育史的研究则是片段的、零散的。

就历史阶段而言，外国教育史历来的研究重心是近现代教育史，古代教育史一直没有受到应有的重视。这种情况在近几年被进一步强化，其结果是古代教育史研究基本上被忽略了，尽管还有极为少数的研究成果断断续续出现，但无论是数量还是研究水平，都乏善可陈，少有可以称道的成果。外国教育史研究基本上已经成为外国近现代教育史研究，甚至成为外国现代教育史研究。这是一种非常值得警惕的现象。

具体而言，过去几年中外国教育史研究的进展可以概括为以下几个方面。

第一，研究领域的进一步拓展。一些过去虽然有所涉及、但并未得到充分研究的领域或主题相继受到不同程度的关注，并取得了新的研究成果。例如，关于中世纪大学的研究、美国高等教育史、美国教师教育史，等等。在这些研究中，关于中世纪大学和美国高等教育史的研究不仅成果数量较多，研究的角度和深度都有一定的变化。例如，李子江等人对哈佛大学章程起源的研究①，贾永堂等人关于19世纪末、20世纪初美国研究型大学“群体性”迅速崛起的机制研究②，刘春华对埃利奥特与吉尔曼两位著名大学校长思想的比较研究③，等等。

另一些以往几乎没有涉及或涉猎不多的领域或主题开始受到重视，例如，贺国庆等人关于学徒制的研究④，周红安等人对美国20世纪初学校调查运动的研究⑤，荀振芳等人关于美国高等教育捐赠史的研究⑥，孙益、林伟、沈文钦等人关于西方教育史学的探索⑦，等等。在这些方面中，关于学徒制的研究是具有非常重要价值的，这是因为长期以来外国教育史研究主要局限于对正规学校教育的研究，外国教育史实际上等同于外国学校教育史的研究。但在教育历史的大部分时间中，大多数人接受的主要不是学校教育，而是各种形式的非正规教育。例如，在欧洲，从中世纪开始，就逐渐形成了学徒制（即家长将男童送到其他家庭接受技艺和礼仪等方面的教育）的传统，骑士教育事实上就是一种学徒制形式。在近代国民教育制

---

① 李子江，李卓欣．哈佛大学章程溯源［J］．大学教育科学，2013（3）．

② 贾永堂，徐娟．19世纪末20世纪初美国高水平研究型大学群体性崛起的机制分析——基于社会进化论的视角［J］．高等教育研究，2012（3）；朱冰莹、董维春．大学知识生产“动力源”解读——对美国研究型大学科研崛起的分析［J］．高教探索，2013（6）．

③ 刘春华．埃利奥特与吉尔曼大学思想比较［J］．大学教育科学，2013（1）．

④ 贺国庆，刘向荣．西欧学徒制的历史演变及现代意义［J］．河北师范大学学报：教育科学版，2011（11）．

⑤ 周红安，杨汉麟．从历史研究到调查实证——20世纪初美国教育研究范式的转型及思考［J］．湖南师范大学教育科学学报，2013（2）．

⑥ 荀振芳，张妍．美国大学教育捐赠历史研究［J］．中国电力教育，2012（34）．

⑦ 孙益，等．21世纪以来美国教育史学科新进展［J］．华东师范大学学报：教育科学版，2011（4）；沈文钦．教育史学科在美国的早期制度化历程——以孟禄和哥伦比亚大学师范学院为中心的考察［J］．教育学术月刊，2013（5）．

度建立之前，对于大多数人而言，“学校仅仅提供了一种例外的规则，而适用于所有人的普遍规则，是学徒制度”[①]。因此，要真正全面和科学地把握教育的历史，必须进一步关注包括学徒制在内的各种非正规的教育形式。只有这样，才能完整和真实地反映教育历史的全貌。

第二，借鉴和运用相关学科的理论和方法开展对教育历史现象的探索。在这方面，一些年轻学者进行了很有意义的探索。例如，郭文革借鉴相关学科的理论和概念，梳理了教学媒介和教学方法从古至今的变化过程，从一个非常具体、同时也是非常独到的视角对教育演化的历史进行探讨。[②] 王晨对大学“观念”（idea）语义演变的探讨，进一步厘清了这个概念的发生过程。[③] 沈文钦的《西方博雅教育的起源、发展和现代转型：概念史的视角》借鉴历史语义分析的方法，对“博雅教育”（liberal education）这个西方教育史上的“核心概念”的变化进行了非常细致和深入的梳理，分析了从古典时代直到20世纪长达两千多年间“博雅教育”这个概念的语义变化及其在教育实践中的反映。[④]

第三，尝试运用“案例研究”方法开展外国教育史研究也是近几年中出现的一种新的趋势。所谓“案例研究”，就是将某一个具体、单一和微观的历史事件作为研究工作的对象，通过史料的搜集、梳理，努力“还原”事件的过程，分析其前因后果。这原本是历史研究最普通不过的研究路径和方法。但受苏联教育史编纂模式的影响，外国教育史研究长期以来热衷于“宏大叙事”，往往将几十年甚至更长时间的过程、趋势作为研究对象，其结果必然是大而空，广而虚，既不能真实、具体地叙述和“还原”历史的过程，又难以通过揭示历史现象的复杂性、提高人们认识历史的能力。近几年来，这种情况略有改观。部分学者试图通过研究某一个在

① 菲力浦·阿利埃斯．儿童的世纪——旧制度下的儿童和家庭生活［M］．北京：北京大学出版社，2013：277.

② 郭文革．教育的“技术”发展史［J］．北京大学教育评论，2011（3）.

③ 王晨．大学思想史前史：纽曼之前的大学观念及其来源——以“idea”一词出现及其展开为核心［J］．高等教育研究，2011（11）.

④ 沈文钦．西方博雅教育思想的起源、发展和现代转型：概念史的视角［M］．广州：广东高等教育出版社，2011.

特定时间和空间范围中发生的具体事件，叙述事件的来龙去脉，分析事件的前因后果，揭示事件的历史联系，不去追求对宏观社会历史背景的把握以解释事件发生的历史必然性，也并不期待通过具体历史事件的梳理去验证社会历史哲学原理。这种类型的研究主要包括张冉、祝贺等人对“布朗案”的研究①，张斌贤、王晨等对柏林大学建校史和德国学术自由案例的研究②，张弛、王慧敏、孙碧等人对美国学术自由案例的研究③，周光礼等对加利福尼亚州高等教育总体规划的研究④，等等。

第四，教育史学的研究持续受到关注，并取得了一定的进展。对外国教育史研究中存在的种种问题、造成问题的原因以及解决问题的思路与策略的反思、探索已持续了30年。在研究发展的不同阶段，教育史学的探讨面临的主要问题不同，探讨的重点也自然会发生变化。与2000—2010年间的研究工作相比，近几年来的教育史学研究主要具有这样几个特点。首先，对西方教育史学进行了较为系统的研究。周采及其领导的团队近年来先后对英国、德国和美国的教育史学研究的历史和现状进行了系统梳理，并对美国女性主义教育史学、城市教育史学等开展了专题研究，一些研究成果相继面世。⑤ 孙益、沈文钦、林伟、于书娟等人也对西方教育史学开展了国别研究或专题研究。⑥ 尽管从20世纪80年代后期开始，教育史学界就陆续开展对西方教育史学研究成果的介绍和研究，也曾经出版了零星

---

① 张冉．布朗案在执行中受到的抵制——以弗吉尼亚州为例［J］．北京大学教育评论，2012（1）；祝贺．反思布朗案：基于2001年至2007年间的文献［J］．比较教育研究，2013（10）．

② 张斌贤，王晨，张乐．“施潘事件”与德国的学术自由［J］．教育研究，2012（2）．

③ 张弛，王慧敏．学术自由的界限：列文案始末［J］．清华大学教育研究，2013（1）．

④ 周光礼，董伟伟．一个区域公共政策的诞生——美国加利福尼亚州高等教育总体规划的形成［J］．高等教育评论，2013（1）．

⑤ 武翠红．战后英国教育史学的发展与趋势［J］．大学教育科学，2011（1）；周采．论德国教育史学的民族传统［J］．华东师范大学学报：教育科学版，2011（3）；诸园，周采．战后美国女性主义教育史学的发展和趋势［J］．清华大学教育研究，2012（5）．

⑥ 孙益，等．21世纪以来美国教育史学科新进展［J］．华东师范大学学报：教育科学版，2011（4）；沈文钦．教育史学科在美国的早期制度化历程——以孟禄和哥伦比亚大学师范学院为中心的考察［J］．教育学术月刊，2013（5）；叶波．20世纪美国课程史研究的取向［J］．全球教育展望，2012（2）；王璞，于书娟．历史计量方法在西方大学史研究中的应用——基于《大学史》杂志的分析［J］．高等教育研究，2013（3）．

的著作、译著和论文，但既未形成规模，也缺乏系统性。与此前的工作相比，近几年对西方教育史学的研究既涉及较为广泛的范围，也更为系统和深入。其次，与此前的教育史学研究更多地注重对教育史研究存在问题的分析和评论相比，近几年的研究则更为强调建设性的工作，并重视从较为具体和具有可操作性的层面探讨解决外国教育史研究中存在问题的策略，如王保星、周采主张借鉴全球史学的理论和方法建构外国教育史研究。① 李立国、王晨等人对教育思想史的性质和作用以及构建问题的思考②，荣艳红、丁永为等人从知识普及、教材编写等角度探讨外国教育史研究的改进③。再次，对传统教育史观的系统批判。长期以来，外国教育史学者都痛感苏联教育史编撰模式对研究工作的消极影响，并努力加以摆脱。但是，由于这种编撰模式及其所内含的思想观念不是作为一种学术观点，而是作为一种意识形态而发挥作用的，因此，其影响持续时间长，作用程度深。即使到今天，也很难确定地说教育史学界已经从根本上摆脱了这种编撰模式和旧的教育史观的影响。更为重要的是，尽管学者们都意识到了这种编撰模式的危害，但近三十年来从来也没有真正对其进行深入和系统的清理，对什么是苏联教育史编撰模式、形成这种模式的教育史观是什么、这种教育史观都包含了哪些主要的观点、其谬误究竟何在和为什么要摆脱这种教育史观等问题，从来就没有开展过深入的分析。在这种情况下，试图自觉摆脱旧的教育史观的影响，实际上是不可能的。而正是这种教育史观的有形和无形的影响，严重制约着外国教育史研究取得实质性的进步。

---

① 王保星．全球史观视野下的我国外国教育史学科建设断想［J］．河北师范大学学报：教育科学版，2011（1）；王保星．我国外国教育史研究的“碎片化”与“整合”——再论全球史观的外国教育史学科发展意义［J］．河北师范大学学报：教育科学版，2012（9）；周采．论全球史视野下的教育史研究［J］．河北师范大学学报：教育科学版，2012（9）．

② 王晨．教育思想史系统性研究方式及其限度［J］．教育研究，2012（3）；李立国．教育思想史的地位与价值［J］．清华大学教育研究，2013（2）．

③ 荣艳红．从“小众化”到兼顾“大众化”——试论外国教育史学科文化传播功能的重建［J］．河北大学学报：哲学社会科学版，2013（1）；丁永为．试析外国教育史教材编写中的去语境现象——基于柯林伍德的视点［J］．宁波大学学报：教育科学版，2013（2）．

近年来，张斌贤等人在这个方面做了一些尝试性的工作。[①] 此外，一些学者还就外国教育史的功用与方法等相关问题进行了探讨。[②]

应当看到，尽管外国教育史研究在我国已有百余年的历史，但这对一个固定的学术研究领域而言实际上是非常短暂的。而教育史学的系统研究则不过20年左右的时间，基本上处于萌芽阶段。因此，尽管教育史学研究已经取得了令人瞩目的成绩，但仍然存在着大量尚未涉及的重要问题，对教育史学基本问题的认识仍有待不断深化，今后的研究将面临更为重大的任务。

第五，外国教育和外国教育史方面的名著译介呈现出新的气象。一个显著的变化是名著译介的数量激增，范围扩大。译介所涉及的外文文献在时间、空间范围上更为广泛，内容更为丰富，类型更为多样。与以往更为注重近现代和英文文献不同，近几年陆续出版了一些德语、法语、日语等语种的译著，内容既涉及近现代，也包括古代和中世纪。在内容方面，除了一直受到重视的普通学校教育领域的名著之外，高等教育领域的译著继续保持了强劲的增长势头。在类型方面，除了国外著名思想家和学者撰写的重要著作外，近几年来先后翻译出版了大量国外学者的专题研究成果。这些译著不仅为读者提供了更为广阔的选择空间，也有利于中国学者和学生更好地了解国外相关领域的研究进展和研究方法。

值得注意的是，名著译介工作的形式出现了新的变化。从工作组织的角度看，近几年名著译介主要有两种类型，一种类型是“自由译介”，即译者个人自主决定或出版社推荐所译书目，其成果就是单种译著或者被列入已有的开放式译丛之中。属于这种类型的译著主要包括：拉斯达尔（H. Rashdall）的《中世纪的欧洲大学》，劳伦斯·维赛（Laurence R. Veysey）的《美国现代大学的崛起》，雷蒙德·卡拉汉（Raymond E. Callahan）的

---

① 张斌贤．重构教育史观：1929—2009年［J］．高等教育研究，2011（11）；张斌贤，王晨．教育史研究：“学科危机”抑或“学术危机”［J］．教育研究，2012（12）；张斌贤．教育史观：批判与重构［J］．教育学报，2012（6）．

② 王立．重点与趋势：外国教育史研究二十年（1991—2010）——基于博士学位的分析［J］．高教探索，2011（5）；郭法奇．论外国教育史研究的创新问题［J］．首都师范大学学报（社会科学版），2012（1）；张斌贤，高玲．教育史研究的功用［J］．河北师范大学学报：教育科学版，2013（9）．

《教育与效率崇拜：公立学校管理的社会影响因素研究》，约翰·斯图亚特·密尔（John Stuart Mil，常译作穆勒）的《密尔论大学》，等等。①

另一种类型是“有组织译介”，学者或出版社围绕一定的专题或主题，选择一定数量的著作，组织相关专业人员进行翻译，其成果通常为译丛或多卷本译著。单中惠主编的“西方教育史经典名著译丛”，张斌贤主编的“美国教育经典译丛”，张斌贤和贺国庆共同主持翻译的《欧洲大学史》（第1—4卷）等都是这种类型的译介。② 在“有组织译介”中，近几年中最为重要和有影响的当属刘放桐主持翻译的《杜威全集》。《杜威全集》的翻译出版的意义虽然不仅限于外国教育史研究，但对于外国教育史研究而言，确实是一项具有重大历史意义的巨大工程。它为进一步推进杜威教育学说的研究奠定了极为重要的基础。③

## 二、专题研究

近几年来，外国教育史研究在研究领域和主题上仍具有很大的分散和多样性特点。相对而言，研究成果较为集中、研究进展较为明显、足以从一个特定角度反映研究进展的研究领域或主题主要包括：欧洲中世纪教育

① 海斯汀·拉斯达尔．中世纪的欧洲大学［M］．重庆：重庆大学出版社，2011；劳伦斯·维赛．美国现代大学的崛起［M］．北京：北京大学出版社，2011；雷蒙德·卡拉汉．教育与效率崇拜：公立学校管理的社会影响因素研究［M］．北京：教育科学出版社，2011；约翰·斯图亚特·密尔．密尔论大学［M］．北京：商务印书馆，2013.

② 约翰·布鲁巴克．教育问题史［M］．济南：山东教育出版社，2012；艾伦·科班．中世纪大学：发展与组织［M］．济南：山东教育出版社，2013；弗里曼·伯茨．西方教育文化史［M］．济南：山东教育出版社，2013；加布里埃尔·孔佩雷．教育学史［M］．济南：山东教育出版社，2013；肯尼思·弗里曼．希腊的学校［M］．济南：山东教育出版社，2013；罗伯特·拉斯克．伟大教育家的学说［M］．济南：山东教育出版社，2013；威廉·布里克曼．教育史学：传统理论和方法［M］．济南：山东教育出版社，2013；威廉·伍德沃德．文艺复兴时期教育研究［M］济南：山东教育出版社，2013；伯纳德·贝林．教育与美国社会的形成［M］．合肥：安徽教育出版社，2013.

③ 约翰·杜威．杜威全集·早期著作（1882—1898）［M］．上海：华东师范大学出版社，2010；约翰·杜威．杜威全集·中期著作（1899—1924）［M］．上海：华东师范大学出版社，2012.

史研究、杜威教育思想研究、美国教育史研究和欧美高等教育史研究。这四个方面正好分别代表了断代史、国别史、思想史研究和专题史研究等外国教育史研究的四个主要方面。

### （一）欧洲中世纪教育史研究

欧洲中世纪教育一直是外国教育史研究的薄弱环节。在相当长的时间内，除了教科书中略有涉猎之外，很少有专门的研究论文和著作。造成这种状况的原因可能主要有两个方面。第一，研究的难度。众所周知，中世纪一般被认为是教会统治的时期。因此，要研究中世纪教育，一个基本的前提是系统掌握基督教的教义、教理和教仪以及教会史的基本知识，但这对受无神论教育多年的中国学者而言具有很大的挑战。与此相关的是，中世纪的官方语言和学术语言是拉丁语。在很长时间内，中国的学校几乎不存在拉丁语教学，在这种情况下也就很难寻觅掌握拉丁语的专业研究人员。第二，认识的误区。多年以来，受无神论思想的支配，宗教这种复杂的历史和文化现象被等同于为“精神鸦片”，而中世纪则被认为是文化教育衰落和荒芜的黑暗时期。因此，在一段时间内，学者既无力也无意从事中世纪教育史的研究。这种状况从 20 世纪 80 年代以来逐渐“解冻”，迄今为止学界已经在中世纪教育史方面出版了一批译著，并有一些期刊论文、博士学位论文和专著问世。

2011 年以来，中世纪教育史的研究取得了更为显著的进展，研究主题所涉及的范围进一步扩大，研究的深度逐渐加大。在研究范围方面，知识分子、学徒制、修道院教育、城市学校等此前都较少涉及的主题陆续受到关注，并取得了一些研究成果。[①] 而在中世纪教育受到较多关注的中世纪大学研究方面，则出现了更为重要的变化。2012 年，孙益出版了《西欧的知识传统与中世纪大学的起源》一书。[②] 该书从一个相对专门的视角探讨

① 喻冰峰．试论欧洲中世纪城市学校的兴起及其影响［J］．哈尔滨学院学报，2011（3）；邢亚珍．中世纪知识分子与大学的兴起［J］．高教探索，2013（1）；王凯．西欧中世纪修道院教育研究［M］．呼和浩特：内蒙古大学出版社，2012.

② 孙益．西欧的知识传统与中世纪大学的起源［M］．北京：北京师范大学出版社，2012.

中世纪大学的起源，试图分析不同地域的知识传统是如何影响了萨莱诺大学、波伦亚大学和巴黎大学等不同中世纪大学的起源。这表明我国学者对中世纪大学的认知已经从过去的现象了解逐渐深入到较为深层的问题，从局部的认识过渡到整体的把握。

在对中世纪大学整体研究取得进展的同时，近几年来对中世纪大学的专题、微观的研究也颇有收获。例如，张凯探讨了逻辑学这个中世纪大学的基础教学科目的变化及其对欧洲人学术思维方式变化的影响。① 熊华军等对中世纪大学教师的社会角色进行了一定的分析。② 朱宁波等试图从认识论基础出发，探究中世纪大学内部不同学科等级关系形成的依据。③ 此外，钱露等人对波伦亚大学学生自治的研究④，杜智萍对中世纪大学学院的研究⑤，粟莉关于中世纪社团对大学起源和自治制度影响的分析⑥，徐善伟等人对中世纪大学的学费问题所进行的研究⑦，晏成步关于中世纪大学与欧洲形态关系的分析⑧，刘河燕、张艺真等人关于中世纪大学与我国古代书院之间的比较研究⑨，等等，所有这些研究都有助于在不同方面和不同角度拓展、丰富和深化关于中世纪大学的认识，从而为研究工作的进一步深入奠定良好的基础。

尽管如此，相对于中世纪教育的特殊性和重要性而言，现有的研究还是远远不够的。这是因为，第一，即便就涉及较多的中世纪大学而言，仍有较大的进一步拓展和深入的空间，仍有许多更为具体和专门的问题有待挖掘，例如大学的课程、教学、教材、教师的生活、学生的活动、大学与

---

① 张凯．欧洲中世纪大学逻辑学的发展与学术思维转变［J］．史林，2012（2）．

② 熊华军，俞芙蓉．中世纪大学教师的社会角色［J］．教师教育研究，2013（4）．

③ 朱宁波，谢安邦．中世纪大学学科等级秩序探析［J］．现代大学教育，2012（3）．

④ 钱露，贺国庆．中世纪博洛尼亚大学学生自治模式探析［J］．河北师范大学学报：教育科学版，2013（3）．

⑤ 杜智萍．论“学院”对中世纪大学的影响［J］．高教探索，2013（5）．

⑥ 粟莉．中世纪大学诞生与自治的思想渊源：中世纪的社团思想［J］．高教探索，2011（1）．

⑦ 徐善伟．中世纪欧洲大学生学习生活费用的考察［J］．世界历史，2012（1）．

⑧ 晏成步．西欧中世纪大学与经济形态的关系探究［J］．河北师范大学学报：教育科学版，2011（10）．

⑨ 刘河燕．宋代书院与欧洲中世纪大学之比较研究［M］．北京：人民出版社，2009；张艺真．欧洲中世纪大学与中国古代早期书院比较［J］．内蒙古师范大学学报：教育科学版，2011（1）．

所在城市的关系等。尤其是在一手文献史料的搜集和利用方面，仍有较大的工作空间。第二，中世纪教育中的许多重要问题或现象尚未开始进行系统的研究，例如，中世纪的宫廷教育、骑士教育、行会教育、教会教育中的不同类型学校（包括教区学校、主教学校等），目前都存在着很大的研究空间。更为重要的是，作为西方文明重要来源的基督教及其对欧洲教育传统的深刻影响、这些影响在中世纪时期是如何发生的、其结果如何等一系列对于把握西方教育史至关重要的问题，目前尚未提上研究工作的“议事日程”。第三，中世纪是连接西方古代文明与现代文明的重要纽带，它与古希腊、罗马和文艺复兴都存在密切的联系，这是史学界的共识。从教育史的角度如何揭示这些广泛和复杂的联系，从而真正深入把握中世纪在西方教育史上特有的地位，是更为艰巨的工作。因此，对于外国教育史研究而言，在今后相当长的时期内，中世纪教育仍将是一个蕴藏着丰富资源、需要不断开发的“富矿”。

### （二）杜威教育思想研究

在近三十年的外国教育史研究中，除了20世纪80年代中期前后曾经出现一个短暂的研究高潮之外，对杜威教育思想的研究一直处于“不热不冷”的状态。之所以说“不热”，是因为近二十年来从未出现过一个杜威教育思想的研究成果如雨后春笋般涌现的时期。之所以说“不冷”，是因为关于杜威教育思想的研究从来也没有中断过，总会间歇性地发表若干研究成果。

据不完全统计，近几年间公开发表的关于杜威教育思想的研究论文有六十余篇，专著两部。相比杜威教育思想在20世纪世界教育发展中的影响以及他对中国教育的影响，这个成果数量实在是微不足道。尽管如此，与之前的工作相比，近几年的研究还是有一定进展的。首先，对杜威教育思想的研究范围有所拓展，例如关松林对杜威思想在日本的传播和发展的研究①，张文洁等人对杜威与康德思想的比较研究②，等等，这些大多是此前

① 关松林．杜威教育思想在日本的发展［J］．教育研究，2011（1）．

② 张文洁，余子侠．康德与杜威教育思想比较——从哲学到教育或从教育到哲学［J］．教育研究与实验，2012（6）．

未曾系统探讨的问题。这样的研究虽然只是在量的层面的拓展，但在现实条件下，这样的拓展仍是非常必要的。其次，试图对学术界已有的关于杜威教育思想的一些认识误区进行澄清，以求更为科学地理解杜威思想，如张红霞等人对杜威关于科学概念的重新理解①，李晓蕾对杜威关于知识和知识学习等问题主张的解读②，郭良菁通过对《民主主义与教育》一书用语的分析，质疑已有的关于杜威“教育无目的论”的理解③，唐斌等对杜威“教育即生活”这个命题的重新阐述④，等等。再次，力求从新的视角出发对杜威教育思想进行探讨或从杜威教育思想中挖掘过去很少涉及或几乎没有涉及的问题。这个方面较有代表性的研究成果有陈向明等人的《从杜威的实用主义认识论看教师的实践性知识》⑤，陈瑶的《杜威的教育学理想》⑥，丁永为的《变化中的民主与教育——杜威教育政治哲学的历史研究》⑦，等等。陈向明等试图从杜威的认识论探寻教师实践性知识的理论基础，这种对历史的“反观”式解读远胜于那些数量众多的对杜威教育思想的所谓“启示”的解析。陈瑶对杜威构建教育学科的思想和实践的研究具有独到之处，也是过去杜威研究中很少触及的内容。尤为重要的是，通过展现杜威与同时期不同教育家在是否存在教育科学、如何理解教育科学以及如何构建教育科学等问题上的分歧，将杜威有机地“还原”到其所处的时代，而不是将杜威从其时代中抽象出来（这是过去杜威教育思想研究中较为普遍的问题）。教育与民主的关系是杜威研究中经常涉及的主题，丁永为研究的新意在于以这个主题为切入点，系统梳理了杜威一生教育思想的变迁过程。

总体上，杜威教育思想的研究现状不尽如人意。在外国教育史学科这

---

① 张红霞，吕林海．杜威教育哲学在全球化时代的发展［J］．教育发展研究，2013（17）．

② 李晓蕾．杜威眼中的基础教育之知识学习［J］．教育学报，2011（3）．

③ 郭良菁．解读杜威“教育无目的论”文本依据辨析［J］．华东师范大学学报：教育科学版，2013（3）．

④ 唐斌，朱永新．杜威“教育即生活”本真意义与当代启示［J］．中国教育学刊，2011（10）．

⑤ 陈向明，等．从杜威的实用主义认识论看教师的实践性知识［J］．教育研究，2012（4）．

⑥ 陈瑶．杜威的教育学理想［J］．教育学报，2012（6）．

⑦ 丁永为．变化中的民主与教育：杜威教育政治哲学的历史研究［M］．北京：教育科学出版社，2012．

样一个非常重要也相对成熟的研究领域，近几年的研究进展却出奇地缓慢，研究成果的数量不足、分量不重、质量不高，除少数成果外，研究的视野狭窄、主题单一。其中原因无非是，第一，对杜威著作的完整和系统的阅读不够，这从许多论文所引用的参考文献就能看得非常清楚。指望仅仅阅读（哪怕是非常深度的阅读）几种杜威的著作，就能形成具有新意的研究成果，是极为不现实的。第二，对国内外已有相关研究成果了解不充分，不能在已有研究基础上继续开展新的研究，所以难以在既有研究所形成的平台继续提升，难以出新。其实，虽然杜威教育思想的研究在中国始终不热不冷，但在美国等国，近二十年来先后出版了大量的著作和论文，形成了全新的研究格局。① 所以，并非无前期研究成果可以借鉴，而是研究者没有花费工夫去掌握国内外的相关研究成果。而这两个原因背后的原因则是国内教育学界缺乏杜威教育思想的专业研究人才。迄今为止，大多数曾发表杜威教育思想研究成果的学者基本上都是将杜威教育思想的研究作为临时的学术兴趣，前期缺乏系统积累，后期又无完整计划，在这种情况下，要使杜威教育思想研究在短时期内获得显著的进展确实是一种奢望。这种情况不仅存在于杜威教育思想的研究中，也广泛地反映在大量对外国教育和外国教育史的研究中。

### （三）美国教育史研究

在外国教育史研究所涉及的诸多国家中，美国无疑是中国学者最为关注的国度。另外，与其他国家可能只有教育的某些方面（例如高等教育）受到某些学科的学者关注不同，教育学一级学科中所有二级学科几乎都会从自身的需要出发，对美国教育史的不同方面开展研究，由此形成了异常丰富和广泛的研究成果。

对美国教育史的研究成果不仅数量众多，涉及的范围也非常广泛。从时间维度看，除殖民地时期的教育几乎无人问津之外，美国教育发展的其余各个历史阶段都受到了不同程度的关注，越接近当代受到关注的程度越

① 涂诗万．美国近二十年杜威教育思想研究新进展［J］．教育学报，2012（2）．

大。从内容维度看，从学前教育到中小学教育，从本科教育到研究生教育，从特殊教育到职业技术教育，从课程到教学，从教师到学生，从教师教育到学校管理，从教育财政到教育政策，从教育思想到教育改革，大凡美国教育所包含的各个层面、各个方面基本上都有不同程度的研究。相对而言，关于美国基础教育和高等教育的研究成果所占比重更大。这既与基础教育和高等教育在美国教育中的重要性有关，也与我国教育学科的分布和结构相关。

关于美国基础教育的研究，近几年来仍表现出异常丰富的多样性。其原因在于，研究者大多是从自身的专业研究的需要出发，选择美国基础教育领域的某个或某些主题开展研究。而按照我国现有的学科体制，教育学一级学科中的大部分二级学科事实上都与基础教育存在着不同程度的联系。

在美国基础教育研究方面，近几年的一个突出变化是对美国基础教育课程理论和实践研究的学术兴趣明显减弱，关于教学理论和实践的研究仍保持稳定的增长态势。这可能与我国基础教育领域近年来发生的变化相关。与此同时，有关基础教育改革①，基础教育政策、财政和管理②，公民教育和德育③，课程与教学④等方面的研究，由于来自多个学科的学者参与，不仅成果数量丰富，涉及的范围也非常广泛。

对美国教师教育的研究是近十几年来飞速发展的一个研究领域。近几

---

① 贺国庆，张妹芝．战后美国总统与基础教育改革［J］．河北师范大学学报：教育科学版，2011（2）；肖凡．当代美国教育改革的政治动因分析［J］．江苏高教，2013（2）；王晓阳．前美国教育改革的观念与趋势［J］．教育研究，2012（3）；凡勇昆，邬志辉．美国基础教育改革战略新走向——“力争上游”计划述评［J］．比较教育研究，2011（7）．

② 范国睿，何珊云．危机时代的教育变革——奥巴马政府的教育政策述评［J］．教育研究，2011（2）；邓峰．教育政策演进与教育评估转型——美国提高基础教育质量的经验与启示［J］．北京大学教育评论，2013（1）．

③ 杨汉麟，等．美国城市化扩展时期的公民教育及启示［J］．河北师范大学学报：教育科学版，2011（9）；郭小香．诺亚·韦伯斯特民族主义公民教育思想探析［J］．天津师范大学学报：社会科学版，2013（1）；杜海坤，等．美国公民教育变革对公民文化变迁的作用研究——基于历史发展的视角［J］．湖北社会科学，2012（12）．

④ 黄芳．美国《科学教育框架》的特点及启示［J］．教育研究，2012（8）；杨明全．美国当代中小学学科教育改革：政策、理念与行动［J］．比较教育研究，2011（10）；张颖之．美国科学教育改革的前沿图景——透视美国K-12科学教育的新框架［J］．比较教育研究，2012（3）；李锋，王吉庆．当代美国中小学信息技术教育目标取向分析［J］．电化教育研究，2013（12）．

年仍保持着较为显著的发展势头，关于教师教育的主题进一步拓展，从最初对中小学教师培养的研究拓展到学前教育和特殊学校教师的培养，从教师教育政策到教师教育标准，从教师教育机构到教师教育项目，如此等等。在研究主题拓展的同时，关于教师教育的研究逐渐从宏观把握转向微观的探讨。①

教育思想的研究一直是美国教育史研究的重要领域。在教育家的思想研究方面，除杜威教育思想研究之外，受到不同程度关注的美国教育家包括诺丁斯（Nel Noddings）、艾米·古特曼（Amy Gutmann）、伯顿·克拉克（Burton R. Clark）、赫钦斯（Robert M. Hutchins）、弗里德曼（Milton Friedman）、马丁·特罗（Martin Trow）、弗莱克斯纳（Abraham Flexner）、富兰克林（Benjamin Franklin）、杰弗逊（Thomas Jefferson）等。② 总体而言，与20世纪80—90年代相比，近年来随着教育学界普遍存在的思辨和理论兴趣的减弱，对教育思想的研究也出现明显的下滑。在外国教育史研究领域，这首先表现在研究成果数量的大幅度减少、研究的对象范围明显缩小、对著名教育家思想的研究少有人问津。与此同时，对某些新近出现的理论却趋之若鹜。例如，根据对百度网的检索，在短短几年间，研究诺丁斯关怀教育思想的论文竟达八百多篇。诚然，诺丁斯的思想并非不重

① 堪启标．新世纪美国教师教育改革政策述评［J］．比较教育研究，2013（9）；杨晓萍，何孔潮．美国幼儿教师职前培养的历史、现状与走向［J］．比较教育研究，2013（2）；张宇．近三十年来美国联邦促进幼儿教师专业化的策略及启示［J］．外国教育研究，2012（5）；荀渊．美国教师专业教育的兴起与困境［J］．华东师范大学学报：教育科学版，2013（5）．

② 近几年关于教育人物研究的研究成果主要包括：韩媛媛．古特曼的民主教育理论评述［J］．教育评论，2012（6）；崔乃文．艾米·古特曼的公民共和传统教育辨析［J］．高等教育评论，2013（1）；蒋洪池．伯顿·克拉克的大学杰出学者形象观及其价值［J］．江苏高教，2012（6）；马万华．多样性与领导力——马丁·特罗论美国高等教育和研究型大学［M］．北京：教育科学出版社，2011；杨靖．"实用之学"与美国"新教伦理的世俗化"——论富兰克林教育思想的实用性［J］．社会科学论坛，2011（10）；郭小香．杰斐逊民主主义公民教育思想探析［J］．教育探索，2011（11）；刘春华．吉尔曼大学思想述评［J］．河北师范大学学报：教育科学版，2012（9）；吴燕蕾．论赫钦斯自由教育思想——民主与教育的视角［J］．教育学术月刊，2013（2）；杨婷婷．班克斯公民教育思想探究［J］．外国教育研究，2013（5）；周晟．哈钦斯"学习社会"理论的本质与启示［J］．教育发展研究，2011（23）；张学敏，夏茂林．论弗里德曼竞争型教育券制度的理论缺陷［J］．教育科学，2012（6）；张立娟，周川．弗莱克斯纳的现代大学科研观与实践［J］．大学教育科学，2013（1）．

要，对其进行研究也是必要的。但问题是这种“一哄而起”和随之而来的“一哄而散”的群众运动或追逐时尚的方式其实不是理性的产物，而是冲动的结果，绝不是严肃的学术研究所需要的，更何况这种理论并未得到时间的验证。

近几年对美国教育思想研究的另一个特点是，通常主要集中在教育家思想中的某一个部分或问题，而非进行系统或整体的研究，例如，对伯顿·克拉克的大学杰出学者形象观的探讨，对杰弗逊公民教育思想的分析，对弗莱克斯纳的现代大学科研观的讨论，对弗里德曼竞争型教育券制度理论的评析，等等。这一方面是因为对这些教育家思想的系统研究在五年前或更早的时期就已经开展，一时难以有较大的突破。另一方面，或许是更主要的原因则是研究者通常是从我国教育目前的某种需要（至少是研究者认为存在这样的需要）出发，选择合适的教育家，从其思想中选择符合这种需要的部分加以讨论分析，以求为解决现实问题寻找思想资源。如果研究者是在对教育家思想整体具有全面深入的研究基础上进行这样的专题研究，如果研究者是在对这些专题的演变进行系统梳理的基础上开展这样的研究，当然是无可厚非的，但问题就在于诸多研究并未对教育家思想整体进行系统的把握，而主要是从实际需要出发，从教育家的著作中“寻章摘句”，为我所用。这种实用主义取向的研究不可避免地使教育家的思想碎片化，既不利于对教育家思想整体的认识，也无助于对这些思想局部的深入理解。由于这样的原因，就整体而言，近几年间，关于美国教育家思想的研究进展有限，既没有研究范围的拓展，更缺乏具有突破性的成果。

教育思想研究的另一个重要方面是关于美国教育思想流派和教育思潮的研究。① 与教育家思想研究进展缓慢的状况不同，近几年来对教育思想流派和教育思潮的研究却出现了较为显著的变化。第一，扩大了对美国教育思想流派的研究，在实用主义、进步主义、要素主义和永恒主义等思想

① 近几年关于美国教育流派或思潮的研究成果主要包括：郄芳．论美国教育主张“趋中间化”及其启示［J］．国家教育行政学院学报，2013（2）；戴伟芬．当代美国教师教育课程思想的三种价值取向分析［J］．教育研究，2012（5）；王晓阳．当前美国教育改革的观念与趋势［J］．教育研究，2012（3）．

流派之外，保守主义、“职业主义”（Vocationalism）、科学主义等以往较少涉及的流派开始受到关注。[①] 第二，与以往注重对某一个教育思想流派的个案研究不同，近几年的研究很少沿用教科书的体例（即从特定流派的产生背景、理论基础、主要观点及其实践影响等方面）进行叙述和分析，而是将某些特定的思想流派融入更大的思潮、观念或意识形态之中，从而在更为广泛的情境中分析和阐释特定时期美国教育思潮的变化。[②]

除了以上关于美国教育的研究成果之外，近几年还有一个需要格外关注的现象是，先后有一些学者相继发表了美国教育学界就有关专题或领域的研究综述，孙益等人对21世纪美国教育史学科进展的述评，何芳对近十年美国有关无家可归儿童问题的研究综述，何晓雷等人关于美国大学教学学术研究的回顾，王红等人关于美国教育领导力评价的研究述评，林伟对美国高等教育史学状况的分析，周采等对美国教育史学最近发展的述评，涂诗万关于近20年美国杜威研究状况的述评，等等。[③] 这些研究综述的重要性并不在于它们已经非常完美，而仅仅在于有学者做了这些综述工作。这些综述对于其他学者或学生进入该问题或领域之初，实际上发挥了旅行指南的作用。

在中国教育学术界，一方面，无形之中存在着一种根深蒂固的偏见，认为研究综述只是对已有研究状况的归纳、汇总、描述，并不是真正的学术研究，因此，成熟的学者一般不会轻易去从事这项工作。事实上，无论是对于学术人才的培养，还是对推进学术研究工作的深入，研究综述都是

---

① 张斌贤，等．迎接工业化的挑战：1870—1910年的美国手工训练运动［J］．清华大学教育研究，2013（5）；董守生．略论美国新保守主义的多元文化教育立场［J］．外国教育研究，2011（10）．

② 陈露茜．美国公共学校的“意识形态冲突”［J］．教育学报，2011（2）；陈露茜．美国新保守主义公共教育议程的社会意识形态基础分析［J］．清华大学教育研究，2011（5）；陈露茜．论20世纪80年代美国“优质运动”中的意识形态冲突［J］．教育学报，2012（2）．

③ 孙益，等．21世纪以来美国教育史学科新进展［J］．华东师范大学学报：教育科学版，2011（6）；何芳．近十年美国无家可归儿童研究综述［J］．比较教育研究，2013（8）；何晓雷，等．美国大学教学学术研究20年：成绩、问题与展望［J］．比较教育研究，2012（9）；王红，陈纯槿．美国教育领导力评价研究三十年：回顾与启示［J］．比较教育研究，2012（1）；涂诗万．美国近二十年杜威教育思想研究新进展［J］．教育学报，2012（2）；张亮，赵承福．国外学校效能评价指标研究的新进展［J］．教育研究，2012（8）．

非常必要和重要的（相关讨论参加本文第二部分）。另一方面，由于研究综述不仅要对某一个研究主题或研究领域在一定时期中的状况和变化进行清晰地描述，而且要对这种状况与此前进展之间的联系进行比较、分析，必要时可能要求对这种状况、进展以及未来可能的趋势进行评论，因此，撰写研究综述不仅需要具有扎实的相关知识功底、高屋建瓴的眼光和清晰阐明问题的能力。事实上，只有那些在某一学科或学科领域浸润很久、功力深厚、眼光敏锐的学者，方能写出高水平的研究综述。

**（四）外国高等教育史研究**

近十多年来，外国教育史研究领域发生的一个显著变化是研究重心的改变，即从以往主要侧重于普通学校教育史的研究逐渐转向对高等教育史的关注，并先后出版了一些著作和译著。近几年来，仅北京师范大学、华东师范大学和河北大学三所高校就先后有近二十名博士研究生撰写了以外国高等教育史为研究主题的博士学位论文。与此同时，高等教育学和比较教育学等相关学科的学者和博士研究生也对外国高等教育史研究倾注了大量心血，取得了丰硕的成果。由于这些原因，近几年来关于外国高等教育史的研究成果在数量上非常丰富，在研究的范围上相当广泛，在研究的主题方面则非常多样。无论在哪个方面，近几年都是外国高等教育史研究发展过程中一个非常活跃和重要的历史阶段。

第一个特点是，近几年外国高等教育史研究的时间跨度大，从古希腊、罗马时期的高等教育到中世纪大学，从文艺复兴到启蒙运动，从纽曼到韦伯，从柏林大学到博洛尼亚进程，外国高等教育发展史上几乎所有主要阶段近几年基本都有程度不同、数量不等的研究。① 与此相关联的特点

① 胡钦晓．从文艺复兴到启蒙运动：社会资本视角下欧洲传统大学的没落［J］．江苏高教，2011（1）；李本友，王琪．纽曼的自由教育思想及其启示［J］．国家教育行政学院学报，2011（6）；王一军，龚放．学术的理性家园——马克斯·韦伯的大学教学伦理探析［J］．教育发展研究，2011（9）；朱宇波，谢安邦．洪堡的“教学与科研统一”原则及其在美国现代大学中的改造［J］．教师教育研究，2012（2）；谢晓宇．“博洛尼亚进程”中德国博士生教育改革的特点与启示［J］．外国教育研究，2012（12）；赵硕．博洛尼亚进程的瑞典大学灵活教育发展模式［J］．中国高教研究，2012（12）．

是，研究所涉及的国家非常广泛，除了美国、英国、德国、法国等国外，瑞典、意大利、比利时、马耳他、俄罗斯、日本、韩国、澳大利亚、新西兰、加拿大、巴西、缅甸等国家的高等教育研究也受到程度不同的关注。①

第二个特点是，随着我国高等教育在演变过程中面临的问题日益复杂、多样，学者所选择的研究主题的空间不断增大，由此造成研究的主题呈现出丰富的多样性。从本科教育到博士研究生教育，从职业院校到研究型大学，从教师到学生，从质量评价到国际化，从宏观政策到内部管理，从教育财政到教师收入，如此等等，大体上与一国高等教育相关的问题几乎都受到程度不同的关注和研究。

从较为专门的外国高等教育史研究来看，除中世纪大学研究之外，近几年来的进展主要反映在欧美（特别是美国）近代高等教育史的研究。在短短的几年中，先后出版了贺国庆主编《西方大学改革史略》，何振海《美国州级公立高等教育发展模式的构建与变迁：以加州为个案的历史研究》，于书娟《当代西方的大学史研究：基于〈大学史〉杂志的分析》，李子江《学术自由：大学之魂》，张薇《苏格兰大学发展研究》，周保利《19 世纪剑桥大学改革研究》，杜智萍《19 世纪以来牛津大学导师制发展研究》，梁淑红《利益的博弈：战后英国高等教育政策的制定过程研究》，周志发《美国大学物理学科教学科研史研究（1876—1950）》，周志群《美国社区学院课程变革与发展研究》，张帆《德国高等学校的兴衰与等级形成》，黄宇红《美国州立大学的发展历程》，马立武《美国高等教育发展

---

① 朱玠．瑞典高等教育质量保证体系及其特征［J］．外国教育研究，2012（12）；朱耀顺，等．缅甸高等教育发展状况及需求研究［J］．云南农业大学学报，2012（1）；吴刚．巴西高等教育国际化政策概述［J］．教育理论与实践，2013（36）；宋丽荣．转型期俄罗斯高等教育市场化趋势分析及启示［J］．黑河学院学报，2013（6）；焦磊，谢安邦．博洛尼亚进程下马耳他高等教育国际化发展策略探析［J］．教师教育研究，2013（5）．

与宪法权利保障》，等等。[①] 此外还有单中惠、顾建明主编的“世界一流大学史丛书”，其中包括：周常明的《牛津大学史》、刘亮的《剑桥大学史》、徐来群的《哈佛大学史》和周雁的《耶鲁大学史》。[②]

自外国教育史研究“落户”中国的一百多年来，从来没有一个时期像近几年这样在一个研究领域的成果出现“井喷式”的增长。这对一直被认为处于“危机”之中、面临重重“挑战”、并日益被“边缘化”的外国教育史学科建设而言，无疑是一件具有重大标志性意义的事件。它表明，外国教育史研究不仅未被“唱衰”，而且表现出旺盛的生命力和蓬勃的活力。正是这种源自深厚学科传统的自我更新、自我发展的能力，促使外国教育史研究不断开辟新的知识生长点，不断拓展新的研究领域，不断创造出新的研究成果。而正是在这个不断探索和创造的过程中，外国教育史研究进一步获得了继续生长和发展的活力与动力。

从外国教育史研究的历史来看，上述成果的价值是多方面的。

第一，突破了苏联教育史研究设定的无形的“限制”，将教育史的研究从学校教育史扩展到高等教育史这个广阔、丰富和深厚的天地，从而进一步丰富教育史研究的范围和领域，更新教育史学科的结构。

第二，高等教育史的研究有助于拓展研究的视野。与普通中小学不同，高等学校既是一种教育机构，同时也是一种科学、学术和文化机构，

---

① 贺国庆．西方大学改革史略［M］．石家庄：河北教育出版社，2011；何振海．美国州级公立高等教育发展模式的构建与变迁：以加州为个案的历史研究［M］．呼和浩特：内蒙古大学出版社，2011；张薇．苏格兰大学发展研究［M］．呼和浩特：内蒙古大学出版社，2011；周保利．19世纪剑桥大学改革研究［M］．呼和浩特：内蒙古大学出版社，2012；杜智萍．19世纪以来牛津大学导师制发展研究［M］．呼和浩特：内蒙古大学出版社，2012；于书娟．当代西方的大学史研究：基于《大学史》杂志的分析［M］．北京：新华出版社，2011；李子江．学术自由：大学之魂［M］．北京：中国社会科学出版社，2012；梁淑红．利益的博弈：战后英国高等教育政策的制定过程研究［M］．北京：光明日报出版社，2012；周志发．美国大学物理学科教学科研史研究（1876—1950）［M］．上海：华东师范大学出版社，2012；周志群．美国社区学院课程变革与发展研究［M］．福州：福建教育出版社，2012；张帆．德国高等学校的兴衰与等级形成［M］．北京：北京师范大学出版社，2012；黄宇红．美国州立大学的发展历程［M］．北京：北京航空航天大学出版社，2013；马立武．美国高等教育发展与宪法权利保障［M］．沈阳：辽宁人民出版社，2013.

② 周常明．牛津大学史［M］．上海：上海交通大学出版社，2012；刘亮．剑桥大学史［M］．上海：上海交通大学出版社，2012；徐来群．哈佛大学史［M］．上海：上海交通大学出版社，2012；周雁．耶鲁大学史［M］．上海：上海交通大学出版社，2012.

因此，大学与社会的关联较中小学更为密切和复杂。由于这个原因，高等教育史研究必须更多地依赖于其他相关学科的支撑，例如学术史、经济史、科学史、文化史，等等。这种对相关学科的依赖将进一步扩展教育史研究的视野，从而克服以往始终存在的就教育史而论教育史的局限。

第三，与以往一些著述不同，上述成果大多以某一历史时期或某一个国家的某一个高等教育历史现象或问题为研究对象，不涉及宏观或整体的历史线索。因此，研究者所关注的主要是基本文献的搜集、整理以及运用某些认识论意义上的理论和方法对史料所建构的历史片段进行解释，基本不涉及教育史观中的本体论问题。这样的研究路径有助于消除从普遍历史规律出发、最后回到验证宏观历史规律的循环论证，从而使教育史研究真正成为历史的研究而非历史哲学的演绎。

第四，从上述成果的选题看，尽管仍存在着一些选题不当或选题过大的问题，但就总体而言，大多关注特定的专题或问题，从原有的“宏大叙事”转向更为微观问题的研究，即从综合走向分析，从整体认识转向具体探微。这种转变实际上意味着外国教育史研究正日益摆脱教科书传统的束缚，逐渐回归历史研究的本性。而只有当教育史研究充分获得了历史研究的本质，才有可能真正获得学术合法性，才有可能真正成为一个学术研究的重要领域。

外国教育史学界开始系统研究外国高等教育史，至今不过十余年的时间，尚处于起步阶段。尽管取得了令人瞩目的成就，但也不应回避存在的种种问题。首先，由于学科积累有限，外国高等教育史研究在今后的发展中将不可避免地面临着一手史料缺乏的问题，这是决定外国高等教育史研究究竟能走多远、能取得多大成绩、甚至是否能继续取得成绩的关键。其次，如何真正在国内外已有研究的基础上，选择更为微观、更为专门和更具复杂性、挑战性的真实问题开展深入的研究，以不断提升高等教育史研究的水准。再次，如何有效地借鉴相关学科的研究成果和研究方法，进一步拓展思路，真正体现高等教育史研究的多学科交叉的特点。

## 三、前瞻

回顾近几年外国教育史研究的进展，可以清晰地看到，一方面，由于学者们的辛勤劳动，外国教育史研究在极其艰苦的条件下仍取得了积极的进展。但在另一方面，一些长期存在并严重制约研究工作取得实质性发展的问题仍未得到充分有效的解决。

第一，通过对旧教育史观的系统反思、清理，真正消除旧教育史观的消极影响，重新建构科学合理的教育史观，进一步深化对教育史学科研究对象的认识，更进一步地说，是深化对作为教育史学科研究对象的教育历史性质的科学理解。这是教育史学科存在的合法性与合理性的基础。①

第二，反对历史实用主义，树立科学的教育史研究功用观。在深层次上，教育史学界通常是以非常实用的目的和动机开展外国教育和外国教育史的研究，往往是从中国教育当前所面临的形势和问题出发，从外国教育史中寻找与这些形势和问题相对应的主题，希望通过这样的研究能对现实问题的认识或解决有所借鉴或启发（这也是很多作者乐意在论文的标题使用“启示”、“启发”的原因，是诸多教育史论文或著作将“启示”作为固定格式的原因），即所谓“古为今用”、“洋为中用”。外国教育史研究重点关注的领域和主题之所以不断发生变化，之所以轻古代而偏重近现代，之所以从注重思想研究转向对制度研究的关注，深层次的原因绝对不是这些问题已经得到了足够的研究，已经没有或少有继续研究的空间，而主要是因为（甚至只是因为）研究者所面对的现实、形势和问题在不断改变，是因为当前教育实践的实际需要（至少是研究者所认为的现实需要）在不断改变。而现行的教育科研管理体制特别是将教育行政部门的意志、兴趣中心和价值观细化和具体化的课题指南所发挥的引导作用，进一步加剧了这种从现实的实际需要出发确定研究兴趣和研究主题的状况。

---

① 张斌贤．教育史观：批判与重建［J］．教育学报，2012（6）．

但也正因为关注的焦点和研究主题不断随着现实的变化而变化，因此，无论是个体还是群体，往往缺乏对外国教育史特定主题的长期、持续和深入的研究，即使是那些似乎已经开展了很长时间研究的主题，研究的深度和水平也存在很大的提升空间。此外，由于研究兴趣和研究主题的不断变化，研究者往往缺乏对外国历史、社会、政治和文化的系统把握，尤其缺乏厚重的学术积累，因而不能自觉地将所研究教育问题置于外国的历史—社会情境之中。在这样的条件下，对外国教育史的研究只能就事论事，很难切入到深层次的问题，很难在教育历史发展的脉络中把握研究问题，也很难在教育与社会的复杂联系中挖掘研究问题的本质。这就不难理解为什么多年来尽管研究成果数量不断增长，但除了个别成果，总体水平并没有显著的提高，少有力作问世。简言之，与过去多年出现的情况相似，近几年外国教育史研究的总体状况是有显著的增长，而无整体的发展。

第三，合理确定研究主题。“大题小作”一直是外国教育史研究中的痼疾（其实也一直是教育学科研究的顽症）。在相当多数的论文（包括一定数量的博士研究生的学位论文）中，研究主题所涉及的内容、时间和空间跨度，远远超出了单篇论文所能容纳的范围，以至于很难对主题进行多方面、多层次的探讨，其结果或者是面面俱到，浮光掠影，或者是以偏概全，挂一漏万。无论是何种结果，都难以真正获得对研究主题的深入认识，都难以对学科研究不断向纵深推进发挥实际的推动作用。于是，只好在横向上追求研究领域、国别的不断扩大。至少在现阶段，外国教育史研究领域存在的最大的学术规范问题就是“大题小作”这种沿袭已久的积习，这是直接制约研究工作取得实质性进展的主要原因。多年以来，为数不少的学者先后批评外国教育史研究缺乏创新，研究成果千人一面，研究工作进展缓慢，但多少年过去，至少就整体而言，一切并无明显的改观。之所以形成这样一种令人啼笑皆非的局面，原因固然复杂，但就具体研究工作的程序而言，“大题小作”确是一个非常要害的因素。确定选题或研究的主题，是一项具体研究工作的起点，如果起点出现了偏差，就难免差之毫厘，失之千里。

造成“大题小作”的主要原因之一是，为数不少的研究者常误将研究对象当作研究的主题，这在研究生的学位论文中几乎俯拾皆是。常有导师批评研究生的论文选题过大、缺乏问题意识，其实，选题过大、缺乏问题意识既存在于研究生的学位论文中，在一些学者撰写的论文中也有不同程度的反映。这既是包括外国教育史学科领域在内的教育学科学术训练普遍存在的问题，也是教育学科研究自身存在的顽疾。

之所以将研究对象与研究主题相混淆的基本原因在于缺乏不断发问、不断提炼的意识和能力。在具体的研究过程中，研究主题的确定需要经过一个较长时间的学习、研究和思考的过程，这个过程的核心就是不断地发问、凝练、聚焦，即将最初的研究兴趣或研究对象逐步澄清、细化、提炼，最终聚焦到某一个研究的主题（topic）。而所谓的研究主题，通常是指在认识或实践中引起研究者或有关人群困惑不解的疑问、疑难和问题。

众所周知，任何一项研究工作都是研究者在一个特定的时间和空间范围内，凭借已有的研究资源（已有研究基础、文献资料等）对某一个特定问题的探索，作为研究工作成果的论文或著作所反映的只是研究者在其认识发展的一个特定阶段的结果。在这个阶段中，研究者主体对研究主题的认识广度和深度以及所拥有的研究资源都受到一定的局限，因此，在某一项具体的研究工作中，即使是进行了非常艰苦和深入的研究，也只能达到已有各种条件所允许达到的目的。这也就是说，任何一项具体研究工作开展时所具有的主客观条件的局限性，决定了研究目的和研究任务的有限性。正因如此，理想的研究主题应当是非常具体、特殊和易于把握的，通俗地说就是应当“小”，同时，还应当对研究的主题进行明确的界定，使之具有清晰的内涵和确定的边界。而理想的研究工作则是“小题大做”，即对某一个具体、特殊和明确界定的主题进行多方面、多层次分析。只有这样的研究方式，才有可能真正形成具有新意的研究成果。

第四，自觉形成牢固的史料意识。对外国教育史研究而言，史料的重要性是不言而喻的。所谓史学即“史料之学”的说法虽然朴实、简单，但基本反映了史料对于历史研究的基础价值。与其他专门史一样，外国教育史研究的根本目的就在于通过对史料的搜集和梳理，重现特定历史事件和历史现象。没有史料，外国教育史研究就如无源之水。这些道理虽然浅显，但并非所有从事外国教育史研究的人士都能真正领会，并切实落实到研究工作的实践中。

从对近年来外国教育史研究成果的梳理看，在史料方面存在的问题主要有以下方面。一是史料意识淡薄。这表现在为数不少的论文（包括一部分博士研究生学位论文）很少直接引用原始史料，一篇数千字的研究论文往往只有区区几种一手史料，这很难不令人质疑这样的研究是否是历史研究，或者文中内容和结论的依据从何而来。二是混淆史料与文献的区别。相当多的论文尽管引用了多种参考文献（特别是博士研究生学位论文），但一手史料在其中所占的比重很小，更多的是引用其他研究文献（二手甚至三手资料）。这似乎比前一种情况略好些，但实质是一样的，即都将教育史的研究置于虚幻的基础之上。三是误将外文文献当作一手史料。一些学者以为使用了足够数量的外文文献就表明自己研究的“史料翔实”、“论据充分”。四是对史料的间接引用。在一些研究成果中，时常能发现对史料的间接引用。有些史料国内确实难以搜集，无奈间接引用史料尚可原谅，但有的史料（例如著名教育家的代表作）在国内随处可以查阅，有的学者仍然毫无顾忌地选择间接引用。

诚然，对中国学者而言，研究外国教育的历史，在史料方面确实不如研究中国教育历史那样便利。这不仅是现实面临的问题，也可能将永远是一个棘手的难题。但这绝对不应成为一些学者轻慢史料的理由。虽然就总体而言，研究外国教育史，尤其是研究相对专门的专题，都会面临这样那样的史料不足的问题，但这并不意味着研究所有国家、所有时期和所有专题的史料都存在短缺的情况。况且，近年来，随着国际学术交流的增加，高校在文献数据方面投入的增长，获取史料的便利远非十年前能比。关键还在于研究者的史料意识以及为获取史料勇于投入时间和精力的意志。

从外国教育史研究的整体状况看，史料问题一直是阻碍研究工作进展的瓶颈。多年以来，时有学者就史料建设问题发表见解，前辈学者也为史料建设付出了巨大的辛劳。但从现实性出发，指望某些个人或机构承担外国教育史研究的史料建设既不可能，实际上也无必要。这是因为史料是为历史研究提供基本的材料和工具，而研究的兴趣则因人而异、因时而异，不可能存在一位先知先觉者能预料所有人的研究兴趣从而为即将开展的研究工作准备必需的史料。更为重要的是，搜集和查阅史料本身就是历史研究过程的必要组成部分，没有这个基本的环节，事实上也就不会有真正的历史研究。而对于研究生而言，这实际上就是历史研究学术训练的基本组成部分。归根结底，问题的核心还在于研究者应具有牢固的史料意识，并将这种意识落实到自己的研究工作和对学生的学术训练之中。只有这样，才有可能通过一个长时间的过程，逐渐改变外国教育史研究中长期存在的“史料问题”。

# 第六章

# 比较教育学

伴随中国教育改革的不断深入和教育研究的纵深发展，比较教育也不断取得新的研究成果，不仅成为教育科学学术大厦中异常活跃的组成部分，而且成为教育思想和教育改革快速发展的重要推动力量。本研究报告以2013年在国内教育权威刊物上发表的比较教育研究学术论文和在国内出版社出版的比较教育学术著作为基础，结合2013年全国哲学社会科学规划项目、全国教育科学“十二五”规划项目、教育部人文社会科学研究项目和各省（市）教育科学“十二五”规划课题的研究进展，从比较教育的基础理论、比较教育队伍建设、世界教育发展趋势、各级各类教育跨国比较、区域与国别教育研究五个维度，综合分析2013年比较教育研究的新进展、重点领域、发展特征和研究动态。

## 一、学科基础理论研究

由于比较教育研究领域的不断扩大导致研究边界的泛化，从而出现了所谓的“身份危机”，同时，我国教育改革的不断深入，全球化对教育的冲击，对比较教育提出了新的挑战。因此，厘清比较教育的基本理论问题，特别是构建中国特色的比较教育理论体系，成为目前中国比较教育解决学科危机、走向学科成熟的重要任务。一些学者分别从比较教育的学科概念、比较教育的本体论和方法论等方面对比较教育理论进行论述。

### （一）比较教育的概念与学科特性

要解决比较教育的学科合理性问题，就必须关注和阐释比较教育的学科概念。有学者认为，比较教育的研究对象是多元文化世界中教育发展的多样化类型及其相互影响关系，具体包括国别教育发展研究、跨国教育发展研究、国际教育整体性发展研究三个层次。比较教育的“比较”方法，不是技术层面的比较工具，而是思维层面的比较视野，“体现为基于比较视野对教育发展多样化类型进行的反思与选择”。比较教育的研究目的既服务于教育实践的变革，又着力于学科理论的建设。因此，比较教育学是“基于整体取向的比较视野，研究世界教育发展的多样化类型及其相互影响关系，进而促进教育理解和推动教育发展的一门教育学科”①。

有学者试图从比较教育的本体论方面对比较教育的合理性问题进行澄清。“比较”是比较教育作为“存在者”存在的一个基本范畴，是思维和方法的统一，本身就具有本体的价值。同时，“比较”亦在本质上代表着一种多元文化需求和学术精神取向。比较教育的“存在”不在于其工具性的比较方法，而在于本体性的“比较视域”。② 因此，“比较”是比较教育的逻辑起点，反映了比较教育本体的思维向度。由此，比较教育是一门既面向“他者”又解释“自我”的科学，既是学问也是实践，是在更高水平上建立和阐述不同教育类型关系，探索人类教育发展规律和世界教育整体性发展趋势的一门教育科学。③

有学者从比较教育方法论方面对比较教育的学科合理性进行论述。我国的比较教育研究必须摒弃将比较教育作为“翻译”的方法，而应当回归到科学的“比较”，要建立一个理论化、系统化、科学化和“逻辑严密的方法论体系”。方法论体系的建构可以从社会科学进行借鉴，特别是要关

---

① 陈时见．比较教育学的概念建构及其现实意义［J］．比较教育研究，2013（4）：1-10.

② 袁利平．比较教育本体的存在方式及其哲学表征［J］．比较教育研究，2013（4）：28-32，48.

③ 袁利平．论比较教育的学科逻辑与学科智慧［J］．外国教育研究，2013（1）：3-9.

注跨国、跨区域或跨文化的并置与比较，这是比较教育不同于其他学科的重要特性。加强比较教育的科学化，有助于促进教育学科的科学化，这也是比较教育研究在这个教育研究中的独特性所在。① 也有学者对民族国家在比较教育研究中的合理性进行了讨论，从比较教育的本体论、价值论、认识论、方法论上分析，民族国家仍是比较教育研究最基本、最重要的研究单位，具有不可替代的作用。②

还有学者从比较教育的学科特性讨论比较教育与教育理论“本土化”的关系。自教育学在我国诞生以来，一直大量地引进外国教育理论和思想。实现教育理论“本土化”，是构建和发展中国特色教育理论的重要途径。比较教育研究的“引进”和“借鉴”的学科特性为教育理论的“本土化”提供了条件。比较教育研究的“比较性”，有助于筛选和吸收别国教育理论的“合理因素”，这本身就是教育理论“本土化”的重要路径。比较教育研究的“跨文化性”和“跨国性”是教育理论“本土化”的逻辑前提。比较教育研究的“异域性”所包含的“差异性”与“多样性”是实现教育理论本土化的内在基础。比较教育研究的“多元化”既为教育理论的“本土化”提供了前提、条件和可能，“本土化”又是对“多元化”进一步延伸和发展。比较教育的学科特性与教育理论“本土化”的内在过程和转化机制相吻合，这决定了比较教育研究能在教育理论“本土化”过程中发挥十分重要和独特的作用。③

### （二）比较教育的研究范式与方法论

比较教育研究范式和方法论一直以来是比较教育研究的重点和难点。无论是新方法的引入和借鉴，还是自我的重新建构，都对比较教育学科的科学化发展具有重要意义。

有学者尝试对比较教育研究范式进行重新构建，提出比较教育学对应

---

① 项贤明．从比较教育走向比较教育学［J］．全球教育展望，2013（9）：3-10，24.

② 朱旭东．论全球化时代民族国家在比较教育研究中的合理性［J］．比较教育研究，2013（11）：1-8.

③ 褚远辉．比较教育的学科特性与教育理论的“本土化”［J］．教育研究，2013（1）：16-19.

性全质教育形态研究范式，真实完整地反映、揭示和构建世界教育社会生态现实，即教育全质形态存在是比较教育学的科学性能所在。要对世界教育现实的多样性全质形态性存在进行对应性反映和把握，就必须建立比较教育学的教育全质形态研究范式。首先，这一研究范式要求进行客观实态性研究，即不管研究对象是实质存在还是精神产物，研究都要实事求是，以现实的实际教育形态标准加以判定。其次，这一研究范式要求进行全质形态性研究，即要在客观感知和把握全质教育形态的基础上，通过全方位比较，认识和把握全质教育形态的多态性、复杂性及其形态化发展的动力、机制和轨迹。其初始环节是对世界教育现实形态性存在的多样性进行本质性反映与把握，然后对世界教育现实形态性存在的共性态势进行实质性反映与把握，最后对世界教育现实形态性存在进行全质形态的整合性反映与把握。再次，这一研究范式采用对应性研究作为其基本方式，主要是基本存在形态类型的对应，形态构成和性质的对应，和教育形态本质与教育形态实质的全质对应。要进行全质教育形态的对应，须使用教育实质逻辑叙述法。①

除了新研究范式的建构之外，也有学者对比较教育方法论中的功能主义、新殖民主义进行了研究。社会学中的功能主义自诞生以来就深刻地影响着社会科学的发展。由于它契合了20世纪五六十年代比较教育对学校和社会关系的研究需要，由安德森等人引入到比较教育中，并经贝雷迪、诺亚和埃克斯坦等的运用和发展。20世纪70年代，功能主义由于无法对教育系统及其内部发生的事件及确切原因进行有力的解释，而受到了新马克思主义等理论的批判。进入90年代后，施瑞尔提出“功能对等”思想。他认为，比较研究应首先确定一个相对静止的事实作为参照，然后以此出发去寻找和分析不同变量间的等值关系，即功能对等基础上的比较。施瑞尔新功能主义的提出，反映了功能主义方法论的回归，推动了比较教育研

① 傅松涛，郝凌菲．比较教育学的对应性全质教育形态研究范式［J］．比较教育研究，2013（7）：47-55.

究科学化发展。[①] 比较教育研究中的新殖民主义存在依附论和世界体系理论两种理论和分析框架，但其过度强调殖民者与被殖民者之间的控制关系，容易引导研究从负面着手，使研究陷入思维单一、观点激进的困境。同时，其主要以“欠发达”的经济学理论为理论基础，也不利于比较教育在种族、文化、语言等方面进行分析。自 20 世纪 80 年代，后殖民主义理论逐渐兴起，倡导多元和差异性思维，对殖民主义、新殖民主义进行了反思、否定和超越。有学者建议，在后殖民主义思潮的冲击中，我国的比较教育研究应在反思中重新定位，摆脱“文化霸权的一元化宰制”，通过建构自身理论而实现与世界的真正多元对话。[②]

此外，有学者还对教育政策比较研究的理论、方法及其应用进行了研究，为教育政策比较提供了新视野与新方法。教育政策比较研究不仅要关注政策的内容，还应重视对政策背景的理解。目前，教育政策比较研究主要有工具理性主义的政策理论和冲突理论两种分析框架和模型。有学者认为，无论何种模型，教育政策比较分析都应从跨学科的研究视野出发，注重政治学、社会学、人类学、经济学等多学科理论与方法的交融；要将量化研究方法和质性研究方法相结合。有学者指出，教育政策比较研究必须要理解我国教育政策的实际状况和需求，系统分析本国与目标国教育政策的背景，在选择国别时注意多样化，并注意理论研究与应用研究相结合，实现政策的本土化转型与评估。[③]

近年来，非洲教育研究越来越受到学界的关注和重视，研究数量快速增加，研究成果不断丰富。因此，有学者提出要在比较教育研究元范式下构建非洲教育学。在比较教育元范式下，非洲教育学包括两大主题和四个基本维度。两大主题指非洲教育和社会的发展以及中非教育关系的发展。四个基本维度分别是：非洲批评教育学，主要解决非洲教育和社会发展的

---

① 冉源懋，陈时见．比较教育研究中功能主义方法论的引入及其影响［J］. 外国教育研究，2013（1）：18-24.

② 周琴．新殖民主义视阈下的比较教育研究［J］. 比较教育研究，2013（4）：11-16.

③ 韩玉梅，李玲．教育政策比较研究：理论、方法及其应用［J］. 比较教育研究，2013（4）：33-37.

正义公平问题，由新/后殖民主义批评、种族（或族群）主义批判、资本主义批判和新社会运动批判构成；非洲文化教育学，主要解决非洲传统土著文化、西方宗教文化和现代世俗文化和谐共处的问题，由非洲教育多元文化研究、非洲教育文化现代化研究和非洲教育文化本土化研究构成；非洲科学教育学，主要解决非洲教育现代化的物质和制度问题，由非洲教育本土知识研究、公民教育与人力资源开发、非洲国民教育体系发展和非洲教育一体化等构成；中非教育关系学，主要解决中非教育关系及相关的比较教育如何构建的问题。①

### （三）比较教学论的发展特征

比较教学论是比较教育学的一个子领域，也可以归为教学论的一个分支学科，实际上是一门跨学科的教育学科。比较教学论主要关注国外的教学理论、方法、模式、课程、教学、学习、评价等方面的理论与经验，属于学校教育和课堂教学内容的微观基本理论与应用研究。自 20 世纪 70 年代末，出于对课程教学改革的需要，比较教学论成为比较教育研究的重点领域之一。比较教学论在 20 世纪 90 年代以前并未在欧美国家得到足够的重视。进入 21 世纪后，随着国际教育改革对基础教育质量的重视，它逐渐成为比较教育学的研究热点之一。未来我国比较教学论的研究，将主要在三个层面开展：一是对源自不同教育文化传统的教学论和课程论（及其教学理论）进行跨文化比较研究；二是对不同教育文化传统、不同民族国家的教学论和学科教学论进行跨文化比较研究；三是对各国课堂教学改革的经验进行跨文化比较研究。②

---

① 李育球．比较教育研究元范式下非洲教育学建构初探［J］．比较教育研究，2013（6）：29-33.

② 丁邦平．比较教学论：21 世纪比较教育学发展的一个重要领域［J］．教育研究，2013（3）：12-19.

## 二、队伍建设研究

一些学者对比较教育学术队伍的发展状况进行了反思，并提出了批评性建议。这些意见和建议对于比较教育学科的健康发展无疑是有益的参考。

有学者呼吁，要在全球结构中建立中国比较教育学派，一方面是因为中国传统哲学和文化体现了中国文化的开发性和兼容性，如何根据中国比较教育的学科发展需求，与比较教育中西文化进行有效整合，以及如何解决比较教育理论研究与应用研究脱节的现实问题，无疑是推动中国比较教育学者创建中国比较教育学派的动力；另一方面，中国比较教育学的跨文化研究实践为中国比较教育学派的创生提供了源泉，因此，中国比较教育学派的建立是题中应有之义，要发挥比较教育学者的主体性，将无所不包的文化视野具体化而展开研究，从宏观着眼，微观入手，运用中层理论桥接融合，从制度上改革学科建制，并超越本民族中心取向的研究目的。①也有学者提出，中国比较教育学者应加强比较教育方法论建设并取得突破；要明确比较教育的“本体所在”，强化比较教育的学科意识和身份意识；要扎根于中国教育实践，增强比较教育的本土服务力；坚守学术品格，积极参加教育内外的学术活动，提升比较教育学者的“公共性”。②

有学者研究了20世纪二三十年代我国比较教育学科的发展情况，认为当时的留学生群体是推动我国比较教育学科发展的主要力量。该留学生群体学科背景呈多元化，留学国别、院校也多样化，学历层次高，研究成果学术水平高。他们对比较教育的功能、研究对象、学科定位等进行了探索，构建了比较教育的研究范式，建立了比较教育研究的学术体制，并参

① 田小红．全球结构中中国比较教育学派的建立［J］．外国教育研究，2013（1）：10-17.

② 姚琳，彭泽平．比较教育学的发展路径与比较教育学者的职业选择［J］．比较教育研究，2013（4）：17-21.

与到比较教育人才培养，为我国比较教育学科的发展做出了有力的贡献。①

有学者通过对比较教育研究层次的划分对比较教育研究人员的专业发展进行了具体分析。他们认为，学科危机的实质在于研究层次和成果水平不高，缺乏学科特色和独有价值。比较教育研究应从文化理解的角度出发，正确把握和理解研究对象的本质。根据文化理解程度、研究方式和成果水平，比较教育研究可分为“四重境界”：文献综述式的入门级、模型或理论指导式的专家级、数据挖掘式的高深级和融会贯通式的大师级。入门级研究人员应具备搜集资料和驾驭资料的能力；专家级研究人员应具备灵活应用“外来”模型和理论，以及建构模型和理论的能力；高深级研究人员应具备较强的专业能力和敏锐的洞察力，并能建构研究领域新意义的能力；大师级研究人员则是兼容并包、融会贯通、总揽全局并自成一家。②因此，比较教育研究人员的专业发展，既需要研究者自觉意识和自我提升，也需要比较教育学科的专业培养与支撑。目前，欧美国家比较教育研究生的培养以跨文化导向、多学科范畴、实践性路向为主要特点。基于我国比较教育研究生培养现状，有学者建议应在跨文化培养中加强对本国文化和教育的认识与理解，加强教育学内部学科知识和外部学科知识的训练，增强培养中的实践性，加强扎根研究和合作研究。③

## 三、世界教育发展趋势研究

世界教育发展趋势主要体现在世界教育思潮、国际教育组织和世界教育整体性发展三个方面。

---

① 郑刚．留学生与20世纪二三十年代中国比较教育学科的发展［J］．比较教育研究，2013（11）：20-26.

② 马健生，陈玥．论比较教育研究的四重境界——兼谈比较教育的危机［J］．比较教育研究，2013（7）：56-61，66.

③ 马健生，陈玥．比较教育专业研究生培养：国际共识与本土建议［J］．比较教育研究，2013（11）：9-13，33.

### （一）世界教育思潮

有学者从社会分层的角度研究全纳教育对于残疾人融入主流社会的意义，在社会分层的背景下，残疾人是社会的弱势群体和边缘群体，在全纳教育理念下，残疾人不应受到社会主流群体的排斥，而是社会平等的一员，应该平等享有和接受各种教育活动的权力。[①] 随着全纳教育的开展，原有的平行分离的特殊教育课程模式日渐式微，融合参与的课程模式日益兴起。融合参与式课程模式基于课堂服务于学生群体的多样化假设而进行整体融合式设计，能让所有特殊儿童参与具有挑战性的普通课程学习，目前已成为特殊教育课程发展的主流趋势。[②] 有学者也指出了全纳教育面临的困境，即对普遍主义价值观的质疑，外延过于宽泛而出现的普遍主义知识的困境，以及理论和实践相分离。[③] 有学者还指出，全纳教育的主体边界在其演变过程中不断扩大，其内容不断扩大乃至漫无边界，其实施则是相关利益群体的博弈，造成了实施边界定位的困难，究其根本，全纳教育的边界问题实质上就是如何处理教育公平与教育质量的问题。[④]

在全球化进程中，如何对待不同文化是各国面临的一个新挑战。国际组织倡导不同文化间应当相互理解、相互尊重、平等交流，并主张以跨文化教育（intercultural）来培养新一代。对于什么是跨文化教育，有学者认为，可以从多元文化维度、互动维度、比较维度和媒体维度来理解全球化时代跨文化教育的内涵。多元文化维度意指在承认文化的多元多样，并对多元文化教育进行超越；互动维度意指文化间交流和互动；比较维度强调文化差异的学习和比较，进而通过人际互动进行弥合或融合；媒体维度是指媒体空间对跨文化学习情境的丰富。因此，跨文化教育的主要内涵不仅

---

① 彭兴蓬，邓猛．博弈与融合：社会分层背景下的全纳教育研究［J］．外国教育研究，2013（8）：45-53.

② 盛永进．全纳走向下国际特殊教育课程的发展［J］．外国教育研究，2013（9）：88-95.

③ 姜亚洲．论全纳教育的普遍主义困境［J］．外国教育研究，2013（3）：93-99.

④ 邱关军．从全纳教育边界问题看美国加利福尼亚州FAIR教育法案［J］．外国教育研究，2013（3）：100-105.

包括对差异性和多样性的尊重，而且包括基于平等的跨文化性。①有学者概括了跨文化教育的四种实施模式：一是以德国和波兰为代表的国家模式，在国家文化的框架下关注文化的差异性；二是以美国为代表的种族补偿模式；三是以法国为代表的公民模式；四是以澳大利亚、英国和加拿大为代表的文化边界模式。② 跨文化教育在实施过程中，注重通过文化差异性教育和可持续发展教育对文化多样性进行保护，注重在学科教育中的渗透。有学者指出，文化环境的差异，会导致跨文化学习环境中的学习者面临知识的意义支持、行动的意义理解、交流、沟通对于学习和行动系统的有效支持三个方面缺失或不足情况，以及心理和情感问题。因此，跨文化教育应该从学习者的角度出发，构建适合他们的学习环境，这既是实施路径也是挑战。③ 跨文化教育的最终目标是要培养人们的跨文化能力。有学者指出，跨文化能力的培养既要基于跨文化能力结构，对各种具体能力的分别培养，又要注重主体能力的整体性培养。④

自20世纪80年代以来，随着全球化趋势的日益增强，原有的以民族国家为背景的现代公民教育理论不断受到挑战，全球公民教育思想逐渐兴起，受到越来越多的关注。全球公民教育是要培养具有国际视野和全球意识，具备适应全球化生存与发展知识和技能，能够履行全球公民职责，促进全人类和平发展的全球公民。有学者认为，全球公民教育的实施主要有三种模式：一是基于“学校——课程”的系统化教育模式；二是基于“社区——资源”的社区联动模式；三是基于“企业——文化”的渗透式传播模式。⑤ 有学者认为，一些国际组织机构也是实施全球公民教育重要场所。如国际文凭组织（International Baccalacureate Oraganization），作为一个国际教育与考试机构，旨在培养负责任的全球公民，其课程设置和评价体系对

① 邓志伟．全球化时代跨文化教育的价值与目标［J］．比较教育研究，2013（9）：13-17，50．

② 黄志成，韩友耿．跨文化教育：一个新的重要研究领域［J］．比较教育研究，2013（9）：1-6．

③ 郑太年．跨文化学习初探［J］．比较教育研究，2013（9）：25-29．

④ 蒋瑾．跨文化能力分类及培养的思考［J］．比较教育研究，2013（9）：18-24．

⑤ 卢丽华，姜俊和．“全球公民”教育：基本内涵、价值诉求与实践模式［J］．比较教育研究，2013（1）：58-62．

全球公民教育的实施具有积极的借鉴意义。[①] 此外，各国中小学公民教育，如加拿大、日本、韩国等国和非政府组织的教育项目等，也是实施全球公民教育的重要领域。

### （二）国际教育组织

国际教育组织是推动世界教育改革和发展的重要力量。把握国际组织的教育政策措施、推进策略等，对我们更好地理解国际教育，融入国际教育交流平台具有重要的意义。

有学者对国际组织在推动高等教育国际化中所发挥的作用进行了研究。通过对经合组织、世界银行、世贸组织和联合国教科文组织在其属性、目的和原则方面的比较分析发现，在高等教育属性界定方面，经合组织、世界银行、世贸组织更强调教育的市场服务属性，而联合国教科文组织则强调教育的公共服务属性；在高等教育作用认识方面，经合组织和世贸组织关注高等教育的经济功能，世界银行则侧重高等教育在经济和政治两方面的作用，而联合国教科文组织则集中在文化和社会功能方面；在约束力方面，经合组织和经合组织的约束机制相对松散，效力较弱，而世界银行和世贸组织则有严密的约束机制，约束力较强；在推动高等教育国际化的方式方面，经合组织和联合国教科文组织主要采用“自下而上”的方式，世界银行和世贸组织则主要采取“自上而下”的方式；在政策侧重点方面，经合组织侧重推动高等教育服务贸易和保障高等教育质量，世界银行主要是资金投入，世贸组织关注国际高等教育市场的开放性，联合国教科文组织则更多侧重引导高等教育价值取向和国际交流合作。研究指出，我们应该重视高等教育的公共属性，学会并运用国际组织规则，掌握主动权，积极利用国际组织的发展平台，推动我国高等教育的发展。[②]

联合国教科文组织对世界范围内的教育、科学与文化的发展具有重大

---

① 李学书，陈法宝．IB 课程中全球公民素养的理论和实践研究［J］．外国教育研究，2013（9）：96-103.

② 臧玲玲．国际组织推动高等教育国际化的比较分析［J］．比较教育研究，2013（4）：83-88.

作用，一直以来是引导世界教育改革发展的重要力量。有学者对近十年来联合国教科文组织发布的全民教育全球监测报告进行分析，指出全民教育的核心目标是教育公平，这不仅包括教育机会公平，还包括教育过程及教育结果的公平。① 还有学者对联合国教科文组织的职业技术教育政策进行了文本分析。研究发现，职业技术教育的社会认可度经过60多年的发展已基本稳定；联合国教科文组织对职业技术教育的理解随着时代的发展而不断丰富；专业技能培养培训随着社会的进步而不断得到强化。②

有学者从世界银行的教育战略变化研究全球教育治理模式的变革。研究发现，经济理性一直是世界银行教育战略目标的指导思想。从人力资本理论到公共选择和新公共管理理论，到后来的知识经济理论，虽然具体的指导理论有所变化，但经济理性导向一直不离其宗。随着世界教育发展的需求和外部环境的变化，世界银行的战略重点则逐步由关注具体问题到关注整体问题。其战略实施工具也从贷款到知识援助、技术提供、人力培训等方面。由此，世界银行完成了从金融银行到知识银行的转型。世界银行奉行新自由主义理念，始终支持教育市场化改革，这影响了发展中国家的教育系统，推进了其新自由主义倾向的教育改革。③

此外，有学者对经合组织在推动教育公平、终身学习等方面的政策进行了研究。有学者结合语料库分析方法和话语分析方法，对经合组织的教育公平政策进行了话语分析。研究发现，在实现教育公平的进程中，目前面临的主要问题是中等教育中弱势学生的教育质量问题。经合组织采取的主要措施是支持和加强学习领导能力，促进建立良好学习环境和学习氛围。研究同时指出，话语分析也反映出经合组织政策的新自由主义理论倾向。④ 还有学者对经合组织的终身学习策略的演变进行了分析。从20世纪

---

① 窦卫霖，刘应波．教育公平：UNESCO全民教育的核心目标［J］．全球教育展望，2013（10）：57-67.

② 滕珺，李敏谊．联合国教科文组织职业技术教育政策的话语演变——基于N-Vivo的文本分析［J］．教育研究，2013（1）：139-147.

③ 阚阅，陶阳．向知识银行转型——从教育战略看世界银行的全球教育治理［J］．比较教育研究，2013（4）：76-82.

④ 孙亚，窦卫霖．OECD教育公平政策的话语分析［J］．全球教育展望，2013（4）：61-67.

70 年代至今，经合组织的终身学习策略由回归教育策略逐步演变为全民终身学习策略。国家、市场、公民社会是推动策略演变的重要因素，三者相互联系、相互变化。在其演变过程中，策略的内涵和目标不断丰富，策略制定和实施途径也逐步多样化，策略影响力也不断扩大。①

### （三）世界教育整体性发展

对世界教育改革与发展的整体性研究，对我们了解世界教育整体状况，把握世界教育发展趋势，制定本国教育政策等具有重要意义。

有学者基于系统论和分形理论，对世界教育发展格局进行了整体和分形的比较分析。研究将世界教育发展格局分为教育发达国家、教育中等发达国家和教育欠发达国家三类。通过对发达国家、“金砖国家”为代表的新兴经济体国家、发展中国家的教育分别从社会经济特征、教育投入变化、各级各类教育变化、教育政策变化等方面进行了研究分析，指出世界教育的发展趋势为：一是人口受教育水平不断提高；二是各国更加关注弱势群体受教育机会；三是各国着力提高教育质量；四是大力培育高技能人才；五是落实全民终身学习；六是继续推进高等教育国际化。② 也有学者对美国、英国、俄罗斯、德国、意大利、巴西、日本、印度、韩国和欧盟的教育政策进行了比较研究，指出世界教育发展趋势的六个特点：一是突出教育优先地位，振兴国力应对全球竞争；二是扩充学前和特殊教育机会，保障教育公平；三是完善教育评价机制，提高教育质量；四是整合社会资源，建立开放的职业教育体系；五是增强高等教育实力，加强合作创新；六是改革教师培养与管理方式，提升师资水平。③ 还有学者通过对联合国教科文组织、联合国儿童基金会、世界银行、欧盟、经合组织在2011—2012 年发布的研究报告的分析研究也得出了类似的结论，并特别强

---

① 李薇．从回归教育到全民终身学习——论 OECD 终身学习策略的演变［J］．比较教育研究，2013（5）：34-37，42．

② 中国教育科学研究院国际比较教育研究中心．世界教育发展报告 2012［M］．北京：教育科学出版社，2013．

③ 靳润成，王璟．国际教育政策发展报告 2013［M］．天津：天津人民出版社，2013．

调教育改革发展，一是加大对教育领域的资金投入，特别是对发展中国家的教师教育、职业技术教育、高等教育方面；二是倡导教育融资的多元化和资金分配的合理化；三是强调教育质量第一，重视质量标准和评价指标的设计、全方位的质量评价及数据的收集和利用；四是关注师资短缺问题，呼吁通过顶层设计提高教师质量，并重视教师专业发展的引领。①

研究发现，教育对跨越中等收入陷阱具有不可替代的作用。对于我国作为中等收入国家如何跨越“中等收入陷阱”，实现全面建成小康社会目标，有学者根据国际经验提出了积极建议。他们认为，在实现跨越期间，各国教育表现出一些共同特征：一是公共教育支出持续增长，表现为公共教育支出占 GDP 的比例总体上升，生均经费呈大幅增长趋势，教育经费的分配构成不断优化；二是高等教育规模持续稳定扩张，层次结构、办学模式、专业结构不断调整优化；三是职业教育快速发展，规模总体扩大，高等职业教育比例呈增长趋势；四是公共教育服务体系得到不断强化，表现为义务教育年限普遍高于当时世界平均水平并逐渐延长，学前及义务教育经费投入增加，职业教育和特殊群体教育的支持力度加大；五是教育管理体制不断调整优化，从两极分权走向均权；六是教育国际化水平显著提高，跨越中等收入时期是其教育国际化发展的关键阶段，国际学生的流入、国际教师和学者流动、跨国教育合作、多国行动的教育质量保障等为其提供了优秀的国家人才，提升了科研水平，扩大了国际教育影响力；七是重视终身学习，终身学习理念得到快速发展与推广，并进行立法，建立制度，加强继续教育。②

---

① 沈蕾娜，滕珺，乔鹤．国际教育发展最新趋势研究——2011—2012 年度国际组织教育政策文本解读［J］．比较教育研究，2013（10）：7-12.

② 袁振国，等．跨越中等收入陷阱国家教育变革的重大启示［M］．北京：教育科学出版社，2013.

## 四、各级各类教育跨国比较研究

跨国比较研究是体现比较教育研究取向的一种重要研究类型。近年来，学界的跨国比较研究逐渐增多，研究领域主要涉及学前教育、基础教育、高等教育、教师教育和职业教育，研究主题则从宏观性较强的教育制度、教育改革、教育政策到比较微观的课程教学、教育管理与评价等均有涉及。

### （一）学前教育

近年来，世界各国对学前教育对国家发展的战略意义和价值的认识不断提升，世界主要国家和地区都先后制定并出台了本国的学前教育发展政策和实施了学前教育改革。我国也正处于学前教育改革的关键时期，因此，世界学前教育改革与发展成为研究热点。

有学者对美、英、日、印四国学前教育体制进行了比较研究。通过对四国学前教育性质、地位与功能、办学体制、管理体制、投入体制、师资建设体制等方面的综合比较，研究揭示了国际学前教育发展的主要特点和趋势：一是各国高度重视学前教育的独有功能和综合价值，通过各种法律法规明确学前教育的公共性、公益性和教育性，并通过各种措施保障和提升学前教育地位；二是政府通过承担实际职责以有效手段引导和影响学前教育，促使其健康发展并使之服务于国计民生；三是明确学前教育主管部门职责并加强主管部门对学前教育工作的领导，促进学前教育各相关责任部门的通力合作；四是不断加大对学前教育的财政投入，尤其是通过制定和颁布相应的法律法规来保障和逐步增加国家财政投入；五是明确幼儿园教师的教师身份，提高其工资待遇和社会地位，通过职前高质量的培养和在职可持续的培训促进幼儿园教师质量的提升；国家举办大型长期的学前教育项目，推进学前教育事业发展。①

有学者从各国和国际组织学前教育发展战略、政策的角度进行了比较研究，指出世界学前教育发展战略以“普及、公平和高质量”为核心，呈现出以下几方面的发展趋势。一是促进学前教育的全面普及是国际学前教育发展战略的基本方向，并以法律政策为保障，以公办机构为主体，以免费、减费或补助为主要路径实施普及战略；二是推进学前教育公平是国际学前教育发展战略的价值追求，许多国家和地区明确要求保障弱势儿童享有平等的学前教育权利，并坚持优化原则，多途径扶助弱势儿童以促进学前教育公平与均衡发展；三是促进学前教育优质发展是国际学前教育发展战略的重要目标，如重视对学前教育质量的规定，通过多种方式促进其质量提升；四是以政府为主导是实施国际学前教育发展战略的根本原则，政府注重顶层规划设计，建立健全学前教育管理体制；五是以公共财政为支撑是实施国际学前教育发展战略的坚实保障，目前世界主要国家和地区已基本形成了以公共投入为主要支撑发展学前教育的经费格局，财政投入水平较高，力度不断加大。②

公共资金对学前教育的投入已成为世界性趋势。有学者对世界主要国家和地区的学前教育公共财政投入进行了分析，揭示出其主要实施方法。当前，公共财政分担学前教育成本主要有两类模式，一类是以支出为基础的成本分担，即政府直接支付费用，另一类是以税收为基础的成本分担，即政府通过税收抵免、减税等方式支付费用。以支出为基础的成本分担方式主要包括：将某一年龄段的学前教育纳入义务教育或提供免费服务；举办公立幼儿园；建立儿童保育和教育项目和基金；购买“学位”；补贴私立幼儿园；实施幼儿教育券。以税收为基础的成本分担方式主要有：通过退税鼓励企业为职工子女提供保教服务；面向家庭的育儿补贴或退税。③

---

① 霍力岩，等．美、英、日、印四国学前教育体制的比较研究［M］．北京：北京师范大学出版社，2013.

② 庞丽娟，夏婧．国际学前教育发展战略普及公平与高质量［J］．教育学报，2013（3）：49-55.

③ 王玲艳，冯晓霞，刘颖．世界主要国家和地区学前教育投入方式分析［J］．比较教育研究，2013（6）：66-71.

加强评估，保障质量也是学前教育改革和发展的趋势之一。许多国家和国际组织开发了多个学前教育质量评价体系，检测和反映目前学前教育的质量，有助于促进质量提升。经济学家智囊团发布了《良好开端》报告，对45个国家和地区学前教育发展水平进行了排名比较研究。该评估从社会背景、可获得性（即入园是否难）、可付性（即入园是否贵）和幼儿园教育质量四个领域进行评估。该评估显示，我国的学前教育处于较低水平，整体得分排在第42位，四大领域都需改进。① 此外，国际儿童教育协会开发了《全球指导性评估量表》，该量表以可持续发展为理念导向，构建了一个系统性指标体系，涵盖环境与空间、课程内容与教育方法、幼儿教师与保育人员、家庭—园（班）—社区伙伴关系以及关爱特殊儿童的5大领域、20个子类及76个指标项目，采取动态的评价方式。②这些评估的评价指标，对我们制定和推动学前教育发展政策具有借鉴意义。

### （二）基础教育

基础教育一直以来是世界教育改革的重点领域，促进公平、保障质量是目前基础教育改革和发展的主要目标。随着基础教育改革的深入，比较教育研究主题也逐步细化。目前，促进教育均衡发展、加强教育质量评估、深化课程改革等成为研究热点。

#### 1. 教育均衡发展

推进教育公平，促进基础教育均衡发展，关键在于农村教育质量的改善提高。有学者研究了各国设置农村小规模学校的情况。从世界范围来看，小规模学校大量存在于农村地区。无论是发达国家还是发展中国家，小规模学校是为偏远地区学生提供最便利的教育服务不可替代的教育组织形式。各国采取的措施主要有：保留偏远小规模学校，扩大学生受教育的机会；增加资金投入，努力提高办学效益；采取多项措施提高教育质量，

---

① 刘焱，史瑾，潘月娟．世界学前教育排名比较研究及启示［J］．比较教育研究，2013（2）：1-8.

② 余璐，黄甫全．让每个幼儿都享有优质教育——《国际儿童教育协会全球指导性评估量表》述论［J］．教育研究，2013（9）：143-152.

促进小规模学校长足发展，如变革教学方式、加强教师供给和培训、提供远程教育技术支持等；创新办学模式，建立学校联合体，共享教育资源。①

教师是解决农村教育问题的关键因素，对农村或贫困薄弱地区学校教师实行特殊津贴补助政策是许多国家吸引和鼓励优秀教师到农村或偏远薄弱地区任教的普遍做法。有学者对国外实施的艰苦边远地区教师津贴补助政策进行了分析，发现各国津贴补助的范围和对象各异，但内容和方式比较统一；津贴补助趋向于和工资挂钩，但相应的评定体系不完善；长期性、稳定性和临时性、灵活性津贴补助方案并存；各国经费分担情况各有不同，大多数国家趋于中央和地方按比例分担的方式；大多数国家缺乏专门的法律制度保障；部分国家建立了跟踪调查和效果评定机制，不断调整和改进津贴补助政策。但是，事实反映各国的许多政策并没有获得预期效果，一是因为津贴补助额度较小，缺乏吸引力；二是因为城乡差距不大，难以起到激励作用；三是部分国家发放范围不够合理。研究提出，实施津贴补助政策要注意突出重点、加大额度，注意物质性和非物质性激励相结合，加强政策和立法的相互照应，建立政策跟踪和评价反馈机制。②

### 2. 教育质量评估

基础教育质量评估成为最近几年来世界教育改革的重点议题，无论是对学生的评价，还是对教师和学校的评估，都成为研究的热点。20 世纪 90 年代以来，学生成绩测评已被各国广泛用来监测中小学教育质量和学生学业水平。为了使学生学业成绩测评取得实效，各国采取的主要措施有立法保障、设立组织机构、配套专用经费等。目前，学生成绩测评在对象抽样、试卷编制、信息收集、成绩发布和组织管理等方面形成了一整套严密的操作模式。③ 除了各国的学生成绩测评外，国际组织也组织实施了多次国际学生学业成就评价，如国际教育成绩评价协会的国际数学研究项目，

① 赵丹，曾新．国外农村小规模学校的发展策略及政策启示［J］．外国教育研究，2013（8）：71-78.

② 任琳琳，邬志辉．国外实施“艰苦边远地区教师津补贴政策”状况分析［J］．比较教育研究，2013（3）：99-104.

③ 王正青．部分国家监测性学业成绩测评政策与实施［J］．中国教育学刊，2013（1）：21-24.

经合组织的国际学生评估项目（PISA）等。国际学业成就测评之所以得到蓬勃发展，有几个方面的原因：一是各国借鉴他国经验推动本国教育改革和发展的政策需要；二是促进教育公平，保障全民享有高质量教育的改革追求；三是弥补本国教育质量检测体系不足；四是国际和区域性教育组织的有力推动；五是评价理念与技术手段的日趋成熟。国际学业成就测评揭示了各国教育现状以及国家之间的差距，推动了各国的教育改革，建立起国内与国外学业成就测评的互补机制，为政府开展绩效评估提供了科学证据，搭建了各国教师教学经验交流平台。①

加强对学校和教师的评价是教育改革的重点之一。学校评价一般有内部评价和外部评价。随着教育管理权的下放和学校自治，学校办学质量自我评估越来越受到重视。研究发现，各国的学校办学质量自我评估存在以下共同特征：一是加强学校自评与外部评估的合作；二是注意问责和学校改进的平衡；三是重视多种利益相关者的积极参与；四是在评估数据收集上强调证据的获得与支持；五是在评估实施过程中注重外部支持；六是在结果分析上体现实践导向。② 教师绩效评价是目前主流的教师评价理念和评价方式。英美两国的中小学教师绩效评价系统经过40多年的发展已比较完善且取得了一定成效。其评价系统的主要特点是：绩效评价理念兼具管理问责和专业发展双重导向，尤其突出专业发展取向；绩效指标统合教师专业素养和学生学习结果的评量，具有整合性特征；绩效评价制度设计完善，针对不同绩效指标开发多元性评价技术；绩效评价公正民主，营造沟通、协商和互动的评价文化。③

评价是问责的基础。有学者指出，借问责方式保障教育质量已经成为一种国际趋势。受新管理主义影响，传统的官僚——专业问责已不断式微。从英、美、澳三国的问责体系来看，英国以表现式问责与市场问责为

① 王正青，唐晓玲．国际学业成就测评的发展动因、政策回应与积极影响［J］．比较教育研究，2013（4）：101-105.

② 赵德成．中小学办学质量自我评估的国际比较分析［J］．教育学报，2013（1）：37-42.

③ 孟卫青，吴开俊．中小学教师工作绩效评价系统的发展：英美经验［J］．比较教育研究，2013（9）：77-82.

主，美国是基于高风险考试的教育问责，澳大利亚则是集中化倾向的教育问责。学者指出，当今的问责过于重视管理和测量，指标的过度量化，已偏离其初衷。我们需要思考问责究竟服务于何种质量追求，这是用问责的方式来保障教育质量的前提。①

### 3. 课程模式与课程标准

学习目标和学习内容的设立一直以来是基础教育改革的核心话题。联合国教科文组织与美国布鲁金斯学会联合发布的研究报告从身体健康、社会情绪、文化艺术、文字沟通、学习方式和认知、数字与数学、科学与技术七个维度建构了基础教育阶段的学生学习目标体系，凸显了不同年龄阶段学生的发展特征和学习重点，强调基础教育要重视学生思维能力和工作方式的培养、学生社会性的发展、信息技术能力的培养、知识与实践的紧密结合和性教育的社会内涵。② 此外，学界在课程模式、课程标准和教科书比较方面做了大量的研究工作。有学者对美国、法国、德国、英国、澳大利亚、芬兰、俄罗斯、日本、韩国、新加坡、印度和中国12个国家现行高中数学课程标准从教育理念、课程目标、课程内容、课程标准的呈现方式、课程深度与广度等方面进行了比较研究。③ 还有学者对中、澳数学课程标准的内容广度，对中、英、美小学和初中数学课程标准的内容分布，对中小学数学核心能力，对中美义务教育语文课程标准和国际高中化学课程标准进行了比较分析。除了课程标准比较外，学界也对各国课程实施模式进行了比较研究，如生物和信息科技两个学科高中课程的国际比较、普通高中科学课程架构的国际比较等。还有学者对中外教科书进行了跨国比较，如对美国、新加坡、中国小学数学教材编写的指导思想和特点的比较，对中美高中物理教材科学史内容比较。

---

① 王丽佳，卢乃桂．教育问责的理论基础与实践模式：英、美、澳三国的考察［J］．比较教育研究，2013（1）：93-97，106.

② 滕珺，朱晓玲．学生应该学什么？——联合国教科文组织最新基础教育学习指标体系述评［J］．比较教育研究，2013（7）：103-109.

③ 史宁中，孔凡哲．十二个国家普通高中数学课程标准国际比较研究［M］．长沙：湖南教育出版社，2013.

### （三）高等教育

高等教育已迅速发展成为一个规模巨大的教育领域，也成为目前国际研究的热点。有学者运用内容分析法对79个具有代表性的国际高等教育专业网站进行分析，揭示高等教育体现出的信息化、国际化和市场化等共性特征。① 还有学者对美、日两国“后大众化阶段”高等教育的就学形态进行了比较，发现美国“横向扩大”（即应届高中毕业生升学率的持续扩大）中途停滞，而“纵向延长”（即受教育者参与高等教育的可能性在时间上的扩展）加速推进；日本“横向扩大”节节突破，“纵向延长”后期跟进。研究指出，这种变化趋势与两国不同的大众化动因、教育思想、入学选拔制度、学籍制度、人力资源管理制度、应对适龄人口下降的举措等密切相关，并预测我国未来很有可能是“横向扩大”快速增长、“纵向延长”缓慢跟进。② 还有学者对大学特色发展战略进行了比较研究，特别是对美、英、德、日、韩、俄六国的大学特色发展过程进行历史梳理，并对六国的大学特色发展的政府战略、政策和高校实践进行分析研究，以此为基础提出国外大学特色发展的六大基本规律：即以提升高等教育质量为出发点实施大学特色发展战略；以个性化建设推动大学特色发展；以高水平大学建设推动大学特色发展；通过竞争与合作的方式推进特色建设；在由研究型大学向创业型大学转变中实现特色发展；在服务区域经济社会发展中实现大学特色发展。③ 除此之外，高等教育研究的主题集中在以下几方面。

#### 1. 高等教育国际化

有学者认为，高等教育国际化是高等教育应对经济全球化所作出的一系列反应，包括高等教育在办学理念、培养目标、课程建设、师资培养、学术研究、教学管理等各个方面的改革。高等教育国际化是人才培养的重

① 杨秋波，等．高等教育的国际发展态势——基于高等教育网站内容的分析［J］．高等教育研究，2013（6）：104-109.

② 胡成功．“后大众阶段”就学形态的国际比较［J］．教育研究，2013（2）：140-146.

③ 单春艳．大学特色发展的比较研究［M］．北京：北京师范大学出版社，2013.

要手段，培养国际化人才是高等教育国际化的核心。① 国际合作办学是高等教育国际化实践的重要形式。② 有学者认为，研究型大学的国际化是高等教育国际化的重要内容，高等教育国际化和研究型大学建设是各国参与全球竞争的重要国际发展战略；在高等教育国际化过程中，各国经历了从学术理性发展到政治和商业理性的发展历程，政府政策使得高等教育国际化具有明显的国家工具理性特征。③ 有学者对世界一流大学的国际化战略进行了分析，发现其国际化战略以服务学校核心职能为基础，在战略内容、战略管理、战略伙伴和战略实施等方面呈现出一系列特征。④ 推动高等教育国际化有诸多因素，有学者提出可从以政治、经济、社会文化、学术和人力资源为纵坐标，以国际组织、区域、国际高等院校为横坐标进行分析，由此构建高等教育国际化动因理论的新框架。⑤ 高等教育课程国际化也是高等教育国际化的重要内容。有学者对美国、澳大利亚、英国、新加坡、加拿大和中国的高等教育课程国际化进行了研究，指出世界高等教育课程国际化具有共享性、通用性和开放性的特征，但存在经济意识主导、机械借鉴发达国家课程的国际化、单一语言使用等问题。由此，高等教育课程国际化的发展趋势是：开设关注全球发展与异国文化课程，鼓励学生参加海外课程学习，合作开设海外学位和联合学位课程，开设覆盖全球的网络课程和多元语言的外语学习课程。⑥

### 2. 高等教育管理

大学的管理和质量评价也是近来高等教育比较研究的热点之一。有学者对现代大学管理制度进行了研究，指出国外大学在大学权利体制、决策

---

① 吴剑丽，李娅玲．高等教育课程国际化的研究与实践［M］．北京：科学出版社，2013：15.

② 李桂山．教育国际化与教学模式创新研究［M］．北京：机械工业出版社，2013：13.

③ 马万华，等．全球化时代的研究型大学——美、英、日、德四国的政策与实践［M］．北京：教育科学出版社，2013.

④ 冯倬琳，刘念才．世界一流大学国际化战略的特征分析［J］．高等教育研究，2013（6）：1-8.

⑤ 李盛兵，刘冬莲．高等教育国际化动因理论的演变与新构想［J］．高等教育研究，2013（12）：29-34.

⑥ 吴剑丽，李娅玲．高等教育课程国际化的研究与实践［M］．北京：科学出版社，2013：126-130.

模式和控制模式改革方面呈现出以下特征和发展趋势：一是在权力体制改革层面，大学学术权利和行政权力的关系进一步协调；二是在决策模式改革层面，学术、行政、市场、社会、学生等权力介入大学管理，形成多元治理模式；三是在控制模式层面，改革重点在于建立上下层次之间权力关系的平衡和协调。[①] 也有学者指出，西方大学在大学治理方面有两点经验值得我们借鉴：一是重视以参与原则回应校内多利益相关者的民主诉求，从形式上保障大学有效治理；二是以效率原则构建大学与政府关系，界定的大型决策机构的规模和议事程序，从实质上保障了大学的有效治理。[②]

还有学者对世界高等教育评估制度进行了研究。通过对欧洲（德国、俄罗斯）、美洲（美国、加拿大）、亚洲（中国、印度）、大洋洲（澳大利亚、新西兰）、非洲（南非、埃及）的高等教育质量评估的发展历程和制度进行了比较分析，指出当代世界高等教育评估面临的两难问题：一是高等教育评估的目的如何兼顾规范与特色；二是评估指标是详尽还是简略；三是评估的效应是选择比较还是绩效拨款。研究进一步指出，当代世界高等教育评估的发展趋势是评估机构多元化、评估模式兼顾化、评估工作公开化、评估发展国际化。[③]

### 3. 本科教学模式

人才培养是高等教育的基本功能之一，高质量的教学无疑是人才培养的关键，而以教学改革为契机促进高等教育质量提升是目前各国大学达成的广泛共识。有学者对国外大学的本科教学模式改革进行了研究，发现了六种具有代表性的教学模式，即问题式、项目本位式、小组本位式、探究式、工作本位式和研究性学习教学模式。研究指出，国外大学本科教学模式改革呈现出以下几方面的特点。一是教学模式类型由单一化向多样化发

---

① 张茂聪，等．现代大学管理制度改革与创新：国际比较的视野［M］．济南：山东教育出版社，2013：32-44.

② 朱家德．大学有效治理：西方经验及其启示［J］．高等教育研究，2013（6）：29-37.

③ 姚云，章建石．当代世界高等教育评估历史与制度概览［M］．北京：北京师范大学出版社，2013.

展；二是教学模式的理论基础由教育学向多学科发展；三是从注重教学转向注重促进学生学习；四是注重教学与科研的结合；五是注重通识教育和专业教育的融通；六是注重教学与社会服务功能的结合；七是注重加强教学实践环节；八是教学模式趋向自由化和多样化，注重小组合作学习。学者指出，未来跨学科界限的教学模式将逐步凸显，教学模式的个别化和个性化趋势将更加突出，更加注重多种教学组织形式和方式融合。①

### （四）教师教育

教师教育改革是世界各国关注的焦点，并把教师教育改革作为教育改革的突破口。研究指出，当前世界各国教师教育改革的举措有：一是重视职前准备，主要措施包括招聘优秀人才，增加教师专业的吸引力；二是引领专业发展，主要包括实施教师职前专业发展项目，为教师提供更多晋升机会；三是改进教师评价，将教师评价与个人工资挂钩，或与报酬挂钩；四是鼓励教师参与教育改革，重视工会的作用。② 在具体的教师职前准备方面，美国和加拿大在21世纪进行了职前教师选拔制度改革。本次改革以专业知识、专业技能和专业品性三维标准为导向，重构选拔的组织机构、更新选拔要求、优化选拔程序，体现出新三维标准引导、多元化评价、内隐特质外显化、关注自我选择、发挥预期社会化作用等特征。③ 此外，各国教师资格考试与认证制度也是关注的热点。

大学教师专业发展受到重视。有学者对中国和欧洲大学教师专业发展进行了比较，研究发现欧洲大学教师发展呈现以下特色：一是大学教师发展与大学战略发展联系起来，有明确的、多样化的校级发展平台；二是大学教师发展培训项目与学校内部质量保证举措相结合；三是学校重视教师发展部门建设，设立专门的教师发展机构；四是建立成熟的教师发展体系；五是教师发展项目与教师的聘任晋升挂钩，提高教师参与积极性；六

① 许明．当代国外大学本科教学模式的改革与创新［M］．福州：福建教育出版社，2013.

② 孔令帅，等．当前教师教育改革的国际经验与启示［J］．外国教育研究，2013（9）：3-10.

③ 曾琳．21世纪美加两国职前教师选拔制度改革的实践探索［J］．比较教育研究，2013（9）：72-76.

是培训项目与形式多样，并辅以行动研究和实时评估，及时改进项目；七是充分利用信息技术，建立资源共享平台；八是教师发展体现多为学术观。①

## 五、区域与国别教育研究

国别教育研究是比较教育最基础的研究类型。近年来，随着全球化的影响，地区之间、区域之间联系日益加强，也出现了以区域为分析单位的区域教育研究。区域和国别教育研究的内容广泛、主题多样，对我们了解和把握世界各国、各地区教育发展情况具有重要意义。

### （一）美洲与美洲国家的教育

美洲教育研究包括美国教育研究和加拿大教育研究，其中美国教育研究是学界研究的热点，也是研究内容最广泛、研究层次最多样、研究成果最为丰富的国别研究。加拿大教育的研究主题则比较多元且分散，涉及针对弱势群体的教育政策、公民教育与道德教育、教学评价体系、教师绩效评价、科学课程标准、职业教育管理体制、校车政策与管理等。

美国教育改革是学者们的关注点之一。有学者对美国教育战略的演变进行了研究，指出21世纪美国教育战略的目标特点主要表现为公平优先、科技引领和全面卓越，战略演变特点则是源自需求、应对挑战和提高保障，并预测了战略主题、目标、标准、保障、重点等方面的发展趋势。②有学者对美国教育改革政策进行了研究，指出目前美国教育改革面临的问题是公民教育质量欠缺、学生群体差异明显、与国际相比学生学业成绩排名落后等问题。其政策发展方向是扩展“公共核心”教育标准、提供更多

① 范怡红．中国与欧洲大学教师发展比较研究——基于多维学术的视角［M］．成都：西南交通大学出版社，2013：350-351.

② 张燕军．美国教育战略研究［M］．杭州：浙江教育出版社，2013.

的选择机会、完善审计问责制度。① 也有学者认为，自 20 世纪 90 年代以来的美国国家教育改革在理念和方案方面与“以核心知识造就美国意识”的赫什新保守主义越来越相似。② 还有学者对影响教育政策制定的主体，如基金会、智库、教育协会等也进行了研究。

在学前教育方面，学前教育改革和发展是研究热点之一。有学者对美国的社会期望与其早期保育和教育发展情况进行了分析。研究指出，目前美国早期保育和教育领域已呈现出教育化倾向，各州制定早期儿童学习标准，并开展对学前儿童发展结果的正规评估，其未来发展趋势：一是通过发展适宜性实践实现早期学习目标；二是在国家“入学准备”框架下保持早期教育的独特性；三是在提升早期教育质量中促进学习机会的公平。③ 学者们对近来奥巴马政府的“力争上游”学前教育政策的出台背景、政策内容、实施情况、联邦与州政府角色等内容也进行了广泛的研究。还有学者对美国促进学前教育公平的各种措施进行了研究。其中，在公共教育资源不足的情况下，向非公立学前教育机构“购买学位”，获得学生位置，这一种做法也受到了关注。④ 作为教育公平政策主要针对的对象，弱势群体儿童也受到了极大的关注。学界对美国低收入家庭儿童、受虐儿童、移民儿童、无家可归儿童的现状、教育诉求和早期教育情况也进行了研究。此外，学前教育课程设置、课堂评价、数学学习等问题也受到了一定的关注。

在基础教育方面，研究重点集中在基础教育改革、教育质量评价、课程和教学等方面。美国于 2010 年起实施了新一轮基础教育改革，共同核心国家标准行动是其改革的重要举措，该标准的特征在于将基础教育阶段与

---

① 肖龙海，韩青青．美国教育改革的新动向——《教育改革与国家安全》报告解析［J］．比较教育研究，2013（3）：86-91．

② 彭莉莉．通过核心知识造就美国意识：赫什新保守主义教育改革的透视［J］．全球教育展望，2013（11）：71-78．

③ 张瑞瑞，王晓芬．社会期待与美国早期保育和教育发展趋势及启示［J］．外国教育研究，2013（2）：80-87．

④ 刘颖，冯晓霞．向非公立机构“购买学位”发展学前教育——以美国幼儿班（Pre-K）项目为例［J］．外国教育研究，2013（10）：60-70．

大学和职业准备要求相匹配，并在基础教育各阶段连贯开展。[①] 有学者指出，美国基础教育政策在自由和平等两个价值追求中钟摆式前进，并最终形成了以公平为价值目标、效率为价值手段的全面优质教育理念。[②] 学界也对美国基础教育课程标准，普通高中课程改革特征，薄弱学校、特殊学校、综合高中等学校改革模式，择校制度，课堂教学方式等进行了广泛的研究。此外，教育质量评价是美国基础教育研究的另一热点主题。学界对美国基础教育质量的问责制度、教育质量、课程评价和学业评价标准体系、教育质量保障机制等问题也进行了较为深入的研究。

在高等教育方面，美国高等教育发展趋势、高校管理与质量评估等方面是研究的热点主题。有学者对美国高等教育国际化进行分析，指出在分权体制、市场激励和"第三部门"的推动下，高等教育机构的自主行动超越了政治边界，成为全球化趋势，美国高等教育在其中获得发展动力，成为全球化的主要推动者和受益者。[③] 高等教育管理与质量评估也是近来研究的重点。有学者分析了美国高等教育质量保障体系，认为该体系包括高等教育的认证、认可和许可制度，对三大制度的发展历程、法律体系、组织体系、标准体系和操作体系进行了梳理，并分析三者之间的结构框架、动因机制、整体功能和基本特征。[④] 还有学者对高等教育问责制度进行了研究，指出专业主义的内部问责制是美国公立高校自治的基础，也是提升内部教育质量的保障，代表了高校问责制的发展趋势。[⑤] 此外，高等教育财政资助制度、州立大学和研究型大学发展情况、大学本科教学模式改革、大学学科发展流变、大学校长素质与遴选、学生管理与评价等也是受关注的研究主题。

---

① 冯翠典．美国新一轮教育改革浪潮："共同核心国家标准行动"［J］．全球教育展望，2013（2）：107-115.

② 王瑜，陈静．社会意识形态变迁下美国基础教育价值观述评［J］．外国教育研究，2013（10）：14-20.

③ 蔡宗模．美国高等教育全球化的政策与实践［J］．比较教育研究，2013（7）：97-102.

④ 张振刚，朱永东．美国高等教育质量保障体系［M］．北京：高等教育出版社，2013.

⑤ 徐辉，袁潇．试论专业主义视野下的美国公立院校内部问责制［J］．比较教育研究，2013（3）：1-7.

在教师教育方面，美国教师教育改革是学者们普遍关心的主题。有学者指出，问责是自20世纪80年代以来美国教师教育改革的主线。① 21世纪以来美国教师教育改革的政策特点主要表现为政治驱动、标准本位、合作伙伴和效能导向。② 在改革背景下，美国教师教育模式也发生变化，选择性教师教育项目得到发展，但争议颇大。③ 有学者经研究指出，无论哪种项目，其项目的结构和路径不是影响质量的主要因素，其有效性依赖于是否具备鲜明的特征。④ 在问责的政策导向下，美国的教师评价也进行了改革，学者们的研究主要集中在教师质量观、教师专业标准及其认证体系、教师绩效评价等方面。教师教育研究涉及的另一个重点是教师培养环节。学者们分别对初任教师的培养模式、课程设置及特点等进行了研究，并涉及多个学科领域，如幼儿教师、外语教师、艺术教师等。

此外，学界对美国的职业教育和公民教育也给予了一定程度的关注。在职业教育方面，研究主要涉及美国职业技术教育改革政策、学术课程与职业课程的整合情况、外部质量评价等方面。在公民教育方面，研究集中在其历史演变和教育模式。有学者对美国公民教育的历史演变和教育模式进行研究，并指出其公民教育具有时代性、连续性和双重性的特点。⑤ 也有学者指出，美国公民教育一直存在保守主义与自由主义之争。⑥ 还有学者对美国公民教育与道德教育的关系、公民教育的特征等也进行了研究。

### （二）欧洲与欧洲国家的教育

关于欧洲教育的研究主要集中在欧盟、英国、德国、俄罗斯、法国、芬兰等国家和区域组织上。对欧盟的研究主要涉及欧盟的高等教育政策、

---

① 段晓明．问责视角下美国教师教育的变革走向——基于政策文本的分析［J］．比较教育研究，2013（10）：17-21.

② 谌启标．新世纪美国教师教育改革政策述评［J］．比较教育研究，2013（9）：57-61.

③ 周钧．美国教师教育的第二条道路：争议中的选择性教师证书项目［J］．外国教育研究，2013（4）：3-10.

④ 杨捷．近20年来美国教师教育项目变革研究［J］．比较教育研究，2013（10）：22-27.

⑤ 孔锴．美国公民教育模式研究［M］．北京：中国社会科学出版社，2013.

⑥ 唐克军，蔡迎旗．意识形态的战争——美国公民教育领域保守主义与自由主义的论争［J］．外国教育研究，2013（1）：111-120.

教师教育政策和职业教育政策，研究者关注了欧洲高等教育质量保障机构的发展、教师教育政策演变及教师流动项目、职业教育与培训战略以及外语教育政策等。

对英国教育的研究主要集中在英国高等教育、教师教育和基础教育等方面。高等教育研究的主题主要涉及英国高等教育国际化，如留学生政策、扩大参与政策等，高等教育质量管理制度，如牛津大学的国际化及导师制、新制博士学位等；教师教育研究更关注各类教师专业标准和教师继续教育改革；在基础教育领域，综合学校和高中课程改革则是重点议题。此外，还有学者对英国的教育督导制度、英才教育、高校创业教育、职业教育质量评价、校车制度给予了关注。

关于德国教育，研究主题则相对比较集中，主要是在高等教育和职业教育领域。在“博洛尼亚进程”下，德国高等教育的改革和发展、精英化大学的建设、工科大学模式演进等是高等教育领域的主要研究内容。而职业教育研究则集中在职业教育质量评价、学生测评、职业资格培训模式等方面。此外，还有学者对德国教师教育范式转换的认同危机、德国“二战”历史教育、校车制度等进行了研究。

关于俄罗斯教育的研究，研究大多是整体性进展研究，主要涉及俄罗斯教育战略演变及近期教育政策分析、基础教育改革进展和发展趋势、市场化下的高等教育改革、教育现代化推进策略、中职教育质量评估、农村学前教育质量保障、音乐教育等。

对法国的研究主题相对比较分散，主要涉及民族政策与教育公平、基础教育质量测评体系、教育督导制度、高校与研究机构系统创新机制、博士后制度、现代学徒制改革等方面。

芬兰由于在 PISA 的突出表现，近年来也受到了越来越多的关注。学界主要对芬兰的基础教育质量标准和评估机制、职业教育质量管理机制、融合教育发展情况等进行了研究。

此外，欧洲其他国家的某些教育问题也受到了一定的关注，如瑞典的环境教育和基础教育考试制度、荷兰的融合教育和教育督导制度、波兰的农村教育、丹麦的产业博士项目、挪威的公民教育政策、意大利的教育战略和高等学徒制、葡萄牙的中小学教师评价体系、西班牙的幼儿教材等。

### （三）亚洲与亚洲国家的教育

关于亚洲教育的研究呈现出多元化趋势，除日本是传统的研究对象国外，韩国、印度、新加坡也受到了重视，东南亚和西亚国家也有所涉猎。

关于日本的研究，其研究主题分布广泛。教育政策方面主要涉及日本国家教育理念和教育体系改革的政策走向；学前教育方面涉及幼儿教育改革政策和幼小衔接举措；基础教育方面涉及义务教育学校标准化、灾害教育、历史教育、对外援助、校车制度等；高等教育涉及高等教育国际化发展战略、高校创新人才培养模式、职业生涯教育等；教师教育涉及新型教师塾模式。

对韩国的研究，重点是韩国高等教育，主要涉及高等教育国际化战略、评估指标体系、大学招收制度改革、自我评估制度和创业教育。此外，学者对韩国的学前教育和农村教育政策、中职院校改革、公民教育、阅读教育、“首席教师”制度等也有所研究。

印度由于其与我国相似的国情，近来受到的关注逐渐增加。对印度的研究，主要涉及教育战略重点和演变历程、改善弱势群体的基础教育运动、私立高校发展、高等农业教育、女性教育等主题。

对新加坡教育的研究，主要涉及学前教育发展趋势、中小学学校改革、中小学道德文化教育、教师教育改革、英才教育等。

此外，学界对东南亚国家，如东盟国家的预科教育、印尼的高等教育、马来西亚的道德教育、尼泊尔语言教育政策等，以及西亚地区的土耳其学前教育、以色列创新人才培养战略等，进行了一定的研究。

### （四）大洋洲与大洋洲国家的教育

大洋洲教育研究主要集中在对澳大利亚和新西兰两国的国别研究上。学者们主要研究了澳大利亚的高等教育、职业教育和教师教育，新西兰的研究主题主要集中在教育政策和教师教育方面。

在澳大利亚方面，高等教育研究主要集中在高等教育问责和质量保障体系改革两方面。有学者认为，澳大利亚高等教育质量保障体系改革的主要特点在于一是加强中央集权对高等教育的监管，二是改革目标以学生对高等教育的需求为导向，三是评估标准首重学业成绩。① 职业教育的研究主要集中在职业教育社会伙伴关系和职业生涯教育方面。教师教育的研究则主要是教师培养改革方面。有学者对 20 世纪 90 年代初开始实施的变革型教师专业化工程进行了研究，指出变革型教师专业化体现出"融合"、"合作"、"开发"的人才培养观。这次改革自上而下、由点到面，逐步实现了澳洲学校系统教师专业化的整体变革。② 除实施变革型教师专业化工程外，澳大利亚政府还实施了优质教师计划。有学者对该项政策的发展历程、目标、内容、实现程度进行了研究，并对该政策的实施优势进行分析。研究指出，该政策在提升教师专业素质方面取得了较好效果，但在提升教师专业地位上尚未实现目标。③ 此外，还有学者对澳大利亚教师职业道德建设、教师认证体系等进行了研究。

在新西兰方面，有学者对新西兰的教育战略进行了研究，发现近几年其教育重点转向了获益较少的弱势群体；在其战略规划中，发展弱势群体教育是其两大优先发展目标之一，主要涉及学前教育和学校教育两个领域。④ 新西兰的教师入职教育是世界同类教育发展较好的模式之一，其成功之处在于建立了与教师资格相联系的一体化机制，并制定了强有力的保障措施。开辟有效的入职教育新渠道和实现入职教育的法制化是新西兰教师入职教育的发展趋势。⑤ 此外，有学者还对新西兰的英才教育政策、中小学生生涯教育、小学教育本科专业培养等进行了研究。

---

① 肖毅．澳大利亚高等教育质量保障体系改革新动向探究［J］．外国教育研究，2013（4）：104-110.

② 胡秀威，肖甦．澳大利亚变革型教师专业化工程的内容与实施述评［J］．比较教育研究，2013（6）：42-46，92.

③ 俞婷婕．澳大利亚政府优质教师计划研究［M］．北京：教育科学出版社，2013.

④ 陈眉．聚焦弱势群体教育——新西兰教育战略及其启示［J］．外国教育研究，2013（7）：17-25.

⑤ 韩娟．新西兰中小学新教师入职教育实施体系及发展趋势［J］．外国教育研究，2013（6）：83-90.

### （五）非洲与非洲国家的教育

近年来，非洲教育受到的关注逐渐增多，非洲研究所涉及的内容、对象国也有所增加和扩充。

非洲教育研究的热点主题之一是非洲教育发展战略和规划。有学者对非洲的区域化发展战略进行了研究，这些战略主要出自全洲性、区域性的政府间组织及区域性非政府的各种教育专业组织。研究指出，这些战略的特征主要表现为：能力建设主题突出，内部组织多样，外部参与组织强大，阻碍因素特殊。① 还有学者对非洲教育发展联盟的教育援助计划进行了分析，指出这一计划的重点是构建以关键能力培养为核心的教育与培训体系，是区域与国际援助组织为基础的共同行动计划，在一定程度上反映了对非国际教育援助政策的转型。② 此外，有学者对一些撒哈拉以南非洲的国际教育援助项目，如学校供餐项目、儿童早期发展虚拟大学项目也进行了研究。

高等教育国际化也是非洲教育研究的主题之一。有学者分析了全球化视野下非洲高等教育发展的路径，指出非洲高等教育在发展过程中体现出一种对欧美国家的路径依赖特征，尤其是新自由主义主导下经济全球化和高等教育国际化对非洲高等教育产生了深刻的影响：一方面全球化推动非洲高等教育快速发展，高等教育私有化和分权化成为发展和改革的主流；另一方面，缺乏教育财政投入，使其对国际援助依赖性加剧，高等教育主权和独立性受到挑战，新自由主义思潮阻碍了非洲高等教育的本土化进程。③ 有学者以摩洛哥某大学为例，分析了该大学的管理模式、教学和科

---

① 万秀兰．非洲教育区域化发展战略及其对中非教育合作的政策意义［J］．比较教育研究，2013（6）：1-7.

② 楼世洲．培养关键能力，促进非洲的可持续发展——非洲教育发展联盟2012年三边会议评述［J］．比较教育研究，2013（11）：44-48.

③ 楼世洲，彭自力．全球化视野下非洲高等教育发展的路径选择［J］．比较教育研究，2013（6）：8-12.

研能力建设，指出其发展路径具有明显的美国化。①

除了非洲区域教育研究外，学界对南非教育也进行了关注。学者们主要研究了南非祖玛政府时期的基础教育发展战略和职业技术教育改革、教师教育机构改革、高中课程设置、高等教育发展战略和合作型管理模式等。此外，其他非洲国家，如喀麦隆、埃塞俄比亚、摩洛哥、赞比亚，其某些教育政策问题也受到了关注。

### （六）拉丁美洲与拉丁美洲国家的教育

对拉丁美洲教育的研究主要集中在巴西和智利这两个国家。有学者对巴西的职业技术教育进行了研究，发现巴西职业技术教育经过近80年的发展，最终形成了普通教育和职业教育的融合，学校教育与校外培训两个体系并行并重。近年来，巴西政府对职业技术教育加大投入与支持，继续实行“普职一体化”发展思路，推行教学与实训并重的校企合作办学模式，以就业为导向、紧密联系劳动力市场需求等。② 还有学者对引起巨大争议的巴西高等教育肯定性行动进行了研究。对智利教育的研究主要是在高等教育改革和教育信息化方面。智利在政府主导下，从20世纪90年代开始进行高等教育改革，主要采取前期加大国家财政投入，后期引进社会办学力量发展私立大学，优化高等教育专业机构，加速发展研究生教育等改革措施。智利高等教育改革使智利在拉丁美洲高等教育发展方面居于前列，其成果经验主要有：一是注重统筹国家财政和社会资本等多渠道办学；二是不断优化高等教育专业结构，适应社会发展需要；三是适度超前发展研究生教育。③ 此外，也有学者对智利的教育信息化实施策略进行了研究。

---

① 於荣，王君．非洲高等教育的美国化——以摩洛哥伊夫兰市阿卡韦恩大学为例［J］．比较教育研究，2013（6）：13-17.

② 张红颖，李润华．普职一体的双体系职业技术教育模式——巴西的经验［J］．比较教育研究，2013（9）：95-99.

③ 文学．20世纪90年代以来智利高等教育改革的特点与启示［J］．比较教育研究，2013（9）：89-94.

## 六、学科研究的特点、问题与建议

对比较教育研究成果的梳理与反思，是发现问题、促进学科发展的重要途径。纵观我国比较教育 2013 年的研究进展，可以发现这样一些特点。

一是研究领域广泛，学前教育、基础教育、高等教育、教师教育、职业教育、公民与道德教育、特殊教育、艺术教育等均有涉及。其中，高等教育、基础教育和教师教育是研究的热点领域，它们在整个比较教育研究中的比例依次为 24.9%、20.1%和 11.2%；职业教育和学前教育也获得了较多的研究关注，比重分别为 7% 和 6.1%。比较教育研究主题的这一特征，与多个关于比较教育研究主题的研究结论基本上是一致的。①

二是研究层次多样，既有宏观的、整体性教育发展方面的研究，也有中观的某个国家、某个领域或专题教育的研究，还有微观的具体专题方面的研究。特别是关于世界教育改革和发展的整体性研究，如《世界教育发展报告 2012》、《跨越中等收入陷阱国家教育变革的重大启示》等，对我们把握当前世界教育基本情况、了解发展趋势、制定政策具有重要的研究和借鉴价值。

三是研究对象国范围有所扩展，虽然发达国家仍是研究的主要对象国，但发展中国家，如印度、泰国、印度尼西亚、马来西亚、尼泊尔、土耳其、摩洛哥、赞比亚、喀麦隆、埃塞俄比亚、南非、巴西、智利等国家也逐渐进入研究视野。

四是研究主题紧跟我国教育改革发展需要，聚焦我国教育发展的重大战略性问题进行国际比较与借鉴，如学前教育改革发展问题、基础教育课程改革问题、高等教育国际化问题、教师教育改革问题等。

虽然 2013 年我国比较教育研究从学术论文、专著、科研项目数量来看，研究成果颇丰，但是比较教育研究存在以下几方面的问题。

---

① 李旭．“十一五”期间我国比较教育研究方向的变化趋势分析［J］．比较教育研究，2013（7）：67-72，109；王雪．比较教育研究主题的新进展及其发展特征［J］．比较教育研究，2014（4）：12-17，30.

首先，比较教育理论与学科建设方面的研究相对偏少，仅有20篇学术论文和一项科研课题，比较教育研究的专门学术著作偏少。学科理论研究的活跃程度在一定程度上反映了一个学科的发展程度，2013年，比较教育在这方面的研究不多，反映出我国比较教育学科发展进入了瓶颈期。也正如众多学者的呼吁那样，急需建立中国特色的比较教育理论体系，实现学科发展的突破。

其次，2013年绝大部分比较教育研究是关注具体问题的微观研究，且许多研究的主题，如课程标准、教学模式、管理与财政投入等，与其他教育学科研究重叠。真正体现比较教育学科特性的宏观研究却相对偏少，仅占10%左右，缺乏对世界各国教育改革发展、揭示教育发展规律的整体性研究。

再次，从研究方法上看，研究方法比较单一，绝大部分研究采用的是文献研究法，有少数研究也采用了案例研究法，缺乏采用比较教育研究范式分析的科学性研究，研究范式和研究方法急需改进。

最后，研究对象国相对比较集中，发达国家占区域与国别教育研究的88.3%。排在研究对象国前三位的分别是美国（48%）、英国（7.6%）和日本（5.4%），特别是美国，一个国家就占了将近一半，反映出我国比较教育研究的“西方中心”倾向，研究的多样性显得不足。

比较教育的研究现状，既体现了比较教育学科发展的基础，也反映了比较教育研究方法和现实研究条件的限制。因此，我国比较教育研究需要在以下几个方面做更多的努力。

一是加强对学科发展问题的研究与反思，理清学科发展路径与策略，加快比较教育学理论研究和学科建设，构建具有中国特色的比较教育理论和研究范式。

二是拓展国际视野，加强与国际同行的交流合作，特别是充分利用各种机会进行实地调研和数据收集工作，重视研究数据资料库的建设与共享。

三是重视比较教育研究队伍建设，加强研究生比较教育研究能力的培养，重视比较教育学术团队的发展。

四是注意观照我国和世界教育改革与发展的重大问题，集中力量对这些问题进行整体性和宏观性研究。

# 第七章

# 学前教育学

## 一、研究现状分析

2013年是学前教育“三年行动计划”的收官年，在国家大力发展学前教育的政策引领下，学前教育事业在实践改革和理论创新两方面都取得了新的进展。本研究通过对2013年中文核心期刊论文以及硕士和博士论文进行统计，从研究选题热点、研究人员职业类和学科发展现状几方面对学前教育研究状况进行分析。

### （一）研究选题热点分析

统计分析发现，除了儿童发展、课程与教学等学前教育研究中一直关注的研究课题以外，学前教育管理与政策、幼儿教师专业发展等方面的研究也受到研究者的青睐，成为研究的热点问题。

课程与教学是学前教育的核心问题，因此，课程与教学一直都是学前教育领域的研究人员和一线教师重点关注的问题。幼儿教师是决定学前教育质量的关键因素，随着《幼儿园教师专业标准（试行）》、《教师教育课程标准》的出台、幼儿教师资格证考试制度改革进程的推动，幼儿教师的专业化也成为研究者聚焦的问题。《教育规划纲要》、《国务院关于当前发展学前教育的若干意见》等相关政策陆续出台，各地开始推行第一期学前教育发展“三年行动计划”，研究者们对学前教育管理和政策的关注度也因此达到前所未有的高度。如何理顺和完善学前教育管理体制、办学体制、投入体制，实现体制机制创新，促进学前教育事业可持续发展，成为国内学前教育领域近年来研究的新热点。此外，学前教育理论研究也是常谈常新的问题，其中，学科之间的交流以及学术视野的拓展使得本领域内的研究者越来越多地尝试用其他学科的视角和方法来考察学前教育，从而获得新的启示和借鉴。

### （二）研究者职业类别分析

本年度发表在核心刊物上的学前教育研究，主要来自高校的教师和学生，但幼儿园的园长和教师发表的论文数量较之往年有所增加。由此可见，一线教育工作者的研究在增多。对研究人员所属院校进一步分析发现，具有传统学科优势的几所师范院校仍然占据明显优势，但一些师范高等专科学校也逐渐凸显出自身的学术研究优势。就高校而言，有近 40 所院校的研究者在核心期刊上发表研究成果。学前教育研究百花争鸣的局面初步显现，但东中部地区研究人员发表学前教育研究论文的数量和水平仍然明显好于西部地区。

### （三）学科发展现状分析

从本年度学前教育研究以小见大，也能管窥学前教育学科发展的现状。自 1923 年陈鹤琴先生在南京创办我国第一家带有实验性质的幼儿园——鼓楼幼儿园算起，我国学前教育研究已有 86 年的历史，学前教育学科也在不断发展和完善。从上述研究选题来看，学前教育学科愈发明显地体现出学科的独立性、应用性和综合性。① 独特性体现一门学科区别于其他学科的本质和关键，学前教育研究长期关注课程与游戏、生活、经验等的关联，关注幼儿学习和发展规律和特点的研究，这都体现了学科在完善

① 虞永平．学前教育学［M］．苏州：苏州大学出版社，2001：10-12.

过程中自觉地对反映学前教育个别性和特殊性问题的关注。应用性体现在学前教育研究关注实践，从实践中寻找研究的真问题，以给学前教育实践提供指引为己任。无论是学前教育政策和管理还是幼儿教师专业发展，都体现出强烈的实践情怀，“寻找对策”成为研究的重要使命。综合性体现在综合应用各学科的知识基础、理论观点、研究技术，哲学、社会学、法学、心理学、生态学、文化学等为学前教育研究打开视野、提升水平从不同侧面提供“透镜”和支持。

## 二、研究进展概述

### （一）学前儿童发展研究

#### 1. 学前儿童认知发展

儿童的发展是一个持续的、动态的过程，认知是学前儿童重要的发展领域。研究者主要关注了儿童语言、思维、数学认知等方面。

在语言发展方面，有学者发现，8—16 月龄段是儿童词汇理解能力增长的高速发展期。8 月龄婴儿平均理解词汇 53 个，16 月龄儿童平均理解词汇 310 个。① 此外，还有学者研究 3—6 岁儿童汉字字形认知发现，儿童辨别汉字与识字符号的能力随年龄增长显著提高，笔画意识出现较早且发展速度较快，组合模式意识出现较晚且发展速度较慢，5 岁和 6 岁是汉字字形认知发展的重要时期。② 在思维发展方面，研究者关注了儿童的创新思维培养，认为儿童的创新思维游戏活动能有效地促进 3—6 岁儿童创新思维的发展，其发展随儿童年龄增长而提高，且不存在显著的性别差异。③

① 潘虹地，等. 沈阳市 8—16 个月儿童的词汇理解发展研究［J］. 中国儿童保健杂志，2014（3）.

② 赵静，李甦. 3—6 岁儿童汉字字形认知的发展［J］. 心理科学，2014（2）.

③ 杨莉君，等. 3—6 岁儿童创新思维的培养及其影响因素研究［J］. 湖南师范大学教育科学学报，2013（11）.

关于儿童数学认知发展的研究发现，4 岁以后绝大部分儿童达到了数概念发展的最高水平即基数原则水平，而 2—3 岁的大部分儿童还处于子集水平。[①] 研究发现，5—7 岁儿童理解和运用初步乘法关系的能力随年龄增长而逐渐增加，从 6 岁到 7 岁有了较大的发展，并存在性别差异，受实物的影响较大；在策略使用上，5—7 岁儿童使用的有效策略明显增加，由加法思维向乘法思维过渡；6 岁是儿童加法思维向乘法思维发展的关键期。[②] 3—6 岁儿童已经有了初步除法能力，存在显著的年龄差异，但不存在性别差异，不同单位的材料对幼儿的初步除法能力发展具有一定的影响；儿童在有实物操作情况下的表现要明显好于操作前的表现。[③]

### 2. 学前儿童动作发展

之前关于学前儿童动作发展的研究相对较少，2013 年开始，有一些学位论文针对 0—10 岁儿童的运动动作发展进行了研究。这其中包括儿童前滑步动作发展特征研究、儿童立定跳远动作发展特征研究等。

关于 3—10 岁儿童前滑步动作发展特征的研究发现，3—4 岁儿童形成前滑步腿部动作——后腿超过前腿，4—7 岁儿童形成前滑步腿部动作——后腿落在前腿旁边。手臂动作发展主要是，3—5 岁儿童形成前滑步手臂动作——两侧不动，5—9 岁儿童形成前滑步手臂动作——上下摆动。此外，不同性别儿童前滑步动作具有差异性，女孩要优先发展于男孩，但差异不明显。4 岁和 7 岁是儿童前滑步动作技能的两个快速发展期。[④]

关于 3—10 岁儿童立定跳远动作发展特征的研究发现，手臂动作的发展区分为 3—4. 5 岁、5—8 岁儿童的动作特征处在立定跳远手臂动作的 A2 阶段。腿部动作发展是，3—5 岁儿童的动作特征处在立定跳远腿部动作的 L1 阶段，4. 5—5 岁年龄段是 L1 阶段向 L2 阶段的过渡阶段，5. 5—7. 5 岁儿童的动作特征处在立定跳远腿部动作的 L2 阶段。儿童立定跳远动作女

---

① 韩璇璇，等 . 2—5 岁儿童的数概念发展水平——理解者水平理论的视角［J］. 心理科学 2013（5）.

② 张亚杰 . 5—7 岁儿童理解初步乘法关系的发展特点［J］. 学前教育研究，2013（6）.

③ 周晶 . 3—6 岁儿童初步除法能力的发展水平与年龄特点［J］. 学前教育研究，2013（9）.

④ 张超超 . 3—10 岁儿童前滑步动作发展特征研究［D］. 济南：山东师范大学，2014.

孩发展优于男孩，但差异不明显。①

### 3. 学前儿童情绪发展

2013年，研究者继续关注学前儿童情绪发展研究，特别是儿童情绪表达规则的研究，内容包括儿童情绪表达规则认知的年龄发展特点、影响因素及其与社会行为的关系。

情绪表达规则是指一个人应当在恰当的情境中表达恰当的情绪。② 关于儿童情绪表达规则的年龄发展特点，有学者研究指出，早期情绪表达规则认知阶段（3—4岁），儿童对情绪表达规则的理解主要基于自身愿望，中期情绪表达规则认知阶段（4—5岁）的儿童表现出是基于信念的情绪表达规则认知能力，晚期情绪表达规则认知阶段（6岁），能够正确理解真实情绪和外表情绪的区别，全面且深入地说明故事主人公伪装情绪的原因。③

就儿童情绪表达规则认知发展的影响因素而言，有研究发现，情境变量影响儿童对情绪表达规则的认知，与同伴交往情境的认知优于与长辈交往的情境，消极情绪情境的认知优于积极情绪情境；儿童心理理论能力的发展与其对情绪表达规则的认知发展有关。此外，情境互动而产生的经验会影响儿童对情绪表达规则的认知，认知能力的发展也会影响儿童对情绪表达规则的认知。④

关于儿童情绪表达规则认知的发展特点及其与社会行为的关系研究发现，儿童情绪表达规则认知发展水平随年龄的增长而不断提高，女孩的情绪表达规则认知发展水平高于男孩；在愤怒情境下，儿童使用的情绪表达规则策略最多的是平静化策略，使用最少的是弱化策略；儿童的亲社会行为和攻击破坏行为具有一定的稳定性，而害羞退缩行为则随着年龄的增长而逐渐减少；儿童的情绪表达规则认知发展水平能正向预测儿童的亲社会

---

① 郭蓉．3—10岁儿童立定跳远动作发展特征研究［D］．济南：山东师范大学，2014.

② 刘玉娟．4—6岁儿童情绪表达规则认知发展的影响因素研究［J］．中国特殊教育，2013（10）.

③ 刘航，等．儿童情绪表达规则认知发展及其教育启示［J］．东北师大学报：哲学社会科学版，2013（4）.

④ 刘玉娟．4—6岁儿童情绪表达规则认知发展的影响因素研究［J］．中国特殊教育，2013（10）.

行为，负向预测儿童的攻击—破坏行为。①

### （二）学前教育基本理论研究

#### 1. 学前教育观念立场研究

（1）儿童观

儿童观是成人如何看待儿童和对待儿童的观点的总和。② 研究者认为，现代儿童观要求人们尊重儿童的主体地位和内在天性，从儿童本真生命状态的角度认识儿童，它的基本内涵包括：承认儿童的独特地位；尊重儿童的自然天性；肯定儿童的未成熟状态；关注儿童的当下活动；重视儿童的能动活动。③ 我们应该敬畏童年，树立正确的儿童观与童年观；以明智、审慎的方式对待儿童；教育必须与儿童的天性合作。④

还有学者提出了儿童人类学的儿童观，将儿童观概括为三个主要方面：文化之网上的儿童、主体的儿童、具体的儿童。⑤

（2）儿童学

儿童学是关于儿童研究的学科，他研究儿童的身心发展及遗传、环境对儿童身心发展的影响。有学者认为，儿童学研究已从过去“对儿童的研究”开始逐渐转向“有儿童的研究”，强调“儿童作为研究者”的意义。有学者认为，“对儿童的研究”中，儿童是一个“消极的研究对象”，研究通常采用非参与的方法，忽略了儿童自身的观点。而在“有儿童的研究”中，儿童是作为积极的研究参与者，儿童有权力参与影响其自身的事物的决策；儿童是能动的文化建构者和社会文化促进者；儿童拥有自己的哲学和理论。⑥“儿童作为研究者”则是一种以研究的名义为人类打开自由和解放大门的行动路径。“儿童作为研究者”有助于研究主题的确定；有助于

---

① 孙美静．4—6岁儿童情绪表达规则认知的发展特点及其与社会行为的关系研究［D］．长春：东北师范大学，2014.

② 李生兰．学前教育学［M］．上海：华东师范大学出版社，2006：21.

③ 张娜，陈佑清．现代儿童观及其对学前教育课程设计的意义［J］．全球教育展望，2013（3）.

④ 梅珍兰．童年的意义、困境与出路［J］．全球教育展望，2013（3）.

⑤ 涂元玲．儿童人类学的儿童观及启示［J］．湖南师范大学教育科学学报，2013（9）.

⑥ 刘宇．论“对儿童的研究”与“有儿童的研究”［J］．全球教育展望，2013（6）.

研究内容的拓展；有助于研究方法与模式的创新。①

（3）教育观

教育观是指人们对教育这一事物以及它与其他事物关系的看法。本年度的研究多肯定了《3—6岁儿童学习与发展指南》（以下简称《指南》）对树立正确教育观的价值。研究者认为，《指南》从幼儿身心发展特点与规律出发，分领域分阶段、全面细致地展现了幼儿发展的科学路径与蓝图，并依此提出科学的、具有操作性的教育建议，有助于推动全社会对于学前教育问题的反思并建构科学的儿童观和教育观。②《指南》的颁布对于在理念层面上改善学前教育现状，杜绝学前教育中“超、灌、刻”的教育现象具有重要的意义。③ 此外，一些重要教育家的教育观特别是学前教育观的研究仍然是研究的重点，例如卢梭④和柏拉图⑤的学前教育观的内涵。

### 2. 学前教育多学科视野研究

（1）生态学

生态学视野下的学前教育研究体现为利用生态学视角考察学前教育的不同侧面。研究者以生态系统理论视角分析了瑞吉欧、蒙台梭利和高宽课程三种教育方案中的环境创设，指出，瑞吉欧比较全面地反映了生态系统的各个层次，而蒙台梭利教育法和高宽课程模式较少涉及外系统和宏观系统，二者更多关注的是幼儿所处的微观系统。⑥ 研究者还关注幼儿园教育中的生态文明，即倡导人与人、人与社会、人与自然和谐共荣的可持续发展。应通过体验、启发幼儿生态认知；寓教于乐，增强幼儿生态意识；利用泛灵心理，对幼儿进行“生态伦理”启蒙教育；融入真实的自然环境，培养幼儿敬仰自然的精神；通过激励评价和榜样示范，引导幼儿养成生态

---

① 席小莉，袁爱玲．“儿童作为研究者”的兴起与发展［J］．学前教育研究，2013（4）．

② 高祥．树立科学的教育观是贯彻《指南》的关键［J］．教育导刊：下半月，2013（6）．

③ 张晓辉．学前教育应严禁“超、灌、刻”——《3—6岁儿童学习与发展指南》的理念启示［J］．学前教育研究，2013（12）．

④ 孟珍珍．卢梭学前教育思想研究［D］．济南：山东师范大学，2014．

⑤ 范哲林．试论柏拉图的儿童教育观及其现代启示［J］．当代教育理论与实践，2014（2）．

⑥ 杨伟鹏，霍力岩．生态学视野下的幼儿园环境创设——对三种课程模式环境创设的比较及借鉴［J］．幼儿教育：教育科学，2013（4）．

文明行为习惯。[①]

（2）哲学

关注当代哲学走向，吸收当代哲学思想的精髓，也是我们解决幼儿教育问题的关键。[②] 有研究者继续关注著名思想家的哲学思想，并分析其对学前教育理论和实践的指引。[③] 研究者以不同哲学理论为视角体察学前教育的价值和启示。如我们应该鼓励主体间性理论在学前教育事件中的运用，在游戏活动、生长生活、教学活动中建构“师—幼”之间的主体间关系。[④] 儿童获得成功的先决条件是尊重生命的特性，有学者提出，注重生命哲学对学前教育的影响，理想的学前教育应该注重面向生命的整体性，关照生命的独特性，呵护生命的超越性，遵循生命的自主性。[⑤]

（3）社会学

社会学的学科之眼是“社会平等”。社会学视野下的学前教育研究主要集中在对农村留守儿童、流动儿童等弱势群体的关注。针对农村留守儿童教育问题，有学者研究了农村留守儿童生存与发展状况，发现农村留守儿童理解父母并注重伙伴关系，但内心孤独；上进心较强、渴望得到学习上的指导，但自我认知评价低；生活自理能力强，但不善于主动与身边人交往。[⑥] 为改善农村留守儿童现状，应该将农村留守儿童的社区建设纳入新农村建设体系；社会各方共同努力，为农村留守儿童的健康成长创造良好的外部环境。[⑦] 幼儿园应为留守儿童构建“值得依赖”的育人环境；教育管理部门应从师资培训、保教方案设计等方面给予幼儿园一定的支持；

---

① 李改．幼儿园生态文明教育及其实践路径探析［J］．教育探索，2013（6）．

② 庄旖．主体间性视野下的幼儿教育研究［D］．海口：海南师范大学，2014．

③ 孟珍珍．卢梭学前教育思想研究［D］．海口：海南师范大学，2014：14．

④ 庄旖．主体间性视野下的幼儿教育研究［D］．海口：海南师范大学，2014．

⑤ 王兴福．尊重生命的特性，儿童教育获得成功的先决条件——生命哲学视野下对儿童教育的反思［J］．教育理论与实践，2013（25）．

⑥ 郭忠玲．河南省调查研究——以豫南地区为例［J］．内蒙古师范大学学报：教育科学版，2013（6）．

⑦ 唐林兰．论留守儿童教育问题的积极应对与持续缓解［J］．内蒙古师范大学学报：教育科学版，2013（4）．

政府部门应为偏远农村地区的儿童建构多元化、高质量的早教服务体系。[①]高校大学生也可以积极发挥作用，在科学组织管理的前提下，积极参与留守儿童教育实践活动，进行留守儿童文化补给教育服务。[②]

（4）法学

建立学前教育法的和保护学前儿童受教育权，已成为学前教育法学领域的热点之一。有学者提出，当前我国学前教育事业发展存在的诸多问题都迫切需要通过立法来解决。[③] 学前儿童受教育权指的是0—6岁儿童应该享有的，要求家庭、社会和国家能确保其身心健康发展的基本学习机会及条件的自由或利益。[④] 有研究者建议从平等、人格、健康、条件、受益、救济六个方面构架学前儿童受教育权的内容。[⑤] 有研究者认为，学前儿童受教育权是一种内容丰富的概括性权利，保障学前儿童受教育权的父母教育权起着基础的作用。[⑥]

（5）文化学

社会文化制约幼儿教育政策目标；社会文化影响幼儿教育内容；社会文化影响幼儿教育的办学形式与发展。[⑦] 有学者就提出在幼儿园建设摇篮文化，认为摇篮文化就是培养未来人才的文化，也是幼儿园的形象表达。[⑧]

儿童不仅处于文化之中，儿童本身还创造着属于他们的儿童文化。游戏是儿童生活的主要状态，儿童文化孕育生成于游戏之中，又反作用于儿童游戏，游戏是儿童社会化的中介和媒介。儿童文化与儿童游戏是相互建构、相互关联的关系。[⑨] 此外，还有研究者考察了不同文化中的儿童解决

---

① 孙亚娟、李姗泽．乡村幼儿的寄宿制生活——基于云南德宏M乡A幼儿园的批判民族志研究［J］．学前教育研究，2013（11）．

② 张硕，等．留守儿童教育文化补给的田野实践［J］．学前教育研究，2013（11）．

③ 汪丞，周洪宇．关于学前教育立法的思考［J］．教育探索，2013（2）．

④ 张利洪．学前儿童受教育权研究［D］．重庆：西南大学，2014．

⑤ 何善平．3—6岁儿童受教育权保护研究［D］．西安：陕西师范大学，2014．

⑥ 张利洪．学前儿童受教育权研究［D］．重庆：西南大学，2014．

⑦ 贺永琴．社会文化对幼儿教育政策和实践的影响［J］．教育理论与实践，2013（33）．

⑧ 金晓筠．幼儿园摇篮文化建设策略［J］．学前教育研究，2013（9）．

⑨ 黄云姬．论儿童文化与儿童游戏［J］．内蒙古师范大学学报：教育科学版，2013（4）．

冲突策略的差异，[①] 关注少数民族地区幼儿园教育如何整合本土地区文化、传承和发扬民族文化等问题。[②]

### （三）学前教育课程与教学研究

#### 1. 课程基本理论研究

（1）课程与生活

教育对象的特殊性决定了幼儿园课程最突出的特征就是生活化。[③] 有学者认为，幼儿园教育活动的内容取向应该是“六元教育课程”，内容包含关注生命、关注生活、关注社会、关注同伴、关注兴趣、关注知识六个方面，其中最为重要的就是关注生活。[④] 有研究者提出，实施生活课程，要将幼儿园课程生活化，要将幼儿园课程实施贯穿于幼儿园一日生活之中。[⑤]

（2）课程与游戏

游戏是幼儿园教育的基本活动。游戏是幼儿心理发展规律的活动形式，且游戏本身就是课程的内容。[⑥] 当前，我国幼儿园课程在与游戏整合过程中，不少教师在观念上仍然重上课轻游戏，教师虽肯定游戏价值，却把“玩”和“教”分离开来。[⑦]

民间游戏是我国传统文化中的重要组成部分，基于传统民间游戏的独特文化意蕴与教育价值，及其在儿童身心发展中的重要作用，幼儿园课程的建设就需要充分挖掘和利用传统民间游戏的教育资源。[⑧] 要遵循幼儿教育规律，遵照幼儿身心发展特点，结合教育学、心理学理论，在民间游戏

---

① 张凤，冯晓霞．假设情景中儿童同伴冲突解决策略的文化差异［J］．学前教育研究，2013（11）．

② 尖措吉．少数民族地区学前教育整合本土文化的思考——以互助土族地区为例［J］．学前教育研究，2013（3）．

③ 江露．让幼儿在生活中学习［J］．兴义民族师范学院学报，2013（12）．

④ 杨嘉艺，等．幼儿园教育活动的内容取向与“六元教育课程”——以苏南地区幼儿园教育实践为例［J］．教育理论与实践，2013（33）．

⑤ 金艳．基于幼儿需求的生活课程的提升策略［J］．学前教育研究，2013（5）．

⑥ 虞永平．学前课程与幸福童年［M］．北京：教育科学出版社，2012. 46.

⑦ 孙青．游戏在幼儿园课程中的现状及反思［J］．教学实践研究，2013（24）．

⑧ 巩玉娜．传统民间游戏与幼儿园课程构建［D］．济南：山东师范大学，2012.

的众多门类中筛选出最典型最有代表性的能为幼儿所接受的民间游戏内容，将其引入幼儿一日活动及各领域中，[①] 从目标、内容、实施三个方面进行整合，要做到明确民间游戏融入幼儿园课程的基本理念，构建多维度的动态课程目标体系；拓宽民间游戏与课程建构的内容领域，开发民俗文化；坚持相互调适的实施取向，优化课程实施。[②]

(3）课程与文化

幼儿园课程作为儿童接受教育的主要途径，具有重要的文化功能，体现在文化选择、文化传递和保存、文化传播与丰富等方面。有学者从幼儿园课程文化适宜性上提出，建立提升幼儿园教师素养，优化幼儿园教育资源，制定完善的课程政策的幼儿园课程文化适宜性支持系统的机制。[③]

幼儿园课程应该注重地方文化资源的开发和应用。有学者提出幼儿园地方文化资源利用的三原则，即生活化原则、适应性原则、经验型原则。[④] 学者认为，要改善幼儿园课程地方文化资源的利用，就应该做到，让地方文化资源进入幼儿园课程；构建“多边对话共同体”；注重“体验式教学”；形成开发利用地方文化资源的内外支持系统。[⑤]

(4）课程与经验

经验既可以指幼儿与他人或事物相互作用的过程，也可以指幼儿在相互作用的过程中获得的感悟、认识、能力和情感等。幼儿园课程应该是有目的有计划的活动，各种课程内容要符合幼儿的经验能力和兴趣。[⑥] 有学者提出，重构幼儿园经验课程与教学需要认识到以下几点。第一，幼儿期应该以直接经验为主要学习对象；第二，幼儿期最佳学习方式与经验的发生方式密切相关；第三，幼儿学习的最佳途径是活动情景；第四，将经验

---

① 张正农，吴建玲．民间游戏和幼儿园课程的融合［J］．课程教材教学研究，2013（1）．

② 程晨．民间游戏与幼儿园课程整合的问题与策略研究［J］．教育教学研究，2014（5）．

③ 周智慧．多元文化背景下幼儿园课程文化适宜性支持系统研究［J］．河北师范大学学报：教育科学版，2013（12）．

④ 游兆菁．利用本土文化资源，丰富幼儿园课程内容［J］．教育探索，2013（2）．

⑤ 乐亚琴．农村幼儿园乡土课程的建设与探索［J］．学前教育研究，2013（1）．

⑥ 杨燕．让幼儿园课程回归幼儿经验［J］．家庭教育与学前教育，2014（1）．

与经历并置，还原幼儿园课程的本质。[①]

（5）课程与资源

开发和利用幼儿园课程资源是丰富幼儿学习内容，实现幼儿园课程经验化、生活化的必然要求。针对农村幼儿园课程西方化和城市化的问题，研究者指出，农村幼儿园课程的“本土化”至关重要。他们认为，对农村幼儿而言，从幼儿的生活实际和农村生活入手，挖掘幼儿的各种生活体验，让幼儿在熟悉的情境中发现问题、解决问题，让幼儿在大自然的广阔课堂中观察、思考、讨论和交流，能实现儿童的全面、健康、和谐发展。[②]

研究者指出，当前在幼儿园课程资源的开发过程中，教师应增强课程创生资源的开发与利用意识、合理建构和优化课程创生资源结构、提高课程创生资源开发和利用的有效性等，以提升幼儿园课程创生资源开发与利用水平。[③] 具体而言，积极探索利用民间音乐[④]、利用社区资源[⑤]、利用博物馆来开发幼儿园课程资源[⑥]。

### 2. 教学基本理论研究

（1）幼小衔接去小学化

有学者针对“幼小衔接”上存在的幼儿园教育小学化，教师的观念有所更新，但缺乏切实可行的教育方案，家长理念落后陈旧等问题。提出了相应的对策。[⑦] 此外，应从法令政策上予以保障，鼓励家庭、幼教机构和小学合作，帮助幼儿做好入学准备，整合学习阶段，推进幼儿园和小学的无缝对接，促进幼儿教师和小学教师培养的一体化。[⑧]

当前在我国“小学化”倾向比较严重，具体表现在教育目标小学化；

① 陈纳．幼儿应该主要学习什么——经验获得与幼儿发展关系的思考［D］．武汉：华中师范大学，2013.

② 乐亚琴．农村幼儿园乡土课程的建设与探索［J］．学前教育研究，2013（1）.

③ 向海英．幼儿园课程创生的资源开发与利用策略［J］．学前教育研究，2013（10）.

④ 赵洁．幼儿园民间音乐课程资源开发研究［D］．重庆：西南大学，2013.

⑤ 王芸．幼儿园利用社区教育资源的现状及其对策研究［D］．福州：福建师范大学，2013.

⑥ 张林林．整合利用博物馆资源的儿童艺术教育研究［D］．西安：陕西师范大学，2013.

⑦ 杨文．当前幼小衔接存在的问题及其解决对策［J］．学前教育研究，2013（8）.

⑧ 邬春芹．西方发达国家促进幼小衔接的国际经验［J］．比较教育研究，2013（2）.

课程设置小学化；教学过程小学化；行为规范小学化；教学评价小学化。① 研究者提出，应特别注意要强化政府行为，增加经费投入，大力宣传有关幼儿教育的政策、文件，提高幼儿教师的专业素质。②

（2）幼儿学习特性

学前儿童的学习有其独特的特点，研究者提出，应该注重幼儿的观察比较学习，观察比较是最适合幼儿的一种学习方式。③ 要关注幼儿在游戏中的学习。游戏构建了学前儿童的精神世界；游戏促进了学前儿童的学习与发展；游戏培育了学前儿童良好的学习品质（自主性、探究性、创造性）。④ 要重视幼儿的同伴合作学习。同伴合作是儿童与同龄伙伴之间的交往（但这个交往强调的是儿童间的积极相互作用，即共同做事，相互交流、讨论）而形成对事物的正确认识。⑤

### 3. 五大领域教育研究

（1）幼儿园健康教育

健康教育是幼儿园教育的首要任务。⑥ 研究者指出，在幼儿园健康教育活动实施中存在诸多问题，如健康教育课程设置上有被边缘化的倾向，心理健康教育被忽视，幼儿活动量不能满足其发展的需要，教师在健康教育活动实施中缺乏灵活性，家园共育不同步，等等。⑦

在幼儿园体育课程实施方面，有学者研究了足球运动开展的可行性，认为幼儿经过恰当的练习，可以较好地掌握足球运动的 8 项基本技能；能够听懂并执行简单的足球比赛规则，可以基本流畅地完成微型足球比赛。⑧ 有学者研究篮球对幼儿发展的影响发现，篮球除了可以发展学前儿童的协

---

① 谢玉坤．幼儿园教育“小学化”倾向的表现及对策［J］．教育探索，2013（5）．

② 于淑贞．农村幼儿教育“小学化”现象探析［J］．教育探索，2013（12）．

③ 邹晓燕．幼儿的学习方式及理论依据——《3—6 岁儿童学习与发展指南》解读［J］．辽宁师范大学学报：社会科学版，2013（1）．

④ 王小英．学前儿童的游戏与学习，内在的连结性［J］．学前教育研究，2013（7）．

⑤ 邹晓燕．幼儿的学习方式及理论依据——《3—6 岁儿童学习与发展指南》解读［J］．辽宁师范大学学报：社会科学版，2013（1）．

⑥ 张淑满．幼儿园健康教育活动实施现状研究［D］．长春：东北师范大学，2013.

⑦ 张淑满．幼儿园健康教育活动实施现状研究［D］．长春：东北师范大学，2013.

⑧ 邱燕，邓祎．开展幼儿足球运动的可行性［J］．学前教育研究，2013（4）．

调能力之外，对儿童自信心、智力、抗挫折能力等的发展也有积极的影响。①

（2）幼儿园语言教育

有学者认为，语言是生活世界的摹本，语言学习是儿童理解生活世界的基本途径，故事是儿童理解生活世界的基本方式。② 因此，幼儿园语言教育的本质应该是以故事说生活。除了探讨幼儿园语言教育的本质，幼儿园混龄儿童语言教育发展也成为研究关注的热点。有学者提出，改善幼儿园混龄儿童语言教育就要提供宽松的交际环境，提高幼儿交往的热情；要创设语言学习室，搭建语言表达平台；开展混龄阅读活动，丰富语言交往经验。③

有学者利用《CLASS 课堂质量评估系统》的量化观察单分析研究了幼儿园的语言教学活动，通过探析幼儿园语言教学活动有效教学的现状，解剖课堂，寻找幼儿园语言课中教师差异和不足，提炼出提高幼儿园有效教学的策略。④

（3）幼儿园社会教育

幼儿社会领域学习与发展的实质在于社会化，即社会性不断发展并奠定健康个性的基础。⑤ 幼儿园社会教育的首要任务是制定合理的社会领域目标。有学者认为，幼儿园社会领域教育活动的目标是幼儿教师组织社会领域教育活动的方向和基本依据，并且指出当前我国幼儿教师社会领域教育目标多偏向行为目标，忽视生成和表现性目标，忽视幼儿个体差异性，有目标表述不准确的现象。⑥

影响幼儿园社会领域课程实施的因素主要有：幼儿园园长对于社会领

① 谭蕾，冯振杰．小篮球运动对 4—5 岁儿童协调能力的影响［J］．学前教育研究，2013（9）．

② 付伟，等．以故事说生活，儿童语言教育的本质［J］．学前教育研究，2013（1）．

③ 张荔燕．混龄儿童语言教育的策略［J］．学前教育研究，2013（6）．

④ 刘晓虹．基于 CLASS 分析的幼儿园语言教学活动有效性研究［D］．西安：陕西师范大学，2013．

⑤ 李季湄，冯晓霞．《3—6 岁儿童学习与发展指南》解读［M］．北京：人民教育出版社，2013：75-76．

⑥ 李盛．幼儿园社会领域教育活动目标设计研究［D］．重庆：西南大学，2013．

域课程缺乏重视；幼儿教师的专业化水平偏低；生活型课程资源开发和利用不足；幼儿园与家庭、社会的合作深度不够；幼儿参与程度不高，实践环节欠缺。①

（4）幼儿园科学教育

儿童有着与生俱来的好奇心和探究欲望，引导幼儿学会探究，既是幼儿科学学习的目标，也是幼儿科学学习的途径。激发儿童的探究兴趣，体验探究过程，发展初步的探究能力是幼儿科学学习的核心。②科学的幼儿园科学教育活动，应该是立足生活、着眼未来，应该设置丰富的教育内容激发幼儿探索兴趣。③ 有学者就研究分析了幼儿园科学领域园本课程开发的现状，认为我国幼儿园科学领域园本课程存在诸多问题。例如，课程评价机制和课程评价标准不合理；课程目标和课程内容的确定不规范；课程理念与课程实施之间存在着差距；课程开发主题缺乏相关的知识背景，师资的专业水平满足不了园本课程开发的需要。④

针对幼儿园科学领域活动的教育方法，有学者建议幼儿园科学领域教育活动应该更多地采用“记录与表征”的研究方法，并且通过记录的任务意识、语言的表征能力、记录与表征的对象、记录与表征的内容、记录与表征的形式五个方面，说明幼儿“记录与表征”的不同水平及其表现特征。⑤

（5）幼儿园艺术教育

艺术活动是幼儿精神生命活动的表现，是幼儿感性把握世界的方式，是幼儿表达对世界认识的另一种“语言”。⑥《指南》中对于艺术领域教育的目标之一就是幼儿能够喜欢欣赏多种多样的艺术形式和作品。在音乐欣

① 田景正．基于生活哲学的幼儿园社会领域课程研究［D］．长沙：湖南师范大学，2013.

② 李季湄，冯晓霞．《3—6岁儿童学习与发展指南》解读［M］．北京：人民教育出版社，2013：109.

③ 冯雅静．3—6岁幼儿科学教育实践探索——以江苏省常州市鸣珂巷幼儿园为例［J］．中国教育学刊，2013（12）.

④ 解云萍．B镇幼儿园科学领域园本课程开发现状研究［D］．金华：浙江师范大学，2013.

⑤ 段文洁．幼儿科学探究活动中“记录与表征”的研究［D］．上海：华东师范大学，2013.

⑥ 李季湄，冯晓霞．《3—6岁儿童学习与发展指南》解读［M］．北京，人民教育出版社，2013：152.

赏方面，有学者建议运用艺术同构的方式，开展幼儿民族音乐欣赏活动，并且提出了音画结合、音文结合、音游结合的三大策略，帮助幼儿更好地欣赏民族音乐。① 在手工制作方面，有学者认为愉快的情绪体验激发了儿童想象的欲望；富有个性的构思拓展了儿童想象的空间；多种材料的呈现为儿童展开想象提供了条件；精细的作品修饰促进了儿童想象力的提升。② 利用戏剧对儿童进行艺术教育能够帮助幼儿进行艺术审美和情趣陶冶。③

### （四）学前教育管理和政策研究

#### 1. 学前教育管理体制研究

有学者研究发现，当前我国学前教育管理体制存在着以下问题：第一，政府职责总体定位不清晰；第二，各级政府间职责定位不明确，权责配置随意性大；第三，政府各部门间职责定位不清，权责划分不尽合理；第四，联席会议制度往往流于形式，部门间协同合作机制尚未建立；第五，学前教育管理机构和专职管理人员设置严重缺位。④

根据我国学前教育管理体制的现状及问题，有学者提出改革完善我国学前教育管理体制的建议。首先，在“地方负责，分级管理”的基础上，进一步明确“省级统筹，以县为主”。其次，明确学前教育管理体制改革的重点，提升学前教育管理责任的主体重心和财政保障重心。⑤ 再次，明确学前教育管理体制改革的关键，在于抓住中央、省、县三级政府之间的权责利关系及其调整。最后，全面理顺中央与地方，以及省、地市、县和乡镇之间的权责及其关系，是学前教育管理体制改革需要着重解决的问题。⑥

---

① 许丽萍．运用艺术同构开展幼儿民族音乐欣赏活动的策略［J］．学前教育研究，2013（2）．

② 侯娟珍．手工制作对儿童创造想象发展研究［J］．中国教育学刊，2013（5）．

③ 王元凯．幼儿园戏剧艺术教育研究［D］．济南：山东师范大学，2013．

④ 范明丽，庞丽娟．当前我国学前教育管理体制的主要问题、挑战与改革方向［J］．学前教育研究，2013（6）．

⑤ 庞丽娟．学前教育体制机制创新是关键［N］．中国教育报，2014-04-06．

⑥ 庞丽娟，范明丽．“省级统筹 以县为主”完善我国学前教育管理体制［J］．教育研究，2013（10）．

### 2. 学前教育投入体制研究

（1）学前教育的成本分担

学前教育成本分担指的是学前教育成本由谁支付以及如何支付的问题。解决学前教育成本分担问题，其实质就是要建立一种在政府、社会和家庭等各方面利益主体之间合理分担学前教育成本的教育经费制度。①

本着谁受益、谁分担的原则，在学前教育阶段，政府、社会、家庭应该共同合理分担学前教育成本。而在考虑各主体的分担比例时，要以公平为主，兼顾效率；要以政府为主、家庭为辅。② 针对各级政府在农村学前教育成本分担中所承担责任问题，有学者提出划分或界定中央、省、县三级政府对学前教育经费的保障责任，实行项目分担制，实行“三分一统”。即农村学前教育管理统一“以县为主”，政府分担的学前教育经费采取三分制，中央分担人员经费中的主要部分（70%），省级分担人员经费中的一定部分（30%），县级分担学前教育的基本建设投入和危房改造等项目经费。③

基于以上改革和建立学前教育成本分担机制的思路和考虑，研究者指出，我们应该通过立法，明确规定学前教育经费投入的主体及责任，加大政府的财政投入；规范和积极引导社会力量捐助学前教育发展。④ 与此同时，还应该建立一系列配套的政策措施，例如建立价格听证制度，加强学前教育定费、收费监管，保证合理的成本分担机制落到实处。

（2）学前教育成本核算

成本核算是完善我国学前教育成本分担机制、财政投入机制的前提条件，科学合理的学前教育成本核算也是政府制定科学、合理的财政拨款标准的依据。目前，我国还没有严格、完善的学前教育成本核算方法，因此各类学前教育成本核算办法也是学者重点考量的问题。有学者建议根据幼

① 王彩凤．教育公平视阈下学前教育成本分担的合理性分析［J］．学前教育研究，2013（11）．

② 王彩凤．教育公平视阈下学前教育成本分担的合理性分析［J］．学前教育研究，2013（11）．

③ 文晶娅，冉铁星．农村学前教育成本分担机制研究——基于湖北省长阳县的调查［J］．教育与经济，2013（4）．

④ 王彩凤．教育公平视阈下学前教育成本分担的合理性分析［J］．学前教育研究，2013（11）．

儿园的特殊情况，使用总体核算法和分级核算法。① 但是，有研究者指出，当前的学前教育会计制度不利于成本核算，幼儿园的成本核算应该采用“以收定支”的成本核算方法，通过幼儿园的收入数据来确定其支出成本。②

（3）政府主导的学前教育财政投入

研究者通过分析我国学前教育财政投入的现状，指出学前教育长期财政投入总量不足，使得我国学前教育资源严重匮乏。③ 学前教育财政投入结构失衡，当前我国学前教育成本分担不合理，中央和省级政府投入比例偏低，个人及家庭负担比重过高。④ 学前教育机构收费混乱，差异较大，在我国，条件好的公办学前教育机构普遍违规收取赞助费或择园费，城市的学前教育机构普遍进行额外收费，各种费用名目繁多而且成本不透明。⑤

横向比较其他国家财政投入问题，有学者通过对 OECD 国家学前教育财政投入水平比较发现，国家财政体制决定学前教育财政投入模式。中央集权模式的学前教育财政投入多实行中央政府为主导力量的学前教育办学模式，联邦制的国家则多采用适度集中型和分散性两种类型的学前教育财政投入模式。⑥

据此，学者提出，政府从解决学前教育发展中存在的问题出发，从保障学前教育健康发展的高度来考虑投入；要以公共财政为支撑，构建学前教育财政投入保障机制。⑦ 以政府责任为核心，构建学前教育财政投入监督机制。⑧ 以政府、社会、家庭为主体，构建学前教育成本分担机制。⑨

---

① 张曾莲．当前学前教育成本核算存在的主要问题及其解决［J］．学前教育研究，2013（9）．

② 康建琴，刘焱．幼儿园教育成本核算研究的瓶颈与突破［J］．幼儿教育：教育科学，2013（2）．

③ 唐文秀．论我国学前教育财政投入政策的价值诉求［J］．内蒙古师范大学学报：教育科学版，2013（6）．

④ 田阔．中国学前教育财政投入问题的研究［D］．大连：辽宁师范大学，2013．

⑤ 丁娟．学前教育管理体制与投入体制的研究综述［J］．现代教育科学：小学教师，2013（1）．

⑥ 张萌．OECD 国家学前教育财政投入水平及其国际比较［D］．南京：南京师范大学，2013．

⑦ 丁娟．学前教育管理体制与投入体制的研究综述［J］．现代教育科学：小学教师，2013（1）．

⑧ 王玲艳，等．世界主要国家和地区学前教育投入方式分析［J］．比较教育研究，2013（6）．

⑨ 王玲艳，等．世界主要国家和地区学前教育投入方式分析［J］．比较教育研究，2013（6）．

(4) 学前教育生均公用经费

研究表明，2001—2010 年期间，我国学前教育生均经费和生均财政拨款也与总经费的增长相适应，表现出较快的增长态势。人均学前教育经费在 2001 年为 298.17 元，到了 2010 年增加到 2445.73 元，年均增长 26.34%；人均财政性学前教育经费由 179.96 元增加到 820.89 元，年均增长 18.37%；人均学杂费收入增长更快，由 49.33 元增加到 1290.70 元，年均增长 43.72%。[①] 为了加快学前教育发展，各地方政府也在不断加大学前教育生均公用经费投入，但缺乏相关研究跟进。

### 3. 学前教育办学体制研究

(1) 公办幼儿园

《教育规划纲要》中指出，在办园体制上要坚持“政府主导，社会参与，公办民办并举”，部分地区在“三年行动计划”中也提出“以公办园为主”“以教育部门和集体为主”发展学前教育。厘清不同类型幼儿园的内涵，特别是公办园的内涵，是改革我国学前教育办学体制必须思考和解决的问题。

有研究者认为，公办园的举办主体应该是担负相关教育行政管理职能的国家机构，公办园的运营经费也必须由以财政性资金为主的“公费”作保障；公办园的园长、教学副园长、财务会计等关键岗位的决定权要由教育行政管理部门负责。[②]

研究者对公办园的功能和地位也进行了再界定，认为在我国学前教育公共服务体系建构中，公办幼儿园应作为主体充分发挥“覆盖”、“主导”与“保底”的功能，以为区域内所有适龄儿童接受学前教育提供公平的机会。鉴于我国地域差异显著，宜以县级行政区划为单位规划、建设和发展公办园。县级政府应主要通过举办足够数量的达到基本质量标准的公办幼儿园来建构和支撑整个学前教育公共服务体系，民办园始终只是配角，起

① 袁媛，杨卫安．我国学前教育生均经费标准和生均财政拨款标准研究［J］．教育与经济，2013（3）．

② 赵南．公办幼儿园的重新界定与区域发展策略——基于学前教育公共服务体系的视角［J］．湖南师范大学教育科学学报，2014（4）．

补充作用，为此其区域总体规划应切时而切实；在充分利用社会资源的同时坚持由公办园保底；公办园的建设进度宜早宜快不宜迟。[①]

（2）普惠性幼儿园的界定与扶持政策

研究者对普惠性幼儿园的内涵进行了较为深入的研究。有研究认为，普惠性幼儿园至少包括三种类型：一是公办幼儿园；二是集体或单位办的具有公办性质的幼儿园；三是提供普惠性服务的民办幼儿园。[②] 就办园标准而言，普惠性幼儿园建设规模要以适龄幼儿数为基准，符合当地实际，符合够用、适用的原则，硬件设施的配置在数量上以够用为标准，在质量上以安全适用为标准。同时要关注幼儿教师配备标准，关注教师的数量和师资队伍的结构等。[③]

学者普遍认可普惠性幼儿园建设对构建学前教育公共普惠性服务体系的作用。但是引导民办园提供普惠性学前教育服务时，存在诸多障碍，从民办园一方来看，当前民办园质量参差不齐，保教质量总体水平需继续提高；民办园本身收费水平总体偏高，难以实现“普惠性”幼儿园的“低价位”目标；民办学前教育市场效率为先，自身难以实现“普惠性”幼儿园的“公平性”要求。[④] 因此，要建设好普惠性幼儿园，特别是引导民办园提供普惠性服务，必须要突破以上制度上的瓶颈。在我国推进普惠性学前教育必须解决三个核心问题，政策的合法性；稳定可靠的财政支持体系；国家供给的中国特色。[⑤]

在目前普惠性学前教育体系下，各个地方政府普遍采取的模式是最简单、最直接的公私合作形式，主要通过经费补贴和派驻公办教师展开。研究者认为，经费补贴模式直接体现了政府对民办园的重视，家长也可以受惠于普惠性的限价政策而得到一定实惠，但容易出现资金使用的私益性现象，而派驻公办教师是一种提升民办园师资力量的最便捷的办法，但在实

---

① 赵南．公办幼儿园的重新界定与区域发展策略——基于学前教育公共服务体系的视角［J］．湖南师范大学教育科学学报，2014（4）．

② 胡玲燕．株洲市普惠性幼儿园的建设，现实与构想［D］．长沙：湖南师范大学，2014.

③ 赵彦俊．普惠性幼儿园建设标准问题探讨［J］．现代教育管理，2013（7）．

④ 丁秀棠．“普惠性”目标定位下民办学前教育的现状与发展［J］．学前教育研究，2013（3）．

⑤ 王东．普惠性学前教育，内涵与政策意蕴［J］．教育科学，2014（4）．

践中这种方式还需要进一步的完善。[①]

（3）办园体制机制

研究者分析当前幼儿园办园体制现状发现，办学机构性质主要是公办和民办两种类型，办学主体呈现多样化（包括国家事业单位、教育局、国有企业、国家机关单位、街道、村民委员会，以及公民个人独资、私营企业、私人合作等形式），办学体制格局仍然以私人办学为主，办学财政性投入严重不足，办学公益性仍不凸显。[②] 办学主体对学前教育机构日常运营的控制度极高，办学主体对办学机构发展的支持度较低，政府对幼儿园办学的重视程度与参与度还有待提高，对学前教育机构的监管与指导还比较有限。

有学者提出，首先，政府应完全承担"保低"的责任，建立由公办园（教学点）提供普惠性学前教育公共服务、由民办园提供高质量学前教育有偿服务的办学体制；其次，政府应对学前教育机构实行"底线认证"的直接干预，按照"最低质量标准"建设足够数量的公办园（教学点），同时迫使民办园不得不高投入；最后，政府应重视学前教育的社会评估，建立起学前教育机构的"自律"机制。[③]

（4）幼儿园的规划和布局

学前教育不仅要重视，要发展，还要办好，要有质量，以便利群众，真正让群众满意。人民群众满意的学前教育，除了有质量、价格合理外，还应该使优质学前教育资源得到合理分配，广大学前儿童能就近入园。[④]

我国发展学前教育的重点在农村地区，合理布局农村地区学前教育机构对于促进我国学前教育公平发展，充分利用教育资源，平衡学前教育质量与安全关系有着重要意义。[⑤] 农村学前教育布局需要坚持公平优先、安

---

① 吕苹，付欣悦．政府与民办幼儿教育机构的合作关系［J］．学前教育研究，2013（10）．

② 赵南，等．长株潭城市群学前教育办学体制与机制现状分析及改革建议［J］．学前教育研究，2013（7）．

③ 赵南，等．长株潭城市群学前教育办学体制与机制现状分析及改革建议［J］．学前教育研究，2013（7）．

④ 虞永平．合理布局使每个幼儿都能就近入园［J］．幼儿教育，2013（3）．

⑤ 严仲连．农村学前教育机构需要理性布局［J］．教育导刊：下半月，2013（7）．

全至上、兼顾效率、质量保障、适度超前等原则。① 在实际中解决好规模小、布局散、内部管理混乱、师资队伍素质偏低、办园条件差、小学化倾向严重、安全隐患多等问题。②

《若干意见》提出，政府要深入调查，准确掌握当地学前教育基本状况和存在的突出问题，结合本区域经济社会发展状况和适龄人口分布、变化趋势，科学测算入园需求和供需缺口，确定发展目标。③ 所以，农村学前教育应该根据人口、经济发展趋势以及当地农村发展走向进行规划与布局。④ 要做到考虑人口、服务半径等要素，特别是人口流动以及未来人口的变化趋势合理布局。此外，应该注意保证农村学前教育公平，避免单纯的效率至上，实行一定程度的准入与补贴机制，防止恶性竞争。⑤

### （五）学前儿童美育与德育研究

#### 1. 学前儿童美育研究

（1）学前儿童美术教育

关于学前儿童美术教育的研究主要集中在对美术教育活动中材料、教师支持策略和评价的研究。研究发现，幼儿园美术教学活动中教师使用美术工具材料的策略主要包括指导幼儿观察美术工具材料的特性并操作示范、引导幼儿提取已有的与美术工具材料相关的经验；引发幼儿思考、探究美术工具材料的使用技巧与表现；及时、适时地总结幼儿关于美术工具材料使用的经验；观察幼儿操作美术工具材料的表现，问询幼儿的需要；注重操作卫生及材料的再利用等。⑥ 在幼儿园美术区域活动中，以高结构和较高结构的内容为主，低结构和非结构的活动内容非常少；区域活动多呈现出以练习技能为目的的操作性活动，没有给幼儿探索表达留下空间；

---

① 严仲连．农村学前教育机构需要理性布局［J］．教育导刊：下半月，2013（7）．

② 沈建洲，李兰芳．甘肃省学前教育三年行动计划实施现状与对策建议［J］．学前教育研究，2013（12）．

③ 陶金玲．城镇化进程中的农村幼儿园布局与规划［J］．教育导刊：下半月，2014（3）．

④ 严仲连，等．农村学前教育合理发展研究［J］．教育理论与实践，2013（26）．

⑤ 严仲连．农村学前教育机构需要理性布局［J］．教育导刊：下半月，2013（7）．

⑥ 韩露露．幼儿使用美术工具材料的指导策略研究［D］．南京：南京师范大学，2013．

教师的支持以结果为导向，忽视了幼儿的主动学习。①

当前，研究者也关注对如何对幼儿美术作品开展适宜而有效的评价。有研究者指出，当前的幼儿美术作品评价当中仍然存在着以成人为主体，以成人审美为标准，不关注过程，不关注幼儿的想法和发展等问题。② 还有研究者进一步探索了以互动式档案袋评价的方式，即以幼儿、教师、家长为评价主体，对幼儿创作过程、发展轨迹及美术作品开展评价，包括观察记录、绘画作品、幼儿描述、教师家长评语等。③

（2）学前儿童音乐教育

研究主要关注了当前幼儿园音乐教育活动中幼儿教师的行为和教师语言。研究发现，幼儿教师在实际教学中仍然存在教师示范行为过多、缺乏对幼儿的倾听、活动中幼儿的个别需要无法满足、教师引导行为呈现表面化、活动的评价也较为单一等问题。④ 也有研究者通过分析大班集体音乐教学活动教师的激励性反馈语言发现，要提升教师为幼儿提供安全、宽松的心理环境，以更加丰富的形式激发儿童挑战，指引儿童以循序渐进的方式深入发展的能力。⑤

此外，研究者特别关注在音乐活动中融入民间艺术。如有研究者尝试利用民间艺术资源开发幼儿园民间音乐课程资源，并指出要提升幼儿教师音乐课程开发的意识与能力，丰富开发的内容，扩展开发途径等建议。⑥ 在选择适宜的民间音乐开展音乐教育时，应该选择与幼儿日常生活联系紧密的民间音乐，选择幼儿感兴趣、能够调动幼儿学习积极性的、经典的具有传承性的、便于操作能够让幼儿获得有效经验的民间音乐。⑦

---

① 胡玥．幼儿园美术区域活动中教师支持的研究［D］．南京：南京师范大学，2013.

② 宋婷．回归童心的幼儿美术作品评价研究［D］．济南：山东师范大学，2014.

③ 周怡婧．互动式幼儿美术作品档案袋评价的研究［D］．上海：上海师范大学，2013.

④ 李林曦．幼儿园音乐教育活动中教师教学行为研究［D］．重庆：西南大学，2013.

⑤ 高杰．大班集体音乐教学活动中教师激励性反馈语言的研究［D］．南京：南京师范大学，2013.

⑥ 赵洁．幼儿园民间音乐课程资源开发研究［D］．重庆：西南大学，2013.

⑦ 王亚男．民间音乐在幼儿园音乐教育中的应用研究［D］．济南：山东师范大学，2013.

（3）学前儿童文学教育

本年度研究者对学前儿童文学教育的关注度并不高。有限的研究主要关注了近30年幼儿园中文学活动的活动目标、传递价值的变迁以及实施的具体情况。在近30年的幼教文件当中，关于文学活动的目标从注重认知（工具性）回归到文学性，当代的学前儿童文学的教育目标在于要激发儿童文学学习的积极态度，突出文学艺术性，注重感受与体验。幼儿园文学活动整体上也是向文学性回归，但也存在与文件要求不一致的一面。具体体现为一些活动仍注重认知、偏重道德说教、忽视学生主体性。①

（4）学前儿童综合艺术教育

综合艺术教育方面的研究主要分布在对一些具体类型的综合艺术教育活动上。如有研究者详细解析了韵律活动中儿童学习发展与教师教学的关键概念，并指出，教师可以支持幼儿利用关键概念进行创造性学习，教师利用关键概念体系评估幼儿、支持幼儿发展。② 有研究者系统分析了戏剧艺术教育在幼儿艺术兴趣培养、审美能力发展、同伴关系养成、情感体验、想象力和创造力培养、表达交流能力提高等方面的价值。总结出在开展实施幼儿园戏剧艺术教育时，要注重幼儿园多领域之间的有机融合，挖掘戏剧艺术教育的价值，激发幼儿在戏剧艺术活动中主动探索，将戏剧艺术教育融入幼儿的生活空间，让幼儿在戏剧艺术的氛围中快乐成长。③ 还有学者创造性地提出将唐诗还原到艺术的领域，将儿童唐诗教育还原为综合艺术教育的形式，并指出了其实施的原则。④

### 2. 学前儿童德育研究

（1）学前儿童德育理论

研究者指出，当前的学前儿童德育实践当中存在教师对幼儿进行德育教育的方式单一；教师对幼儿进行德育教育时没有做到因人施教；教师没

---

① 张娜．近30年来我国幼儿园课程中的文学活动研究［D］．济南：山东师范大学，2013.

② 葛晓穗．幼儿园韵律活动关键概念体系探讨——基于《3—6岁儿童学习与发展指南》中艺术领域的思考［J］．内蒙古师范大学学报：教育科学版，2014（2）.

③ 王元凯．幼儿园戏剧艺术教育研究［D］．济南：山东师范大学，2013.

④ 刘芳，滕守尧．儿童唐诗教育：回归艺术与养护灵性［J］．学前教育研究，2013（1）.

有为幼儿起到很好的榜样作用；德育教育主体过于单一和家长的教育观念“重教识轻德育”等问题。研究者进一步指出了整体构建幼儿园德育教育体系的必要性和具体措施，这些措施包括：培养高素质的幼儿教师、紧抓幼儿教师对幼儿德育教育的各个环节、创设优质的幼儿园德育教育物质环境、加强幼儿园德育教育与家庭的良好合作和加强幼儿园德育教育与社区的良好合作等。① 还有研究者指出，要在把握幼儿德育心理的基础上，在幼儿园各类活动当中渗透品德教育。②

（2）学前儿童社会认知

学前儿童的社会认知包括观点采择、心理理论、权威认知和规则认知等。研究者除了继续探索3—6岁儿童社会认知发展的一般规律、性别差异以外，也在探索社会认知与同伴接纳、幼儿个性特征等因素的关系。③ 近年来对学前儿童社会认知的研究更加深入，发展或挑战了原有的儿童社会认知发展理论。研究者通过对近来国内外相关研究的综述，总结了儿童认知的社会规则分为道德、习俗和个人三个领域，指出儿童认知社会规则的发展趋势。④ 研究者还考察了中国4—6岁儿童对道德规则和习俗规则的义务推理能力，发现幼儿在这两个领域进行义务推理时有跨领域的一般性，同时也有领域内的特殊性。⑤ 也有研究者考察了幼儿秩序认知发展的特点，进而指出秩序感和规则意识存在密切联系，关注幼儿内在秩序感的培养有利于幼儿形成良好的权威认知、规则认知，对幼儿健康人格、良好的社会品质形成有益。⑥“观点采择”的内涵也在进一步丰富，近年来研究者在界定“观点采择”这一概念时增加了情感部分，更多关注采择过程。研究者还发现，情境和任务、早期社会化经验对儿童采择能力具有重要影响；幼

---

① 卢晓艺．整体性构建幼儿园德育教育体系研究［D］．太原：中北大学，2013.

② 张冬梅，姜珊珊．品德教育在幼儿园教育中的渗透［J］．教育探索，2013（10）.

③ 赖清文．3—5岁幼儿规则意识发展特点及其与气质的关系研究［D］．大连：辽宁师范大学，2013；刘淑凤．5岁儿童社会认知与同伴接纳的相关研究［D］．大连：辽宁师范大学，2013.

④ 刘国雄，李红．儿童对社会规则的认知发展研究述评［J］．华东师范大学学报：教育科学版，2013（3）.

⑤ 刘国雄．道德和习俗领域幼儿义务推理的发展［J］．心理学报，2013（3）.

⑥ 但菲，等．幼儿秩序认知发展的特点及其重要价值［J］．学前教育研究，2013（7）.

儿的采择能力不仅会影响其自我发展，也会通过共情等变量影响利他行为。此外，4 岁前的幼儿已经具有了初步的采择能力，知觉采择最先出现，认知和情感采择稍后。[①]

（3）学前儿童社会行为

研究者进一步对学前儿童社会行为与儿童个体其他方面发展的关系展开探索，发现 4 岁儿童的语言能力、情绪理解能力、母子互动和亲社会行为相关显著。[②] 也有研究者考察了 3—5 岁儿童攻击性行为与自我控制能力、情绪调节策略的关系，发现幼儿身体攻击和财物攻击与自制力、自觉性、坚持性和自我延迟满足间呈负相关，言语攻击与除自我延迟满足以外的三个维度负相关，关系攻击与自制力负相关，同时，幼儿发泄策略的使用与幼儿多种类型的相关都显著。[③] 为积极培养幼儿的亲社会行为，研究者还开展了干预研究，对幼儿开展移情训练，结果发现无论在有无冲突情境下，接受了移情训练的幼儿的助人行为都要显著高于没有接受移情训练的儿童。[④] 实践工作者指出，对那些存在社会行为问题的儿童，可以通过树立榜样、游戏等方式帮助他们矫正消极行为。[⑤]

（4）学前儿童社会情感

移情是幼儿社会性情感发展领域一个核心概念，也是发展心理学家和教育工作者重点关注的领域。研究者指出，移情是个体理解和分享他人情绪情感状态的能力，包含认知移情和情绪情感移情两种成分，它可以促进幼儿道德和亲社会行为的积极发展，同时可以较好地抑制攻击性行为的出现，并能预示儿童心理理论的发展水平。[⑥] 因此，研究者也通过干预研究，通过移情训练，改善幼儿的反社会行为。[⑦]

---

① 王雪，崔丽莹．儿童观点采择能力的研究进展及其教育启示［J］．学前教育研究，2013（9）．

② 张琴．4 岁儿童语言能力、情绪理解、母子互动对亲社会行为的影响［D］．大连：辽宁师范大学，2013．

③ 苏杰．3—5 岁幼儿攻击行为与自我控制能力、情绪调节策略的关系研究［D］．济南：山东师范大学，2013．

④ 李幼穗，等．不同情境下移情训练对幼儿助人行为的影响［J］．学前教育研究，2013（2）．

⑤ 李蕊．个别儿童融入集体的尝试及成效［J］．学前教育研究，2013（7）．

⑥ 刘秀丽，等．幼儿移情概念辨析，重要意义及其发展［J］．学前教育研究，2013（7）．

⑦ 李幼穗，等．不同情境下移情训练对幼儿助人行为的影响［J］．学前教育研究，2013（2）．

### （六）学前教育评价与质量监控

#### 1. 儿童发展评价

学前教育的目的在于促进儿童的发展，在学前教育评价工作当中无法回避对儿童发展结果的考察。完善儿童学习与发展的评价，建立学前教育质量标准，对提高学前教育质量、促进学龄前儿童健康成长与发展非常重要。[①] 不合理、不科学的儿童发展评价会给学前儿童自身及学前教育事业的健康发展带来危害。

学界普遍认为，《指南》可以成为评价儿童身心发展的重要依据。[②] 依据《指南》开展的评价，有助于科学把握评价儿童发展评价的几个原则。[③] 但是，利用《指南》开展评价工作，不能简单地把《指南》中的目标作为评价的指标直接应用到评价实践之中。评价的展开，需要以幼儿发展评价的科学定位为根基，坚持以幼儿为本，聚焦幼儿的“闪光点”；重视真实情境下的发展；关注幼儿学习过程。以此定位，在具体实施过程中去探索适宜的评价策略。[④] 有学者还强调，儿童发展评价可以借鉴包括学前儿童观察记录系统、作品取样系统、3—5 岁发展连续表评价系统在内的学前儿童发展性评价的评价方法，在评价目的上，服务于教育实践，为改进教师教学、促进幼儿发展和提升学前教育质量服务；在评价内容上，要注重与课程内容相结合。[⑤] 也有学者在评价方法统计方法上创新，将项目反应理论应用到儿童发展评估当中，对基于项目反应理论的 Rasch 模型在儿童入学准备状态测量中的应用进行了探索。[⑥]

---

① 辛涛，乐美玲．学前教育质量监测的几个问题［J］．学前教育研究，2013（9）．

② 辛涛，乐美玲．学前教育质量监测的几个问题［J］．学前教育研究，2013（9）；秦旭芳，陈铮．为幼儿成长搭建阶梯——《3—6 岁儿童学习与发展指南》下幼儿发展评价的定位与实施［J］．教育导刊：下半月，2013（10）．

③ 刘霞．《3—6 岁儿童学习与发展指南》对幼儿发展评价的启示［J］．教育导刊：下半月，2014（1）．

④ 秦旭芳，陈铮．为幼儿成长搭建阶梯——《3—6 岁儿童学习与发展指南》下幼儿发展评价的定位与实施［J］．教育导刊：下半月，2013（10）．

⑤ 黄爽，周彬．美国幼儿发展评价的经验及其对我国的启示［J］．中国特殊教育，2014（3）．

⑥ 刘昊，等．应用 Rasch 模型测试和分析儿童入学准备状态［J］．心理科学，2013（2）．

### 2. 教师能力评价

教师评价对提高学校教育的质量具有重要的作用。“当我们不断追求完善学校教育质量的时候，就不能忽视教师评价的潜在价值。”①

在回顾和梳理以往幼儿教师评价工作的基础上，有学者指出了过去幼儿教师评价当中存在的问题，包括过于注重教师量化考评，忽视质性评价，注重终结性评价，忽视形成性评价，较少关注幼儿教师的成长过程及其个性的发展。研究者特别强调发展性幼儿教师评价的作用和价值，例如，利用成长档案袋这一质性评价方式有目的、有计划地开展发展性教师评价的过程，能更自主地体现教师的动态发展过程。②

此外，在幼儿教师评价工具的开发上有了新的进展，以对幼儿教师品性进行评价为例，有研究者综合应用量性与质性的研究方法，最终建构出幼儿园教师品性测评指标体系的结构模型，具体包含三个维度，即工作态度，对工作有兴趣、有进取心、有专业信心、踏实、善始善终、乐于学习；对待幼儿的态度，宽容的、有爱心、细心的、平等的、有耐心、负责的；人际沟通，团结、同理心、真诚的、善于倾听等。③

### 3. 幼儿园等级评价

追求学前教育质量提升不仅是国际学前教育发展的重要战略，④ 也是我国学前教育事业发展的客观要求。幼儿园等级评价是我国开展幼儿园质量评价、促进幼儿园贯彻法规、提高保教质量的重要手段。

学者指出当前幼儿园等级评估存在诸多问题，如在评估目的上，偏重于对托幼机构进行管理和鉴定的总结性目的，相对忽视形成性目的；在评估主体上，存在既做运动员又做裁判员的问题；⑤ 在评估对象上，部分地区只针对公办园进行登记评定，出现了保教质量监管的盲区；在评价内容上，存在着重视结构性指标，而轻视师幼互动、课程、学习环境等过程性

---

① 陈玉坤．教育评价学［M］．北京：人民教育出版社，1999：98.

② 陈夏．基于教师专业发展的幼儿教师档案袋评价研究［D］．宁波：宁波大学，2013.

③ 何为．基于幼儿园教师资格考试的教师品性测评研究［D］．重庆：西南大学，2013.

④ 庞丽娟，夏婧．国际学前教育发展战略：普及，公平与高质量［J］．教育学报，2013（3）.

⑤ 刘华．幼儿园质量怎样评价［N］．中国教育报，2014-04-06.

指标的倾向；在评估标准上，出现了过于抽象笼统，科学性、可操作性较差的情况；在评估实施过程中，往往重视外在实地验收，而轻视内部自评预评。此外，评价验收的信度、效度也缺乏监控。① 有的地区将等级数量与政府政绩直接挂钩，出现了造假、降低标准的情况。此外，评估过程当中，还存在一些权力寻租的因素，难以保证等级评价的公平和公正。② 评估效果造成了学前教育资源配置的不均衡，导致了师生发展机会的不公平，助推了家长的“择园”行为。③

研究者进而指出，在制度导向上应淡化幼儿园分等，鼓励就近入园，并且从单一的等级示范园评估走向鼓励多元的特色园建设。④ 可以用一种简单，同时公开、公平与公正的评价方式取代目前的幼儿园等级评估，即用结构性指标和信息公开，对所有幼儿园进行基本的质量评价；用过程性指标和专业组织，对幼儿园进行全面或有指向性的质量评价。⑤

#### 4. 幼儿园质量评价

幼儿园质量评价作为保障幼儿园教育质量的关键环节，成为近年来学界关注的焦点和热点问题。我国多位学者致力于介绍、引入国外的幼儿园教育质量评价工具，以其提高我国学前教育质量评价工作的科学性，包括课堂评估编码系统⑥、《全球指导性评估量表》,⑦ 以及由全美幼儿教育协会（NAEYC）开发的《幼儿教育机构质量标准与认证体系》。⑧

除了介绍国外的评价工具以外，也有学者开始着手开发适用于我国的幼儿园质量评价的工具。有学者运用威尔逊四步法构建了《幼儿园教学观

---

① 彭兵．武汉市幼儿园保教质量评估与监测现状及发展对策［J］．学前教育研究，2013（8）．

② 凌春媛．幼儿园质量评价应去功利化［N］．中国教育报，2014-05-04．

③ 黄小莲，陈妍琳．幼儿园等级评估制度现状考察与批判——基于教育公平的视角［J］．学前教育研究，2014（3）．

④ 黄小莲，陈妍琳．幼儿园等级评估制度现状考察与批判——基于教育公平的视角［J］．学前教育研究，2014（3）．

⑤ 凌春媛．幼儿园质量评价应去功利化［N］．中国教育报，2014-05-04．

⑥ 邓小平，等．美国学前教育中课堂评估编码系统述评［J］．外国教育研究，2013（6）．

⑦ 余璐，黄甫全．让每个幼儿都享有优质教育——《国际儿童教育协会全球指导性评估量表》述论［J］．教育研究，2013（9）．

⑧ 张司仪．NAEYC 幼教机构质量认证体系的评价思想及其启示［J］．学前教育研究，2013（9）．

察表》，尝试时幼儿园教师课堂互动中的态度和行为进行表现性评价。[①] 近年来，数位学者采用该量表在我国河北、浙江等地区开展了幼儿园质量评价工作。[②] 研究发现，部分地区幼儿园教育质量总体不高，多数幼儿园只能为幼儿提供满足最低要求水平的班级教育质量；质量各维度不均衡；城市幼儿园教育质量明显优于农村幼儿园。

在具体的质量评价统计方法上，有学者也关注到近年来方法上的创新和进展，指出，要考虑多层线性模型、广义加性模型等非线性模型、项目反应理论、断点回归等“拟随机实验”等研究和统计方法上的创新，以保证评价结果的科学性。[③]

### 5. 学前教育质量监测

重视学前教育质量、实行学前教育监测已成为学前教育领域的重要研究课题。[④] 我国不少研究者介绍和研究了国外学前教育质量监测体系，为我国学前教育质量监测体系的建立提供了参考。如澳大利亚“学前教育及儿童保育国家质量框架”[⑤] 等。同时，研究者总结出学前教育质量监测系统的总体趋势，包括：以政府为主导来组织和实施质量监测；面向不同类型的学前教育机构开展监测；监测内容不仅涉及条件性因素，也涉及过程性因素；持续地开展监测数据的收集，构建奖惩机制和信息发布机制[⑥]，兼具质量监控和促进功能[⑦]。

研究者提出建设我国学前教育质量检测体系的原则，包括制定目的，以“优质”标准具体描绘教育取向，支持托幼机构反思质量；制定程序，

---

① 黄晓婷，宋映泉．学前教育的质量与表现性评价——以幼儿园过程性质量评价为例［J］．北京大学教育评论，2013（1）．

② 胡彩云．唐山幼儿园教育环境质量现状分析与改善［J］．学前教育研究，2013（8）；陈庆香．幼儿园教育质量与成本的关系［D］．金华：浙江师范大学，2013.

③ 刘昊．学前教育质量评估研究中统计分析方法的新发展［J］．学前教育研究，2013（2）．

④ 辛涛，乐美玲．学前教育质量监测的几个问题［J］．学前教育研究，2013（9）．

⑤ 董素芳．澳大利亚《学前教育及儿童保育国家质量框架》的产生、内容与特点［J］．学前教育研究，2013（2）．

⑥ 潘月娟．国外学前教育质量评价与监测进展及启示［J］．中国教育学刊，2014（3）．

⑦ 刘昊．美国，澳大利亚学前教育质量监控系统比较及启示［J］．首都师范大学学报：社会科学版，2013（6）．

专业主导、广泛参与，借寻求共识的过程激发对质量的关心；内容结构，为各领域工作奠定基本的教育价值观和学习理论基础；[①] 另外，有指标体系，包括结构性指标、过程性指标和结果性指标。[②] 应建立科学的取样、评估办法，科学、审慎地将幼儿发展状况评估纳入到学前教育质量监控体系之中。[③]

### （七）幼儿教师专业发展与队伍建设

#### 1. 幼儿教师标准体系

《教师教育课程标准（试行）》（以下简称《课程标准》）和《幼儿园教师专业标准（试行）》（以下简称《专业标准》）标准的出台为各地加强教师队伍建设提供了重要依据。

研究者认为，我国现有的幼儿教师标准体系还远未完善，《课程标准》较为笼统，缺乏层次性区分。同样，《专业标准》也是一个笼统的标准，未制定合格教师、熟练教师、优秀教师的专业标准，因此，我国还应该制定明确、清晰、多层次、可操作的学前教育标准体系，并且要充分发挥这些标准的作用，严格按标准开展教师认证和课程认证，规范学前教师教育课程开发与实施，保证学前教育教师培养的质量。[④] 有研究者认为，《专业标准》自身也需要不断完善。例如，有学者认为台湾幼儿园教师专业标准有很多可以借鉴之处，包括，强调教育公平；注重发展教师的独立精神、公民意识和研究创新能力；提倡教师要进行班级经营；重视教师的课程计划、设计、实施和管理能力。特别突出的是台湾的专业标准在细致性、具体性、实践性、评价性和操作性方面见长。[⑤]

一些学者提出与幼儿教师相关的其他标准的构建。如严把幼儿园教师入口关，幼儿园教师职业准入标准的四项核心指标，包括学历、职业道德

---

① 郭良菁．德国《儿童日托机构的教育质量：国家标准集》对我国制定学前教育国家质量体系的启示［J］．中国教育政策评论，2011（1）．

② 辛涛，乐美玲．学前教育质量监测的几个问题［J］．学前教育研究，2013（9）．

③ 刘昊．我国学前教育质量监控中需处理的三对关系［J］．学前教育研究，2014（1）．

④ 苟顺明．新世纪美国学前教师教育课程改革透视［J］．外国教育研究，2013（7）．

⑤ 叶平枝．大陆与台湾幼儿园教师专业标准比较及其启示［J］．学前教育研究，2013（7）．

与情感、专业知识与能力、实践经验。[①] 有研究者依据《专业标准》和《指南》进一步构建了幼儿园教师职业准入社会教育知识技能标准，提出了包括社会常识、幼儿社会性发展知识、幼儿园社会教育知识、幼儿园社会教育技能 4 个领域 15 项基本要求。[②]

### 2. 教师专业理念与师德

《专业标准》当中明确幼儿教师要以“师德为先”，专业理念与师德是幼儿园教师专业发展的一个关键维度，在《专业标准》的结构框架中居于首要位置。

近年来关于幼儿教师专业理念的研究主要集中在教师的职业认识、教育信念等主题上。研究者通过对天津[③]、黑龙江[④]等地幼儿教师职业认同状况进行调研，发现本地区幼儿教师的总体认同情况呈现较高水平，反映出近年来随着国家对学前教育重视程度的日益提高，幼儿教师队伍整体认同程度的不断提升。但是，对农村教师的调查发现，他们心目当中的幼儿园教师职业形象是飘忽的、非专业的、凄凉的。[⑤] 教育信念是教师认为正确的并坚定不移信奉的关于教育整体的观点、思想和假设。研究者比较了中国和新西兰两国幼儿教师自我陈述的教育信念，发现两国幼儿教师的教育信念存在差异，相较而言，新西兰的幼儿教师更看重教师合作者的身份，更强调儿童主动发起的学习活动，更少看重教师多才多艺的素养。[⑥] 而对在职教师而言，在教师加强自我反思的同时，园所要营造积极的氛围，帮助教师正确教育信念的形成和转化。[⑦]

关于幼儿教师道德伦理的实证研究较少，研究者多是通过经验和理论

---

① 文君，等．幼儿园教师职业准入标准核心指标探讨［J］．湖南师范大学教育科学学报，2013（6）．

② 双立珍，郭铁成．幼儿园教师职业准入社会教育知识技能标准的构成与实施建议［J］．学前教育研究，2014（5）．

③ 翟艳．天津市幼儿教师专业认同现状的调查与分析［J］．教育探索，2013（2）．

④ 侯春娜，等．黑龙江省幼儿教师职业认同现状及应对策略［J］．教育探索，2013（10）．

⑤ 李敏．农村幼儿园骨干教师心目中的幼儿园教师职业形象［J］．学前教育研究，2013（6）．

⑥ 李敏．中国与新西兰幼儿教师教育信念比较研究——以成都市和汉密尔顿市教师为例［J］．比较教育研究，2013（6）．

⑦ 姚琳琳．教育信念的形成［D］．重庆：西南大学，2013.

分析指出当前幼儿园教师师德普遍存在职业情感不够深厚、职业态度不够端正、职业责任感不强、职业发展主动性差等问题①。在职前教育阶段，要求师范院校提高学前教育专业培养质量，注重师范院校校园精神建设，在培养师范生专业知识和专业能力的同时还要兼顾其专业理念、专业态度和道德情操的培养。②

### 3. 教师专业知识和能力

幼儿教师专业知识是影响幼儿学习的重要因素。在幼儿教师知识领域，我国的研究者关注到与幼儿园教学紧密相关的学科教学知识（PCK），指出，学科教学知识是教师进行有效教学的必要前提，相关研究结论也适用于学前儿童。借鉴美国埃里克森儿童研究所研究者理论框架和研究工具，研究者对中美两国幼儿教师数学领域学科教学知识进行了考察和比较。③ 研究者指出，可以将开展学科教学知识评估的思路应用到学前教师的培训与教研当中，将教师的三类知识（关于内容的本体性知识、关于儿童的条件性知识、关于方法的实践性知识）在基于教学实践情境和活动案例的分析与反思中整合提升为一种动态化的、带有实践性、建构性的知识，这样的知识对于教师优化和改进教学、提升自身的专业实践智慧具有更强大的支撑作用。④

幼儿教师的专业能力是教师专业发展的核心因素。研究者从理论上探索了幼儿教师的专业素质结构，认为幼儿教师专业核心能力素质包括了解幼儿、创设教育环境、组织一日活动、合作与自我专业发展。⑤ 也有研究者探索了与实践紧密相关的教学智慧的结构，认为其蕴含的能力要素主要包括以“听觉统合”的体知为基础的教学洞察力、以策略式决策为导向的

---

① 朱凯利，王侠．利用教育影视作品重建幼儿园教师师德［J］．学前教育研究，2013（10）．

② 孙冬梅．当代幼儿教师专业精神反思［J］．中国教育学刊，2013（4）．

③ 黄瑾，刘社娟．中美幼儿园教师数学领域教学知识的比较［J］．学前教育研究，2013（1）．

④ 黄瑾．优化学前数学教育的思考：幼儿教师数学学科教学知识（PM-PCK）评估［J］．全球教育展望，2013（7）．

⑤ 朱莉，等．幼儿教师专业素质结构的理论探讨［J］．内蒙古师范大学学报：教育科学版，2013（2）．

教学慎思力、以创生行动为取向的教学施行力。[①] 除了对幼儿教师专业能力的理论探索以外，研究者更多侧重考虑如何在实践当中帮助幼儿教师或准幼儿教师发展起《专业标准》中要求的专业能力。[②]

4. 教师教育课程和模式

（1）幼儿教师教育课程存在的问题

研究发现当前的职前幼儿教师教育和教师在职培训都存在急需纠正的问题。当前幼儿教师培养过程中存在实践性课程薄弱、教与学方法过于单一、没有关注专业信念与责任等问题。[③] 一些非师范院校和高职高专纷纷开办学前教育专业，但“师范性”体现不充分、课程设置和实施不合理、学生文化素养较差、师资力量薄弱等问题也非常突出。[④]

（2）教师教育课程改革

各地幼儿师资培养机构和研究机构的研究者在思考如何改革创新幼儿教师教育课程和模式，以适应新的形势。研究者认为，应该以《专业标准》为依据开展课程建设，改进教学目的的制定、教学内容的选择、教学方法的运用、实验室的建设、实习基地的选择、教学评价。[⑤] 具体而言，在课程理念上，要坚持“实践取向”，加强教育理念和教育实践的结合；[⑥] 在教学方式上，要实现教学模式多样化，充分采用案例教学、模拟教学、课题驱动式教学等形式，激发学生学习的主动性。[⑦] 考核评价也应该趋向多元化，以考察和促进学生专业能力为导向。特别的，为增强课程的实践

---

① 赵艳红，徐学福．幼儿园教师教学智慧的能力结构［J］．学前教育研究，2013（5）．

② 徐丽玲．幼儿教师专业能力培养的体系构建与实施策略——基于《幼儿园教师专业标准》的思考［J］．湖南师范大学教育科学学报，2013（2）．

③ 苟顺明．新世纪美国学前教师教育课程改革透视［J］．外国教育研究，2013（7）．

④ 李爱华．非师范院校学前教育专业存在的问题及对策研究［J］．国家教育行政学院学报，2013（12）．

⑤ 韩妍容，张晓梅．《幼儿园教师专业标准》与幼儿教师专业能力培养［J］．教育探索，2014（7）．

⑥ 苟顺明．新世纪美国学前教师教育课程改革透视［J］．外国教育研究，2013（7）；史爱芬．20 世纪初期幼儿师范学校实习活动的特征与启示［J］．学前教育研究，2013（3）．

⑦ 丁桂苏．学前教育专业应用型人才培养策略研究［J］．教育探索，2013（2）．

导向，研究者还提倡建立“全程实践教学模式”。①

就职后培训课程而言，研究者认为要围绕《专业标准》进行长期性、整体性的规划，科学设计具有复合功能的培训课程体系；同时课程设计中应进一步增强培训课程的灵活性与针对性以满足不同水平和类型教师的专业发展需求；培训课程还应当保持开放性，定期接受评估并及时做出调整。

### 5. 幼儿园教师政策

良好的政策环境能为幼儿教师专业发展提供制度保障和支持，是解决我国幼儿园教师数量和质量问题的关键。以幼儿园教师地位政策为例，研究者指出，虽然我国现行政策在不同时期曾经对促进和提高幼儿园教师地位做出了重要贡献，但是在当前，幼儿园教师普遍认为现行的幼儿园教师地位政策的执行情况和效用度不容乐观，研究者为完善相关政策提出可行建议和思考。

有研究指出，在数量上，农村幼儿教师缺口过大；在质量上，农村幼儿园教师整体素质偏低。② 应对之策是要尽快研究制定针对农村幼儿园教师身份问题，与之相衔接、配套的，能有效解决农村幼儿园教师基本待遇与社会保障等问题的相关政策制度。③ 非公办教师工资待遇低、危机感强、发展机会少、保障水平低、归属感缺失等境遇④体现了我国现行幼儿园教师政策在管理上的“身份制”特征。研究者认为，要调整学前教育管理范围和管理方式，将所有合格幼儿园教师纳入管理范畴，根据所有制身份分类管理；要落实幼儿教师资格政策，严把新教师准入关；要积极探索非公办教师工资政策，科学确定非公办幼儿园教师最低工资水平，明确处罚依据，探索非公办教师养老保险制度，建立由政府、幼儿园和教师个人共同

---

① 梁周全．学前教师教育“全程实践教学模式”研究［J］．教育理论与实践，2013（7）；丁桂苏．学前教育专业应用型人才培养策略研究［J］．教育探索，2013（2）．

② 庞丽娟，等．促进我国城乡幼儿园教师均衡配置的政策建议［J］．教师教育研究，2013（3）．

③ 庞丽娟，等．促进我国城乡幼儿园教师均衡配置的政策建议［J］．教师教育研究，2013（3）；马娥．我国农村学前教师的供给困境与消解策略——来自美国农村教师培训计划的启示［J］．内蒙古师范大学学报：教育科学版，2013（8）．

④ 祝晓燕．非在编幼儿教师生存状况堪忧［N］．中国教育报，2013-11-17．

承担的养老保险待遇；要完善非公办教师维权的法律救济制度，规范幼儿园教师聘任制；培育和发展幼儿园教师中介组织，帮助幼儿教师合理维权。①

## 三、存在的问题

尽管学前教育领域的研究取得了一定的进展，但对当前学前教育研究的热点问题、研究方法、研究层次等进行分析，可以发现尚存的一些不足。

### （一）研究主题

首先，在研究主题的选择上，仍然存在着跟风式的研究，导致存在大量低水平的重复研究。例如，在学前教育政策与管理研究方面，大量的研究成果以介绍国外现成经验兼谈启示为主，相对缺少对国外政策的批判性分析、借鉴国际经验的可行性分析，以及国内学前教育政策的实证研究。其次，研究主题仍然不够细化和聚焦，在一般意义上谈宏观政策方向和教师专业发展的多，具体可操作性的研究较少。再次，对一些有价值的问题关注不够。与国际研究热点进行比较，我们发现在执行功能与儿童学习能力的研究、儿童入学准备水平对其后期学业成就的预测研究、师幼互动对儿童认知与情感发展的影响研究②等方面起步晚，重视程度不够。就学科本身发展的需求来看，对涉及学科独立性的关键和本质问题的研究还需要进一步推进。

### （二）研究方法与视角

首先，在研究方法的使用上还存在着不规范的现象。一部分研究仍然

① 梁慧娟．完善我国非公办幼儿园教师政策的思考［J］．学前教育研究，2013（8）．

② 邱淞，等．21 世纪国际学前教育研究的热点领域和前沿演进——基于 SSCI 中最有影响力的 5 种学前教育期刊文献的计量和可视化分析［J］．学前教育研究，2014（6）．

停留在经验总结和提升的层次，未采用适宜的研究方法。虽然学前教育是一门与实践紧密结合的学科，研究内容也多与平常的经验和认识有关，但仍然需要严格遵循科学研究的科研规范。其次，质性研究和量化研究的水平都有待提高。以儿童入学准备研究为例，需要引入适当的量表进行改变，同时也需要充分关注统计方法上的创新，以严谨的统计方法保证评价结果的科学性。再次，学科水平的提升还需要广泛利用其他学科的方法论和理论基础，但目前，国内研究综合采用其他学科研究范式、方法、理论框架以及寻求交叉学科研究热点的主动性不够，远不能满足学科发展的需要。

### （三）研究水平和层次

随着研究者视野的拓展，学前教育领域论文在核心期刊上的分布也更加广泛。据统计，《内蒙古师范大学学报（教育科学版）》、《教育探索》、《外国教育研究》、《全球教育展望》、《湖南师范大学教育科学学报》、《比较教育研究》、《中国教育学刊》、《教育评论》、《教育学术月刊》等也是学前教育研究的核心期刊。但是，本年度有五篇论文在教育学一级权威期刊《教育研究》上发表，虽然学前教育研究的层次和水平在不断提高，但与教育类其他研究相比，还需要进一步提升。

## 四、趋势和展望

与教育学其他二级学科相比，学前教育学的理论成熟度还不高，需要进一步发展和提升。在不断积累研究成果的基础上，学前教育学科未来应该更多地关注学科理论的总体架构，要在形成具有学科特质的概念、命题和原理上花工夫，推动学科的成熟和发展。未来一个阶段研究的重点问题和领域主要有以下几个方面。

### （一）进一步加强学前教育法律与政策研究

未来学前教育法律与政策研究的重点主要有三个方面。第一，学前教育的立法与执法研究。依法治国是国家和社会法治化的发展方向和任务。学前教育虽有行政规章，但是尚没有真正立法，目前学前教育发展过程的很多问题与缺乏法律约束有关，全社会都在呼唤学前教育立法。那么，学前教育立法到底要规范什么，应解决哪些核心问题，理顺哪些主要关系，保障哪些基本权利，如何使未来的学前教育法既顺应世界学前教育发展的趋势，又符合中国学前教育的发展现实，确保学前教育法律的贯彻和落实，这些问题都是需要深入研究的。第二，学前教育管理体制与机制的研究。长期以来，学前教育一直是教育领域中的薄弱环节，学前教育底子薄，欠账多，经过学前教育“三年行动计划”，情况得到改善，“入园难”得到初步缓解，但学前教育面临的问题依然严峻。随着社会的变革，学前教育如何回应社会的要求，如何体现公益、普惠的总体原则，如何实现均衡和公平，如何确保持续稳定的发展，如何真正建立起有效的学前教育公共服务体系，政府、家庭如何分担学前教育成本，如何确保教师的地位、待遇和尊严，这些问题的破解都有赖于学前教育立法，有赖于建立切实有效学前教育的体制和机制。第三，学前教育立法和政策的案例研究。学前教育不是由中央政府包办的，地方在发展学前教育上负主要的责任。在过去的五年中，各地在学前教育地方立法、学前教育政策制定和执行等方面形成了很多很好的经验。这些地方经验涉及省（市、自治区）、市（地、盟）及县（市、区）各层次的经验，甚至还有一些乡镇也有很有价值的经验。加强对一些典型案例的研究，对我国学前教育理论和实践的发展都具有重要的意义。要切实通过对典型案例的深度解剖，提升经验，形成理论。

### （二）进一步加强学前教育基础理论研究

理论研究是学前教育学科发展的根本，加强学前教育理论研究是学前教育学科发展的需要，也是学前教育学科发展的必然要求。长期以来，学前教育的理论研究队伍规模小，起点低，视野窄。近十年来，随着学前教育研究队伍的扩大，研究人员整体实力的提升，学前教育理论研究出现了新的局面，但总体上来说，真正从事学前教育基础理论研究的人员还是比较少。未来在不断扩大理论研究队伍的同时，应实现以下方面的突破。第一，加强学前教育思想史的研究，注重不同时期、不同文化的学前教育思想的比较性研究，注重发现学前教育思想的发展脉络，把握学前教育思想发展历程中的基本立场、基本价值、基本实践。真正注重史论结合，理论与现实结合，中国与外国结合，背景与思想的结合。牢牢构筑学前教育的理论根基，将现实的理论研究融进世界学前教育思想发展的学术脉络之中。第二，注重学科交叉与融合。学前教育经典作家和经典著作无一不是有深厚的多学科根基的，国外的卢梭、福禄贝尔、杜威、蒙台梭利，国内的陶行知、陈鹤琴、张雪门等都有扎实的哲学、心理学甚至医学等相关学科的基础。学前教育理论的未来发展也必须建立在多学科交叉融合的研究之上，要从哲学、社会学、心理学、医学、生态学、人类学、文化学、法学、公共管理学等多学科的视野出发，研究和探索学前教育的理论和实践，通过多学科的审视和融合，丰富和发展学前教育理论。第三，注重学前教育规律的研究。规律来源于大量的实证研究，规律需要大数据，通过大数据概括出学前教育的特殊性、必然性和可能性。结合学科自身特征的概念、命题和原理揭示规律，开展学前教育的元研究。

### （三）深化学前教育质量与课程研究

第一，关注学前教育质量研究。《国家中长期教育改革和发展规划纲要（2010—2020年）》指出："把提高质量作为教育改革发展的核心任务，树立以质量为核心的教育发展观。建立以提高教育质量为导向的管理制度和工作机制，把教育资源配置和学校工作重点集中到强化教学环节、提高教育质量上来。"《国务院关于当前发展学前教育的若干意见》也提出，要发展广覆盖、保基本和有质量的学前教育。学前教育的质量与学前教育的硬件条件相关，也与幼儿园的课程相关，还与教师的专业素养有关。其中，幼儿园的硬件条件及师资条件与学前教育的政策紧密相关，幼儿园的课程既与政策有关，也与教师的素质有关。要通过深入的研究，形成学前教育的质量标准，科学、客观地衡量学前教育的质量。第二，深入研究幼儿园课程特质。总体上说，幼儿园课程是影响学前教育质量的主要因素之一。教育部专门发布了《规范幼儿园保育教育，防止和纠正“小学化”通知》，“小学化”成了影响学前教育质量和影响学前儿童身心健康的主要因素。如何防止和纠正“小学化”现象，关键在课程。幼儿园课程不同于中小学课程，幼儿园课程应该游戏化、生活化、情境化、综合化。幼儿园课程不是学科知识的堆积，而是学前儿童获得有益经验的一系列活动，因此，幼儿园课程是过程导向的、经验导向的。要通过深入的研究，形成科学明了的幼儿园课程价值观，形成幼儿园课程的基本特质和实践取向，形成更加可操作的幼儿园课程经验体系，使课程实践更好地落实到学前儿童的发展之上。第三，深入研究幼儿园课程资源系统。学前儿童的身心发展特点决定了他们不是通过文字符号来学习的，而是通过一系列的多感官参与的活动来学习的，学前儿童的活动需要对象，这个对象不是写满文字的书本，而是多样化的包括图画书在内的课程资源，不同年龄阶段的儿童需要怎么样的资源，这些资源蕴含了哪些经验，什么样的活动能有助于这些经验的获得，如何有针对性地指导具有不同基础和需要的儿童投入到活动之中，以便最大限度地促进儿童发展。这些都是需要深入研究的问题。第四，结合学前儿童特点和规律的指导性研究。学前儿童的发展是多方面的，他们需要在身体、语言、审美、社会性—情感、认知等方面全面发展。因此，需要进一步深入研究0—6岁儿童在身体、语言、审美、社会性—情感、认知等方面发展的特点和规律，研究相应的课程资源及教师的指导原则和策略，这方面的研究是永无止境的，有很多的新问题、新现象需要去探索和发现。

### （四）进一步强化学前教师教育研究

第一，教师的专业标准研究。国家出台了《幼儿园教师专业标准》，这个标准是对所有教师的基本要求，这些要求如何落实在具体的新教师或已经在岗教师身上，如何将标准具体化，可检验，将标准融合课程，融入培训，融入教研，融入行动，这需要具体的深入的研究。这里包括培养方案研究，课程与教材研究，教学方法和途径研究，培训内容、方法研究，等等。第二，幼儿园教师专业性研究。重点是幼儿园教师的专业信念与态度、专业知识与专业能力研究。其中专业能力研究是重点，要彻底消除把“弹、唱、跳、画”这些艺术基本技能当作幼儿园教师专业能力的误解，切实关注幼儿园教师的课程设计能力、活动组织能力、资源利用和统筹能力，切实关注幼儿园教师与其他年龄段机构教师的差异性，真正将幼儿园教师的专业能力培养和提升落实到行动之中。第三，幼儿园教师成长的特点和规律研究。研究促进幼儿园教师成长的条件和措施，不同发展阶段的教师对幼儿园教育质量的影响，注重不同发展阶段教师的组合与协同研究，提高幼儿园教师的群体工作效率。

# 第八章

# 高等教育学

近年来，我国高等教育学的文献快速增长，研究呈现出繁荣态势。在2013年我国高等教育学研究领域，最令人可喜的是出现了理论上的学术争鸣，给高等教育研究带来了清新的学术环境。本章重点解读了高等教育“适应论”之争、高等教育学科建设及其方法论、现代大学制度、大学理念和大学精神等专题的研究成果，对已有文献中出现的新概念、新问题、新思考、新观点进行了有针对性的述评。同时，也对全年的文献进行了总体性评价，概括了我国高等教育学当今研究的特点和趋势，并进行了展望。

## 一、研究热点

作为一门应用社会科学的高等教育学，历来重视以问题为导向的实践研究，基础理论研究比较薄弱，理论文章的比重相对较低，2013年也不例外。和往年一样，2013年高等教育学研究涵盖了众多高等教育问题，如高等教育基本理论、高等教育史、高等教育体制改革、招生与就业、课程与教学、高等教育质量评价、教师发展问题等。令人们感到振奋的是，在2013年各类话题的探讨中，部分研究成果出现了研究重心向基础理论研究偏移的迹象，并在讨论中出现了一些视角独特、有思想、有深度的研究成果，尤其是学者之间出现了学术争鸣；在立场和观点上，产生了质疑和反质疑。本文截取了2013年高等教育研究中最具有典型性的四个专题进行分析。

### （一）关于高等教育“适应论”的争鸣

在2013年的高等教育领域，最精彩的学术风景是关于高等教育“适应论”的争论。通过对中国期刊全文数据库检索发现，高等教育“适应论”是一个较新的提法，该术语在近几年才开始出现并流行。严格来说，从2013年至今，相关的文献不过十余篇。但若深究其内容，则会发现这并不是一个新问题，而是老话重提和老话重议。高等教育“适应论”，这是一个被人淡忘了将近20年而又重新成为热点并产出了新观点的理论话题，这也是一个对于高等教育学学科而言无法回避的话题，它就是关于高等教育是否应适应社会经济发展的重大命题。有学者质疑潘懋元先生提出的“教育内外部关系规律”，质疑“两个规律理论”无法指导高等教育向正确的方向发展，甚至可能存在误导。由此引发了质疑与反质疑的持续争鸣，并有其他学者也加入了这一讨论，给多年相对沉闷的理论研究带来了活力。

质疑方的学者指出，从理性分工的角度看，高等教育本质上是一种知识再生产的活动，其首先应该符合的是认知活动合理化即认知理性发展的要求。高等教育“适应论”的失误在于：一方面，它颠倒了认知理性与各种实践理性的关系，试图用工具理性、政治理性和传统的实践理性等取代认知理性在教学和科研中的核心地位，使国内高等教育难以走上正常发展的轨道；另一方面，它在选择某种实践理性为主导的时候，又不惜压制其他各种实践理性的发展，以至于在高等教育的各种目标之间、不同目标与手段之间，造成了极大的矛盾和冲突。要回归认知理性，建设完善的学术市场，我国高等教育就要在摆脱“适应论”思想束缚的前提下，稳步建设

“世界一流大学”和现代大学制度。①

该观点一经发表，杨德广等教授就发文对之进行反驳。反驳者指出，高等教育“适应论”是经济社会变革和发展的必然，是高等教育生存和发展的必然，对推动经济社会和高等教育自身的发展起了重大作用，而不是什么“历史误区”。用哲学上的一个普通概念“认知理性”来否定和取代高等教育“适应论”和“两个规律”论，甚至将“认知理性”提高到高等教育的“本质”和“核心”是不适当的。反驳者从高等学校职能演变、教育本质问题、高等教育发展史、国家教育方针等多个方面论证了高等教育“适应论”是历史的必然，而非历史的误区，并重新解读和诠释了潘懋元先生“两个规律论”和“适应论”的内涵。② 有学者明确指出，正确认识高等教育与社会发展需求之间的“适应”关系，是科学把握高等教育“外部关系规律”的关键。高等教育“外部关系规律理论”，是一种方法论，而不是具体的方法，不能用“贴标签”的方式对高等教育“外部关系规律理论”进行简单的概念化归类，而要充分认识高等教育“外部关系规律理论”的历史性、人文性、开放性与包容性，只有这样，才可能得到这个理论和思想本身释放出来的好东西。③ 也有学者认为，高等教育“理性视角”对“适应论”的批判让人叹服其学术探索的勇气，同时也使人产生了不少怀疑。虽然“理性视角”的确反映了部分大学，尤其是研究型大学发展的心声，但其判断和分析还是有值得再商榷的空间。例如，一个最直接的疑问就是高等教育“适应论”是历史的误区吗？认知理性发展是高等教育的主要矛盾吗？这就需要我们进一步思考高等教育的本质，认知理性是否代表高等教育活动的本质，“理性视角”是否能超越“适应论”等问

---

① 展立新，陈学飞．理性的视角：走出高等教育“适应论”的历史误区［J］．北京大学教育评论，2013（1）．

② 杨德广．高等教育适应论是历史误区吗——与展立新、陈学飞商榷［J］．北京大学教育评论，2013（3）．

③ 刘志文，邹晓平．论高等教育外部关系规律理论的科学性——与《理性的视角：走出高等教育“适应论”的历史误区》商榷［J］．教育研究，2013（11）．

题。[①] 该学者在较为委婉地批判了“理性视角”一文后，转而指出高等教育“适应论”也存在自身的不足，并提出了高等教育传统理论的转型问题。其结论是：教育理论转型的时机开始临近，因为我们再也无法用一个理论来解释所有的教育问题，这要求我们必须从归纳出发去构建实质性理论，否则理论就很难发挥对实践的指导作用。[②] 此外，还有学者对此采取了较为折中的立场，认为高等教育合理存在的哲学基础表现为对高等教育本质与功能的认识。当前，我国学界两种主要的高等教育哲学观就是在这两个问题的认识上存在分歧。一种以潘懋元先生为代表的高等教育“适应论”，认为高等教育的本质是人才培养，其功能是服务社会；另一种以展立新和陈学飞为代表的“认知理性观”，认为高等教育的本质是学术发展，其功能是探求高深学问。前者以政治论为其哲学基础，后者以认识论为其哲学基础。尽管这两种观点因其哲学基础不同，在表述上存在差异，但从实践上来看，两者没有根本性的矛盾，大学是以学术研究为重还是以服务社会为重，需要根据学校的类型具体定位。[③]

面对支持“适应论”者的反质疑，质疑方从“认知理性观”的视角，再度发表论文为其质疑观点进行辩护。该文从马克思主义哲学的视角讨论了高等教育“适应论”可能存在的四重误读和误构，旨在重新讨论高等教育的本质、功能、规律和制度等问题，以澄清理论是非、纠正认识偏差、解脱思想羁绊。[④] 文章指出，“适应论”作者很可能误读和误用了马克思主义哲学中的某些著名论断，以至于得出了相反的结论。且该理论一直没有严格地区分高等教育与基础教育，并且存在着把高等教育直接等同于上层建筑的错误倾向。但长期以来，它对国家高等教育政策却发挥了无可替代

---

① 王洪才．论高等教育“适应论”及其超越——对高等教育“理性视角”的理性再审视［J］．北京大学教育评论，2013（4）．

② 王洪才．论高等教育“适应论”及其超越——对高等教育“理性视角”的理性再审视［J］．北京大学教育评论，2013（4）．

③ 何文晓．高等教育合理存在的哲学基础——兼论高等教育哲学的政治论与认识论［J］．教育观察，2013（22）．

④ 展立新，陈学飞．哲学的视角：高等教育“适应论”的四重误读和误构——兼答杨德广商榷文［J］．北京大学教育评论，2013（4）．

的理论诠释作用，因此，获得了某种官方学说或者权威理论的地位，在国内高等教育领域影响至深。[①] 该文从四个方面切入对高等教育“适应论”提出批判，即教育“两个规律”的理论依据问题，高等教育的本质属性问题，高等教育与经济、政治、文化、科学的关系问题，高等教育的生产力和制度建设问题。

在20世纪八九十年代，就有一些学者对高等教育“适应论”展开了争鸣，然而，此次争鸣学者们讨论的中心问题已经不是“外部与内部”是否成立之争，而是高等教育发展是否要同社会经济相适应的问题，或者说“外部关系规律”能否成为高等教育的基本理论，能否正确指导高等教育实践的问题。在这次争鸣中，涉及的问题包括高等教育的本质、功能、规律、哲学基础及人的发展等一系列问题，讨论的范围涵盖了哲学反思、概念辨析、基本理论、历史经验、逻辑推理等多个维度。笔者无意重新讨论这些具体的理论问题，仅就这场发生在高等教育学内部的学术争论本身，从“学理”和“方法论”两个方面发表若干看法。

首先，布鲁贝克早在其《高等教育哲学》中就已提出，在高等教育的发展中，长期以来存在着两种不同的高等教育哲学观，分别是“认识论”和“政治论”。高等教育就像一个钟摆，在两者之间来回摆动，这就是高等教育的两难问题。可见，相关的争论是伴随着高等教育的发展而始终存在，甚至可以称为高等教育发展史中的百年争论。类似的情形在其他学科中也一样存在，如发生在经济学中的自由市场和政府管制的价值分歧，发生在公共管理学中的宪政主义和管理主义的价值分歧等，它们无不是学科内部不同理论思潮间的交互更替和两难问题。高等教育发展应该走“认识论”路线还是走“政治论”路线，是一个谁也说不清的命题。高等教育学之所以有其产生和存在的魅力，就在于其发展中有矛盾、有分歧、有争论、有交互更替。关于近两年在国内重新激活这个老问题，有学者认为，教育依附于政治或经济诚然不可取，但教育完全脱离政治和社会经济同样

---

① 展立新，陈学飞．哲学的视角：高等教育“适应论”的四重误读和误构——兼答杨德广商榷文［J］．北京大学教育评论，2013（4）．

不可取，这不仅在客观上不可能，而且在理论上不成立，教育与政治、经济的距离如何设定，需要靠实践摸索来解决，这跟政治与学术之间的互动分不开，如果双方足够理性，那么就可以找到这个合适的距离。[①] 这在一定程度上也代表了本文的看法，明智的做法不是从抽象意义上去讨论哪种哲学观或认识论更好，而是应该通过与过去和不同国家比较，从比较的意义上、相对的意义上去分析“度”的问题。

其次，可以明显看出，高等教育“适应论”的质疑者有一种特别的高等教育情结，他们呼吁重新找回大学中失去的乐园。在精英高等教育时代，大学不存在适应社会或者协同创新的问题，因为社会上没有人会对大学的知识提出质疑，从而大学的教学、科研等活动是单边性的，其“主体性”得以充分体现。而到了大众化时代，高等教育不可能再普遍按照“闲逸的好奇”模式来运行，它的活动尤其是科学研究活动需要大量的政府资金和社会资本作为支撑，而这些外部投入不可能是完全无条件的，这就使大学不得不成为社会大系统中的一个子系统，即使它相对独立但也必须面向整个外部系统。从历史上看，大学从“寺庙式的大学”变为“小城镇式的大学”，最后变成“大都市式的多元巨型大学”，是一个谁也无法改变的趋势，其背后隐含着高等教育从精英模式转向大众模式之后“适应论”必然性的道理。需要指出的是，高等教育“适应论”中的“适应”，应当是广义上的适应，即它不但要适应社会经济的发展，也要积极引领和改造社会经济的发展，而并非像有学者所说的“无视和否认高等教育对经济、政治和文化的批判和改造作用”[②]。高等教育“适应论”应是强调高等教育与其所处的外部环境间的良性互动甚至耦合，而非单纯的消极适应，并且“适应谁”也是一个值得深入思考的问题。例如，“高等教育行政化”是一种适应，“高等教育市场化”又是一种适应。孰优孰劣、各自的利弊得失都应当进行更深入的探讨，而不应仅停留在“适应论”层面做宏大叙事，

---

① 王洪才．论高等教育“适应论”及其超越——对高等教育“理性视角”的理性再审视［J］．北京大学教育评论，2013（4）．

② 展立新，陈学飞．哲学的视角：高等教育“适应论”的四重误读和误构——兼答杨德广商榷文［J］．北京大学教育评论，2013（4）．

因为它只是一个方法论问题。正如一位学者对“象牙塔”情结的看法：“古典大学已是落日余晖，夕阳残照，余音绝响，我们今天的大学不可能回到古典大学时代，大学的理念、制度、模式已经并正在发生着深刻变革，大学已不再是一个统一的、一致的、高度同质化的学术组织。大学的变革是永恒的，我们承认异化、选择是有代价的，但它又是大学本身满足现实和适应长远发展的结果，它可以换来大学的可持续发展，如何在二者之间找到一个平衡点是大学领导者、研究人员和社会面临的共同抉择。”①

再者，高等教育“适应论”是在特定历史背景下提出来的，其立场是探寻高等教育发展的基本规律，将高等教育的理论研究和实践纳入科学的轨道。事实上，按照逻辑经验主义的标准，高等教育“适应论”的提出者确实概括了高等教育发展的基本规律，“内外部关系规律”对现实世界具有较好的解释力。然而，我们也应看到其中的不足，即高等教育“适应论”反映的是高等教育的基本特征、基本规律，但能否成为学科的核心理论或特有范式是可以商榷的。一方面，高等教育的内外部关系规律像是一个“框架性”条例，它没有对高等教育的结构性问题做出深入解释，尤其是把高等教育的内部问题作为一个“黑箱”来处理，从而造成了在这个宏大条例之下，高等教育本身回到了一个除适应需求外不可研究的“黑箱”。因而该理论无论在自身发展还是在指导实践方面都显得力不从心，它无法像经济学中的“自由市场理论”或行政学中的“官僚制”理论那样具有核心作用。也正因如此，才引起了部分学者诸如“知识逻辑的缺失”、“自主权的缺失”、“只见关系不见人”等一系列质疑。另一方面，高等教育“适应论”是在特定背景下提出，折射的是“历史的捍卫者”和“实践的捍卫者”的双重价值。诚然，如果只是专注于依据过去经验来著述现在，则所构建出来的理论在很大程度上可能在吸纳了某些成分的同时也忽略了另一些有价值的东西，从而表现出一定的局限性。

在当下高等教育实践中，“政治论”哲学观长期以来都占据着上风，高等教育也因此面临诸多问题，而按照逻辑经验主义的方式所构建的理论

---

① 李立国．什么是现代大学［J］．中国人民大学教育学刊，2013（2）．

往往强化了这种向度，并在理论和实践的循环累积因果效应下，使之趋于“锁定”状态，甚至有时成为政策制定者和政策诠释者的“尚方宝剑”。因而有些学者对高等教育“适应论”提出的工具理性警示、政治理性警示、实践理性警示等也不无道理。面对争论，应该在承认高等教育“适应论”的重要历史意义的基础上，用发展的眼光和系统的眼光看待这一命题。

关于这场高等教育的“适应论”之争，还可以从哲学方法论的三个层面来评价。

首先，高等教育“认知理性观”者力图证伪高等教育的“两个规律”。撇开具体观点不论，应当肯定，质疑者勇于批判的学术精神有利于学科理论发展，这是促进本学科知识增长的一种重要途径。正如波普尔指出的那样，科学知识的进化就是猜想与反驳螺旋发展的过程。高等教育学作为一门社会科学发展至今，也迫切需要自我反驳与批判，唯有如此，高等教育学才能增强自身的前瞻功能并健康地发展。[①] 同时，通过这样一场学术争鸣，也让我们看到，虽然目前还没有像西方某些学科那样形成多个学派并在学派间展开竞争，但我国高教界的学术原创性、思想性和批判性正在逐步提高，高等教育自己的研究团体和话语体系也在开始形成，学者间的思想碰撞也日益激烈，影响整个理论和政策环境的学术研究也日渐增多。这些都是高等教育学当今研究中一些实质性的进展。按照科学历史主义的观点，这种研究团体间的对话和新思想的积累是科学革命得以发生和范式转换的必要条件，而科学恰恰是在范式转换中进步的。需要指出，托马斯·库恩所说的科学革命发生前后的范式间具有“不可通约性”，高等教育学的理论进展并不一定要在颠覆性的、爆发性的环境下实现，有时恰恰表现为一种继承性和拓展性的进步。

其次，高等教育“认知理性观”者使用的是一种不同于逻辑经验主义的另一种分析问题的方法论。社会科学有说明的社会科学、诠释的社会科学和批判的社会科学之分。在以往的高等教育研究中，占主导地位的是说明性研究、诠释性研究或简单的描述性研究，缺乏批判性研究的基础。

---

① 魏宏聚．猜想与反驳——论教育研究中的教育批判［J］．教育理论与实践，2004（12）．

“认知理性观”者能通过批判性研究的途径来促进学科理论的发展是一个很好的现象，表明高等教育研究的方法论正在走向多元。同其他研究路径不同，批判性研究所涉及的一般真理不可能通过参照当代秩序而被证实或证伪，因为它意味着可能存在着另一种不同的秩序。批判性研究是要在扬弃传统理论的基础上，重新定义和审视社会的合理性基础，通过批判活动改造人类生存状况，它起着一种呼吁、催化社会变革的作用。批判教育学就是旨在抨击教育制度的弊端，在教育理论、教育管理、教育伦理等方面进行开创性研究的一个领域。从“认知理性观”者对“适应论”展开的批判不难看出，其试图从根本哲学立场上颠覆多数人既有的看法，虽然高等教育明明是越来越跟社会经济相“亲和”，但他们认为这是高等教育本真理想的失落，是越来越偏离正确轨道的危险信号，从而试图发起一场高等教育理论革命。这样的结论通过实证研究的途径是无法得出的，这正是批判性研究比较独特的地方。通过这种批判性分析，将超越高等教育理论思维和逻辑的简单概念化，将相关理论问题纳入内生的社会、历史和文化场景的元思考中去。这不仅有助于我们重新审视教育“两个规律”中的关切点，也促使我们透视高深学问探究和人才培养的复杂环境中的哲学、文化和社会分析维度。但我们也要清醒地认识到，从不同研究方法论出发来做研究的学者之间可能存在话语对接的障碍。因为每一种研究角度都有自己特定的哲学假设、原则以及如何做研究的立场。正是由于不同学者惯用的研究方式不同，学者之间在争鸣过程中的话语指向也会存在出入。要解决这个问题，就要求人们加深对不同的科学研究方法论的理解，并在对话中运用替代的思维方式。

再者，虽然对传统高等教育理论的批判性分析，有助于把我们从单向度的认识论中解放出来，从而有助于丰富我们对高等教育理论的理解。并且通过对不同观点间对立和冲突的反思，可以引领我们对大学理念的理解上升到一个更高的层次，但是，这种批判性研究过于知识化、理想化的倾向使其很容易脱离实践的诉求，甚至沦为事后的哲学，始终进入不了政策话语的中心。高等教育“适应论”的反对者提出了问题，阐明了其学术思想，把“认知理性”置于一个新的高度，却未能建构①起一个新的可用以指导实践的替代理论。因此，单单对传统理论进行批判和解构仍然不够，更重要的是建立起一套能得到广泛认可的新理论。拿公共行政学的例子来说，马克斯·韦伯建立起的官僚制理论随着学科思潮的变迁在近几十年受到越来越多的批判，如来自新公共管理的批判、来自后现代思潮的批判等，但无论人们如何批判其“工具理性”、“僵化”、“低回应性”或者“对人的束缚”，却始终提不出一个比它更有效的、能取而代之的理论模式，因而公共行政的理论和实践依然脱离不了官僚制的大框架。高等教育学在理论建设中同样会遇到类似的问题，如何超越先前理论值得我们深思。

综上所述，这场关于高等教育“适应论”的学术讨论是一场精彩的学术对话，是由后进学者向学术先行者发起的一场学术挑战。这是这些年来在高等教育学沉闷的理论研究中激起的一阵涟漪，这也是高等教育理论界对清新的纯学术问题而非应用问题的视角转向。虽然对高等教育“适应论”的讨论在2013年高等教育研究的茫茫文献之洋中只是沧海一粟，但它却产生了较大影响，以至于到2014年相关讨论仍在继续且文献数量有所上升。在这场学术争鸣中，虽然大多数人都是旁观者的身份，但却引起了每一个旁观者的思考与反思，这对高等教育学理论研究和学科成长具有重要意义。正如有学者指出的那样，这是近年来少有的学术自由争鸣，② 重建批判之维，是我国高等教育研究的必然选择。③

### （二）关于高等教育学科建设与方法论研究

与高等教育研究方法论和高等教育学科建设相关的话题也是高等教育的重大理论问题之一，同时也是一个战略性问题，其重要性不言而喻。但可惜的是，在2013年的研究中，对这一问题进行深度讨论的文献数量明显偏少，不仅在所有高等教育学的文献中占比很低，而且在高等教育基础理

① 本文是在一般意义上，而不是建构主义的意义上使用“建构”一词。

② 潘懋元，等.2014年中国高等教育研究回顾与述评［J］.高校教育管理，2015（2）.

③ 李均，陈露.重建批判之维——中国高等教育研究的理性选择［J］.大学教育科学，2014（2）.

论研究的文献中占比也很低，且高质量的文章比较少见。图 8-1 展示了本文统计的高等教育学科（研究）有关文献在大学理念（精神）、高等教育宏观管理体制、高等学校管理、现代大学制度、高等教育系统及其发展、大学发展、高校人才培养、协同创新等 15 类主题的总文献中占比的变化趋势。

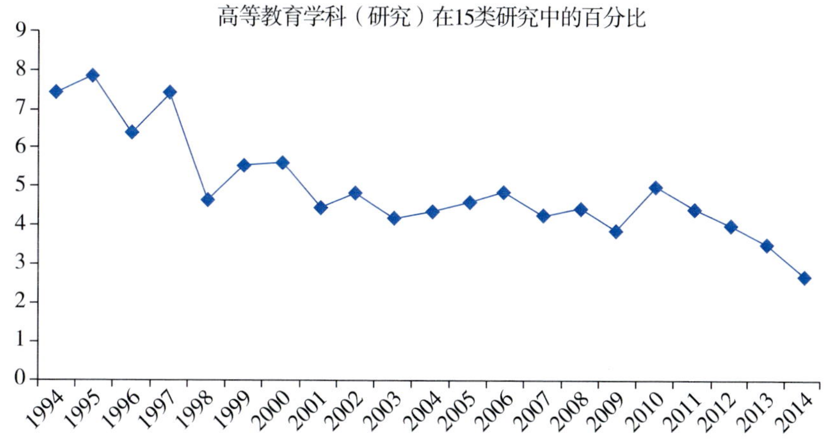


**图 8-1　高等教育学科（研究）有关文献在本文选取的 15 类研究主题的总文献中的比重变化趋势**

资料来源：CNKI 中国期刊全文数据库。

图 8-1 中的趋势说明，高等教育学科（研究）类文献有相对萎缩的迹象。一则表明高等教育学的学科建设问题及其方法论研究没有引起学者足够的重视，参与其中的研究者相对较少；二则也从侧面反映了高等教育学学科的基础理论比较薄弱，虽然其在学科制度化方面已取得进展，并已获得学科建制，而实质上却更像是一个“准学科”。

在 2013 年相关问题的探讨中，有学者指出，由于高等教育研究产生于教育学之外，长期以来很多研究完全没有把高等教育置于教育系统之内。在多学科的视野中，高等教育问题更多地被视为各学科共享的社会问题而非单纯的教育问题。由于教育学视角的缺失，高等教育学显得名不副实，高等教育研究正在成为一个“无根”的、宽泛的多学科领域。因此，高等教育研究必须进行反思与否思，重新审视教育学之于高等教育研究的重大价值，明确“高等教育”教育学是高等教育研究走向成熟或高等教育学实现学科独立不可或缺的基础。[①]

对于这个问题，有学者提出了不同见解，如提出了高等教育多学科研究的现实审视与发展思路，认为只有打破学科规训的藩篱，才能真正推动高等教育多学科研究的开展。而现实情况是，多学科研究虽在我国高等教育研究界达成共识并成为探讨热点，但其具体运用仍处于初级阶段，呈现出四方面的特点：研究者主要是单一学科背景而少有多学科知识结构，多学科研究主要是教育学学者借鉴其他学科理论而少有其他学科学者的“在场”和参与，具有“方法论”意义的多学科研究主要停留在其他学科理论观点层面而少有其他学科独特研究范式或研究方法的合理运用，多学科研究方式主要是各单一学科的分解研究而少有不同学科间的交叉综合研究。[②]还有学者讨论了高等教育学科的开放性特征，指出开放性不仅是高等教育学发展至今的历史性主题，更是现代高等教育学的一个重要而鲜明的特征。而开放性作为现代高等教育学科的重要特征和学科迅速发展的活力来源，主要表现为问题研究与理论研究的统一，多学科研究范式的确立，立体化学科群的建构。[③]另有文献提到“协同创新”的高等教育研究，虽然该文的“协同创新”主要指政府与学校、富有工作经验的管理干部与从事理论研究的专家相结合的协同创新研究。[④]但不同的人自然有其不同的学科或研究领域背景，因而也隐含了高等教育的研究需要不同学科的“协同创新”，从而间接地表明其赞成高等教育研究中多学科视角的立场。还有学者在谈论学科范式转型的问题时提出了在新的学科范式尚未形成之前，高等教育研究要取众学之长，坚持多学科研究的观点。[⑤]

---

① 王建华．高等教育研究：教育学的视角［J］．高等教育研究，2013（10）．

② 李明忠．高等教育多学科研究的现实审视与发展思路——基于《高等教育研究》2001—2010年的载文分析［J］．高等教育研究，2013（3）．

③ 徐楠，李莉．论现代高等教育学科的开放性特征［J］．西南交通大学学报：社会科学版，2013（6）．

④ 潘懋元．“协同创新”的高等教育研究［J］．中国高教研究，2013（6）．

⑤ 李晶．学科范式转型与高等教育学学科建设［J］．高教探索，2013（5）．

另一些学者则讨论了高等教育研究的规范性问题，指出当前我国高等教育研究的突出问题是研究不规范，具体表现为问题偏大、理论偏多、资料偏虚、方向偏乱等。实现高等教育研究的规范化，要走出常识，树立程序意识，实现对象化的对象化，重视验证和创造。[①] 此外，还有学者通过文献计量的方法对国内高等教育研究的态势进行了评估，分析了2012年度中国高等教育研究的前沿与进展，[②] 有学者则分析了高等教育研究的国际态势及其演变问题。[③]

综上可知，在2013年上述主题的相关文献中，最引人注目的问题是：在高等教育学的学科建设及其方法论选择中，应采取何种态度和战略取向。不同学者的观点存在分歧，既有“中心—外围论”，也有“多中心论”。

首先，让我们来思考一个问题：为什么在高等教育学中，管理者所讲述的故事像科学一样有效？这个问题将把我们带回到对高等教育学学科特征的思考中。这是一门不同于自然科学、技术科学的学科，也是一门不同于主流社会科学的学科，当然也区别于一般意义上的人文学科，它既有某些科学的特征，也包含了一定的人文元素，这在学界基本上是得到承认的。同时，高等教育因其与社会经济等外部系统的复杂关系，决定了它具有问题导向且问题之间“结构不良”的特征，它是个教育问题，同时也是政治问题、社会问题和文化问题，仅用单个学科的理论和方法难以反映问题的方方面面，并达到解决问题的目的，因而它是一个超越了一般教育学意义上的学科。这种学科特点决定了有时管理者所讲述的故事能和科学一样具有效力：任何高等教育的研究事实上就是在讲故事，而讲好一个故事就是做好一个研究，高等教育学科建设就是将不同研究者、管理者讲述的故事以恰当的逻辑有机组合起来。在讲不同故事的时候，可能采取的学科视角往往是不同的。举例来说，当我们要讲的故事是大学理念或大学精神

① 刘献君．论高等教育研究的规范化［J］．高等教育研究，2013（11）．

② 周光礼，谢清．中国高等教育研究的前沿与进展［J］．中国高教研究，2013（7）．

③ 陈贵梧．高等教育研究的国际态势及其演变：对2001—2010年SSCI论文的计量分析［J］．高教探索，2013（2）．

时，所要用到的学科视角可能有哲学、教育学、伦理学、文化研究等；当所要讲的故事是大学城的兴起与发展时，所要用到的学科视角可能有经济学、管理学、地理学、规划学等；当所要讲的故事是现代大学制度时，可能用到的学科视角有政治学、经济学、法学、历史学等；当所要讲的故事是大学生就业时，可能用到的学科视角又变为经济学、社会学、心理学、统计学、政策分析等。这些例子足以表明：要讲好任何一个故事的前提是必须要充分运用多学科的视角。进一步说，光有视角仍然不够，还需要有综合的、多元的认识路径和话语体系，如现象学、解释学、语言分析哲学、后现代哲学、实证主义、建构主义、法律推理、文艺批评、后现代社会理论等。要获取多元的认识路径和话语体系，又必须对某些基础社会科学和应用社会科学的最新进展进行跟踪。这从单一教育学的视角中显然无法获得。因此，要讲好高等教育学中的故事，使之能像科学一样发挥作用，并推动高等教育学学科建设，还是需要采取“多中心”的立场，而非“中心—外围”立场。

政策科学的发展恰恰为上述观点提供了支持。有学者指出，智库是政策科学成长的摇篮，为政策科学突破做出重要贡献的主要是一批智库的专家，他们或是政治学家、经济学家、社会学家，或是系统分析家、数学家。随着这种基于多学科的研究方向或途径迅速发展并体制化，标志着相对独立的政策科学领域的出现。① 反过来，随着政策分析实践的深入，政策科学的理论、方法及技术不断得以丰富和发展，又为智库的政策分析与咨询实践提供了强大的武库、知识基础和物质基础。② 由此可见，跨学科、综合性是政策科学的一个显著特征，政策科学靠之起家，同时也因此而在近几十年得到空前的发展。目前，与传统的人文社会科学的各学科相比，政策科学具有更广泛的学术框架，③ 因而其生命力也在日渐增强。因此，在均为以问题为导向的应用社会科学的前提下，高等教育学的研究也可

① 陈振明．政策科学与智库建设［J］．中国行政管理，2014（5）．

② 陈振明．政策科学与智库建设［J］．中国行政管理，2014（5）．

③ 陈振明．寻求政策科学发展的新突破——中国公共政策学研究三十年的回顾与展望［J］．中国行政管理，2012（4）．

以借鉴诸如政策科学等学科的发展经验，拓宽研究视野，将高等教育学视为一个相对独立但又跨学科的应用型学科，加强跨学科研究及学科间的合作，重视对来自政治学、经济学、社会学、管理学、心理学和文化研究等相关学科和领域中的高等教育研究成果的吸收，夯实学科的知识基础。

综上所述，本文认为，对高等教育有关问题的研究，要以处理人类未来发展的长期问题为己任，要利用人类创造的一切可用的知识来解决我们面临的问题，并在这样的理念下构建和发展我们的学科，这就是应用社会科学存在的特殊意义。而不是每个学科都要按照经济学、政治学、社会学那样的学科发展模式来建设。在应用社会科学中，特别要强调的是知识的整合和融合，而不应给它扣上一个专门的帽子；否则，反而会成为学科发展的“紧箍咒”。所以，高等教育领域的学者要以一种开放和包容的心态与研究视角、价值体系和方法论的多样化相处，尤其要吸收其他学科的新近发展成果，响应哲学基础的更新，以弥补本学科中的不足，并坚定不移地推动跨学科对话与知识整合。

### （三）关于现代大学制度研究

《教育规划纲要》明确提出“完善中国特色现代大学制度”的战略任务，党的十八届三中、四中全会也明确提出“推进管办评分离”、“扩大高校办学自主权”和“依法治教”等与现代大学制度密切相关的政策目标。中国特色现代大学制度的建立和完善是一个迫切的时代命题，既是中国大学、中国高等教育体系全面提高竞争力、实现跨越式发展的制度保障，也是国家治理能力和治理体系现代化在高等教育领域中的重大实践。在这样的政策和实践背景下，高教界在理论研究方面也做出积极回应。图 8-2 展示了本文统计的现代大学制度研究的相关文献在本文选定的 15 个主题的总文献中的比重变化趋势。

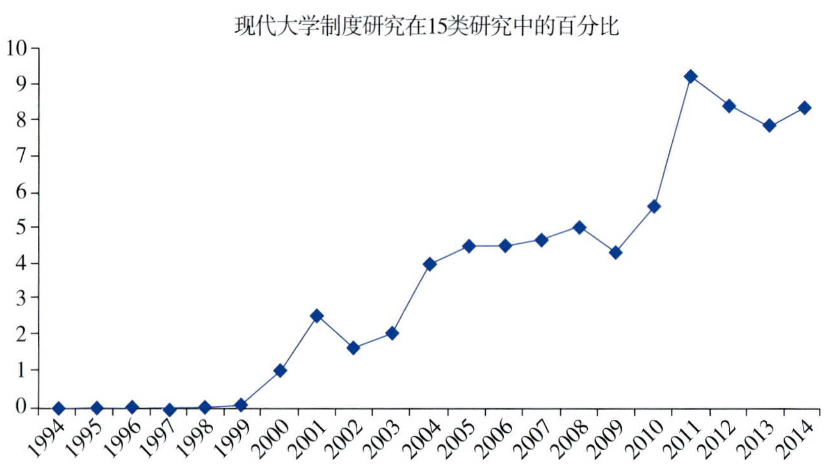


**图 8-2 现代大学制度研究有关文献在本文选取的 15 类研究主题的总文献中的比重变化趋势**

资料来源：CNKI 中国期刊全文数据库。

由图 8-2 可知，现代大学制度研究从起初的几乎为零，到持续升温，再到近年来的井喷之势，足以反映其已成为高等教育学研究中的一大热点。经过对 2013 年相关文献的整理，可将现代大学制度的研究归纳为四个方面：对现代大学制度的内涵、建设意义以及前提假设等基础性问题的理论思考；对现代大学制度建设的基本原则、内容、途径和方法的探讨；对中国特色现代大学制度建设与完善的思考；一些与现代大学制度有关的专门问题探讨。

关于现代大学制度基本理论问题的探讨，有学者认为，大学组织是一个人才培养、学术研究的机构，大学制度设计应首先有利于大学按自身发展的规律办学，按人才成长的规律教学，按科学管理的规律治校，这是大学制度设计必须坚持的一个最基本的价值判断。此外，为了让大学更好地为社会服务，以及更充分地发挥其高等教育强国的作用，在大学制度设计上应该真正赋予并落实大学必要的办学自主权，在管理上适当让大学有自己足够的办学治校育人的空间。这是大学制度设计应该持有的第二个假设前提。[①] 有学者则提出了现代大学制度建设必须满足三个前提性条件：服务型的政府、有脊梁的大学和有力量的联盟。[②] 还有研究者就学术自由权在建设现代大学制度中的意义进行了法理上的探讨。[③]

关于现代大学制度建设的原则、内容、途径等实践主张的探讨，有学者提出了现代大学制度建设的“四项基本原则”，它们是学校自治（Academic autonomy）、学术自由（Academic freedom）、学术中立（Academic neutrality）和学术责任（Academic accountability）。[④] 有学者从现实情境出发，提出在建设现代大学制度中，“中层突破”或者说“中间扩散型”制度变迁是可为之举、破局之举。构建现代大学制度需要期待的是更多新的“中层突破”，其关键在于这些大学的校长、书记，这些地方政府的教育主管领导等“第一行动集团”能否解放思想、锐意变革、敢为人先、敢于担当，关键还在于这些大学和省市的高教研究者能否不尚空谈，做好“幕僚”。[⑤]

关于建立与完善中国特色现代大学制度问题，有学者认为，首要的问题是弄清楚什么是中国特色现代大学制度，以及现代大学制度的“中国特色”与普适性的关系。[⑥] 有学者认为，中国特色现代大学制度的建设方式的特色在于它按照自上而下的方式设置议程、沿用中体西用的方式获取资源、通过多元力量的博弈推进进程、遵循返本开新的路径调整方式。[⑦] 有学者通过对历史的考察，主张重构现代大学制度，不仅要考虑环境的制约因素，还需更多地发掘中国历史上大学的遗传基因，在新的历史条件下，充分利用宝贵的历史资源，参考中国高等教育史上曾经出现过的值得借鉴的制度和做法，建立健全中国特色现代大学制度。[⑧] 也有学者提出，建设

---

① 眭依凡．关于现代大学制度设计的几点思考［J］．探索与争鸣，2013（6）．

② 吴康宁．中国现代大学制度建设的三个前提性条件［J］．探索与争鸣，2013（8）．

③ 鲍嵘．学术自由权是高等教育法律制度的核心［J］．探索与争鸣，2013（6）．

④ 陈学飞．现代大学制度的“四项基本原则”——基于西方大学的经验［J］．探索与争鸣，2013（7）．

⑤ 龚放．“中层突破”：建设现代大学制度的新思维［J］．探索与争鸣，2013（6）．

⑥ 张应强，蒋华林．关于中国特色现代大学制度的理论认识［J］．教育研究，2013（11）．

⑦ 陈伟．现代大学制度建设方式的中国特色［J］．高等教育研究，2013（4）．

⑧ 刘海峰．中国现代大学制度的重构——基于中国教育史的考察［J］．探索与争鸣，2013（6）．

中国特色现代大学制度，不仅需要历史性回顾思考现代大学的现代表征，要借鉴现代企业制度建设的经验，也要关注全球范围内高等教育管理领域的改革动向，还要厘定大学治理结构中“自由”和“自治”权益的恰当位置。[①]

在与现代大学制度有关的专门问题中，大学章程是一个近年来备受学者关注的议题。有学者探讨了大学章程的性质及其核心内容，认为规范和调节大学与政府、立法机构、社会相关利益主体之间的关系及大学作为一个组织有序运行所需内部治理规则是大学章程存在的两大意义。大学章程应具有的法律性质是“契约性”、“自治法性”和“公法性”。[②] 有学者指出，当前对大学章程在认识上存在一些不足，突出表现为对大学章程含义理解上的不足，对大学章程作用认识上的偏差。解构大学章程的法律性质应从制定依据的上位性、制定主体的内部性、效力范围的相对性三个向度出发。基于此，大学章程在法律性质上只是大学内部治理的纲领性文件，只是大学治理方式改革的一个方面。[③] 还有研究者讨论了大学章程与现代大学制度、大学章程与大学民主和法治、大学章程与大学办学自主权、大学章程与大学公共性等方面的相互关系。[④] 也有文献谈及我国大学章程制定中存在的问题和当前大学章程制定需处理好的几个核心议题。[⑤] 此外，除了对大学章程的关注外，也有学者探讨了现代大学制度建设中的校长角色问题，论及大学校长角色在中国特色背景下的特殊性问题。[⑥]

通过对2013年现代大学制度研究的文献分析，可以初步得出以下判断：大部分文献都是理论性或思辨性文章，研究仍处于对问题的概念化阶段，系统的理论创新和本土化理论构建尚显不足，且缺乏事实的支撑。学

---

① 叶之红．完善中国特色现代大学制度的价值取向［J］．探索与争鸣，2013（6）．

② 柯文进．关于大学章程制定中法律地位、外部关系与内部治理结构的思考［J］．北京教育，2013（4）．

③ 朱全宝．大学章程的冷思考——兼谈大学法的制定［J］．复旦教育评论，2013（1）．

④ 秦惠民．有关大学章程认识的若干问题［J］．教育研究，2013（2）．

⑤ 柯文进．关于大学章程制定中法律地位、外部关系与内部治理结构的思考［J］．北京教育，2013（4）．

⑥ 宣勇．现代大学制度建设中的“中国特色”与大学校长的角色选择［J］．探索与争鸣，2013（6）．

者们分析的视角比较多维，但也存在碎片化特征，研究议题、视角之间相对零散，不够系统，理论研究呈现出知识的非积累性发展特征。之所以该议题近几年的文献数量激增，一方面是紧跟时代发展需求和国家战略走向的体现，另一方面也反映出学界盲从“前沿”的问题，大家都希望在相关问题上发表言论，但高质量的文献却比较少见，既没有对重大理论问题实现突破，也没有对重大政策问题产生实质性的影响。

现代大学制度从根本上看与高等教育宏观管理体制、高等学校内部管理体制等密切相关，甚至在高等教育研究分类时，可以将现代大学制度归入到两者中。从而在讨论现代大学制度时应将其置于高等教育和高等学校整体变革与发展的框架中，不仅要有历史的维度、空间的维度，还要有理论前后向关联的维度。因此，中国特色现代大学制度建设是一项系统工程，既要根植于中国特定的政治、社会、文化土壤，又要借鉴西方国家实践的经验，也要面向当前中国发展形势及高等教育新特征等时代背景。研究者应重视并深入分析我国现代大学制度建设的特殊性问题。对大学章程的探讨也要抓住“特殊性”这一关键词，如在当前语境下，中国大学章程的制定与历史上大学章程的本质区别。

本文认为，今后的研究应坚定不移地加强现代大学制度建设的实践研究，提出真正有价值且能指导实践的方案。为实现这一目标，关键是要避免宏大叙事，从地方性叙事入手，即便是一个成功的实践案例，也可能蕴含着深刻的理论。这种以地方性叙事为起点的理论构建方式是现代大学制度的研究中相对缺乏的。虽然目前该议题的研究有重心下移的趋势，不仅高职院校、民办院校、新建本科院校等不同类型院校的现代大学制度建设问题得以被关注，诸如审计制度、融资制度等具体制度建设、高等教育管理模式、现代性及大学精神相关主题亦被研究，① 但都没有上升到普遍理论的高度，没有通过对成功实践模式的抽象从而形成具有普遍指导意义的东西。这是现代大学制度研究，甚至是高等教育理论研究中的一大不足。在其他学科中，一些具有影响力的文献和著作恰恰就是通过对地方实践的

① 潘懋元，等．2014 年中国高等教育研究回顾与述评［J］．高校教育管理，2015（2）．

深入思考后形成的。如著名政治经济学家奥斯特罗姆通过对小规模公共池塘资源问题的长期跟踪分析，在大量的实证案例研究的基础上，开发了自主组织和治理公共事务的制度理论，从而在企业理论和国家理论的基础上进一步发展了集体行动理论，同时为面临公共选择悲剧的人们开辟了新路径，从而为增进人类共同的福利提供了自主治理的制度基础。反观以往很多制度分析者的观点往往是走向两个极端——市场或政府，而奥斯特罗姆却发现了解决问题的第三条道路：集体行动理论。关键就在于她对地方性问题的长期研究并使之一般化。据此可知，通过研究具体的地方行动，从实践经验中提取可用的理论不失为一种积累学科知识的有效途径，而未必要动辄讨论大得无边的问题，如“什么是现代大学制度”，这反而会使学科理论难以突破。同时，理论研究应与实证研究有机结合，只有将事实与价值相整合，才能发展出有生命力的理论，才能跨越理论—实践的鸿沟。如果以这样的标准再来审视2013年的现代大学制度研究，则会发现相关的文献值得津津乐道的东西并不多。需要指出，龚放的《“中层突破”：建设现代大学制度的新思维》一文提出了一种行动理念，但尚缺乏事实依据，也远未形成理论。总之，自下而上的理论构建范式在其他学科中并不少见，高等教育研究要多借鉴这些成果。

### （四）关于大学理念和大学精神研究

大学理念和大学精神是高等教育研究中的老话题，对这一话题的探讨一直在持续。同时，这也是一个百家争鸣的大话题，不同学者的研究取向、关注点和立场之间存在较大差异，且不同的文献之间关联性较低。有充满浓厚怀旧情结的声音，有强调积极变革的声音，也有较为折中的观点；有对大学理念的探讨，有对大学精神的追问，也有对大学制度文化的研究；有理性的分析，也有感性的认识。如果说对高等教育哲学的探究者像智慧高深的“长老”，对高等教育理论的研讨者像彬彬有礼的“绅士”；那么，对大学精神的追求者更像是婀娜多姿的“女郎”，正是这些风姿绰约的身形，让大学的理论和精神多了一份神秘，多了一份高洁。图8-3展示了大学理念（精神）研究的相关文献在本文选定的15个主题的总文献中的比重变化趋势。

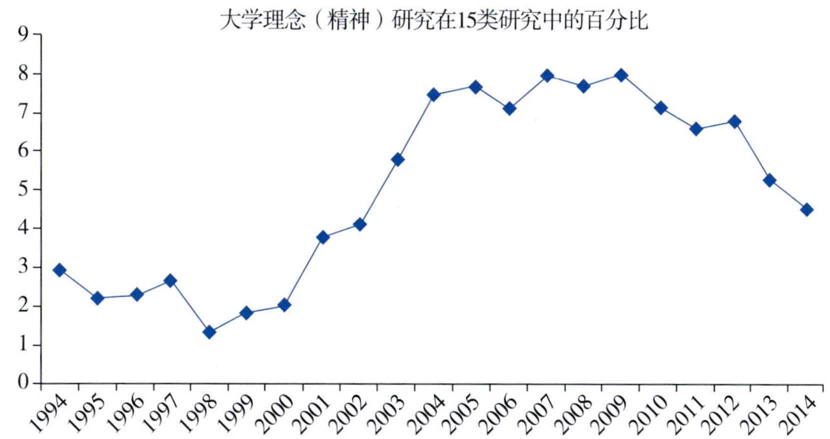


**图 8-3　大学理念（精神）研究有关文献在本文选取的 15 类研究主题的总文献中的比重变化趋势**

数据来源：CNKI 中国期刊全文数据库。

不难发现，关于大学理念和大学精神的研究是一个传统的话题，学者长期都在思考，其文献比重的发展趋势大致为 S 形，在 2004 年到 2010 年期间达到高峰，随后有所冷却。在 2013 年较具代表性的文献中，主要关注点集中于大学之道、大学的观念理性、大学精神等几个方面。如有学者认为，中国古代的“大学”之道“在明明德，在亲民，在止于至善”；现在的大学之道则“在明明理，在止于至真”。中国现代化转型之成功的旋律莫过于大学从经学转向科学。中国的大学与西方的大学基本接轨，但又走向另一个极端：人文逐渐被边缘化。现在的大学变成了只寻求知识和真理的大学，而不是追求美、善的境界和做人的道理的大学；虽然卓越，但失去了灵魂。中国古代的“大学”之道不能放弃。实现中国的现代化，必须建立现代文明秩序（合理的道德秩序）。对之负有最大责任的就是大学。①有学者通过对中国古代书院制的制度文化分析考察得出了不同的结论，指出书院制度与现代大学精神对比起来，最大的缺憾就在于它没有建立起独

① 金耀基．重思大学之道［J］．探索与争鸣，2013（9）．

立的学问精神，从而使学术一直处于一种依附的地位。这一结局当然与中国传统文化风格有关。① 正如许多儒学大师所讲，中国文化中不缺乏人文精神，但缺乏科学精神。这种科学精神的缺乏在很大程度上是因为传统的人文中具有反科学精神因素造成的。因此，我们在重视传统文化中的人文精神价值的时候，切不可忘记其中的反科学精神的因素，从而可以防止我们在发现书院价值的时候走向一个极端。② 也有学者在回顾大学发展历史的基础上，讨论并回答了“为什么要对大学的观念理性予以重视”和“大学应该持有什么样的观念理性”两个问题。前者在于说明“大学的观念理性”是一个需要研究的现实问题，后者则从“育人为本”、“学术自由”、“社会担当”三个方面回答了大学应该确立和守持的观念理性。③ 此外，还有研究者从创新人才培养的特定角度讨论了大学精神，提出能培养出创新人才的大学必须是有理想与高度、有魂灵的大学，有智慧与深度、有眼光的大学，有活力与宽度、有胸怀的大学和有胆量与硬度、有脊梁的大学。④

通过对2013年大学理念（精神）研究的文献分析，最大的发现是当下的高等教育研究，人文倾向日益突出。一方面说明研究者的跨学科理论素养较高，能将大学的理念和精神置于一个广泛的历史、社会、文化背景中加以分析，从而提高了文章的理论深度，加强了观点的说服力；另一方面，也充分体现了高等教育的理论研究不仅仅是作为一门社会科学的理论研究，它也具有浓郁的人文学科的气息，它在述说高等教育的“理”的同时，也带有浓重的人文色彩，从而加强了文章的可读性。重视高等教育研究向人文倾斜，有助于优化我国高等教育学的学科结构。在我国高等教育学的教科书中，鲜有将诸如“学术自由”、“大学自治”或“大学理念”等内容单独作为一章来介绍，学科的理论丛林中，该论题没有获得应有的地位，从而导致高等教育学在向科学化迈进的过程中人文传统几乎消失。投射到现实的人才培养中也是如此，在高校培养出的政治家、工程师日益

① 王洪才．论中国古代书院与现代大学精神［J］．大学教育科学，2013（1）．
② 王洪才．论中国古代书院与现代大学精神［J］．大学教育科学，2013（1）．
③ 眭依凡．大学的观念理性［J］．高等教育研究，2013（1）．
④ 吴康宁．创新人才培养究竟需要什么样的大学［J］．高等教育研究，2013（1）．

增多的同时，文化人却少了，具有独立精神的人也少了，很大程度是因为大学精神的缺失。因而重视这一类研究对高等教育理论和实践的发展都具有重要意义。

在相关议题研究中，特别应重视的一对关系是科学主义与人本主义的关系。科学主义和人本主义是高等教育发展史上曾出现的两种对立的思潮。在理性主义哲学思潮的影响下，大学的文化深深地烙上了“科学”和“效率”的烙印，它在带来某些好的方面的同时对大学成员的思维和行为又产生了某种约束作用。以大学自治、学术自由、教授治校、民主管理、无为而治等为特征的人本主义哲学观是作为科学主义的对立理念而出现的，它推崇以人的全面发展为核心的大学精神，在西方大学中也具有深厚的根基。我国的大学文化深受西方这两种思潮的影响，且两者的矛盾也被带入到我国大学文化的发展中来。因此，在特定的历史文化背景下，处理好大学文化中长期存在的这对矛盾十分重要，不能完全照搬西方的经验，而是要在特定的语境下结合我们自身的文化特征来探讨这一问题。总之，提倡高等教育研究的人文精神的前提是处理好各种对立冲突的东西、有形和无形的事物、事实和价值的关系、历史与当前的关系、西体和中体的关系等，只有冷静地思考并对待这些关系，才不至于在研究中走极端，并演变为盲人指路。

## 二、问题与展望

### （一）2013 年高等教育研究特点分析

#### 1. 高等教育学研究转向：制度转向、文化转向、关系转向、政策转向

高等教育学的研究呈现出越来越明显的制度转向、文化转向、关系转向、政策转向等一系列新动向。随着近些年社会科学的普遍多元化和交叉化，高等教育学在广泛吸收了其他学科的理论、思潮、假设以后，极大地丰富了其研究视角，形成了自己独特的理论框架，开始强调之前被认为并

不重要的因素对高等教育本身的影响。制度转向关注各种正式和非正式制度在宏观上推动教育改革与发展和微观上改善学校管理过程中的重要作用，它包括组织结构、治理体系、体制机制、法律法规以及其他规则和程序。正因为制度不仅在经济问题中具有很强的解释力，而且在社会其他各方面的问题中，也具有较强的解释力，制度研究推动了高等教育学从关注教育理念、教育方法、教育技术到关注教育制度的延伸，从而拓展了研究的视角和领域。也正因如此，在最近的文献中，与制度相关的高等教育研究越来越成为热点，如体制改革研究、现代大学制度研究等。文化转向一方面是制度转向的拓展，另一方面则反映出高等教育研究的人文倾向日益突出。高等教育研究的文化转向体现为其越来越关注物质文化、行为文化、制度文化、精神文化以及我国社会文化传统对高等教育的影响或对受教育者的影响。特别是在讲高等教育理念的故事时，大量的文献都具有明显的文化研究倾向。这表明高等教育学的研究已变得更加多元、开放和包容，当然学科间的界限也趋于模糊化，并使高等教育学既具有社会科学的特征，也拥有人文科学的元素。当然，教育本身就应该是文化的一部分，因而与其说是文化转向，倒不如说是文化回归。关系转向主要指高等教育研究越来越重视系统与系统间的关系、行为者与系统的关系、人与人之间的关系以及人与组织的关系等多重复杂的相互关系。在关系转向的学术研究趋势下，基于“人—校”、“人—学”、“学—研”等系统的理论—应用研究也不断拓展。如有学者对学术团队的运作与人才成长的微环境进行了分析，[①] 实际上就是从微观上探讨了人才培养与科学研究的关系问题。最后，随着历史、文化、制度、政治等多元视角逐渐导入到高等教育学的研究中来，相关的研究日益包含了更多的政策含义，加上它本初就是追求指导方针的理论，从而研究的政策转向是自然而然的，其对公共政策的评价、研究及制定的参与度将越来越高。

### 2. 高等教育研究取向：应用研究与基础理论研究相结合

从面上看，高等教育研究仍以应用研究为主，基础理论研究比重偏

---

① 阎光才．学术团队的运作与人才成长的微环境分析［J］．高等教育研究，2013（1）．

低，且存在质量危机；从典型核心刊物上发表的文献来看，基础理论研究已受重视，并已产出一些创新之作。高等教育学应用社会科学的学科性质决定了更多的研究者倾向于对具体问题的研究。因而多数研究是应用性的、非积累性的。最典型的例子就是对大学竞争力的研究，很多研究以工程学的心态来处理大学竞争力问题，初始目标就是构建大学竞争力的指标体系，它们只是费尽心力地寻找可以直观解释的、易于观察或能够测量的指标，没有建立起大学竞争力研究的严谨概念和规范框架。而与理论研究相关的文献，多数研究仍处于为未来的研究识别概念和议题的初级概念化阶段，没有构建出具有说服力的理论，更没有进行理论检验，从而导致高等教育的很多问题仍是一个“黑箱”。如关于现代大学制度和大学章程的研讨，大量文献是关于其内涵、目的、意义、性质等基本问题的理解，验证性的、构建性的或是对策性的文献偏少。如果把考察的范围缩小至文献金字塔的顶端，则发现虽然针对的问题是实践中的问题，但研究取向多是对问题背后基础理论的探讨，表明部分学者已能够较好地将应用研究与基础理论研究相结合。本文非常赞同基础性研究与应用性研究不分家的研究取向，只有既尊重实践理性，也尊重理论理性，才能使我们的研究避免徘徊于理论与实践之间而找不到平衡点。正是由于部分学者的努力，使得在2013年的文献中，出现了一些有思想、有深度的文章。如王洪才对高等教育“适应论”和“理性视角”之争的评论及对现代大学精神的看法,① 蒋凯对高等教育市场的分析,② 周作宇对协同创新的思考,③ 龚怡祖对学科建设的研讨,④ 等等。也正是因为基础理论研究受到重视，同一主题研究的理论视角也日益多元化。如在对高等教育市场化的探讨中，出现了基于政

① 王洪才．论高等教育“适应论”及其超越——对高等教育“理性视角”的理性再审视［J］. 北京大学教育评论，2013（4）；王洪才．论中国古代书院与现代大学精神［J］. 大学教育科学，2013（1）.

② 蒋凯．高等教育市场及其形成基础［J］. 高等教育研究，2013（3）.

③ 周作宇．协同创新：科学概念或政治修辞［J］. 国家教育行政学院学报，2013（5）；周作宇．协同创新政策的理论分析［J］. 教育发展与评估，2013（1）；周作宇．协同创新：集体知识创价行动［J］. 现代大学教育，2013（5）.

④ 龚怡祖．学科的内在建构路径与知识运行机制［J］. 教育研究，2013（9）.

治学、经济学、社会学等多学科融合的综合研究视角、基于政策研究的视角、基于学术资本主义理论的视角、基于历史分析的视角、基于“有限市场”理论的视角等多种理论视角。①

### 3. 高等教育学研究的认识路径趋于综合化与多元化

随着科学哲学和人文学科哲学的不断发展，近年来，社会科学研究中的哲学方法论开始从逻辑经验主义向结构主义、人文主义、批判主义、后现代主义、后实证主义等方法论转变。高等教育学的研究也深受其影响，从而进入到思维变革和快速成长的时期，无论是哲学基础、理论发展、认识路径、方法论，还是研究主题，都越来越综合化与多元化。一方面，通过使现象学、符号学、体验、象征、语言分析等介入高等教育的真实世界中，寻求一种综合的教育解读和对心智的解读，这是通过传统认识路径出发的研究很难办到的。另一方面，通过多种思潮的共存、开放而具有建设性的交锋，使得高等教育学的研究呈现出繁荣的景象。举例来说，后现代取向是高等教育研究中一种具有批判和建构意义的先锋派思潮，是对传统教育学范式的反思，是对现代性语境中教育学语言局限性的揭露，为根本性理论变革的发生提供了适宜的话语环境。维特根斯坦的日常语言哲学、哈贝马斯的日常语言和交往行为理论为后现代导向的高等教育研究奠定了语言哲学基础，从而为从本体论、认识论到方法论的哲学基础建构、对传统教育理论的全面解构和超越奠定了基础。甚至有学者认为，随着人类知识形态由“现代知识型”向“后现代知识型”转变，作为“某种知识理论体系”的学科必然会发生重大转变，学科范式转型不可避免。② 批判教育学就是在部分地吸收了后现代理论和批判理论的成果后发展起来的一个教育学研究领域，它的兴起和发展充分反映了当时西方教育思想界的重要理论动向，对当代教育理论研究产生了极大冲击。虽然我国高等教育学这个学科还比较年轻，还没有完全建立起诸如后现代理论、批判理论、后实证主义等理论研究的基础，但相关思潮对高等教育研究的影响已初露端

① 韩亚非，蒋凯．理解高等教育市场：理论综述与比较［J］．清华大学教育研究，2013（5）．

② 李晶．学科范式转型与高等教育学学科建设［J］．高教探索，2013（5）．

倪，仔细分析前文所提到的一些文献，就能或多或少地窥见这些多元认识路径的影子。应该说，这些新路径、新思潮在高等教育的研究中方兴未艾。

### （二）未来高等教育研究展望

通过对2013年高等教育文献的专题分析和整体分析，对未来高等教育学科发展可以作如下期待。

#### 1. 未来发展要处理好三个关系

高等教育学的未来发展要处理好以下三个关系：一是要处理好继承优良传统与锐意进取、自由探索的关系，要实现有继承的突破；二是要处理好研究方向与学科发展的关系，要实现“向心力”与“离心力”的优化组合；三是要处理好高等教育研究中科学与人文的关系，要致力于“大科学”与“大人文”交融的高等教育学理论体系及其方法论的建立和完善。只有处理好第一种关系，高等教育学的理论才能始终有创新、有突破，并像滚雪球一样实现知识的积累性增长；只有处理好第二种关系，高等教育学的学科结构才能不断得到调整和优化，实现知识的精明增长；只有处理好第三种关系，高等教育学的研究才不会走极端，实现知识的平衡增长。

#### 2. 提升交叉领域的创新能力

高等教育学要进一步打破学科间、领域间的话语障碍，坚定不移地促进跨学科、跨领域交流和思想碰撞，提升交叉领域的创新能力。我国高等教育学发展至今，之所以能展现出强大的生命力，部分地因为它坚持与其他学科和领域的对话。一个高等教育研究者如果不懂经济学，又如何懂得“增长”与“配置”；一个高等教育研究者如果不懂管理学，又如何懂得“绩效”与“战略”；一个高等教育研究者如果不懂社会学，又如何懂得“公平”与“正义”；一个高等教育的研究者如果不懂心理学，又如何懂得“动机”与“向度”；一个高等教育研究者如果不懂统计学，又如何懂得“变量”与“指标”；一个高等教育研究者如果不懂哲学，又如何懂得“批判”和“建构”。如果高等教育研究是建立在单一教育学基础上的研究，那么学科不仅不会得到大发展，反而有走下坡路的危险。高等教育学要缩小与其他成熟学科间的差距，也只有通过不断的交流，取其精华，营造更肥沃的学科成长土壤。

### 3. 经典领域深化、新领域拓展

既要注重经典研究领域的进一步深入，使高等教育学不断向深度发展，也要加强新兴研究领域的进一步拓展，使高等教育学逐渐向广度发展。一方面，高等教育学自身的传统理论相对薄弱，如“两个规律”理论虽然能在一定程度上解释某些现象，但显然过于“外向”和宏大，尤其是高等教育内部关系规律不够具体，在解释问题和指导实践时显得力不从心。要进一步深入探讨这一经典理论并有所突破，就必须要掌握更先进的理论构建方法及其附带方法，对其他经典领域的深化研究也是如此。另一方面，要拓展新领域，使学科向广度发展，就需要高等教育的研究紧跟时代的发展、社会的变革，提高学术的敏锐性。对“慕课”的最新研究就是一个很好的例子。

### 4. 国际视野和地方行动相结合

展望未来，我国的高等教育研究不妨采取“两极化”——国际视野和地方行动，并将两者有机结合，使学科发展的国际化和本土化并行不悖。一方面，要密切关注国际上的理论和实践动向，研究的视野要更加开放、更加创新，研究的话语、范式、技术等要与国际接轨，研究的主题要对人类的长期发展具有重大意义，从而避免研究中闭门造车、自说自话的倾向。当然，拥有国际视野并不只是对国外的问题做一些介绍性研究，切不可有了“视野”没了“质量”。另一方面，要深入关注地方叙事，挖掘具有普遍意义的地方创新行动，并将其上升到理论层面，抽象出可以指导实践的理论。很多来自其他学科的经验表明，对地方问题的研究产出了具有重大价值的理论。总之，有效地将国际视野和地方行动相结合，是未来高等教育研究的重点所在。

第九章

# 成人教育学

近年来，我国成人教育领域取得了巨大的成绩，学术研究的深度与广度愈发明显，理论联系实践的程度愈发密切，取得了丰硕的成果，为今后成人教育学科的进一步发展奠定了基础，指明了发展的方向。

## 一、学科发展概况

### （一）成人教育实践发展与成人教育学科理论指导的共进与共生

成人教育学是一门植根于实践的学科，也是服务于实践的学科，这决定了本学科的研究特点与发展方向。《教育规划纲要》将继续教育单独作为一个章节，从发展继续教育的速度、体制机制、终身教育体系等几个方面，对继续教育的开展情况进行了全面系统的论述，其最终目标是基本形成“全民学习、终身学习”的学习型社会。从宏观上看，学习型社会的形成，需要全民参与，需要各种教育形式相互融会贯通的教育体系的构建。因此，建立学习型社会，亟待解决完善终身教育立法工作，加强终身教育体制机制建设，保障各类教育成果的沟通与衔接，切实推进终身教育的发展和终身教育体系的建立等问题。据此，成人教育学理论研究的指导价值更为明确，其理论构建直接关注成人教育实践工作面临的难点、热点、前沿等问题，关注成人教育对于满足成人的学习、生活、工作需求，积极发挥全社会构建终身学习、全民学习的理念的重要的促进作用。事实上，成人教育学者们对于学习型社会体系的内容、处于转型期的继续教育、因应新技术不断变革的远程教育、适应经济转型、产业升级的创新人才的培养问题、社区学院特点创新等问题的研究丰富和完善了成人教育理论研究的内容，同时，也扩展了成人教育理论研究的影响力与生命力。

### （二）学科交流频繁，学术活动纷呈

近年来，全国性的成人教育学术互动频繁，通过交流工作经验、传播先进教育理念、表彰优秀科研成果，推动了成人教育学学科不断发展与成熟。各种全国性的成人教育会议，如全国成人教育学专业研究生培养工作交流研讨会、中国成人教育杂志理事会会议暨成人教育改革发展论坛、中国成人教育协会成人高等教育理论研究委员会年会、中国成人教育协会“全国成人教育科研机构工作委员会年会”暨“全国中青年成人教育研究工作者理论研讨会”、中国高等教育学会继续教育分会理论研讨会议、中国成人教育协会教育期刊工作委员会等相继召开，并围绕“成人教育学专业研究生培养模式改革”、“终身学习与人类发展、终身学习与中国梦”、“学习型社会建设与深化成人高等教育改革”、“学习型社会（城市、社区）建设与成人教育科学研究的开拓与创新”、“继续教育的综合改革——跨界、融合、创新”、“从数量规模型向质量效益型转变——新时期我国继续教育的改革与创新”等主题展开了讨论，丰富了成人教育学学科内涵，壮大了成人教育理论研究者的队伍，并进一步扩大了成人教育影响力。

### （三）研究成果丰硕，研究问题聚焦

近年来，成人教育学学科理论建设取得了较为丰硕的成果，除了发表的高质量论文之外，相关的课题数量也是稳步提升，而且课题的选题内容与当前社会发展的热点也是密切相关。全国教育科学规划的年度立项课题和教育部人文社会科学立项课题的调查数据显示，成人教育学学科立项课题主要集中在教师继续教育、弱势群体技能培训、学习型城市建设、企业

员工继续教育、社区教育以及高校继续教育、自学考试、人力资源开发、学习型城市建设等方面；基于人大复印报刊资料《成人教育学刊》数据统计，主要成人教育期刊2010年至2014年发表的成人教育学科的文章数量近千篇，其中，人大复印报刊资料《成人教育学刊》全文转载数量643篇，发表在CSSCI刊物及以上级别的成人教育类文章400余篇，研究的主题涉及“成人教育与成人学习”、“教师继续教育”、“开放大学建设”、“社区教育”、“现代远程教育与教学改革”、“终身教育与终身学习”以及“农民工等弱势群体教育”、“成人教育比较研究”等相关内容，这些研究内容将继续成为今后时期成人教育理论研究的重点和方向。

## 二、学术发展的主要内容及特点

### （一）成人教育研究的多维视域

随着成人教育理论与实践的不断开展，对此过程所产生的问题的相关研究与反思也不断展开，随着研究视域的不断扩充，很多学者从不同的角度对相关问题进行研究，丰富了成人教育学的学科内涵，扩展了成人教育学的学科外延，在这种学术争鸣的氛围下，成人教育学的学科内容得以不断丰满，程度不断加深，其影响力也得以不断扩展。

#### 1. 成人教育学科的进展与反思

20世纪，我国成人教育学的发展经历了初建、重建、停滞、再建、发展和成形六个阶段，回顾20世纪我国成人教育学学科建设，有学者提出当前我国成人教育学学科发展亟待解决五个方面的问题：成人教育学的学科独立地位；成人教育学与其他学科的关系；成人教育学的国际责任；成人教育学和成人教育实践的关系；成人教育学学科研究队伍建设。[①] 从批判与重建的角度出发，有学者认为，中国成人教育学学科研究的关键在于立

① 侯怀银，吕慧.20世纪我国成人教育学学科建设的本土探索［J］.教育理论与实践，2013（7）.

即着手进行社会组织体系的健全与完善，这时应把构建现代成人教育作为特定组织目标，使之对中国成人教育学学科重建给出富有实际价值的引导。①

#### 2. 多理论视角探究成人教育学科发展

借鉴、吸收其他学科的理论，不断丰富成人教育学学科的研究内容，已成为成人教育理论研究者的关注点之一。转变学习理论对建构主义理论、哈贝马斯的社会学理论和弗莱雷的解放理论等进行消化和吸收，同时又以生活情境下丰富多彩的成人学习现象为现实基础，形成了较为系统和完善的理论体系，是西方成人教育学界自20世纪70年代末以来持续探讨成人如何学习的一项重要研究成果。② 对教师学习的研究应该用哲学的思维态度，即认识、批判、思考教师质变学习如何可能的问题。有学者通过分析找到教师学习的现实缺失，从而论证教师质变学习的“在场”是由教师学习的作为人的发展价值取向所决定的，以学者想象的“思想实验”方式进一步论证了教师质变学习的支架与路径。③

### （二）终身教育体系中重大问题的探讨不断深化

#### 1. 终身教育体系的构架研究渐趋完善

“终身教育”是20世纪以来世界上最有影响力的教育思潮之一。有学者借助福柯的“话语实践”的分析框架，运用N-Vivo8.0对联合国教科文组织的“终身教育”政策文本进行编码分析研究发现，“终身”的哲学根源是回归人的价值理性，彰显人、制度和合作的力量，这也正是“终身教育”今天拥有如此旺盛生命力的原因。④ 确立终身教育体制的基本理念，促进受教育者终身学习，不断提高学习能力和个人的综合素质，已经成为

---

① 曾青云、许伶军．当代中国成人教育：批判与重建——基于社会变革的视角［J］．职教通讯，2014（1）．

② 朱敏．西方成人质变学习理论发展的比较研究［J］．当代教师教育，2011（3）．

③ 伍叶琴．教师学习的现实深描与学者想象——基于成人教育哲学视域结构的分析［J］．教师教育研究，2013（3）．

④ 滕珺．回归人的价值理性——联合国教育文组织“终身教育”的话语实践分析［J］．比较教育研究，2011（4）．

世界各国教育发展的根本趋势及其政策原则和目标。[①] 因此，我们必须从各区域自身情况出发，找到相应的突破口，如加强终身教育立法，是保障教育体系的有效构建；加快开放大学建设，是巩固终身教育活动的主要阵地；积极开展社区教育，是夯实终身教育体系的重要基础。[②]

### 2. 终身教育政策研究如火如荼

自20世纪60年代以来，终身教育理念在联合国教科文组织、经济合作与发展组织等国际组织和机构的推动下，历经半个世纪的发展，已从理念的倡导逐渐发展成为一项国际性的政策与战略，一些先进国家已通过政策的制定及立法的手段，实现了终身教育由一种“空想”的理论向具体实践的转型。但成人教育政策更多地成为“社会控制的工具”，许多国家缺少对成人教育政策的整体处理方式，因此，制定相关政策特别应注重不同部门的整合性合作，提高资源与政策的运行效率。[③] 中国终身教育立法正日益引起社会的关注，总的来看，近年来有关终身教育立法的相关研究大多是基于国际比较的视域而展开，如借鉴国外终身教育法诞生的经验，分析我国终身教育立法需要夯实的基础条件，有助于更有针对性地做好推进工作，使得终身教育立法工作的更具可操作性。[④] 我国国家层面的立法虽尚未完成，但通过对现有法律政策及其实践的分析，可以勾勒出未来中国终身教育政策的基本框架，从而进一步明确未来中国终身教育政策的着力点和基本走向，如确立终身教育的责任主体、改革主体、服务体系、学习机制等。[⑤]

### 3. 终身教育立交桥和学分银行建设研究成为热点

《教育规划纲要》中明确提出，要构建灵活开放的终身教育体系，建

---

① 徐冰．浅析终身教育体系的理念与意义［J］．教育教学论坛，2013（16）．

② 刘晓平．努力构建和完善终身教育体系［N］．河北日报，2013-04-10．

③ 欧阳忠明，肖玉梅．全球成人教育政策的现实图景与实践走向［J］．现代远程教育研究，2013（1）．

④ 桑宁霞，文伟斌．中国终身教育法诞生的保障机制研究——基于国际视野的研究［J］．中国职业技术教育，2014（20）．

⑤ 桑宁霞，渠佳敏．终身教育法规的借鉴与重构——《太原市终身教育促进条例》评析［J］．河北大学成人教育学院学报，2013（2）．

立继续教育学分积累与转换制度，实现不同类型学习成果的互认和衔接。学分银行旨在为学习者搭建终身学习的“立交桥”，它是以终身教育学分认定、积累和转换为主要功能的学习成果认证管理中心和转换服务平台。近年来，联合国教科文组织成员国的终身学习政策与实践的发展显示，年轻人和成人在生活经验中对于知识、技能与竞争力获取的需求日益增长，对于各种学习成果的认证，应该成为建立终身教育体系和学习型社会的一个重要环节。[①] 随着终身教育和终身学习理念的日益渗透，许多国家都把建立学分银行作为将终身教育理念转变为实践的一种切实可行的措施推广，我国北京、上海等地也相继展开了有关学分银行建设的理论与实践研究。[②] 结合国际经验和我国实际，我国学分银行应采取建立国家层面的学习成果认证、积累与转换制度模式，应在大量研究和调查的基础上，进行整体设计，建立继续教育协调机构、学习成果框架和标准体系，并通过国际合作和试点，协调、稳步推进学分银行建设实践。[③] 成人教育学分银行制度建设的核心在于学分互换，即建立学分转换对接体系、学分转换评价体系、学分保障体系。[④] 应从顶层设计、法规建设、公益性手段、质量规范等现实问题入手，从而夯实终身学习“立交桥”的基础。[⑤]

#### 4. 学习型城市建设研究取得突破

知识化、信息化、智能化时代的全面到来，意味着学习型社会建设势必成为当今社会发展的大势，而学习型城市建设是实现学习型社会的重要步骤与衡量标准。目前，世界上超过 1000 座城市和地区已经把建设学习型、教育型城市作为城市的发展目标，许多城市积极参与相关国际政策交流、行动研究、能力建设和相互学习，如 2013 年全球首届学习型城市大会在北京召开，讨论了学习型城市的主要指标，并通过了《建设学习型城市

---

① 杨进．对非正规和无一定形式学习成果的认可、核定与认证在推进终身学习中的作用［J］．开放教育研究，2012（1）．

② 汤诗华，等．我国学分银行研究与实践述评［J］．中国远程教育，2013（5）．

③ 李林曙，等．我国学分银行制度建设的模式、途径与策略［J］．现代远程教育研究，2013（6）．

④ 王贺元，乐传永．论成人教育学分银行制度建设中学分转换体系的构建［J］．教育学术月刊，2010（6）．

⑤ 刘素绢．“学分银行”如何夯实终身学习“立交桥”基础［N］．光明日报，2013-10-09．

北京宣言》和《学习型城市的主要特征》两个文件，明确了学习型城市的基本特征，提出了建设学习型城市的主要战略，① 有学者对联合国教科文组织新近发布的全球学习型城市评价指标体系的初步框架进行了解读。整个框架从“为什么”、“是什么”和“怎样做”三个逻辑源点出发，以“学习型城市建设增加的裨益”、“学习型城市建设的主要支柱”和“学习型城市建设的基本条件”为三个一级指标，并分别列出若干个二级和三级指标，形成了学习型城市评价指标体系，以期促进学习型城市的构建与发展。②

### （三）继续教育转型与发展研究备受关注

党的十八大报告强调“积极发展继续教育，完善终身教育体系”，表明国家从政策层面对继续教育的肯定，并对继续教育寄予厚望，继续教育应顺应经济发展的趋势，为创新型国家建设、经济发展方式转变和人才强国战略服务。

#### 1.“继续教育”与“成人教育”概念的辨析日趋明朗

《教育规划纲要》中“成人教育”一词完全由“继续教育”所代替，引发了学界关于“成人教育”与“继续教育”两者概念联系与区别的大讨论。从历史沿革看，我国多将继续教育视为成人教育体系中的一部分，约在 2002 年开始，国家政策文件常同时出现两个词汇，但在 2007 年之后，国家政策文件偏向于“继续教育”。③ 在这种逐渐转变的过程中，我们需要将这些变化的依据和价值梳理清楚，才能解除成人教育理论或实践工作者的疑问与困惑，从而利于国家语言系统的统一和国家政策的制定与执行。我国的“成人教育”一词出现在 20 世纪六七十年代。根据《成人教育大辞典》的定义，“成人”应该是一个进入了生理成熟期，心理和情绪等达

---

① 谢伊青．全球首届学习型城市大会在京召开［J］．成才与就业，2013（21）．

② 高志敏，等．帕提农神庙・学习型城市——UNESCO 全球学习型城市评价指标体系解读［J］．教育发展研究，2013（11）．

③ 龙汛恒，马林．从“成人教育”到“继续教育”：政策导向性的转变［J］．当代继续教育，2013（6）．

到成熟，能扮演社会成人角色，参加全日制工作，履行公民、配偶、父母的权利和义务，享有法律上的权利。继续教育的概念产生于西方的“继续工程教育”一词，原意主要是把工程技术人员作为再教育对象，后来理解为完成继续教育之后针对成人所进行的教育，我国于 1979 年正式引入该概念以来，不同学者基于不同的立场、价值观对此概念进行了界定与评价。如顾明远先生认为，“继续教育”是以已经获得一定的学历并已参加工作的人员为教育对象，旨在更新和补充知识、提升社会和工作适应能力所进行的各种各样的教育活动；我国《关于改革和发展成人高等教育的意见》(1987 年）等正式法规却较为一致地认为，“继续教育”是指以具有大学专科以上学历和中级以上职称的专业技术人员和管理人员为对象的再教育活动，① 这是“继续教育”与“成人教育”两者联系与区别的重要内容之一。据此，学者们认为，《教育规划纲要》中以“继续教育”代替“成人教育”在理论上是错误的，逻辑上是矛盾的，思维是混乱的，实践上也是难以令人接受和根本行不通的。② 但是，由于 20 世纪 90 年代中后期“继续教育”概念的内涵不断泛化、外延逐渐延伸，继续教育界限也越来越模糊，与成人教育的概念呈现出交叉重叠的混乱局面。为了解决上述问题，有学者从需要与国家原有的语言系统保持一致、顺应时代发展所要求的价值观以及落实先进教育理念、构建终身教育体系以及适应国家概念变化、与国际继续教育发展接轨等角度出发，认可了用“继续教育”取代“成人教育”这一转变。随着“继续教育”一词在理论与实践领域不断得以应用，尽管仍有学者对此问题持保留意见，但也在某种程度上接受了这一既定事实，毕竟，无论是使用“成人教育”还是“继续教育”，都改变不了面向成人群体提供各类学历或非学历教育的这种教学活动的根本性质。而且实际情况是，众多成人院校更名为继续教育学院，这也是在实际行动上对国家对“继续教育”这一概念使用的回应与认可。

---

① 侯同运．继续教育概念辨析与基本特征研究［J］．河北大学成人教育学院学报，2013（1）．

② 龙汛恒，马林．从“成人教育”到“继续教育”：政策导向性的转变［J］．当代继续教育，2013（6）．

### 2. 高校继续教育的定位与转型研究重点突出

《教育规划纲要》要求，“更新继续教育观念，加大投入力度，以加强人力资源能力建设为核心，大力发展非学历继续教育，稳步发展学历继续教育”。这就明确了继续教育的定位与发展方向问题，[①] 即继续教育要获得持续发展，必须打造品牌特色。大学继续教育是大学品牌的重要组成部分，是大学功能得以实现的重要途径，应与大学品牌形成互动关系。[②] 但从发展现状看，高校继续教育还存在不少问题，高校继续教育应该更新观念、创新管理运行体制机制、建立教育培训机构联盟、构建基于网络的开放式终身教育平台、调整培训项目结构，以适应社会的发展要求。[③] 在转型期，高校学历与非学历继续教育也面临发展困境，整合学历与非学历教育能够破解发展的困境，实现人员互补、教学相长、资源共享、市场共赢之利，这是一项系统工程，需要从组织体系、营销体系、教学体系以及学生服务体系四个方面系统整合。[④] 在此过程中，高校成人院校需要增强整体自我办学实力，高质量完成学历教育、非学历继续教育等人才培养目标，全面提升成人教育学院服务地方经济与社会发展的能力建设。[⑤] 既要高起点快速地走完发达国家已经完成的历程，又要紧跟世界最新发展前沿形成自己的优势，必须从理论、政策、目标、模式、对策等方面加以创新，制定特色鲜明的发展战略，形成优势明显的发展优势，更好呼应社会与市场发展的需求。

### 3. 行业继续教育的创新研究日趋丰富

各行各业的继续教育不仅在有条不紊地展开，而且在此基础上的经验反思与理论提升的成果也不断涌现。各大行业如建材行业、会计行业、军队、医疗机构等在开展继续教育的过程中，都会遇到各种各样的困境，或者是源于单位或学员对继续教育意义的漠视；或是因为教育形式单一、教

---

① 高丽萍．继续教育在终身教育体系中的重要作用［J］．新课程研究·高等教育，2013（2）．

② 刘广送，李春亮．大学继续教育品牌建设相关概念浅析［J］．继续教育，2014（3）．

③ 孟至和，等．后金融危机时代高校继续教育发展的思考［J］．继续教育，2012（6）．

④ 曾祥跃．以整合促发展：高校学历与非学历继续教育的整合之策［J］．当代继续教育，2014（3）．

⑤ 方莹芬．我国成人院校转型发展的能力建设研究［J］．职教通讯，2013（13）．

学方法单调，培训模式无特色、教学内容与实际需求脱节等问题，这都在某种程度上阻碍了继续教育工作的开展及其有效性的发挥。为了高效地解决这些问题，需要根据各行业的特色，在分析各行业员工继续教育需求的基础上，创新继续教育培养模式。① 从观念、培训模式、教学形式加以突破，积极更新观念，确立超前观念、开放观念、应用观念；要遵循形式多样，突出特色的基本原则，革新原有的培训模式；教学形式方面，要丰富远程教育教学模式，探索网络培训教学模式，充分利用网上会议系统，逐步完善继续教育培训模式。② 建立健全职业道德评价体系，加强职业道德教育。③

### （四）城镇化背景下的农民城市融入问题研究成为关注焦点

#### 1. 关注新市民角色转换研究

新市民角色转换是随着产业结构的调整和城市化进程的加快，农村的大量土地被征用，大量的乡村撤村建居，成立农村居民社区，居住于其中的村民身份发生变化——由农民转换成城市的“新市民”，在此过程中，产生文化冲突与身份变化问题。随着新市民对城市社会经济、文化、政治的影响也越来越大，他们综合素质的提高对城市化进程的速度、好坏具有决定性意义。成人教育不仅可以帮助新市民掌握城市生存所需要的技术、技能，更重要的是帮助他们更好地适应城市生活，消解由于身份转换带来的焦虑。④

#### 2. 关注农民工城市融入问题研究

改革开放以来，我国城镇化程度不断提高，产生了 2.5 亿的半城镇化人口，并产生了我国独有的农民工问题。在农民工社会融入问题上，不论从客观上增加农民工的城市融入能力，还是从主观上增加农民工的社会融

---

① 冉利龙，王营池．我国建材行业继续教育现状分析及思考［J］．成人教育，2013（8）．

② 唐煌，等．对军队开展继续教育工作的几点思考［J］．继续教育，2013（3）．

③ 徐铮．会计人员继续教育存在的问题及现实路径［J］．南通纺织职业技术学院学报：综合版，2013（1）．

④ 卢美芬．成人教育在“村转居”新市民角色转换中的作用［J］．教育发展研究，2013（5）．

入意愿，教育都是一个既注重现实需求又关注长远发展的解决方式。[①] 城镇化意味着从农村生活方式向城市生活方式发展和质变的过程，新生代农民工的城市适应实质上就是接受城市生活结构、社会行动影响并自我调整的过程。有学者认为，通过质变学习策略，运用已有经验，开展批判性反思，探究自身城市生活困境，由“他为”变为“自为”地进行意义构建，促进新生代农民工的社会角色转变。[②] 受收入水平、工作和生活环境、社会融入状况、自我发展能力、学习能力和文化程度等诸多因素的影响，农民工幸福感偏低，成人教育应该通过提升技能水平、促进经济融入、重视社交平台，促进社会融入、增进城市认同、促进心理融入等内容，真正消解新生代农民工的心理隔阂与认知隔阂。[③]

### 3. 关注农民学习意愿的调查研究

城镇化的核心是人的城镇化，关键是提高城镇化居民的综合素质，这是一个相对漫长、需要一个持续培训学习的过程。有效地促进农民工的社会融入程度，教育培训是非常重要的方式与手段，要达成此目标，必须了解农民工的学习能力、学习需求与学习愿望。根据中国青少年研究中心的调查显示，97%的新生代农民工表示愿意继续学习，他们对于文化知识、专业知识有极强的探求欲和积极的进取精神。但与此同时，仍有五分之一的人没有接受过职业培训。目前，农村青少年有着日益增长的通过多样化学习改善生活处境的愿望。[④] 新生代农民工受教育水平和职业技能培训水平相对于传统农民工有所提高，其教育需求十分强烈，渴望通过教育手段提升自身的素质水平。[⑤] 宜采用公共和个人联合供给且联合融资模式，实行国家补贴机制；采用失业保险制度，构建待遇规范模型评估指标体系，

---

① 杨良刚．关于新型城镇化下教育与农民工社会融入关系的研究［D］．武汉：华中师范大学，2013.

② 刘奉越．基于新生代农民工城市适应主体性障碍的质变学习［J］．现代远程教育研究，2012（6）．

③ 刘雅婷．新生代农民工城市融入及成人教育应对——基于山东省济宁市、泰安市分析［J］．中国成人教育，2014（15）．

④ 曾天山，周越．我国农村青少年流动人员学习需求的调查分析［J］．教育研究，2010（3）．

⑤ 李雪燕．新生代农民工教育需求转化困难的表现及对策［J］．西北成人教育学报，2013（6）．

以促进就业和预防失业。[①] 可以构建教育平台，积极开展农民创业教育；构建校企联合办学平台，创新开展劳动力转移培训；构建农科教结合示范基地平台，有效开展农业实用技术和实用人才培训。[②] 此外，地方高校教育资源应该融入新生代农民工的社区教育体系，通过所形成的高校文化氛围、科研优势、教学资源，为新生代农民工社区教育发展规划提供智力咨询，为新时代农民工参与学习创造文化氛围，提供优质资源。[③]

### （五）远程教育发展中的新动向备受瞩目

远程教育作为推动我国终身学习的重要手段和教育途径，是传统的学校教育的重要补充，由于现代技术的发展，远程教育的发展也正在经历着深刻的变化，其发展热点主要包括以下几个方面的内容。

#### 1. MOOCs 成为远程教育相关研究的高频词

MOOCs（Massive Open Online Courses）是互联网时代教育发展的产物，凸显了信息技术对于教育的深刻影响，从诞生开始就和信息技术、教育信息化密不可分。最近两年来，MOOCs 触动了高校教育改革的神经，成为当前教育改革中的最强音。作为大规模的开放在线课程，如何充分释放它的正能量，有学者从梳理 MOOCs 与开放教育之间的渊源出发，解析了 MOOCs 所具有的开放教育属性。[④] MOOCs 的优势在于开放、免费、受众面大、学习意愿强，课程不限于一个教育机构，多元化、新颖且质量较高，[⑤] 在运行机制方面的探索将给远程教育的发展以新的启示。当然，MOOCs 本身也有不容忽视的缺陷，仅以名校声誉作为质量保障的基础，缺乏有效的学习支持服务，也不具备系统完整的教学管理体系。[⑥] 应该反思的是，

---

① 戴建兵，等．我国农民工教育培训需求确定与补贴提供机制探讨［J］．现代远程教育研究，2012（6）．

② 王昕．农民对继续教育和学习需求的分析与思考［J］．中国职工教育，2013（10）．

③ 滕杰．地方高校与新生代农民工社区教育资源的融合机制研究［J］．中国成人教育，2013（1）．

④ 祝智庭，等．观照 MOOCs 的开放教育正能量［J］．开放教育研究，2013（6）．

⑤ 郝丹．MOOC：颠覆与创新？——第 4 次“中国远程教育青年学者论坛”综述［J］．中国远程教育，2013（11）．

⑥ 姚媛，等．MOOCs 与远程教育运行机制的比较研究［J］．远程教育杂志，2013（6）．

MOOCs 到底会给远程教育带来何种影响；清华大学、北京大学、复旦大学等国内知名高校加入国外 MOOCs 网站，应如何打造自己的 MOOCs 品牌。作为教学点覆盖全国的远程教育机构，唯有借鉴他人经验，同时，培养自己的核心能力，并拓展不同领域，聚合各种优质学习资源，加强教学设计和教学过程的引导、支持与服务，打造自己的 MOOCs，才能践行终身学习理念的学习责任与使命。①

### 2. 云计算技术与远程教育深度融合研究备受关注

随着用户规模的扩充，学习需求的多样化、软硬件更新速度加剧等诸多因素的影响，传统的远程教育平台的缺点逐渐显示出来。云计算技术的出现为远程教育的发展注入了新的活力，为远程教育带来了更高层次的变化，也为学习者获取更好的教学支持服务提供了技术支撑。建立统一高效的远程教育云平台，将减少资源浪费、缩小地区差异、促进教育均衡发展，使得时时、处处学习成为可能。② 通过整体融合，必将为网络远程教育的实现带来更多的有利因素，可以有效实现教学资源的共享、教学条件的改善等，创造移动改变生活的美好场景。目前，我国远程教育存在两方面的问题：一方面，是硬问题，即技术上存在一些达不到的问题，比如信息传输的带宽，网络资源配置等问题；另一方面，是软问题，如网络交互性问题，网络教育资源匮乏等问题。③ 此外，传统的基于 B/S 的远程教育系统的信息存贮与传输受到服务器性能与网络带宽的影响，对此问题加以改善，可以进一步提高远程教育的稳定性与资源的利用效率。④

### 3. “三农”发展过程中远程教育的应用研究不断深化

科教兴农，就是全面落实科学技术是第一生产力的思想，把农业和农村经济建设转到依靠科技进步和提高农民素质上来，加速实现农业现代化和城乡一体化。现代远程教育作为科教兴农的重要手段，已得到社会各界

---

① 郝丹．MOOC：颠覆与创新？——第 4 次“中国远程教育青年学者论坛”综述［J］．中国远程教育，2013（11）．

② 方明，黄敏．基于云计算的远程教育平台建设研究［J］．南京广播电视大学学报，2013（3）．

③ 李万春．SVG 在远程教育中的技术应用［J］．电子技术与软件工程，2013（14）．

④ 王焱．基于 P2P 模式的远程教育系统资源搜索技术研究［J］．软件导刊，2013（1）．

的广泛关注。2012年初的中央一号文件提出，充分利用广播电视、报刊、互联网、手机移动终端和现代信息技术，搭建三网融合的信息服务快速通道，加强教育科技培训，全面造就新型农业农村人才队伍。因此，有学者探索现代远程教育视角下的科教兴农模式，即农民终身教育系统、农业技术推广系统和农村科教信息管理系统。① 农业广播电视学校作为全国开展农民教育培训的主渠道和主阵地，随着网络技术的迅速发展，其优势逐步弱化，需要从办校理念、政府扶持、网络体系建设、资源共享等几个方面加以重视。②

## （六）强化社区教育资源整合和社区共同体建设研究

### 1. 关注社区教育资源整合的研究

社区教育资源是指社区内一切可供组织、开发和利用的物质和精神产品的总和，社区教育要顺利开展并具可持续性，必须对社区内不同来源、不同层次、不同结构、不同内容的教育资源进行整合。③ 资源整合主要有政府统筹型、学校主导型、双向参与型、市场运作型、企业倡导型和群众合作型六种模式。④ 社区资源整合问题涉及社区的政治、经济、文化、人口等多个方面，对于社区的发展有着至关重要的影响。社区资源整合本身又是一个动态的概念，处于不断的变化之中，这就决定了资源整合问题的解决不可能局限于某一阶段或用某一方式，也不可能一朝一夕就能完成。

### 2. 关注社区共同体建设的研究

“社区共同体”的学习之所以深受市民的欢迎，是因为这种共同学习，尊重和满足了个人兴趣和学习需求，是高效而快乐的学习。但是，就目前我国情况看，社区运行的“行政化困境”和市场化带来的“功利化困境”使得社区共同体的构建十分艰巨。因此，必须从外部机制体制上、文化培

---

① 赵海霞．现代远程教育视角下的科教兴农模式研究［J］．北方经济，2013（20）．

② 李慧．新形势下农广校远程教育发展的思考［J］．湖北农业科学，2013（11）．

③ 邓思平．试论我国社区教育资源整合策略［J］．湖南科技学院学报，2013（9）．

④ 李光先．社区教育资源整合模式探讨［J］．广东广播电视大学学报，2013（1）．

育、居民的生活体验等几个方面推动社区的发展，① 其持续发展的关键就在于它能够获取足够资源②。也有学者突出强调学校教育在促进社区教育共同体建设过程中的重要作用，提出要以学校教育为龙头，实施以“学校教育学生、以学生影响家长、以家庭带动社会”的社区教育系统工程，促进市民素质的全面提高；学校充分发挥资源效益，可以为地方培养人才；对整合社区教育资源、探索双向辐射的社区教育运行机制起到积极作用。在推进社区教育健康稳步可持续发展的过程中，应立足社区实际，选择合适的社区教育资源整合模式。③

## 三、学科发展存在的主要问题

成人教育学从成立之初到现在，其发展经历过高潮与低谷的阶段，成人教育学专业的硕博士点在全国先后建立，研究领域不断扩充，研究视域不断创新，但从总体上看，还是存在着一些不容忽视的问题。

### （一）重视程度不够，发展进程缓慢

事实上，从20世纪80年代至今，我国成人教育的研究硕果累累，著作、期刊论文不断涌现，学术团队相继建立，硕士、博士点也得以先后设立，国际交流互动频繁，这都是本学科欣欣向荣、充满生机与活力的重要表现。当然，成人教育学学科发展也一直伴随着质疑之声，这些质疑或是基于对学科概念、称谓的模糊性的争论，或是基于对其属性或功能的定位，还包括对其存在必要性的反思，这对于一门正在发展壮大的学科门类来说，具有积极的意义。成人教育学学科发展面临着越来越大的阻力，其研究成果也逐步呈现萎靡的态势，原因之一是政府的关注与扶持力度问题。尽管从政策层面看，随着终身教育构建、学习型城市建设的提出，包

① 高亚芹．“共同体”概念的学术演进与社区共同体的重构［J］．文化学刊，2013（3）．

② 汪国新，孙艳雷．成员即资源：社区学习共同体内生发展规律探析［J］．职教论坛，2013（24）．

③ 刘德胜．学校——社区教育共同体建设探究［J］．金田，2013（6）．

括福建、上海、太原、宁波等地《终身教育法》的相继出台，充分肯定了作为终身教育体系重要组成部分——成人教育的重要地位；但从实际操作层面看，政府的关注重心倾向于职业教育层面。这种局面使得一些成人教育研究者的研究视角开始转向职业教育，导致对成人教育学科的漠视化与搁置化日益加深。

### （二）专业化发展仍难解决

所谓专业化是指一个普通的职业群体在一定时期内，逐渐符合专业标准、成为专门职业并获得相应的专业地位的过程。成人教育发展至今饱受质疑的原因之一就是其专业化发展问题，从某种程度上说，这也成为禁锢学科发展的瓶颈之一。专业化缺失，既包括理论研究专业队伍青黄不接，也包括学科专业化水平不高。目前，我国成人教育学术领域内存在学者队伍的结构性失衡现象，学者来源相对单一，学术界面窄狭现象严重，且现有学者队伍中所谓的“科班人员”极其匮乏，成人教育学专业迄今有限的研究生，毕业后大多未能进入成人教育研究队伍，自我造血功能不足，后继乏人情况严峻，难以产生持续性重大学术成果。[①] 由于学科本身专业化水平的过低、学科独立性较差，尚未形成一定的话语权与言说方式，导致其发展水平、程度、速度受领导者意志、政策决策、社会环境等外部因素影响较大，造成其发展的连贯性难以维持，阻碍着学科专业化水平的提高。

### （三）学术共同体的缺位

一门学科成为独立学科的重要标志是学术团队的建立，团队不仅可以发挥领头羊的作用，为研究者的学术发展起到引领作用，更重要的是促进研究者之间协同合作。虽然 20 世纪 80 年代初，全国成人教育协会、中国继续工程教育协会、中国老年教育协会以及各省成人教育协会如雨后春笋般建立，彰显出成人教育发展的旺盛生命力，但就目前来看，鲜有协会、

① 曾青云 . 论当代中国成人教育学者的使命与责任［J］. 当代继续教育，2013（1）.

政府部门就成人教育发展的现状问题或热点问题展开广泛的交流与合作。由于尚未形成整合人才、资源优势的高精专团队，以集中攻关国家重点项目与工程，使得成人教育研究无法产生较为有影响的研究成果。学术共同体的缺位，导致学科研究队伍合力难以形成，研究目标、研究中心涣散，社会影响力低下，最终成为阻碍成人教育学科发展的重要因素。

### （四）研究平台的缺失

近几年，成人教育研究数量增多，研究主题、涉猎范围广泛，但相关研究选题、内容比较分散，呈现出多元化的发展趋势，包括成人教育学相关文化研究、企业大学的战略发展、开放大学的质量研究、继续教育的劳动力市场研究、农民工的满意度等研究选题都有涉及，很难统一划分。这在某种程度上说明，目前成人教育研究出现了学术争鸣、百花齐放的现象。但无法否认与忽视的是，成人教育学科研究的深度与质量还有待提高。统计发现，发表在较高级别（CSSCI 刊物以上）的普通教育类期刊的成人教育类的科研成果少之又少。这一方面受制于成人教育学科起步晚、研究队伍总体素质不高等因素，更为重要的原因是平台的缺失，成人教育类的相关杂志数量太少，除《开放教育研究》、《远程教育杂志》和《现代远距离教育》等为 CSSCI 类刊物外，其他的杂志都名不见经传、影响力低。因此，提升成人教育学科的学术水平和学术地位，增加、提升、搭建更多的研究平台，是目前成人教育学科亟待解决的重要问题。

## 四、学科未来的发展趋势

纵观近几年我国成人教育学科的发展，我国成人教育学的发展态势良好。构建“处处学习、人人学习”的学习型社会，需要成人教育学，成人教育学学科也在不断参与社会经济发展、提升全民综合素质的过程中得以不断成长与壮大。在此过程中，成人教育学者不断关注相关领域的研究，积极总结经验与教训，从而更好地服务社会发展和个体提升。

**（一）研究方法：趋向多元化，实证研究方法渐受青睐**

从研究方法看，目前的学术研究在某种程度上呈现出唯方法论的倾向，即在确定研究主题之前，一些研究者就已经确定了运用实证的研究方法的思路，而非根据其研究内容而选择最契合的研究方式，长此以往，必将产生本末倒置的后果，这是今后在研究过程中需要注意问题之一。通过对近年来成人教育学科的研究内容进行分析，我们发现，虽然分析法仍然是成人教育领域使用最多的研究方法，但也逐渐向实证方法倾斜，更多的学者开始尝试使用多元化的研究方法，除了单纯的思辨外，个案法、统计分析、叙事法和访谈法等都成为研究过程中较为常用的方式。这也可以看出，研究者方法论意识与水平的提高，实证研究也将是今后研究者所更为倾向使用的重要工具，这也将成为成人教育学学科走向科学化与专业化的重要标志之一。

**（二）价值取向：实践导向类仍是关注重点**

从价值取向看，近年来成人教育学学科的发展仍然延续了以往的研究特点，即这种“少谈主义、多谈问题”的倾向，理论研究开始逐渐让位于对解决社会实践问题的追求，无论是城镇化进程中农民的素质培训问题、信息化进程中远程教育与新技术的结合问题、成人教育创新人才的培养问题，抑或是成人高等教育人才培养体系研究与实践问题，都是立足于解决成人教育教学实践过程中所产生的问题，或就对成人培训工作中所取得的经验、教训展开反思。这一方面是由成人教育学科特点所致，即实践指导性所决定的；另一方面，也是成人教育发展到特定阶段的必然结果。随着这一取向特点，也将是该学科发展的主流。当然，我们也发现，有关于成人教育学的相关研究也并未停止，对成人教育基本理论的思考也一直在持续着，这是学科存在与发展的重要前提与基本保障。

**（三）研究视角：开放学习，总结反思**

随着终身教育、终身学习思潮全球化蔓延的态势，在基于合作、交流、达成共识前提下，以更加开放的心态来接纳、学习国外先进的经验并展开反思，这必然是今后本学科发展的重要内容。有学者提出，我国成人教育的改革与发展应该根据联合国教科文组织所倡导的理念以及国际成人教育界达成的共识，来加强成人教育研究和学科建设等工作。[①] 目前，全球成人教育实践呈现多元化发展特征，成人教育政策必须是动态化的延续发展，因此，全球成人教育政策的实践走向拓展了我国成人教育政策实践的空间。[②] 今后有关国外成人教育的成果，包括政策类、课程类、信息类的题材将会受到更多研究者的青睐，受到外界更多的关注。

### （四）研究热点：学分银行与学习型城市建设研究

根据中共十八届三中全会所提出的“试行普通高校、高职院校、成人高校之间学分互换，拓宽终身学习通道”内容，再加上终身教育体系构建的必然要求，学分银行的相关研究，包括学分银行制度建设模式与策略的选择问题、立法问题、价值问题、功能问题、运用问题等。随着 2013 年 10 月国际学习型城市大会在北京召开，学习型城市建设包括评价指标体系构建问题、内容分析、品牌建设问题等问题引发学界广泛关注。事实上，这些从近年来《成人教育学刊》的转载情况也可以看出端倪。随着相关理论的引导、相关实践活动的逐步深入展开，这两大主题将是本学科今后发展的持续热点。

---

① 谢国东．国际成人教育共识与我国成人教育的改革和发展［J］．教育研究，2013（4）．

② 欧阳忠明，肖玉梅．全球成人教育政策的现实图景与实践走向［J］．现代远程教育研究，2013（1）．

# 第十章

# 职业技术教育学

## 一、学科发展概况

2013年，在国家政治、经济、文化、教育等各项事业全面深化改革的宏观背景之下，我国职业教育事业全面推进，综合改革扎实开展，在诸多领域和环节取得了新进展和新突破。例如，1000所国家中等职业教育改革发展示范学校建设完成布点，《中等职业学校教师专业试行标准》颁布，高等职业教育考试招生制度改革破冰，高职院校专业服务产业发展能力项目完成国家验收，等等。在这一年里，中国职业技术教育学会第四次会员代表大会在北京召开，会议修订了《中国职业技术教育学会章程》，选举产生了第四届理事会及领导机构，新一届理事会承前启后、继往开来，对于我国职业教育紧扣时代脉搏，集聚社会各方面力量，围绕中心、服务大局，更好地发挥社会团体的作用，具有重要意义。中国职业技术教育学会学术年会在武汉隆重召开，由中国职业技术教育学会学术委员会主办的"农村职业教育与新型城镇化建设学术论坛"在河北召开，会议总结交流一年来广大会员的学术研究成果，探讨现代职业教育发展的热点问题，为推动我国职业教育学科更好更快地发展献计献策。我国职业教育工作者围绕职业教育改革和发展中的重大理论和现实问题，开展广泛、深入的研究，学术气氛活跃，学术成果丰富，为我国现代职业教育改革发展提供了有力的学术支撑。

从学术研究及其成果来看，2013 年我国职业教育研究主要呈现出以下五大特点。

第一，研究队伍平稳壮大。目前，我国职业教育学形成了一批比较稳定的学术研究队伍，推进了职业教育学术研究发展。在此基础上，2013 年，又有可喜的变化：一是越来越多的年轻学者投入职业教育研究；二是更多的高职、中职院校教师加入到职业教育研究队伍当中；三是更多的"局外人"加入到了职业教育学科研究队伍中来。毫无疑问，研究队伍的壮大为职业教育研究注入了更充沛的力量。

第二，研究主题纵深推进、跨界明显。除了延续 2012 年的部分研究主题之外，2013 年学者们对现代职业教育体系建设、新型城镇化与职业教育改革发展、职业教育制度政策改革等问题给予了更广泛深入的研究。职业教育研究在主题分布上不但覆盖面较广，而且重点比较突出。另外，研究主题还明显表现出"跨界性"的特点，更多研究者运用政治学、经济学、管理学等不同学科的理论和方法研究职业教育问题。

第三，研究平台更加多元、高端。一方面，从 2013 年度学者们发表或出版的论文、著作来看，相当多的研究属于国家社科基金、教育部哲学社会科学研究重大课题攻关项目、全国教育科学规划项目以及其他省部级项目的资助成果，说明国家的支持使得职业教育研究拥有了更高的研究平台；另一方面，从 2013 年度学者们发表论文的刊物来看，除了职教领域四大核心刊物之外，更多职业教育学研究成果发表在其他核心刊物上，甚至发表在国外 SSCI 刊物上①，表明职业教育科研平台不但更加多元，而且更加高端。

第四，研究方法日渐规范，实证研究受到重视。2013 年，职业教育研究既有一定数量以演绎思辨为方法的成果，也出现了一批基于实证的研究

① Weiping Shi. Issues and Problems in the Current Development of Vocational Education in China [J]. Chinese Education & Society, 2013 (4).

成果。越来越多的学者不仅提出所谓的“新观点”，也强调实证调查、数据搜集和行动探索，注重用实证检验的结论来分析、回答职业教育发展过程中面对的现实问题。另外，从研究方法的使用来看，也越来越趋向规范化。

第五，研究取向转向借鉴移植与本土建构并重。2013年，研究者继续关注国外职业教育发展动态，注重对涌现出的职业教育新思想、新理论、新方法进行借鉴；同时，也出现了一大批梳理、总结、反思我国职业教育各个方面发展历程的成果，以及扎根于我国国情和职业教育发展实际，具有系统、广度和深度的本土建构性研究成果。可以看到，关注、研究、解决本土职业教育发展问题已经成为学界的自觉意识，我国职业教育学研究已经从过分注重“借鉴性、移植性研究”转向了借鉴移植与本土建构并重。

## 二、主要学术成果和创新

以2013年度学界围绕职业教育所公开发表的学术论文、学术著作为分析材料，采用主题类型划分、关键词分析等方法，发现2013年职业教育学科主要学术成果集中在10个一级问题域、23个二级问题域上面。其中，可将职业教育基本理论、职业教育国家制度和国家政策、现代职业教育体系建设、新型城镇化与职业教育发展、职业教育质量保障和评价5个一级问题域归为宏观层面的研究；将区域职业教育发展改革、职业教育办学模式改革、职业教育人才培养模式改革等四个一级问题域归为中观层面的研究；将职业教育课程与教学、职业教育教师专业化两个一级问题域归为微观层面的研究。以下，将依照宏观、中观、微观三个研究层次依次展现十大问题域的主要观点和创新。

### （一）职业教育基本理论研究

职业教育学在中国起步较晚，是一门相对年轻的学科。尽管经过几十年的发展，我国已经在行政体系层面和学校体系层面建立起了较为完善的职业教育体系，但中国特色职业教育理论体系的建立却相对滞后。在我国当前及今后的职业教育发展历程中，建构职业教育理论体系是职业教育发展的前提与动力基础，强化职业教育理论研究是职业教育发展的应然取向。2013 年，研究者一如既往地探寻了职业教育基本理论问题，并取得了较多高质量的研究成果，相关成果主要聚焦在三大问题上，即职业教育本质属性及价值问题、职业教育学科体系建设及创新问题以及职业教育历史梳理及借鉴问题。

### 1. 职业教育本质属性及价值

职业教育公益性程度和实现形式等问题一直存在着较大的理论争议和实践反复。就此问题，有研究强调，现阶段我国强化职业教育公益性质极其必要，但是，要真正准确认识并实践职业教育的公益性，则务必扫清一些认识和实践误区，如认为职业教育公益性等于国家全包，认为职业教育主要是市场责任、片面强调职业教育的经济功能、实践上片面强调职业教育的“多渠道”成本分担机制。[①] 同时，我们也要清楚认识到，当前我国职业教育公益性质的实现程度并不高，如何更有效地实现依然是一个很重要的课题，需要各方面尤其是政府的不断努力。[②]

作为以培养技术技能型人才为己任的教育类型，就“职业教育究竟应当培养什么样的人”这个问题而言，随着经济社会的发展、哲学思潮的演变，问题的答案不断被赋予新的时代意义。有研究认为，现代职业教育并不是一种单纯的职业培训，而是一种与复杂的职业环境相联系的“教育”形式，为此，现代职业教育必须以培养具有“真善美”统一的完满职业人格的职业人为终极目的，并围绕此目的建构与之相适应的完整的课程体系、彰显主体观照的教学实践。[③] 有研究深刻揭示了 20 世纪 80 年代以后技术哲学的“经验转向”思潮及其对职业教育的深刻影响，认为经验始终

① 和震. 论职业教育的公益性质及其分类［J］. 中国高教研，2013（2）.

② 杨卫安，邬志辉. 我国职业教育公益性程度实现状况分析［J］. 教育理论与实践，2013（27）.

③ 陈鹏，庞学光. 培养完满的职业人——关于现代职业教育的理论构思［J］. 教育研究，2013（1）.

是职业教育学习的价值原点，因此，技术哲学的“经验转向”思潮对中国现代职业教育发展提出了新的时代诉求：培养自由而负责任的现代职业人、孕育与传播绿色工业文化以及探索实践逻辑对接技术伦理的职业教育模式。① 另有研究指出，在中国迈向现代化的路程中，职业教育可以在使受教育者形成现代人格方面有所作为，正确定位职业教育在中国现代化过程中的作用、改革职业教育管理体制、改变对职业教育的功利观点等是发展或者改革职业教育以利于受教育者形成现代人格的途径。②

### 2. 职业教育学科体系构建及创新

在我国职业教育新的历史发展时期，构建职业教育学科基本框架，形成中国特色的职业教育学科体系，是一个值得深入探讨的议题。

有研究指出，我国职业教育学科自觉的缺乏使职业教育研究存在研究成果理性水平低、简单地以行政推动实践代替学理研究、照搬国外职业教育理论、以普通教育理论演绎职业教育理论等问题，职业教育改革与发展实践呼唤职业教育的学科自觉。对此，职业教育理论工作者应自觉地肩负起学科建设的使命，确立职业教育学科的元概念，形成独立的学科基本概念；明确职业教育学科定位，确立学科建制；克服“学术自由主义”，凝练职业教育学科方向。③ 有研究指出，当下我国职业教育学科体系建设还存在学科概念系统尚未成熟、将教材体系等同于学科体系、逻辑结构不清晰、内容上的模仿与移植等问题，职业教育学可尝试按照科学职业教育理论、哲学职业教育理论和实践职业教育理论“三分法”模式进行学科体系的构建。④ 有研究认为，在多元文化背景下仅靠单维的标准难以划分职业教育学科体系，只有借助多种学科划分理论（情景理论、结构理论、层级理论），同时遵循事实性、科学性、发展性的原则，才能构建职业教育学科多元化的体系与框架。⑤

---

① 文静，薛栋．技术哲学的“经验转向”与中国职业教育发展［J］．教育研究，2013（8）．

② 庄西真．职业教育对国家现代化的意义——从现代人格特质形成的视角［J］．江苏教育研究，2013（9）．

③ 肖凤翔，唐锡海．我国职业教育学科自觉的思考［J］．教育研究，2013（1）．

④ 马君，周志刚．论职业教育学学科体系的构建［J］．天津大学学报：社会科学版，2013（5）．

⑤ 周明星，周雨可．职业教育学科体系划分：理论与框架［J］．职教论坛，2013（7）．

### 3. 职业教育历史梳理及借鉴

梳理我国职业教育的发展脉络和关键事件，重拾职业教育历史人士的思想观点，能够起到以古鉴今，为当今职业教育发展提供相应理论指导的作用。

有研究系统梳理了晚清时期我国技术教育、实业教育的思想发展，剖析了其对我国近代教育思想发展的意义和局限。① 有研究从清末民初职业教育的体制制度化、学科专业化、办学力量大众化、学术思想多元化、发展模式本土化等几个方面出发，廓清了中国职业教育早期现代化的完整脉络，并提出：中国的职业教育教育现代化开始于洋务运动时期，而且，正是中国职业教育的早期现代化开启了中国教育现代化这股洪流的闸门。② 有研究再现了民国时期我国众多知识分子“职教救国”信念和实践，及其在现实中遭受到的“学”“用”脱离、传统观念鄙薄职业教育、外来理论难以适应本国需要的时代境遇。③ 有研究将新中国成立以后我国职教期刊的历史发展分为恢复与快速发展（1980—1996 年）、整顿治理与优化（1997—2002 年）、规模发展与品质提升（2003 年至今）三个阶段，指出职教期刊在推动职业教育事业科学发展过程中发挥了不可替代的作用，未来，职教期刊如想紧跟国内外职业教育发展的新形势，创新中国特色的职业教育科研平台，则必须推行专门化发展、精品化发展、市场化运作和编辑队伍学者化战略。④ 另有研究通过回望我国职业教育发展历史，揭示了高职教育发展的特点。一是职业教育模式在技术变迁的适应与选择；二是职业技术教育与人文学术教育的对峙与融合；三是职业教育发展道路在各国文化传统中的传承与变革。⑤

---

① 夏金星，彭干梓．中国职业教育思想史（晚清卷）［M］．长沙：湖南人民出版社，2013.

② 韩兵．中国职业教育早期现代化述评［J］．广西社会科学，2013（6）.

③ 谢德新，谢长法．民国职教知识分子的救国理想及历史境遇［J］．广西社会科学，2013（9）.

④ 雷世平，谭明．建国以来职教期刊的历史发展及其战略选择［J］．河北师范大学学报：教育科学版，2013（3）.

⑤ 朱雪梅．职业技术教育发展的历史逻辑探析［J］．中国职业技术教育，2013（9）.

## （二）现代职业教育体系建设

自2010年《教育规划纲要》明确提出“到2020年，形成适应经济发展方式转变和产业结构调整要求、体现终身教育理念、中等和高等职业教育协调发展的现代职业教育体系”后，现代职业教育体系建设不仅成为我国职业教育改革和发展的重要战略任务，也成为最近几年学界的研究焦点和重点。在2011年、2012年学界对现代职业教育体系建设所做的丰富研究基础之上，2013年相关研究主要集中在对现代职业教育体系内涵的深层探索以及建设策略的具体构建上，其中又以对职业教育与区域经济协调发展和中高职有效衔接的研究为重。

### 1. 现代职业教育体系建设的意涵及策略

现代职业教育体系建设最早以政策、纲要的形态出现在人们的视野之中，其话语体系具有官方性、总领性、概括性等特征，因此需要研究者不断对其进行个性化、多元化的诠释、解读和具化，以使其更具指导改革实践的作用。

在内涵上，有研究认为，职业教育现代化不仅包含技术与经济的内容，也应当蕴含一定的社会维度，而不同群体的利益和权利均衡应当是现代化的职业教育系统的重要内涵之一。① 在目标上，有研究基于我国现代职业教育体系建设的若干背景，认为现代职业教育体系的建设目标至少有四个层次：第一个层次是总体建设目标，第二个层次是外部机制的建设目标，第三个层次是内部机制建设目标，第四个层次是系统本体建设目标。② 在内容上，有研究指出，我国现代职业教育体系建设需要处理好三方面的关系，即职业教育与企业培训、职业教育与其他教育、职业教育内部三方面的关系；构建好五大系统，即工学结合、校企合作的培养培训制度体系，技能型人才成长的类型体系，面向人人的层次体系，职业教育与其他

① 李俊．论职业教育中的利益与权利均衡——浅析职业教育现代化的社会维度［J］．清华大学教育研究，2013（2）．

② 周志刚，等．现代职业教育体系的建设背景与目标体系研究［J］．中国职业技术教育，2013（9）．

教育相互沟通、衔接的体制机制体系，职业教育发展的支撑体系。[①] 在建设策略上，有研究认为，只有寻求顶层设计上的重大突破，实现职业教育与产业的互动、职业教育体系的完善、职业教育与普通教育的沟通、职业教育与终身教育的融合、学历证书与职业资格证书体系的互认等，才有可能突破困扰，实现职业教育体系的创新。[②] 也有研究认为，构建现代职业教育体系是一个国家层面的系统工程，但是在中国这样一个区域发展不平衡且地方分权管理职业教育事务的背景下，应该鼓励区域探索构建现代职业教育体系。[③] 另有研究提出了建设现代职业教育体系的具体建议：一是确立多样化的中等职业教育发展策略；二是积极探索职业本科教育，开展多种形式的职业本科教育试点；三是改革我国普通高等院校的招生办法，扩大普通高等院校招收中等职业学校毕业生的比例；四是确立第四级教育在教育体系中的地位，促进职业教育与普通教育的双向沟通；五是在基础教育中实施职业渗透教育。[④]

### 2. 职业教育与区域经济协调发展

职业教育适应经济发展方式转变和产业结构调整要求是现代职业教育体系建设的题中之义。一些研究采用实证的方式论证了职业教育发展与经济发展方式、产业结构的相关性。如有研究探索了中国高等职业教育发展与经济发展的互动性，结果发现：经济发展与高等职业教育发展之间不仅具有正相关关系，而且表现出明显的“同步性”。[⑤] 有研究分析了我国1992—2010 年高等职业教育规模变化与经济增长之间的关系，结果表明，在这个阶段我国经济增长水平与高等职业教育之间关系的密切程度要大于普通高等教育。同时，高等职业教育与同期的经济增长之间的关系呈现出阶段性特征。[⑥] 有研究分析了 2004—2011 年我国职业教育专业结构与产业

---

① 曹晔．我国现代职业教育体系框架构建［J］．教育发展研究，2013（11）．

② 张林．突破与重构：职业教育体系创新的现实选择［J］．河南社会科学，2013（7）．

③ 庄西真．区域构建现代职业教育体系：为何与何为［J］．职教论坛，2013（4）．

④ 徐涵．关于建设我国现代职业教育体系的几点建议［J］．职教论坛，2013（1）．

⑤ 李志刚．中国高等职业教育发展与经济发展的互动性研究［J］．职业技术教育，2013（1）．

⑥ 许玲．我国高等职业教育规模与经济增长关系的实证研究——基于 1992—2010 年的数据分析［J］．高教探索，2013（5）．

结构的适应性和生产力发展水平的相关性，结果发现，随着产业结构的调整、变化和生产力水平的发展，我国职业教育的专业结构也出现了调整和变化，且调整和变化的方向与产业结构调整和发展的方向基本一致，且呈显著相关性。① 也有研究指出了当前我国高职教育与区域经济对接中存在的主要问题：高职院校服务区域经济的意识不强，人才培养目标定位不准，专业设置与区域经济社会发展需求脱节，人才培养质量难以满足区域经济社会发展需求，与区域产业对接的体制机制不健全。②

除了分析职业教育与经济发展方式、产业结构的相关性关系之外，更多研究提出了如何促进职业教育与经济发展方式、产业结构调整协调发展的建议。如有研究提出了高职院校的联合体式区域合作，认为它是连接高职院校与区域经济的有效途径。③ 有研究基于省域经验提出了高等职业教育专业设置与经济发展适应的对策：加强专业设置管理，建立三级管理机制；加强专业设置研究，建立专业预警机制；建立与产业结构相匹配的专业结构体系；加快专业信息化建设，推动专业的转型升级。④ 有研究在分析现代职业教育与区域产业竞争力互动机理的基础上，提出了现代职业教育与区域产业竞争力良性互动的策略，包括：通过专业结构设置形成人才培养的良性互动、通过校企合作机制达成技术服务的良性互动。⑤ 另有研究基于实践，探索了职业教育专业链、人才链与产业链对接的途径，认为实现“三链对接”主要在于转变观念、加强顶层设计，统筹规划，多种方式与多种层次有序有效对接，并注重完善政策体系，为“三链对接”提供保障。⑥

① 王冬琳，等．我国职业教育专业结构与生产力发展水平关系的实证研究［J］．职业技术教育，2013（16）．

② 丁金昌．高职教育对接区域经济的现状分析与路径选择［J］．高等教育研究，2013（3）．

③ 刘克勤．论高职院校的联合体式区域合作［J］．教育发展研究，2013（3）．

④ 李海东，等．高等职业教育专业设置与经济发展的适应性研究［J］．中国职业技术教育，2013（6）．

⑤ 肖凤翔，蓝洁．现代职业教育与区域产业竞争力的互动机理［J］．中国职业技术教育，2013（18）．

⑥ 秦虹．职业教育专业链、人才链与产业链对接的探索——以天津职业院校与产业发展为例［J］．教育科学，2013（5）．

### 3. 中高职有效衔接的立体路径

中高职衔接是构建现代职业教育体系的重要内容。当前，我国中高职衔接存在着一些积习已久的弊病，表现为教育层次价值取向的社会基础根深蒂固、中高职专业设置契合度较低、国家职业标准及就业准入制度不完善、中高职课程结构衔接错位、中高职教育科学体系缺位。[①] 与实践更早、经验更成熟的美国相比，我国中高职衔接在生源选择机制、升学机制、中高职合作机制、师资培训与信息沟通机制、投入机制、评估机制等方面均存在可改进之处。[②]

实现中高职衔接是一项系统工程，需要多层次、立体化的努力。在人才培养目标上，中高职培养目标衔接有纵向提升、横向拓展和纵横延伸三种模式，职业院校应综合考虑职业能力观、招生方式、学生的自我成才需求、专业及其对应职业岗位（群）的人才需求、学校的人才培养能力等多种因素合理选择相应的衔接模式，并在中职开设高职预科班，为中高职有效衔接提供“接口”，构建国家职业资格证书体系，为中高职培养目标衔接提供“支点”。[③] 在课程设计上，课程形成的路径不能是对现有课程体系的简单重组，而是必须以中高职衔接后的长学制为基础、鼓励中高职教师充分参与的重新规划；课程展开的逻辑应当以学生的职业能力发展逻辑为依据；课程分段的处理应当在实现中高职课程衔接的同时，兼顾中高职课程各自的相对完整性，尤其要充分考虑中职课程的相对完整性；课程任务的分担需要加强对中高职衔接人才培养方案编制方法的科学研究，并把人才培养方案作为中高职衔接项目审批的否决性指标，以促使课程任务在中高职之间获得合理分配。[④]

此外，在机制建设上，国家必须根据中高等职业教育有效衔接的机理，在相关法制的保障下建立职业教育学历与职业资格证书的互换机制、健全市场导向的国家职业资格证书体系、构建社会公认的职业教育质量标

---

① 孟源北．中高职衔接关键问题分析与对策研究［J］．中国高教研究，2013（4）．

② 臧志军，石伟平．中美两国中高职衔接机制比较研究［J］教育发展研究，2013（1）．

③ 查吉德．中高职培养目标的衔接模式及其选择［J］．现代教育科学，2013（4）．

④ 徐国庆．中高职衔接中的课程设计［J］．江苏高教，2013（3）．

准和评估机制、建立适应时代发展的灵活自由的招生与录取机制、建立弹性学制和多元学制等。①

## （三）职业教育国家制度与国家政策研究

制度、政策是职业教育发展的关键，尤其是国家层面科学、有效、完善的政策供给与制度安排对于职业教育发展的意义更是不言而喻。2013 年学界有关职业教育国家政策和国家制度的研究成果较为丰富，尤其以职业教育国家政策和国家制度的国际比较为重。

### 1. 职业教育国家制度、政策的国际比较

厘清国际职业技术教育发展的脉络，有助于在全球化背景下切实推进本国职业技术教育的发展。有研究以联合国教科文组织自成立以来先后颁布的四份有关职业技术教育的重要政策文件［1962 年的《技术和职业教育建议书》、1974 年的《技术和职业教育建议书（修订版）》、1989 年的《技术和职业教育公约》和 2001 年的《技术和职业教育建议书（修订版）》］为蓝本，对其进行话语分析发现：职业技术教育的社会认可度已基本稳定；联合国教科文组织对职业技术教育的理解随着时代的发展不断丰富；专业技能的培养随着社会的进步不断强化；强调全纳平等是联合国教科文组织职业技术教育政策的一大特色。② 更多研究对具体国家的具体职业教育制度政策进行了比较。如有研究对中、德职业教育公共财政支持机制进行比较，发现中国公共财政支持职业教育的制度设计和机制运行与德国还存在不小差距，需要借鉴德国的经验加以完善。③有研究对澳大利亚、德国和法国三国中央或联邦政府在职业教育发展中的作用进行对比发现，培育技能供给体系是三国职业教育国家制度的中心目标、分担责任是三国职业教育国家制度的核心机制、各国职业教育国家制度均在诸多差异。④ 有研

① 朱新生．中高等职业教育有效衔接机理阐释与机制建设［J］．教育发展研究，2013（19）．

② 滕珺，李敏谊．联合国教科文组织职业技术教育政策的话语演变——基于 N-Vivo 的文本分析［J］．教育研究，2013（1）．

③ 王直节，许正中．中德职业教育公共财政支持机制的比较研究［J］．教育研究，2013（6）．

④ 臧志军．职业教育国家制度的比较研究［J］．职教论坛，2013（19）．

究对发达国家职业教育教师专业发展的规章制度进行比较发现，各国严格规范职教教师的资质标准和新教师的准入条件、明确规定教师要拥有企业工作经历与实践经验、重视教师入职后的岗位培训和继续教育。① 另有研究介绍了西方“灵活安全性”就业政策②，澳大利亚联邦政府所发布的题为《面向所有人的技能》的改革计划③，以及澳大利亚职业教育市场化机制④。

### 2. 职业教育国家制度、政策的本土探索

除了比较、借鉴别国职业教育国家制度、政策之外，一些研究还指向我国本土职业教育国家制度、政策，相关成果主要集中在两个方面，一是对我国相关职业教育制度、政策的历史发展进行梳理，二是提出有关职业教育政策供给、制度安排的建议或思考。

在回顾、梳理我国相关职业教育国家制度、国家政策上，较多目光投向了农村职业教育政策变迁问题上。有研究发现，新中国成立以来，农村职业教育政策总体上经历了恢复发展、改革发展、完善发展三个阶段。⑤而从办学方向这一具体视角来看，中国农村职业教育政策又经历了六个阶段的变化，即 1949—1956 年，政府重点发展城市职业教育，农村职业教育处于自发阶段；1957—1965 年，政府大力鼓励农村自发的职业教育，农村职业教育经历曲折发展；1966—1976 年，“文革”时期对农村职业教育的否定与恢复；1978—1990 年，政府主导下为农的农村职业教育的恢复与改革；1990—2000 年，政府致力于农村职业教育在农村、为农村服务的政策目标；2001 年至今，国家加快发展面向农村的职业教育。⑥ 从政策的演进逻辑来讲，新中国成立以来，农村职业教育政策演进存在以下逻辑：农村职业教育政策演进与政治经济环境的“耦合性”、农村职业教育政策

---

① 张桂春．发达国家职业教育教师专业发展的规制及经验［J］．教育科学，2013（5）．

② 岑华锋，石伟平．当前西方“灵活安全性”就业政策研究［J］．职教论坛，2013（13）．

③ 吴雪，周婷婷．澳大利亚职业教育与培训改革新动向［J］．职业技术教育，2013（13）．

④ 孙佳鹏，石伟平．澳大利亚职业教育的市场化［J］．职教论坛，2013（34）．

⑤ 李雪蓉．农村职业教育政策变迁历程、动因及启示［J］．湖南社会科学，2003（3）．

⑥ 刘巧利．中国农村职业教育政策的变迁：办学方向的视角［J］．教育学术月刊，2013（9）．

演进的“间断—平衡”以及政府主流理念主导的农村职业教育政策演进。①

更多研究者或基于理性思辨，或立足于实证调研，积极为我国职业教育国家制度、国家政策设计献言献策。有研究基于对120名高职院校书记、校长的调研分析，提出了我国转型期高职院校发展的政策期待：加大投入，落实生均拨款；加强统筹，明确政府责任；转变观念，完善高等职教体系。此外，在职业教育发展的外部环境、招生制度改革、师资队伍建设、校企合作、行业指导、院校评估、中高职衔接和干部培训等方面也应加强。② 有研究认为，我国的《职业教育法》存在诸多缺陷和问题，应当从改革职业教育模式、明确职业教育法律主体、重建管理体制、保障弱势群体利益、激励社会广泛参与以及完备法律责任等方面加以完善。③ 有研究基于对改革开放30年来职业教育培养目标的政策分析，建议国家政策层面的职业教育培养目标既能反映经济社会发展的现实需要又能彰显教育的永恒价值，同时构建目标分类体系，保持培养目标的相对稳定性，提高可操作性。④ 有研究通过调研指出，中职学校招生制度和教学模式改革要着眼于建立和完善现代职业教育体系的大方向；要适应面向人人、面向社会的职业教育定位；要坚持因地制宜，分类指导；要关注弱势群体，完善保障制度；要推进区域职业教育资源合理配置；要注重解决中职招生中的突出问题；要不断加强招生工作的规范化建设。⑤ 有研究建议，未来我国应当逐步确立以需求为导向的职业教育培训制度，促使技能供给和劳动力市场的技能需求相一致。⑥ 有研究指出，要实现职业教育公平目标，需要国家建设公平的法律环境、行政环境和市场环境，需要处理好政府与市场、

① 彭华安．新中国成立以来农村职业教育政策的演进逻辑［J］．教育理论与实践，2013（24）．

② 佛朝晖，邢晖．转型期高职院校发展的政策期待——基于对120名高职院校书记、校长的调研分析［J］．职业技术教育，2013（1）．

③ 刘勇，宋豫．论我国职业教育立法的完善［J］．南京社会科学，2013（2）．

④ 查吉德．改革开放30年来职业教育培养目标的政策分析［J］．中国职业技术教育，2013（3）．

⑤《中等职业教育招生制度与教学模式改革研究》课题组．中等职业教育招生制度与教学模式改革：思路与举措［J］．中国职业技术教育，2013（6）．

⑥ 王雁琳．从供给驱动到需求驱动：职业教育和培训的制度变迁［J］．教育与经济，2013（4）．

公平与效率、社会进步与人的发展之间的辩证关系。① 另有研究提议我国建立“国家职业教育局”，从而通过建立宏观的职业教育管理机构，着眼于为升级版的中国经济提供制度保障。②

### （四）新型城镇化与职业教育发展

职业教育如何在我国城镇化进程进行中发挥巨大杠杆作用，这无疑是一个重大而又具有现实意义的议题。对此，学界从职业教育改革发展本体出发，尝试提出并构建了职业教育在适应新型城镇化的基础上推进新型城镇化建设的多元解决思路、策略和模式。

#### 1. 职业教育推动新型城镇化的价值机制

学者们普遍认为，职业教育在服务新型城镇化过程中大有作为。有研究认为，农民市民化是实现我国城镇化由虚而实、保证质量、持续稳定的关键，农村剩余劳动力转移培训、失地农民转业培训以及农民工职业培训，这些都离不开职业教育在其中的作用，尤其是统筹城乡发展框架下的职业教育。③ 在农民工职业培训中，有一类群体不容忽视，即“新生代农民工”。新生代农民工既是我国城镇化、工业化进程中的生力军，但同时又具有技能短缺、培训参与比例低、流动比率高、职业发展连续性差等特征，鉴于此，在当前我国企业培训困境重重的背景下，未来我国一要将新生代农民工培训纳入国家职业教育体系和企业技术技能积累体系，二要提升企业培训的主体意识，给予企业培训更多支持，三要构建有利于企业培训的制度环境，如此方能破解新生代农民工高培训意愿与低培训率的困局。④

#### 2. 新型城镇化背景下农村职业教育发展

在新型城镇化背景下，如何统筹协调城乡职业教育发展，促进农村职业教育转型升级，这是我国职业教育发展必须面对的重大挑战。研究者们

① 谷峪，等．公平视野下职业教育发展的环境建设与关系考量［J］．教育研究，2013（9）．

② 姜大源．关于建立“国家职业教育局”的建议［J］．中国职业技术教育，2013（31）．

③ 石伟平，陆俊杰．城镇化市民化进程中我国城乡统筹发展职业教育策略研究［J］．西南大学学报：社会科学版，2013（4）．

④ 和震，李晨．破解新生代农民工高培训意愿与低培训率的困局——从人力资本特征与企业培训角度分析［J］．教育研究，2013（2）．

围绕此问题献计献策。

有研究者提出，新型城镇化进程中的农村职业教育发展一是必须根据留守农民、职业农民和新市民的发展需求，重新定位农村职业教育的培养目标；二是要摆脱二元思维定式，建设具有包容性的城乡职业教育统筹发展服务体系；三要创新人力资本投资制度，促进农民人力资源开发；四要根据城镇群集体系特征，创新农村职业教育发展模式。① 有研究者强调，在我国推进中国特色的新型城镇化进程中，农村职业教育应不断丰富其内涵、实现农村劳动力素质的提升和城乡职业教育的统筹发展，而针对新型城镇化发展的特点，农村职业教育应实施教育内容多样化、教学对象分类化、投资主体多元化等新的发展策略。② 有研究者构建了新型城镇化进程中城乡职业教育统筹发展的三种典型模式，即都市圈协作型统筹模式、中心辐射型统筹模式和城乡联合型统筹模式。③ 有研究提出了包含认知嵌入、结构嵌入、政治嵌入、文化嵌入和关系嵌入五个维度在内的嵌入经济社会的农村职业教育办学模式。④ 有研究者基于城镇化给农村职业教育发展带来的新形势和新任务，提出了农村职业教育“六个并重”的发展思路，即农业与非农专业并重，在农职业教育与为农职业教育并重，职前培养与职后培养并重，培养与培训并重，教育部门与农业部门并重，现代与传统并重。⑤ 还有研究建议可以从四个方面落实新型城镇化背景下的农村职业教育改革：一是城乡职业教育要合理分工；二是加大对农民及农民工的在职岗位培训；三是国家要加强对农民工培训的统筹力度；四是要把农业与非农业的职业教育与培训放在同等重要的位置。⑥

---

① 马建富．新型城镇化进程中的农村职业教育发展［J］．教育发展研究，2013（11）．

② 任聪敏，石伟平．城镇化进程中农村职业教育的新型定位与发展策略［J］．教育发展研究，2013（23）．

③ 马建富．新型城镇化进程中城乡职业教育统筹发展模式的构建［J］．职教通讯，2013（13）．

④ 唐智彬，石伟平．论嵌入经济社会的农村职业教育办学模式［J］．职教论坛，2013（13）．

⑤ 曹晔．农村职业教育发展面临的新形势与新任务［J］．职教论坛，2013（16）．

⑥ 孟庆国．新型城镇化背景下的农村职业教育改革［J］．职教论坛，2013（34）．

### （五）职业教育质量评价与保障

在我国职业教育由规模发展转向内涵发展、提高职业教育吸引力呼声日涨的时代境遇下，如何进一步提升职业教育质量的问题备受学者们关注。在2013年度相关职业教育质量的诸多研究中，大致围绕两个问题域而展开：一是如何评价职业教育质量的问题；二是如何保障职业教育质量的问题。

#### 1. 职业教育质量评价

在职业教育质量评价问题上，研究的着力点主要落在对先进国家或地区职业教育质量评价的经验比较和借鉴上。如有研究分析了英国职业教育质量评价，发现英国职业评价体系是由统一的评价框架、外部评价、学校自我评价构成的开放式和发展式的评价体系，具有评价理念先进、评价标准统一、评价独立权威、评价过程透明公开、评价证据原始真实、外部评价和自我评价互补六大特点。① 有研究探究了俄罗斯中等职业教育质量外部评估策略，发现俄罗斯建立了比较完善的包括认可、鉴定和国家认定三个环节的中等职业教育质量外部评估体系，具有鲜明的强制性、规范性、先进性、多元性、客观性和公开性等特点。② 有研究发现，德国职业学校外部评价其评价主体具有广泛的代表性，评价理念注重与内部评价相结合，评价过程规划周密透明，并由此认为，未来我国职业学校评价一要转变政府在职业学校质量评价中的智能，提高外部质量组织体系的独立性和自主性，重视和发挥中介结构和学校督导的作用，二是要重视职业学校在质量评价活动中的作用，规范和优化外语质量评价的流程与方法，强化评价报告对质量改善的指导作用。③

有研究探查了日本职业教育质量外部评价的经验，发现日本职业教育质量评价包括设置认可、内部评价和外部评价三种基本形式，在评价基

① 吴雪萍，金晶．英国职业教育质量评价探究［J］．比较教育研究，2013（2）．

② 吴雪萍，刘金花．俄罗斯中等职业教育质量外部评估探究［J］．比较教育研究，2013（12）．

③ 王梅，等．德国职业学校外部质量评价的内容与特点分析——以石勒苏益格—荷尔斯泰因州为例［J］．比较教育研究，2013（12）．

准、运行机制和具体流程等方面形成特色，最终得出三点启示：一是构建多元化的质量评价基准以促进职业教育的特色化发展；二是完善分工协作的组织体制以保证职业教育质量评价工作顺利展开；三是引入市场导向的评价机构以实现职业教育质量评价的以评促建。① 还有研究考察了美国中等职业教育外部质量评价机制，发现其经历了投入导向、结果导向和标准导向三个阶段，形成了多元参与、相互协调的外部评价机制，这一机制对于改变我国职业教育评价的价值观念，建立公正、客观和多元参与的外部评价机制，采用弹性化的评价标准，提高中等职业教育的学术性等具有重要启示。②

除了比较、借鉴国外职业教育质量评价机制之外，一些研究也积极开展了本土化探索。如有研究通过对我国28个省和500余所高职院校2012年度质量报告的研读及其案例分析提出，能否实现地方与学校共生共长、合作共赢，应该成为评价高职院校办学质量的一个重要指标。③ 有研究基于实践探索，倡导我国应积极推进形成职业教育质量年度报告的三级发布制度，并组织委托第三方研究机构调研编写每年的国家版职业教育质量年报。④

### 2. 职业教育质量保障

构建适应中国现代职业教育发展需要的立体化的职业教育质量保障体系是我国职业教育改革和发展的重要战略任务。在理论逻辑上，中国现代职业教育质量保障体系的研究框架应当包含基本理论研究、经验事实研究和应然状态研究三个部分。其中，基本理论研究又应该包含职业教育质量保障体系的责任主体及其关系、职业教育质量保障体系的质量标准与质量控制过程、职业教育质量保障体系的运行方式及条件；经验事实研究应当包括职业教育质量观的价值取向、发达国家职业教育质量保障体系的模式

---

① 孙颖，等．日本职业教育质量外部评价的经验与启示［J］．比较教育研究，2013（12）．

② 郄海霞，等．美国中等职业教育外部质量评价机制及启示——以亚利桑那州为例［J］．比较教育研究，2013（12）．

③ 张晨，等．地校合作共赢：评价高职院校办学质量的重要指标［J］．职教论坛，2013（25）．

④ 郭扬．建立国家职业教育质量年报制度的实践探索［J］．职教论坛，2013（25）．

及特征、我国职业教育质量保障体系的运行状况；应然状态的研究更多地体现为理论层面上的研究思路。① 在实践逻辑上，职业教育质量框架应当包含职业教育机构的办学资质许可、职业教育机构内部质量管理和职业教育机构办学质量的外部评价三个方面，且可以从职业教育许可制度、职业教育机构内部管理制度、内审和外审制度以及职业教育认证制度等方面进行职业教育质量保障框架的关键创新。②

国外先进国家或地区的职业教育质量保障策略同样值得我国比较、借鉴。有研究剖析了几个主要发达国家职业教育外部质量保障制度与政策，包括专门化的质量保障机构、行业参与职业教育评价的制度、职业教育的法律保障、职业教育的资金投入制度以及国家与地方职业教育质量标准的协调机制，并据此提出了加强我国职业教育外部保障制度的相关政策建议：一是建立专门化的职业教育质量评估机构制度；二是突出行业在职业教育质量评价中的重要作用；三是加强职业教育的法制建设；四是结合激励机制改善政府的资金投入机制。③ 另有研究考察了澳大利亚职业教育质量保障的新举措④、欧洲一体化背景下意大利职业教育与培训质量保障与认证制度⑤。

### （六）区域职业教育发展改革

职业教育具有显著的区域性质，区域政治、经济、社会、文化等各因素的差异对其影响相对较大。为此，探讨能够解决区域职业教育特殊问题、推动区域职业教育发展的路径策略意义重大。2013 年度，学界对区域职业教育发展改革研究的主要成果和创新体现在以下两个方面。

---

① 肖凤翔，薛栋．中国现代职业教育质量保障体系的研究框架［J］．江苏高教，2013（6）．

② 卢小平，等．我国职业教育的国家质量框架制度创新研究［J］．教育与职业，2013（33）．

③ 匡瑛．从国际比较的角度看职业教育外部质量保障制度与政策体系［J］．职教通讯，2013（19）．

④ 吕红．澳大利亚职业教育质量保障的新举措——从质量培训框架到质量框架的过渡［J］．职业技术教育，2013（22）．

⑤ 彭慧敏，单召．欧洲一体化背景下意大利职业教育与培训质量保障与认证制度［J］．职教论坛，2013（24）．

### 1. 区域职业教育发展战略创新

转变区域职业教育发展方式是大势所趋。研究者依据当前经济社会发展、职业教育改革发展的趋势，提出了区域职业教育发展方式的不同战略选择。如有研究认为，当前，我国正由生存型社会向发展型社会转型，地方经济社会发展对人力资源产生了很大的需求，因此，职业学校既要让孩子们有更好的发展，同时也要为地方保留优秀的高素质人才。① 有研究指出，可持续发展和创新发展是当下区域职业教育发展战略的目标和路径选择。② 有研究基于未来人口变化，分析了适龄人口的规模变化、结构变化以及劳动力素质与经济社会需求变化等将对区域职业教育规模、结构、发展方式等产生的影响，并预见性地提出了相应的应对策略。③ 有研究倡议开展区域职业教育合作发展，其目的在于提升区域职业教育的综合竞争力。在这个过程当中，政府和市场是推动区域职业教育合作发展的主导力量，对政府而言，解决其促进职业教育一体化的动力机制问题应成为进一步发展的重点。④ 另外，政府还有维护区域高职教育质量的公共责任，面对我国产业结构调整与产业转型升级，政府要以促进劳动力资源再配置为责任目标，以有效供给政策与制度为责任突破，主导经济、科技、教育联动发展，推动校所企协同合作，责任提升区域高职教育的整体质量与水平。⑤ 另有研究提出通过县校合作⑥、立地式研发服务⑦等形式提升区域职业教育的社会服务功能。

### 2. 区域职业教育非均衡发展与治理路径

均衡发展是区域职业教育发展的重要诉求，原因在于当前我国区域职业教育非均衡发展的客观事实。这种非均衡发展既体现在区域与区域之

① 马树超．区域职业教育改革与发展的思路［J］．现代教育，2013（1）．

② 马成荣．区域职业教育发展战略的若干问题思考［J］．江苏教育研究，2013（10）．

③ 赵昕，高鸿．未来人口变化对区域职业教育发展的影响与应对策略——基于辽宁省第六次人口普查数据的分析［J］．中国职业技术教育，2013（18）．

④ 胡秀锦．长三角地区职业教育合作发展机制探析——基于历史和现状的考察［J］．职教论坛，2013（4）．

⑤ 王其红，史国栋．区域高职教育发展的政府责任［J］．教育发展研究，2013（19）．

⑥ 李振祥．县校合作：高职院校社会服务的新趋势［J］．教育发展研究，2013（11）．

⑦ 王向红．区域性高职院校立地式研发服务的实践与启示［J］．中国职业技术教育，2013（18）．

间，也发生在区域内部。比如在区域之间，有研究对 2007—2011 年京、津、沪、渝四个直辖市的职业教育发展状况进行均衡测度，研究发现，不管是中职还是高职，京、津、沪、渝之间差异显著，尤其是渝与京、津、沪之间的差异非常显著。[①] 有研究考察了中等职业教育资源配置的区域差异问题，发现中等职业教育资源存在一定程度的区域非均衡性，尤以校舍质量和现代教育技术水平为甚。从资源相对占比看，东部整体上远超出中西部，而中部在数字化教学资源方面略微占优，西部则处于全面不足的状况。[②] 另外，在区域之内，有研究对江苏省高等职业教育发展水平进行定量测度发现，江苏省各地区间高职发展不均衡，人才供给与区域经济发展水平尚不够协调。这种不均衡主要是由高职发展历史、各地区经济发展水平及各地所采取的高职发展策略决定的。[③]

针对区域职业教育发展不均衡的状况，学界提出了一些治理路径。如有研究认为，区域职业教育发展既不能牺牲效率，同时也要观照公平，因此“非均衡突破、协调性发展”耦合模式应当成为未来区域职业教育发展的最佳选择之道，该模式实现的关键则在于建立“市场调节、政府调控、制度保障”三位一体的有效运行机制。[④] 有研究基于“多重制度逻辑”建构“多重治理逻辑”分析框架，厘清统筹城乡职业教育综合变革中多重治理逻辑的关系，以此驱动统筹城乡职业教育改革，推进城乡职业教育均衡与协调发展。[⑤] 另有研究认为，职业教育可以实施跨区域合作战略，如东中西部合作、省域内职业教育城乡统筹合作和经济圈合作等。[⑥]

---

① 朱德全．中国职业教育发展的均衡测度与比较分析——基于京津沪渝的实证调查［J］．教育研究，2013（8）．

② 谢蓉，孙玫璐．中等职业教育资源配置区域差异研究［J］．职教论坛，2013（3）．

③ 王丹，邵汝军．江苏省高等职业教育发展区域差异及成因分析——基于质量工程数据［J］．职业技术教育，2013（7）．

④ 林克松，朱德全．区域职业教育发展路径选择的悖论及消解［J］．中国职业技术教育，2013（18）．

⑤ 朱德全，李鹏．论统筹城乡职业教育的多重治理逻辑［J］．西南大学学报：社会科学版，2013（4）．

⑥ 邢晖．跨区域合作：职业教育的战略选择［N］．中国教育报，2013-08-27．

### （七）职业教育办学模式改革

办学模式问题是职业教育研究领域的重点难点问题，也是一个常议常新的话题。2013 年度，有关职业教育办学模式的理论分析和实践摸索持续推进，相关研究既有宏观层面的规划设计，也有微观层面的策略分析；既有学理层面的理论分析，也有行动层面的改革实践。

#### 1. 职业教育办学模式的理论分析

架构一个科学合理的职业教育办学模式研究分析框架，不但有利于厘清该研究领域大量含混不清的基本问题，也有助于后续研究的开展。首先，办学模式研究关注结构形态和运行机制这两个基本领域；其次，对职业教育办学模式问题应从分析层面和问题域两个维度进行把握。其中，分析层面包括国家、区域和院校这三个层面；问题域可以划分为职业教育与其他教育的关系、职业教育与产业的关系、不同职业教育办学形式之间的关系和职业院校内部办学要素之间的关系这四个方面；最后，研究我国职业教育办学模式应确立三大基本逻辑前提，即我国职业教育的主导办学形式是学历职业教育，我国企业尚未形成支持职业教育发展的制度与意识基础，教育行政部门必须在我国职业教育办学模式构建中发挥主导作用。①

职业教育办学模式是一定时期职业教育的办学主体、投资主体、办学内容以及办学方式形成的相对固定的结构形态，其伴随着特定时期的生产方式的发展而改变。从人类社会经历的手工业时代到前期工业经济时代，再到发达工业经济时代最后到知识经济时代，职业教育办学模式也经历了从最初的传统学徒制到各类学校形态的职业教育、厂内培训以及新学徒制，再到当前多形态办学模式并存的嬗变过程，因此说，生产方式决定了职业教育办学模式的本质与外在特征。②

职业教育作为与经济社会发展关系最为紧密的教育类型，其办学改革是一个长期的、复杂的系统工程，涉及其办学过程的方方面面，离不开各

---

① 徐国庆．职业教育办学模式研究的分析框架［J］．职教论坛，2013（19）．

② 唐智彬，石伟平．生产方式发展与职业教育办学模式变迁［J］．河北师范大学学报：教育科学版，2013（5）．

个利益主体的影响与参与，因此，有必要构建利益相关者参与高等职业教育办学的长效机制。[①] 集团化办学便是多利益主体共同参与的办学模式，是职业教育的国家发展方向。但是，由于职教集团利益链不完善，我国职教集团办学模式面临发展瓶颈，存在着职教集团"集而不团"、缺乏科学有效的治理结构、缺乏共同的目标和价值体系等具体问题，面对这些问题，未来改革的战略突破口在于产权配置改革。[②] 此外，政府也要切实发挥好主导的作用，一是要完善法规，推动职业教育集团化办学健康发展；二是政策支持，引导职业教育集团化办学持续发展；三是统筹协调，促进职业教育集团化办学和谐发展；四是评估监管，保障职业教育集团化办学优质发展。[③]

### 2. 职业教育办学模式的实践探索

除了对办学模式进行学理层面的探讨外，一些研究者，尤其是来自高职院校一线的研究者还对职业教育办学模式开展了实践探索，为职业教育办学模式改革实践注入了鲜活的力量。如浙江宁波的职业教育研究者和实践者在职教集团化体制基础上，运用系统论控制理论、利益相关者理论实现职教集团化的要素以及运行过程的优化，通过职教集团化体制外部保障能力、内部凝聚能力、互惠服务能力、自身协调能力、内在适应能力的路径与对策，获得职教集团体制整体功能最优绩效。[④] 成都航空职业技术学院主动把航空产业链和区域经济圈的需求作为自身创新发展的原动力，从顶层设计着手，成立产教联盟，自上而下地系统深化与优质企业的合作，形成教育与产业对接的常态化运行机制，实现"资源共享、优势互补、互利共赢"，创新了形式多样的校企共育高端技能型人才的办学模式，取得

---

① 刘晓．利益相关者参与下的高等职业教育办学模式改革研究［J］．职教论坛，2013（1）；刘晓．构建利益相关者参与高等职业教育办学的长效机制［J］．职教论坛，2013（19）；刘晓，石伟平．高等职业教育办学模式改革论纲——基于利益相关者理论的视角［J］．职教通讯，2013（28）．

② 郭静．职业教育集团产权改革与实现形式［J］．教育发展研究，2013（5）．

③ 周乐瑞，徐涵．论政府在职业教育集团化办学中的作用［J］．职教论坛，2013（7）．

④ 胡坚达，王孝坤．职业教育集团化体制改革路径探索［J］．教育研究，2013（1）．

显著成效，办学实力和服务社会能力得到进一步增强。① 还有研究运用实证的方式分析了“国家示范性高等职业院校建设计划”对于“校企合作”办学模式改革的效果，结果显示，示范校建设并未有效提升校企合作的办学水平，甚至可能因学校的努力程度不足而呈下降趋势。② 另有研究采用灰色关联度分析法构建评价模型，对职教集团的办学成效进行评价，发现我国职业教育集团化虽然蓬勃发展，但仍处于探索最优化的阶段。③

### （八）职业教育人才培养模式改革

由于人才培养的特殊性，因此，探索符合职业教育本质特点的人才培养模式历来是理论与实践领域的重点问题。人才培养模式同样是一个常议常新的话题，经济社会和职业教育发展的时代变迁要求职业教育人才培养模式不断进行改革和创新。2013 年，学界对职业教育人才培养模式关注未减，其主要创新集中在以下两个方面。

#### 1. 校企合作人才培养模式的审视与创新

校企合作培养人才是世界各国职业教育改革的主要趋势，也是我国职业教育人才培养的主流方向。经过十余年的发展，具有中国特色的校企合作人才培养模式初步建成。在职业教育新的历史发展时期，对校企合作的现状问题进行审视并思考相应的改革创新举措显得尤其重要。

目前，我国职业教育校企合作面临的主要困境有：企业对校企合作依赖性不强，“企业一头冷、学校一头热”问题突出；合作深度不足；合作质量有待提升；合作动力不足。④ 另外，作为我国职业教育校企合作的基

① 张蕴启．融入行业产业链和区域经济圈的高职办学模式创新与实践［J］．中国职业技术教育，2013（7）．

② 金鑫，王蓉．“示范高职”推动校企合作办学模式改革的效果分析——基于双重差分模型的实证研究［J］．教育发展研究，2013（3）．

③ 徐娟，等．基于灰色关联度的职业教育集团化办学成效评价模型及应用［J］．职业技术教育，2013（17）．

④ 潘海生，等．中国职业教育校企合作现状及成因分析［A］．和震．职业教育发展评论（第 1 辑）［M］．北京：北京师范大学出版社，2013：12．

本形式，学校主体式校企合作也存在重理论轻实践，教育教学脱离工作世界；重职业能力培养，轻职业精神养成；专业定向教育排斥通识教育；缺乏组织保障和制度规范等诸多困境。①

对此，研究者从不同视角分析原因进行破解。如有研究建议国家应从体制机制上尽快制定国家职业教育校企合作促进法规，明确参与各方的权利、义务和责任，围绕关键问题实施制度创新，系统构建职业教育校企合作的国家制度和机制，完善培养高素养技能型人才的基本制度。② 有研究从企业教育资源的特征看待校企合作的困境，认为企业教育资源的局限性影响了校企合作，因此，要达到校企合作的最佳目标则必须解决企业教育资源的三个局限性，利用好企业资源。③ 有研究认为“教师企业行动”可破解校企合作的窘境，因为它可以联通校企人脉，但这也面临意愿、操作、制度等方面的问题。为此，需要在理念上倡导校企合作中的主体价值归位；在政策上制定校企合作法规和区域高职教师职后教育及实践制度；通过人力资源导向型的师资管理模式，驱动教师在校企之间“输血”与“供血”，提升校企合作的价值品性。④ 有研究基于社会交换论解释校企合作的困境，认为由于企业的资源优势，职业院校对其产生依赖，从而产生了企业对职业院校的“权力”，导致了校企合作教育功能的形式化，阻碍了职业学校人才培养质量的提高。因此，加强职业学校自身能力建设、强化企业的“义务”意识，是修正校企合作中的“不平等交换”，消解企业权力的重要途径。⑤ 另有研究从系统论的视角出发，认为校企合作是一个时变系统，系统的任何一个要素变化将引起校企合作整个特性和运作方式的变化，行、企、校三者关系的变化可以演变出四种校企合作机制，即行校主动、企业被动的行业部门计划调控机制；院校主动、行企被动的政府部门宏观调控机制；行企校互为主动关系的利益协调主导机制；行企校融

① 肖凤翔，等．“学校主体式”校企合作职业教育的困境及原因［J］．职业技术教育，2013（21）．
② 和震．职业教育校企合作中的问题与促进政策分析［J］．中国高教研究，2013（1）．
③ 郭苏华．从企业教育资源的特征看校企合作的困境［J］．教育发展研究，2013（5）．
④ 张等菊．基于“教师企业行动”的高职院校校企合作［J］．教育发展研究，2013（5）．
⑤ 王东．“校企合作”困境的社会交换论解释［J］．职教论坛，2013（12）．

为一体关系的社会价值观主导机制。因此，在设计校企合作机制时应充分分析其所处的环境。①

### 2. 现代学徒制人才培养模式的借鉴与运用

近年来，传统学徒制的育人价值被人们所重识，并试图对其进行改造，以现代学徒制的形式服务于职业教育人才培养由此受到了重视。尤其随着 2011 年国家关于现代学徒制试点政策从酝酿到出台，现代学徒制的研究和实践随即成为职业教育人才培养模式改革的一个创新点和热点。2013 年度学界关于现代学徒制的研究主要集中在两个话题上，一是现代学徒制的国际比较和借鉴，二是现代学徒制在我国的本土应用探索。

现代学徒制发源、成熟于西方发达国家，因此比较、借鉴西方发达国家的现代学徒制则显得尤为必要和重要。有研究分析了意大利的高等学徒制，并喻之为"史上层次最高的学徒制"，该学徒制是目前全球唯一一种延续到研究生层次的学徒制，具有四个方面的创新，包括非正规的培训与正规的高等教育联手、为个人度身定制培训计划、项目化工作引领学习以及双导师制。② 有研究从现代学徒制的产生、开展情况、组织管理、教学实施等几方面系统阐述了法国现代学徒制改革，并对其以政府为主导、管理权限分散、学徒制层次高移、以经费机制为核心、注重质量保障的改革特点进行了总结和反思。③ 有研究介绍了澳大利亚新学徒制改革的背景和内容，并提出了澳大利亚新学徒制改革对我国的三点启示：一是加大投入，提高企业与学徒参与的积极性；二是加强指导，有效解决学徒的困境；三是加强管理，提升学徒培训的质量。④ 还有研究介绍了英国高等学徒制人才培养模式的创新发展，包括高等教育学历证书和高层级职业资格证书相结合、企业界的主导作用发挥以及对人才培养的按需定制、多元行

---

① 兰小云，石伟平．时变系统下的行业高职院校校企合作机制构建［J］．教育发展研究，2013（5）．

② 匡瑛．史上层次最高的学徒制——意大利高等学徒制之述评［J］．全球教育展望，2013（4）．

③ 关晶．法国现代学徒制改革述评［J］．全球教育展望，2013（4）．

④ 易烨，石伟平．澳大利亚新学徒制的改革［J］．职教论坛，2013（16）．

为体间的联群通力、对学徒生应用型综合技能的全面开发。[①] 总体来看，由于各国国情不同，现代学徒制发展的形式和程度也有较大差别，但学徒制中的核心要素即以校企合作为基础、以工学结合为内容、以学生/学徒培养为核心、在教师的专业教学和师傅的实践指导下开展技能型、应用型人才培养等是基本一致的。虽然各国发展的历史背景不同，但各个国家的经济条件、技术进步程度、现代教育理念以及法制、管理和经费支持等因素都对学徒制的发展有重要的影响，这些要素所发挥的功能对学徒制的现代化进程起到关键性的作用。[②]

如何探索具有中国特色的现代学徒教育制度是职业教育发展必须认真思考的问题。有研究在梳理学徒制发展历史逻辑的基础上，认为我国发展现代学徒制应置于校企合作框架下、以学校为本位、以培养在校学生为主、以签署就业协议为保障。[③] 如可以运用现代学徒制解决农民工培训中遭遇的困境，有研究提出，明确现代学徒制的法律地位，建立现代学徒制的监督管理制度，为农民工的学习与经济权益提供有效保障。[④] 另外，还有研究实践探索了现代学徒制人才培养模式在我国的实现途径，包括：互渗交互培养方式（与高新企业合作）；在岗交互培养方式（与现代制造业和现代服务业合作）；行业通用型交互培养方式。并提出应当从政策环境条件建设和内涵环境条件建设创造条件。[⑤]

### （九）职业教育课程、教学的理论与实践探索

课程与教学是职业教育内涵发展的核心载体和重要环节，历来是研究的重点领域，2013 年度学界同样在该领域上下求索，并取得了一批较高质量的研究成果。尤其对职业教育课程本质、课程知识、职业能力等若干基

① 刘冬，王辉．高等学徒制——英国学徒制人才培养模式的创新发展［J］．中国职业技术教育，2013（36）．

② 李梦卿，杨妍旻．现代学徒制发展的诸种背景要素支撑功能比较研究［J］．职教论坛，2013（16）．

③ 赵伟．学徒制发展的历史逻辑和我国的选择［J］．中国职业技术教育，2013（10）．

④ 关晶，石伟平．现代学徒制与农民工培训［J］．教育发展研究，2013（11）．

⑤ 赵鹏飞，陈秀虎．“现代学徒制”的实践与思考［J］．中国职业技术教育，2013（12）．

本问题的深入探索极大提高了该领域的研究深度。

1. 职业教育课程的理论与实践探索

尽管职业教育课程一直被广大研究者和实践者所津津乐道，但伴随着社会进步和时代发展，职业教育课程的本质、地位、价值取向以及知识观等基本问题都需要被置于新的语境下进行重新审视，并赋予其新的时代性意涵。首先，现代职业教育课程本质应该是现代职业伦理价值追求的载体，应当通过课程内容、课程活动、课程目标等要素承载现代职业伦理价值对工作世界、职业定向、岗位能力的具体规定性。① 其次，无论从职业教育课程开发的理论与技术的复杂性，还是整合职业教育课程开发力量、提升开发效益，抑或职业教育课程实施的复杂性来看，都有必要在国家政策层面重新认识和定位职业教育课程的地位，同时需要从人才需求与职业院校专业发展状态数据、专业教学标准、精品教材建设和课程开发队伍构建等方面制定国家层面职业教育课程开发行动纲要。② 再次，面对知识经济时代对技术人才提出的综合要求，职业教育课程必须消解二元对立的价值观，并重构社会价值与个人价值内在统一的新的价值体系，如此才能满足未来劳动者在知识、技能、态度和价值观方面的需求。③ 最后，在新职业主义时代背景下，由于职业人才与专业人才的边界在逐渐模糊，职业活动更多地具有了专业活动的性质，这种变化必然要求职业知识的存在范式随之发生转变，职业知识与工作任务的确定性联系要求被根本性地销蚀，职业知识的结构需要朝着横向、纵向往上、纵向往下三个方向发展，以此形成职业知识新的存在范式。④

职业教育课程本质、知识观、价值取向的相应转变必然要求课程目标、课程内容、课程实施、课程评价等环节相应发生改变。比如，在课程目标上，高等职业教育应打破“求知”与“求职”的失衡状态，进而将综

---

① 肖凤翔，蓝洁．现代职业教育课程本质探析［J］．职业技术教育，2013（28）．

② 徐国庆．职业教育课程地位的理性思考——基于宏观政策的视角［J］．教育研究，2013（10）．

③ 郭志明．现代职业教育课程的整体价值观［J］．天津师范大学学报：社会科学版，2013（5）．

④ 徐国庆．新职业主义时代职业知识的存在范式［J］．职教论坛，2013（21）．

合职业能力作为课程的核心，以“求职”和职业理想引领高职教育的发展。[①] 在课程内容上，应当摈弃普通教育课程关于课程内容“选择与组织”逻辑的深度影响，而选择“知识析出”的理路。[②] 在课程评价上，我国高职课程评价应遵循以下基本原则：一是建立以行业企业为主导的多元对话机制；二是综合考量学生专业能力与非专业能力；三是有机统整质性评价与量化评价。[③] 另外，设计一套科学合理的高职教育课程质量评价指标意义重大，有利于课程质量评价活动的开展。理想的高职课程质量评价指标体系应当包含需求、结构、内容、条件、实施等既相互独立又有着严密内在逻辑关系的五大要素。[④]

### 2. 职业教育教学的理论与实践探索

教学质量是职业教育的生命线，提升教学质量是职业教育发展的重要诉求。但是，在基于知识资本和技术资本需求驱动的现代职业教育高质量发展的背景下，重新审视当前职业教育教学质量，不难发现客观存在着培养目标过于强调职业技能、课程教学重视理论课程、师资建设匮乏“双师型”教师数量、质量控制缺少有效能力考核方法的困境。[⑤] 我国现代职业教育教学质量的困境亟待突破，诉求全方位、立体化的改革。有研究建议，开发具有国际水准、中国特色的职业教育专业教学标准，该标准的开发，必须要有“国际化”的、“体系性”的和“开放式”的视野，强调国际化专业教学标准参照体系的“概念定位”、国际化专业教学标准培养目标的“层次定位”、国际化专业教学标准核心组成的“内容定位”、国际化专业教学标准开发准则的“原则定位”以及国际化专业教学标准职教属性的“特色定位”，形成科学的国际水平的专业教学标准开发的理念、方法和途径。[⑥] 有研究提议，通过加强和完善对高职学生受教育结果的评价，

---

① 曹文华，等．“求职”还是“求知”：高等职业教育课程目标研究［J］．职教论坛，2013（35）．

② 路宝利．高职工作任务课程开发中“知识析出”理路的切问［J］．江苏高教，2013（4）．

③ 肖凤翔，马良军．课程评价的三种取向及对我国高职课程评价的启示［J］．江苏高教，2013（2）．

④ 徐国庆．高职教育课程质量评价指标研究［J］．中国高教研究，2013（2）．

⑤ 李文静，周志刚．我国现代职业教育教学质量困境及其突破［J］．职教论坛，2013（16）．

⑥ 姜大源．国际化专业教学标准开发刍议［J］．中国职业技术教育，2013（9）．

以提升高职教育教学水平的提高。构建科学合理的高职院校学生素质能力评价体系应该遵循系统性、动态性、可操作性和导向性原则，在内容上要包括知识评价、素质评价、能力评价。[①] 有研究认为，可以从技术知识的视角构建职业教育有效教学的路径：构建现代职业教育教学体系、依据教学内容选择恰当的教学方法、以工作任务逻辑组织教学内容、建立多元化立体教学评价体系、提升教师技术知识的教学能力。[②] 还有研究主张构建以教学运行与监控、专业建设与特色、育人成果与社会评价等模块为支撑的三合一的全面教学质量保障机制，以有效保障教学质量。[③]

### （十）职业教育教师专业化

师资队伍对于世界任何一个国家职业教育发展的重要性都是不言而喻的。就我国职业教育发展而言，教师专业化水平不够仍然是制约我国职业教育真正走向内涵发展的瓶颈之一，就2013年度相关研究进展而言，主要有以下三点突破。

#### 1. 职业教育教师专业标准构建

构建职业教育教师专业标准是职业教育事业改革发展和职业教育教师专业化发展的需要。所谓职教教师专业标准，从本质上讲，指职教教师作为一个具有一定特征的群体或一种具有一定特征的职业，要达到“专业性”水平应该具有的关键属性和关键要素；或者是指职教教师，作为个体要达到“专业性”水平而应具有的内在素质结构，其内容架构应是包含“专业伦理和专业信念”、“专业知识”、“专业能力”和“专业实践”在内的“三位一体”的动态开放内容体系。[④] 相比较国外一些发达国家而言，我国在职业教育教师专业标准构建方面稍显滞后，有待借鉴国外经验、强化本土探索实践。以美国为例，其在1994年制定的《国家专业教学标准

---

① 李小娟．高职学生素质能力评价研究［J］．教育研究，2013（5）．

② 唐林伟．技术知识视角下的职业教育有效教学路径探析［J］．中国职业技术教育，2013（12）．

③ 李钰．内涵式发展视野下职业院校教学质量保障机制构建［J］．职业技术教育，2013（22）．

④ 孙翠香．职业教育教师专业标准的内涵及内容架构［J］．中国职业技术教育，2013（3）；苏志刚．论高职院校教师专业素质三维结构［J］．中国高教研究，2013（12）．

委员会生涯与技术教育专业标准：面向 11—18 岁学生的教师》提供了职业教育优秀教师专业标准，成为美国多数州职业教育教师专业发展的重要依据和指南。该标准的结构、执行细则、制定过程和主体以及评审过程等，都能为我国制定职业教育教师专业标准提供相应借鉴，如要重视职业教育教师专业发展的专门性和制度化建设、建立合理的职业教育教师专业发展的层级体系、制定操作性强的、分专业群的职业教育教师专业标准。①

### 2. 职教教师教育改革与发展

在我国职业教育改革发展的时代机遇下，未来我国职业技术师范教育应朝着以下愿景发展：一是构建现代职业技术师范教育体系；二是优化职业技术师范教育学科专业；三是保障职业技术师范教育师生质量；四是加强职业技术师范教育科学研究；五是营造职业技术师范教育文化环境。②

除了职业技术师范教育亟须改革之外，事实上，我国整个职业教育教师培养体系均有待优化。当前，我国职教师资培养面临师范教育向教师教育转型、建立现代职业教育体系、实现四化同步发展、全面提高职业教育质量等新机遇和挑战，在新的背景下，要进一步完善职教教师培养体系，则有必要加强对职教师资培养工作的规划与管理、加大职教师资招生与培养制度改革、营造有利于职教教师培养的政策环、加强对职技高师院校的投资。③ 另外，要构建具有中国特色、世界水准的职教教师教育体系，则需要做到：优化一体化体系，搭建教师成长立交桥，体现教师教育的终身性；建设学科群，提升基地基础能力，提高教师教育的针对性；创新企业实践制度，增强实践能力，体现教师教育的个性；深化校企合作，推进产教协作，促进教师教育的协同性。④

### 3. 职业教育教师管理制度改革

制度落后是阻碍职业教育教师专业发展的桎梏之一。尤其在当下变化

---

① 和震，郭赫男．职业教育教师专业标准：美国经验与启示［J］．天津大学学报：社会科学版，2013（3）．

② 周明星．中国职业技术师范教育论纲［J］．河北师范大学学报：教育科学版，2013（7）．

③ 孟庆国．职业教育教师培养体系的构建与实践［J］．职教论坛，2013（22）．

④ 沈希．职教教师教育：制度检视与建构策略［J］．西北师大学报：社会科学版，2013（4）．

着的社会中，不少职业岗位技能的内涵和外延经常处于分化与复合、提升与发展等变化之中，而我国职教师资队伍的素质尚不能适应未来技能人才培养的要求，因此有必要改进职教教师的招聘机制、完善职业学校文化课教师专业技术资格评价制度、加强兼职教师的聘任和管理、改进职教师资培训内容、为专业教师定期到企业调研、研发、实践锻炼提供保障等。[①]具体到教师职称制度上，在研发相对独立的高职教师职称评审新标准时，应遵循独立设定、双师导向、分类考量等三条原则，落实提出调整科研标准、增设实践教学标准、增加教师技能标准等三项举措。[②] 我国中等职业学校教师职称制度则存在系列设置不够合理、评价标准不够科学、评价机制不够完善等问题，同样难以适应职业教育教师队伍建设的需要。因此，统筹各类中等职业学校教师职称系列、设置正高级职称、根据职业教育特色完善评价标准、建立以教学能力为导向的评价机制。[③]

## 三、主要问题及趋势

综观2013年职业教育学研究状况，无论是从研究问题的广度还是研究的深度来看，不难发现，我国职业教育研究取得了丰硕成果。但是，当前我国职业教育学科发展还存在着诸多问题和挑战，其中既有长期制约的顽疾，也有新近生发的弊病，突出表现为“三多三少”的问题。

第一，碎化研究多，体系研究少。首先，大多研究者的学术研究对象趋向零散，呈现出一种细碎烦琐、杂乱无章的状态，少有研究者能够围绕某一研究问题展开具有逻辑层次的系列探索，难以“自成体系”，这不但无利于增强研究深度，也不利于研究者个人学术影响力的彰显。其次，不

① 王琴．变化着的工作世界与职教师资培养［J］．职教论坛，2013（1）．

② 俞启定，王为民．审视与反思：我国高职教师职称评审标准的套用问题［J］．教师教育研究，2013（1）．

③ 宫雪．中等职业学校教师职称制度建设的回顾、分析与展望［J］．中国职业技术教育，2013（33）．

少研究局限于就事论事，忽略了整体和联系，无视职业教育与经济、社会、文化的紧密关联，无视职业教育发展的实践境脉，这种就问题而谈问题的研究显然难葆学术生命力。最后，研究者之间较少取得对诸多研究问题的基本共识，缺乏学术研究的意义共享，导致研究成果在影响上难以形成合力。毋庸置疑，学术体系完整与否既影响着研究者个体学术成就的大小，也决定着一个学科整体影响力的大小，而“碎片化”的研究既不利于研究者个体形成研究体系，也难以撑起我国职业教育研究的学术大梁，不利于我国职业教育研究整体框架的形成。鉴于此，未来我国职业教育研究必须强化“体系意识”，加强体系研究，推进具有中国特色的职业教育研究体系的早日构筑。

第二，宏观研究多，微观研究少。从 2013 年职业教育研究的文献资料来看，学界对职业教育诸多问题的研究，相当大部分基于国家宏观理性，热衷从宏大视角出发审视职业教育发展面临的问题、剖析问题的原因、提出解决方案，而缺乏对职业教育发展具体问题微观理性的研究，缺乏从特定区域的职业教育、具体的中高职院校、具体的企业行业、个体的职业教育教师以及学生等一个个客观实体出发，来阐释职业教育改革发展过程中所蕴含的宏观理性与微观理性之间的博弈，如此导致尽管对一些现实问题的研究成果数量可观，但是对研究究竟想要说明什么问题、能够揭示什么问题、是否真正可以解决问题却语焉不详，职业教育学术研究对我国职业教育改革发展的深层逻辑缺乏解释力。毋庸置疑，对职业教育学科一些问题的宏观考察非常必要，尤其在当下政治经济改革和现代化进程纵深推进，新问题、新机遇、新挑战不断涌现，国家对职业教育发展日加重视，并以会议、政策、制度等各种形态传达对职业教育发展的新定位、新任务和新思路的宏观背景下，基于宏观理性的研究对于学科发展可以起到高屋建瓴、引航指路的功用，但是，一门学科的发展除了离不开对宏观问题的探讨，同样离不开对大量中观、微观问题的深入调研，甚至在某种意义上说，中微观问题研究不扎实就难以准确把握宏观问题，为此，今后职业教育研究需要在宏观研究和微观研究之间达成调和、形成对接。

第三，面向实践多，理论创新少。从 2013 年度所掌握的学术成果来看，具有原创性理论贡献的研究成果可谓凤毛麟角。职教学科的发展既面临现实问题，也有理论问题，但是不得不承认，相比较于现实问题的多姿多彩，基本理论研究多少显得抽象、枯燥、乏味。但是，理论思维的欠缺以及理论创新的不足极大制约着一个学科的发展，使得我国职教学科缺乏话语权，迟迟未能突破尾随西方职教研究理论框架的窠臼、未能早日构建具有中国特色的职业教育研究体系。因此，在如何建立具有中国特色的职业教育学问题上，职教学者任重道远，今后有必要给予职业教育基础理论研究更多的关注和探索。

应该说，当下我国职业教育学科处于最好的发展时期，迎来了新机遇、步入了新境界，但同时也需要面对新形势、迎接新挑战。根据我们的预测和分析，未来几年我国职业教育学科将呈现出以下四大发展趋势。

第一，改革是未来职业教育学的核心主题。党的十八届三中全会通过了《中共中央关于全面深化改革若干重大问题的决定》，提出“深化教育领域综合改革”的总体要求，要“加快现代职业教育体系建设，深化产教融合、校企合作，培养高素质劳动者和技能型人才”。可以预见，未来几年职业教育研究将紧紧围绕改革这一核心主题，对现代职业教育体系建设、产教融合、校企合作、人才培养等核心主题展开深入的理论分析和实践探索。也正因此，对于职业教育研究者而言，为我国职业教育改革发展斟酌谋划、献计献策仍然是今后开展研究的重要指南和目标。

第二，标准体系构建成为职教研究新的增长点。在职业教育深化改革的背景下，如何在继续强化职业教育基础能力建设的基础之上构建从宏观到微观各个层面的标准体系必然成为当前及今后我国职教发展的核心战略问题，也是推进我国职业教育不断走向成熟的重要诉求。事实上，这种发展趋向在 2013 年度职业教育学研究中已经初露端倪，一批学者已经开始触及职业教育各类标准体系构建的研究。可以预见，未来我国职教研究必然会更加关注诸如职业教育标准体系、职业教育质量评价标准体系、职业教育质量保障体系、职业教育课程标准体系、职业教育教学标准体系、职业教育教师标准体系乃至更为微观的中高职衔接标准、校企合作标准等标准体系的构建问题。

第三，研究的实践指向和社会服务功能进一步强化。在自身改革发展的基础上，职业教育如何推进我国全面建设小康社会和加快社会主义现代化建设，如何服务经济建设、政治建设、文化建设、社会建设、生态文明建设“五位一体”的总体布局，如何推进中国特色新型工业化、信息化、城镇化、农业现代化的建设，这些既是我国职业教育发展所面临的新问题，也是我国职业教育研究者未来需要投入更多精力认真研究的课题。

第四，学科发展不断趋于平衡。随着我国职业教育学科研究队伍不断壮大、研究能力日见提高、理论思维走向自觉，未来本学科将不断趋于平衡发展，具体表现为学科内部的平衡发展以及本学科与外界的平衡发展。学科内部将在议题分布、研究层次上体现平衡，研究者将既针对具体问题又注重体系建设，既强调宏观研究又重视微观研究，既关注现实问题又勇于理论创新。学科与外部趋于平衡一方面体现在未来将加强本学科与其他学科的交流对话，另一方面体现为本学科将逐渐增加国内与国外的学术对话，在输入国外先进职业教育理论经验的同时传递我国职业教育发展的声音。

# 第十一章

# 特殊教育学

虽然只有30年左右，我国的特殊教育研究却取得了重大进展。特殊教育研究确立了自己独特的研究对象、研究方法和研究领域；特殊教育学科已经形成自己独特的话语体系、概念范畴与研究领域，初步获得了独立学科的尊严。本章将首先回顾我国特殊教育研究的基本轨迹，在此基础上，对我国近两年特殊教育的研究成果进行系统梳理，分析我国特殊教育研究的主要趋势以及存在的问题，以期为未来的特殊教育研究提供指导。

## 一、我国特殊教育研究进程概况

特殊教育一般而言被定义为“使用一般的或经过特别设计的课程、教材、教法和教学组织形式及教学设备，对有文献特殊需要的儿童进行的旨在达到一般和特殊培养目标的教育”。[①] 特殊教育研究则是研究者针对特殊教育现象及其存在状况，探寻其背后的内在结构、本质和发展规律的认识活动。特殊教育真正成为独立研究领域的历史并不长远。特殊学校教育诞生于18世纪，无论是研究方法还是概念术语上都蕴含着浓厚的医学和心理学色彩；只能算是丰富医学和心理学研究的“添加料”，作为其附属领域

① 朴永馨. 特殊教育辞典［M］. 北京：华夏出版社，1996：1.

而存在，谈不上独立的研究地位。20 世纪 20 年代左右，特殊教育在西方逐渐发展成为一个需要特定知识和技能的职业领域，开始建立专业化的培训制度，特殊教育知识体系逐步走向完善；其学科内容与概念体系不断丰富，形成特殊教育学科自己相对独立和独特的专业理论与知识领域，特殊教育研究由此走向规范化和系统化的道路。①

在我国，先秦时期的历史古籍中就有关于残疾人的记载。史料中对视力残疾多用“瞽”、“矇”、“盲”、“瞑”等词表示，听力残疾用“聋”、“聩”等词表示，其他还有诸如“瘸”、“跛”、“侏儒”等。儒家讲“鳏寡孤独废疾者，皆有所养”，“仁爱”的思想为中国古代的宽疾、养疾等惠民政策提供了思想基础。但是中国古代对待残疾人还只是停留在“养”的层次，没有出现系统的残疾人教育与研究。中国的特殊学校教育开始于 1874 年英国传教士威廉·穆恩（William Murry）创办的“瞽叟通文馆”。清末实业家张謇于 1916 年创办南通盲聋哑学校，开中国人自己开办特殊教育之先河。

真正具有现代科学意义上的特殊教育研究开始于 20 世纪 80 年代。随着北京师范大学、华东师范大学、华中师范大学等开办特殊教育专业，特殊教育的发展逐步从基础教育步入高等教育。到目前为止，全国已经有 60 所左右高等院校开办本科层次的特殊教育专业，20 所左右高校开办专科层次特殊教育专业，10 所左右高校开办研究生层次特殊教育专业。初步构建起了从专科到研究生层次相衔接的完整的特殊教育研究人才培养体系，基本形成了以“本科层次为主，专科层次为补充，研究生层次逐步扩大”的人才培养格局。在教材体系上，出版了一系列的特殊教育教材，涉及特殊儿童教育、康复、研究等各个领域的内容。目前特殊教育学作为一级学科教育学的二级子学科已经列入到了教育部的专业目录之中；国内特殊教育的专业期刊《中国特殊教育》和《现代特殊教育》为特殊教育研究提供了学术交流平台。另外还设立了专业的特殊教育研究机构：中国教育学会特殊教育分会和高等特殊教育研究会，并形成了年会制度。

① 方俊明．特殊教育学［M］．北京：人民教育出版社，2005：3.

## 二、研究的焦点

### （一）特殊教育法律与政策研究

特殊教育法律与政策体系为保护残疾儿童平等接受教育权利提供法律与政策依据。近些年，我国特殊教育相关的法律与政策逐步充实，对这方面的研究也日益丰富和深入。从已有的文献来看，2013 年特殊教育法律与政策研究主要体现了以下几个方面的特点。

#### 1. 特殊教育法律与政策的解读、制定与执行研究

教育法律与政策分析涉及采用多元探究及分析的理论架构，对教育法律和政策的形成、执行和结果加以系统化的研究，以累积相关信息，借此解决教育问题,① 而“解读”则主要指对文本进行认知或理解,② 更多的是体现对文本的感知与领悟。综观 2013 年我国特殊教育法律与政策的相关文献发现，我国特殊教育研究者倾向于对特殊教育法律与政策的解读。在对我国特殊教育法律与政策的纵向变迁研究中，赵小红以《中国教育统计年鉴》相关数据为基础，结合特殊教育政策与文献，考查了 1986—2011 年我国大陆地区残疾儿童的教育安置形式，指出我国残疾儿童随班就读政策的出台是国情所需，残疾儿童随班就读政策实践的发展受国际回归主流及全纳教育思想影响，随班就读在保障残疾儿童义务教育方面逐步起到了主体作用。③

法律与政策流程研究一般包括法律与政策的制定、执行与评价等方面的研究。从现有的研究成果来看，我国特殊教育研究者一直呼吁能够建立由国家最高立法机关通过的特殊教育专门法律，并对特殊教育立法的必要

---

① 周小虎，张蕊．教育政策分析的范式特征及其研究路径［J］．教育理论与实践，2010（4）．

② 赵春雷．论公共政策解读中的冲突与整合［J］．南京工业大学学报：社会科学版，2011（3）．

③ 赵小红．近 25 年中国残疾儿童教育安置形式变迁——兼论随班就读政策的发展［J］．中国特殊教育，2013（3）．

性、立法理念、原则和具体内容进行了探讨。李泽慧指出，我国已初步形成随班就读师资培养的政策法规系统，但仍存在着权威性和实际法律效力较低、相关规定不够具体和难以评估成效等现象；应加快专项法律的立法进程，发挥政策法规的导引作用，增强执法力度。① 赵斌、王琳琳指出，社会对特殊教育的态度经历了从人文关怀到行动支持的转变，而行动支持中法律支持是不可或缺的一方面。当前我国许多特殊儿童的权利没有得到充分保障，其原因在于现有的特殊教育法律支持体系没有建立，最直接的表现就是缺失核心的《特殊教育法》。因此，为特殊教育提供法律支持首先必须遵循平等、公平、包容性、适宜性、参与性等原则制定《特殊教育法》。②

在特殊教育政策执行研究方面，郭启华对农村残疾学生受教育权进行研究发现，我国保障农村残疾儿童受教育权的政策执行受到诸多因素的影响：特殊教育经费投入不足，政府重视不够；特殊教育法律体系不完善，扶助政策有限；特殊教育管理体制不健全，师资水平不高；残疾儿童家庭经济状况堪忧，家长观念落后。③

### 2. 特殊教育法律与政策国际比较

从全球特殊教育的发展趋势与人权发展的角度看，通过立法实施特殊教育已成为特殊教育的一个重要组成部分，并成为衡量一个国家残疾人是否享受平等人权的基本尺度。多数国家都通过国家最高立法机关制定具有强制性的残疾人专门法律，少数没有专门法的国家则在相关的教育或反歧视法律中对特殊教育进行专门的、详细的规定。近些年来，我国特殊教育学者一直都在试图通过研究西方国家特殊教育法律的发展史、政策导向、法律改革措施等内容，从中借鉴经验来推动和完善我国的特殊教育法律。而在此类文献中，尤以对美国特殊教育法律进行介绍及评析的最多。牛滢迪以 20 世纪以来美国特殊教育法律发展为线索，梳理和归纳了美国政府各个时期保障特殊教育机会均等的宪法、法律、法规、宪法判例等重要政策

① 李泽慧．对随班就读师资培养中现有政策法规的思考［J］．教育理论与实践，2013（5）．
② 赵斌，王琳琳．论特殊教育从人文关怀到行动支持走向［J］．中国特殊教育，2013（1）．
③ 郭启华．论农村残疾儿童受教育权及其实现［J］．绥化学院学报，2013（12）．

和法规的相关内容，并考察了美国当今最新的保障特殊教育政策法规中关于对能力缺陷学生进行的鉴定与评估、对特殊教育的资金支持、对特殊教师的培养与配备以及对残疾儿童的教育安置等各个方面内容。[①]

除了美国之外，部分学者还就其他国家和地区的特殊教育相关法律的特点进行了分析和借鉴。陈阳研究新西兰特殊教育政策的发展，着重分析了新西兰《特殊教育政策指南》和《特殊教育2000》两大特殊教育核心政策，认为这两大政策反映了新西兰的教育价值观，显示其特殊教育政策与国际趋势相同，朝融合教育目标前进。同时作者也分析了新西兰特殊教育政策所面临的挑战，例如关于特殊学校是否有必要存在的争论、特殊教育公共经费的公平性、教师的专业技能培养等方面的问题。[②]李凤娇以新加坡特殊教育的发展为背景，对21世纪新加坡《2007—2011总体计划》和《2012—2016总体计划》特殊教育政策中残疾儿童的早期干预、接受学校教育和就业培训等方面进行内容分析，剖析政策内容的特征和价值取向，同时还对这三个方面的实施效果进行了政策评价。[③]赵德成对我国台湾地区的特殊教育法律体系进行剖析，认为经过多年的发展，台湾地区已形成以“特殊教育法”为核心的特殊教育“法律”体系，明确规定特殊教育服务对象，强化“政府”的主导责任，推进融合教育发展。[④]

总体来看，我国特殊教育法律与政策研究随着20世纪80年代以后我国残疾人教育事业的发展逐步为人们所关注。但到目前为止，相关研究还很缺乏。从研究内容来看，残疾人事业发展相关的法律法规介绍与解读较多，缺乏从法律和政策的理论视角对当前特殊教育法律与政策的分析；残疾人政策制定的倡议较多，对于政策执行过程与效果评价的研究较少。从方法层面上看，多数研究以文献分析比较、理论思考与推理为主，实证研

---

① 牛滢迪．美国政府保障特殊教育机会均等的教育法规研究［D］．兰州：西北师范大学，2013.

② 陈阳．新西兰特殊教育政策发展的特点分析及启示［J］．黑龙江高教研究，2013（12）．

③ 李凤娇．新加坡特殊教育政策内容分析［D］．兰州：西北师范大学，2013.

④ 赵德成．台湾地区特殊教育法律的特点及启示［J］．中国特殊教育，2013（2）．

究特别是对执行过程与效果评价方面的系统实证研究尚很缺乏。

### （二）融合教育研究

融合教育（inclusive education）是 20 世纪 70 年代以来世界特殊教育领域讨论最为热烈的议题。20 世纪 90 年代融合教育的理念被引入我国，成为特殊教育研究的焦点。近两年我国关于融合教育方面的研究主要集中于以下三个方面。

#### 1. 融合教育理论反思

融合教育在为各个国家制定融合的教育目标、政策提供了依据与动力的同时，其理念与目标也成为一个全球讨论的热门议题。与之前的研究相比，我国特殊教育研究者已经不再局限于纯粹引入和介绍西方融合教育的理念和价值观，更多地开始从不同的理论与学科视角来剖析融合教育。融合教育运动不再是单纯的残疾人融入普通学校中的教育运动，而是蕴含着不同文化价值观的博弈和冲突。厉才茂认为，融合教育与我国随班就读有所不同，它不单纯指特殊教育安置形式和策略，而是促进健全儿童和特殊教育需要儿童共同发展的教育思想，涵盖残疾人终生学习的各个阶段。融合教育是当前我国残疾人教育发展的重大问题，也是国家教育综合改革无法回避的重要方面。① 彭兴蓬从社会学的视野分析融合教育，将融合教育运动视作社会分层体系下上层社会群体对处于弱势和边缘地位的残疾人群体由拒绝到接纳、由排斥到融合的文化观念上的转变。实现融合教育，还存在着社会学范畴中的诸多困境，例如排斥和拒绝的价值观、有限的教育资源、不同范畴中的权利冲突等都会导致残疾人的融合教育难以实现。② 熊琪、邓猛以后现代主义为视角，从特殊教育模式、普遍性和同一性、平等性以及效率四个方面对特殊教育的固有思维范式进行解构，又以平等和公正的精神为基础，从交互模式、全纳与个人的关系、平等性、残疾文化与主流文化的关系四个方面对全纳教育思维范式进行重构，以便更好地践

① 厉才茂．关于融合教育的阐释与思考［J］．残疾人研究，2013（1）．

② 彭兴蓬，邓猛．融合教育的社会学分析［J］．中国特殊教育，2013（6）．

行全纳教育。① 熊絮茸剖析了融合教育的宽容特性，指出融合教育的核心是平等、差异与多样性，其中差异是宽容的必要情境条件，而承认差异与多样性的宽容是自由和人权的前提。因此，宽容是融合教育生成的理论源泉，而融合就是教育领域的宽容体现。②

### 2. 融合教育本土化探索

融合教育已经成为世界特殊教育发展的主流和趋势，同时各民族或国家所具有的独特的社会文化体系，对融合教育的理论与实践也有着独特的影响，使融合教育在各个国家的本土化成为可能。③ 我国当前已经有了关于融合教育本土化的一些讨论，该主题下的研究主要探索融合教育在我国实现本土化的社会文化基础，并寻求实现融合教育本土化的发展策略。邓猛、刘慧丽认为，作为一个文化嫁接和再生成的概念，融合教育在我国缺乏根深蒂固的哲学文化和社会理念土壤，为了建构融合教育的本土化，我们需要从社会科学理论与范式角度对融合教育进行哲学思考，奠定全纳教育的理论基础；从社会文化的宏观视野分析融合教育的本质特征；从国际比较教育的视角出发探索全纳教育的理论；用实证研究的方法着手形成本土化的融合教育模式。④ 熊絮茸则将融合教育本土化的契合点定位于东西方共有的宽容文化，指出西方人权基础上的与宽容有着共性情境条件的融合教育在本土化进程中，应以我国和谐社会的建构为起点，逐步构筑融合教育所需要的宽容的社会生态环境，并通过宽容策略使之从理念走向现实。⑤

### 3. 融合教育比较研究

研究者往往通过比较不同国家实施融合教育的政策内容以及个案研究的方式进行研究，希望能够为国家提供良好的借鉴，促进融合教育理论与实践的深化与发展。从近几年的研究来看，我国特殊教育学者不再只局限

---

① 熊琪，邓猛．从解构到重构：全纳教育的后现代解读［J］．教育探索，2013（10）．
② 熊絮茸，邓猛．宽容与全纳教育的历史互动与本土演化［J］．中国特殊教育，2013（5）．
③ 邓猛，刘慧丽．全纳教育理论的社会文化特性与本土化建构［J］．中国特殊教育，2013（1）．
④ 邓猛，刘慧丽．全纳教育理论的社会文化特性与本土化建构［J］．中国特殊教育，2013（1）．
⑤ 熊絮茸，邓猛．宽容与全纳教育的历史互动与本土演化［J］．中国特殊教育，2013（5）．

于美国的融合教育研究，开始更多地关注西欧其他国家融合教育的实施发展情况，包括不同国家发展融合教育的特色、所面临的挑战以及所取得的经验，以此为我国特殊教育发展提供借鉴经验。熊琪、雷江华总结了瑞典融合教育的发展特色，指出瑞典融合教育高度发展的特色就在于以融合为导向的教育改革和政策、以普通学校特殊班级和工作小组为主的模式和以特殊教育技能培训为基础的师资保障。同时作者也指出了瑞典在融合教育的过程中也面临了一些挑战，如医学模式仍占主导地位、移民带来的不平等问题以及特殊班级和工作小组模式带来的效率问题。① 景时、刘慧丽对芬兰融合教育的发展进行研究，总结了芬兰融合教育的三个主要特征：重视早期发现与干预；赋予地方、学校、教师充分的教育自主权；接受了部分融合的观点。②

总的来说，近两年我国关于融合教育方面的研究与之前的研究有了很大的区别，探讨融合教育的角度发生了转变。不再停留于融合教育基本概念的分析，而是关注从不同社会文化的视角对融合教育本质进行理论思考与实证研究，探索扎根于中国特定文化情景与过程之中的、具有独特性的融合教育的解读与本土化特征的理论。

### （三）随班就读研究

我国20世纪80年代实施的随班就读是中国特殊教育工作者结合西方特殊教育的理念与做法，结合本土特殊教育实践创造出的一种残疾儿童教育模式。随班就读已经成为我国实施特殊教育、推广融合教育的主要理论与实践方式。

#### 1. 随班就读理论分析

随班就读对中国特殊教育的发展起到了深远的影响。它改变了过去将特殊学校作为残疾儿童接受教育的唯一场所的做法，是对我国特殊教育实践的总结与国际融合教育发展趋势的中国式回应与探索。随班就读带有明

---

① 熊琪，雷江华．瑞典融合教育的发展特点及其启示［J］．中国特殊教育，2013（6）．
② 景时，刘慧丽．芬兰融合教育的发展、特征及启示［J］．外国教育研究，2013（8）．

显的实用主义色彩，其主要目的是解决有特殊教育需要儿童上学读书的问题，是中国在经济文化还不够发达的情况下发展特殊教育的一种实用的、也是无可奈何的选择。自从实施以来，随班就读取得了很大的成就，其中最重要的就是为残疾儿童提供了平等接受教育的机会，有效地提高了残疾儿童的入学率。迄今为止，很少有人否认随班就读取得的巨大成就；同样，几乎无人不质疑随班就读的教学效果。随班就读发展的 20 多年，正是西方特殊教育从回归主流走向全纳教育的重要转型时期。然而，我国随班就读提出后似乎一蹴而就，严重缺乏从理论到实践层面的思考与探索。与 80 年代刚开始进行随班就读试验之时相比，现在的随班就读除了在入学率登记方面的变化外，并无本质的进展，仍然处于“似搞非搞”的状态。

近两年一些研究者开始从不同的学术视角透视随班就读蕴含的教育理念与实践规律。赵小红指出：随班就读属于融合教育的范畴，是我国特殊教育实际和西方融合教育思想相碰撞的产物；随班就读在保障残疾儿童义务教育方面逐步起到了主体作用；特殊教育学校与普通学校随班就读这两种安置形式虽然各有利弊，但还将在一定时期内齐头并进。① 邓猛、景时对随班就读模式进行了系统的理论反思：“随”的成功之处在于使许多残疾学生有机会接受教育，使残疾学生入学率得到大幅度提高；“随”之失败之处在于它使残疾儿童处于不平等的从属地位的做法通过国家政策的方式体制化、合法化了。随班就读将将儿童的残疾假定为儿童失败的根本原因，“随”字意味着能否跟上是残疾学生能力的问题，学校不需要为残疾学生做出任何改变或者承担任何实质性的责任，为学校将处境不利儿童推向限制更多的环境找到了借口。② 景时从文化阐释的视角分析我国随班就读实践，发现随班就读实践中存在着以下文化现象：（1）随班就读生在普通教室里受到忽视与排斥，他们在普通教室内没有取得正式成员的身份，

---

① 赵小红．近 25 年中国残疾儿童教育安置形式变迁——兼论随班就读政策的发展［J］．中国特殊教育，2013（3）．

② 邓猛，景时．从随班就读到同班就读：关于全纳教育本土化理论的思考［J］．中国特殊教育，2013（8）．

并随时存在着退学的风险；（2）普通教室中存在着根据成绩和智力划分的等级秩序。随班就读生被认为是能力低下的，针对随班就读生降低难度的教学方式被认为是理所应当的；（3）在普通教室中，随班就读生能够勉强生存的动力主要来源于老师的爱心、同学的帮助和家长人情关系的维系。①

随班就读体现的是回归主流的教育思想。目前西方特殊教育已经历了从回归主流到融合教育的深刻变化，融合教育已经成为全世界范围内特殊教育发展的主要趋势。在此背景之下，我国的特殊教育发展必然要做出相应的调整，以应对西方回归主流走向融合教育的趋势。对此，邓猛、景时提出，我国特殊教育理论应该在随班就读模式的基础上走向与融合教育理念一致的“同班就读”，并阐释了“同班就读”的具体内涵：（1）同等的权利，残疾儿童与正常儿童一样享有平等接受教育的基本权利；（2）同样的环境，同班就读意味着残疾儿童有权在普通教室接收适合他们自己特点的教育，他们无须经过自己的努力去争取、赢得在普通教室接受教育的权利；（3）同等的地位，残疾儿童不仅能进入普通学校就读，在班级里与正常学生处于相同的主体地位，而不应该是班级的附属品；（4）同等的教育，不管残疾学生存在何种困难，他们同样应享受到高质量的、适合他们自己特点的、平等的教育。②

### 2. 随班就读态度调查

态度反映了个体基于过去经验对其周围的人、事、物持有的比较持久而一致的心理准备状态或人格倾向。③ 人们对残疾儿童和随班就读态度是影响残疾儿童个体发展和随班就读效果的重要因素。一直以来，我国特殊教育学者都力图通过调查和分析社会中的不同群体对随班就读的态度及其影响因素，促进整个社会对残疾儿童的接纳，提高随班就读的质量。

教师在融合教育的实施中扮演着非常重要的角色。教师包容残疾学生

---

① 景时．中国式融合教育：随班就读的文化阐释和批判［D］．武汉：华中师范大学，2013.

② 邓猛，景时．从随班就读到同班就读：关于全纳教育本土化理论的思考［J］．中国特殊教育，2013（8）.

③ 江小英，王婧．农村小学生对随班就读同伴接纳态度的调查报告［J］．中国特殊教育，2013（12）.

的意愿和教师对于融合教育的支持程度极大地影响他们在融合教育实施过程中的努力程度。之前的研究表明，近几年普通教师对残疾儿童随班就读持怀疑或反对态度，对残疾儿童的接纳程度也不高。

与普通教师相比，普通学生及其家长对残疾儿童随班就读的态度要积极得多。江小英、王婧研究了农村小学对随班就读班级学生态度，结果显示，农村小学生对随班就读同伴接纳态度比较积极；女生、成绩优良的学生、三年级学生、班额 31—40 名的学生、班有 3 名特殊同学的学生接纳程度更高；农村小学生更愿意接纳视障、智障类特殊学生；接纳的关键取决于特殊学生是否具有良好的性格和行为习惯。[①] 苏雪云、吴择效、方俊明针对家长对残疾儿童融合的态度研究也发现，自闭谱系障碍儿童家长和普通儿童家长对于自闭谱系障碍儿童融合教育态度总体积极，尤其是自闭谱系障碍儿童家长。[②]

### 3. 随班就读支持体系

融合教育的成功关键在于支持保障体系的建立和完善。2003 年，教育部出台了《关于开展建立随班就读工作支持保障体系实验县（区）工作的通知》，在全国 100 多个区县开展随班就读工作保障体系实验工作，此后很多地区也开始加强在随班就读支持保障体系建设方面的工作。经过十多年的努力，我国随班就读支持保证体系的建设有了一定的发展。目前，我国大多数地区残疾儿童随班就读支持保障机制不健全，很难保障随班就读的教育教学质量。

在人力资源上，随班就读班级的教师应该得到巡回教师等专业人员的支持和帮助。而我国巡回教师制度不健全，语言治疗师、物理治疗师等也非常缺乏。随班就读的教师和学生遇到的实际困难往往得不到及时地解决。在资源整合上，虽然资源教室有了一定的发展，但数量和质量明显不足，即使是在北京、上海这类大城市，资源教室数量相对于众多的随班就

---

① 江小英，王婧．农村小学生对随班就读同伴接纳态度的调查报告［J］．中国特殊教育，2013（12）．

② 苏雪云，吴择效，方俊明．家长对于自闭谱系障碍儿童融合教育的态度和需求调查［J］．中国特殊教育，2013（3）．

读残疾儿童而言仍然较少，并且在运作过程中出现缺乏管理、服务对象单一、硬件资源不足等问题。因此，我国特殊儿童的随班就读出现了“随班就坐”、“随班就混”、“随班混读”、“随班座读”的现象。

整体来看，残疾儿童随班就读教育质量并不理想，没有接受真正符合他们身心特点和需要的教育。概而言之，随班就读是我国特殊教育实际和西方融合教育思想相碰撞的产物。在中西方的文化语境中，融合教育的表现形式和践行方式也有所不同；需要在国际融合教育趋势的基础上对中国随班就读的开展进行深入探索与研究。我们需要进一步将融合教育与中国特定历史文化背景相联系，从多学科的角度探索我国融合教育理论与实践方式。

### （四）“医教结合”的争论

“医教结合”的讨论并非是一个新的问题，在西方特殊教育教育发展几百年的历史中曾经喧嚣一时而最终走向沉寂。然而，“医教结合”这个在西方已经冷却的话题再度以不同的形式与内容重现并升温，成为我国当今特殊教育的热话题。最近几年，“医教结合”在中国特殊教育领域受到了空前的重视与欢迎，被认为是当代特殊教育发展的必经之路①、我国特殊教育发展的最佳实践方式②。然而，尽管“医教结合”实验如火如荼、一路高歌猛进的同时，也遭受到了越来越多的批判与质疑，从而引发了特殊教育界的激烈争论。从近两年学者对于“医教结合”的研究来看，学术界关于医教结合的争论主要围绕“医教结合”的概念、“医教结合”与特殊教育学科及其发展范式的关系等几个方面来进行的，即“医教结合”的概念之争、理论基础之争、实施模式之争和效果之争。

#### 1. “医教结合”概念之争

概念的提出及其内涵的解释与重构，是一系列思想活动的结晶，体现着思想者的智慧，反映了思想者对某一问题的立场、态度和价值倾向性，

---

① 张婷．医教结合是当代特殊教育发展的必经之路［J］．中国教育技术装备，2010（21）．

② 杜志强．什么是最佳的特殊教育实践模式——兼与张婷、陆莎商榷［J］．中国特殊教育，2013（4）．

对教育概念的理解也是开展相关教育实践活动的一个思想前提。[①] 因此，“医教结合”的争论首先表现为“医教结合”的概念之争，具体而言主要是“医教结合”中“医”的概念范围以及“医”与“教”孰先孰后、孰重孰轻的关系问题。

“医教结合”的最初提出主要针对聋儿的康复问题，其体系构成包括听觉康复、言语矫治和语言教育三个模块。[②] 随着“医教结合”实验的推广，它所涵盖的范围也有所变化，包含的内容大而广，拓展到了医疗、心理、教育、社会、职业等多方面的综合康复。例如，张伟峰将“医教结合”的内涵归纳为“特指”和“泛指”两个方面：特指的“医教结合”主要是指其中的现代康复医学与特殊教育的结合，包括物理治疗、作业治疗、言语治疗、心理治疗、康复工程、艺体治疗、中医治疗、康复护理、职业咨询、社会服务等；泛指的“医教结合”指与特殊儿童相关的医学领域和特殊教育的全面结合，其中相关医学领域包括儿科、其他临床科、康复科、保健科、护理科等学科，内容涉及特殊儿童的筛查、诊断、临床医疗、康复治疗、护理保健、综合干预等工作。[③] 可见，“医教结合”已经将“医”的内涵与外延泛化到了为残疾儿童提供的除教育教学以外的所有相关服务。

顾定倩指出，目前国内对“医教结合”表述十分混乱，甚至存在相互矛盾，既有将“医教结合”称为“教学模式”、“工作模式”，也有将其仅界定为“基本原则”。还有人把它与“综合康复”画等号，或认为它仅是“一个简称，应当包括医教结合、综合康复、多重干预、潜能开发等内容”。[④]

从目前关于“医教结合”概念的争议来看，“医教结合”的支持者倾向于关注“医教结合”中的“医”指向何处，并试图通过延伸“医”的

---

① 石中英．教育学研究中的概念分析［J］．北京师范大学学报：社会学科学版，2009（3）．

② 黄昭鸣，杜晓新，季佩玉．聋儿康复中的“医教结合”模式之探讨［J］．中国听力语言康复科学杂志，2004（2）．

③ 张伟峰．医教结合：特殊教育改革的可行途径——实施背景、内涵与积极作用的探析［J］．中国特殊教育，2013（11）．

④ 顾定倩．对实施“医教结合”实验的若干思考［J］．中国特殊教育，2013（5）．

外延以回应对“医”本身含义的质疑和批评。尽管他们强调特殊教育中“医”对于特殊儿童的作用，但所有对“医教结合”概念的讨论中都较少谈及“医”和“教”的结合机制问题。即使有一些论述，例如杜志强提出“医教结合”中医疗康复与特殊教育是以共存、共生为特征的“蕴含”和“互摄”的关系，但他并未说明医学与教育到底应该如何相互“蕴含”与“互摄”。[①] 傅王倩指出：“医教结合的重心并不是放在‘医’或‘教’上，而是强调两者的结合，只有当这两种手段有机结合，才能达到优势互补，实现效益的最大化”，[②] 但她同样没有提出二者应该如何结合以实现“效益的最大化”。

### 2. “医教结合”理论基础之争

“医教结合”的第二个争论点在于“医教结合”是否符合特殊教育理论发展规律，具体表现在特殊教育范式和特殊教育学科基础两个方面。

传统上，在社会科学领域存在着实证主义/经验主义与建构主义/解释主义两大类范式的分野。作为科学代名词的逻辑实证主义的坠落与以经验的建构与解构为特征的建构主义、后现代主义的上升是社会科学范式变迁的主要趋势。科学与建构、现代性与后现代的冲突与交融不仅改变人们对于残疾的基本认识，也影响着特殊教育的理论模式与实践方式。与实证主义与建构主义等的认识论相对应，特殊教育学科及其研究的发展经历了医学—心理学、社会学、组织学范式的转换，不同范式下特殊教育基本观念、实践方式亦不相同。陆莎明确提出，“医教结合”是历史的倒退。她认为，“医教结合”把教育和医学结合起来，充其量只能把“医”作为促进教育的工具，“教”才是主要目的。如果“医”跨越工具就可能成为教育的枷锁，将特殊教育退回至心理—医学模式中，这并非是特殊教育本质的回归，而是历史的倒退。[③] 针对陆莎的观点，傅王倩、肖非指出，不同

---

① 杜志强．什么是最佳的特殊教育实践模式——兼与张婷、陆莎商榷［J］．中国特殊教育，2013（4）．

② 傅王倩，肖非．医教结合：现阶段我国特殊教育发展的必然选择——对陆莎一文的商榷［J］．中国特殊教育，2013（7）．

③ 陆莎．医教结合：历史的进步还是退步［J］．中国特殊教育，2013（3）．

视角下的残疾模式有各自的合理性，它们都能解释一部分的残疾现象，新模式的兴起并不意味着原来模式完全被取代或消亡，也不存在新模式比原有模式提供了更好的解释。[①] 杜志强的观点与此类似，认为发展融合教育、提倡社会教育模式、回归主流社会只是特殊教育发展理论范式众多选择之一，它的存在不应以取消、禁止医教结合理论范式为基础。[②]

研究者们还从特殊教育学科本身的客观规律来审视医教结合的本质。特殊教育学科是一门多学科相互交叉、渗透的综合性学科：来自医学、心理学、教育学、社会学等学科的理论奠定了特殊教育学科的最核心理论基础，其外围则是语言学、管理学、经济学、哲学、人类学等学科的理论养分，近代的脑科学研究和电子计算机学的研究也被特殊教育所利用。陆莎认为，脱离特殊教育多学科的特征过分强调“医教结合”容易使我们偏离特殊教育是一门“教育”学科的本质，“使特殊教育从多学科退回两学科，甚至是一个为主、其他为辅的学科，教育的学科地位严重削弱，这对特殊教育的发展是不利的”。[③] 而“医教结合”的支持者则认为，医教结合与特殊教育多学科交叉的特性之间不是对立的、非此即彼的关系，推进医教结合并不排斥多学科交叉。张伟峰认为，西方特殊教育并不是从教育学中发源、派生出来的，它与现在的“教育学母体”有质的区别；特殊教育学是与医学等其他相关学科有紧密关联的综合学科，所研究问题涉及的面特别广，已远远超出了大教育学或教育学多元化所关涉的问题和范围。[④]

无论是医教结合的拥护者还是批评者，他们都认同特殊教育是一个综合性的交叉学科，所不同的是，医教结合的反对者认为，特殊教育学仍然是以教育学为核心的子学科，其他学科都是为特殊教育学所利用的。而医教结合的支持者则认为，“医教结合”中的“医”本身所涉及的领域就是

---

① 傅王倩，肖非．医教结合：现阶段我国特殊教育发展的必然选择——对陆莎一文的商榷［J］．中国特殊教育，2013（7）．

② 杜志强．什么是最佳的特殊教育实践模式——兼与张婷、陆莎商榷［J］．中国特殊教育，2013（4）．

③ 陆莎．医教结合：历史的进步还是退步［J］．中国特殊教育，2013（3）．

④ 张伟峰．医教结合：特殊教育改革的可行途径——实施背景、内涵与积极作用的探析［J］．中国特殊教育，2013（11）．

多学科的，医教结合本身就体现了特殊教育的多学科特性。

### （五）特殊教育教师教育研究

改革开放以来，特殊教育师资队伍建设成为普及残疾儿童少年义务教育、提升特殊教育质量迫切需要解决的问题。2010 年《教育规划纲要》和 2013 年发布的《特殊教育提升计划（2013—2016）》中都提到了要“加强特殊教育师资队伍建设”、“提高教师专业水平”。近几年对特殊教育教师教育研究主要集中在以下两个方面。

#### 1. 特殊教育师资发展现状调查研究

特殊教育师资队伍建设需要建立在了解我国特殊教育师资发展现状的基础之上。最新研究发现，无论是随班就读教师还是特殊学校教师，都存在师资培养体系不完善、专业化发展水平不理想、专业素质欠缺、学历水平较低、数量和质量都有待提升等问题。李玉向对河南省特殊教育学校教师队伍的专业素质进行了调查研究，发现河南省特殊教育教师专业素质的整体水平较低，仅有半数特殊教育教师认同特殊教育教师的地位，还有三成多的教师专业思想不稳定。① 张玉红、关文军对新疆的特殊教育师资发展进行分析，发现尽管新疆特殊教育事业发展迅速，但目前所面临的最严峻的问题之一就是特殊教育师资问题，突出表现在师资数量严重不足，师资性别、民族、地区比例严重失衡，师资培养培训体系不完善等方面。②

从以上这些研究可以看出，尽管研究者所调查的地点不同，但研究结果所显示的特殊教育师资队伍所存在的问题却是类似的。

#### 2. 特殊教育教师培养模式探讨

目前，我国特殊教育教师培养的主要形式是在高校中设立特殊教育专业，对未来从事特殊教育教育工作的学生进行系统的专业基础知识教育和实践技能训练，培养特殊教育领域内的教学、科研和管理人员。③ 从 2013 年的文献来看，我国特殊教育教师培养方面的研究主要集中于融合教育背

① 李玉向．河南省特殊教育教师专业素质现状调查［J］．中国特殊教育，2013（1）．

② 张玉红，关文军．新疆特殊教育教师队伍的现状、问题与对策［J］．中国特殊教育，2013（4）．

③ 谢敬仁．中国特殊教育新进展（2011）［M］．北京：高等教育出版社，2014：185．

景下特殊教育教师培养和高等院校特殊教育专业建设两个方面。

随着融合教育在我国的发展，越来越多的残疾儿童进入普通班级已成我国特殊教育发展的趋势。因此，特殊教育是普通学校难以回避的一个问题。有特殊需要的儿童在普通班级能否获得合适的、有效的教育，普通教育教师的特殊教育技能水平将会成为重要的影响因素。这要求我国高等院校调整对特殊教育师资培养模式，改革教师教育体制，探寻适合我国随班就读要求及融合教育发展方向的教师职前培养体系。

就目前来说，融合教育背景下特殊教育教师培养模式基本上有两种。

一种是通过改革普通师范生教育课程设置，培养普通师范生的特殊教育能力。华京生、华国栋指出，随着我国随班就读的迅速发展，仅靠为数不多的高校特殊教育专业不能解决其师资紧缺问题，有效的途径是在普通高师院校广泛开设特殊教育课程，在职前培养阶段使师范生具备一定的融合教育素质，毕业后能适应随班就读师资的需要。①

另一种则是邓猛提出的培养“特殊教育专业化骨干人才、融合教育复合型人才和融合教育普及型人才”的综合一体化特殊教育师资培养模式。②具体而言，这种师资培养模式主要培养三方面的特殊教育人才：第一，培养特殊教育专业化程度较高的骨干人才，即在传统的综合与通识教育的基础上，根据学生的兴趣与社会的需求培养针对不同残疾类型的专业化程度较高的教育康复的骨干人才；第二，培养能够实施融合教育的复合型专门人才，即开设融合教育或者随班就读专业，培养具备在普通学校实施特殊教育的复合型专门人才，推进融合教育的发展；第三，培养具备基本特殊教育技能的融合教育普及型人才，即在高等师范院校的教师培养课程体系中系统、广泛地开设特殊教育知识或学科专业知识的选修课和必修课，将特殊教育知识系统地纳入普通教师培养与教师资格考核制度中来。通过这种一体化的培养模式，建立健全完整的特殊教育师资培养体系，将特殊教育师资培养真正纳入我国整体的教师教育体系中来，构建完整的、专业化

---

① 华京生，华国栋．普通高师院校开设特殊教育课程研究［J］．中国特殊教育，2013（6）．

② 邓猛，赵梅菊．融合教育背景下我国高等师范院校特殊教育师资培养模式改革的思考［J］．教育学报，2013（6）．

的、符合全民教育与教育公平目标的教师教育体制。

此外，还有一些研究者就高等院校特殊教育专业建设进行了研究。王雁等人对北京师范大学等12所高校具有代表性的特殊教育专业培养方案进行文本分析，也指出当前高等特殊教育专业人才培养目标过于单一、偏于理论取向、人才培养模式过于封闭、课程设置偏离培养目标、各类课程比例不协调等问题。① 翟猛就特殊教育教师专业标准进行了思考，认为特殊教育教师专业标准是指对特殊教育教师岗位（个人）工作的责任、权利、范围、质量、程序、效果及检查方法和考核办法所制定的标准，是特殊教育教师从事特殊教育活动、接受特殊教育培训和个人发展，以及特殊教育学校（特教班或随班就读学校）录用教师的基本依据。②

### （六）特殊教育课程与教学研究

作为教育学科体系的核心和主干领域，课程与教学研究涉及“教什么”和“怎么教”的问题。③ 特殊教育课程与教学研究对于推动课程与教学的改革，思考特殊教育的本质，改革特殊教育课程与教学有指导和启发意义。

#### 1. 培智学校校本课程成为特殊教育课程研究重点

随着融合教育的发展，越来越多的轻中度智力障碍儿童进入普通学校，培智学校的生源结构发生转变。当前培智学校的学生以中、重度智障儿童和部分自闭症儿童为主。原国家教委针对轻度智力残疾学生颁布的课程计划和教材显然已不适应当前培智学校的教学需要，培智学校课程改革的呼声越来越高。尽管国家在2007年颁布了《培智学校义务教育课程设置实验方案》，但直到目前培智学校的课程但仅有宏观的方案，没有课程标准与教材。④ 在此情况下，一些培智学校开始探索校本课程的开发。王明

① 王雁，李欢，莫春梅，等．当前我国高等院校特殊教育专业人才培养现状分析及其启示［J］．教师教育研究，2013（1）．

② 翟孟．关于特殊教育教师专业标准之思考［J］．河南教育学院学报：哲学社会科学版，2013（4）．

③ 黄甫全．当代课程与教学论：新内容体系与教材结构［J］．课程·教材·教法，2006（1）．

④ 王红霞．培智学校校本课程开发实践研究［J］．中国特殊教育，2012（3）．

娣认为，由于社会适应目标是我国培智学校以及其他形式弱智教育追求的重要目标之一，对于培智学校校本课程来说，应该将社会适应能力作为课程的重心，通过个别化教育，培养智障儿童的社会适应功能，帮助他们参与正常社会生活，提高适应社会的能力。① 吴春燕在回顾一些具有代表性的培智学校的校本课程开发理念的基础上，指出“生活化”是培智学校校本课程开发的总方向。培智学校基本都是在“来源于生活，服务于生活”的课程理念指导下选择和组织课程内容，并以此为依据进行课程的教学。一切为了智障学生的生存和发展，以发展学生的生活能力和社会适应能力、提高学生的生命质量为主要诉求，是培智学校广为认可的价值取向，是各培智学校的课程开发所共同追求的总目标。②

### 2. 特殊教育有效教学方式的探索

有效教学是课堂教学质量的一种理想追求，也是当前教学改革的核心思想。③ 寻求最佳实践方式提高特殊教育教学有效性不仅是融合教育领域的任务，而且也是特殊教育领域需要共同努力的目标。在近几年的研究中，我国特殊教育研究者主要集中于对特殊教育有效教学方式的介绍、比较和分析，包括差异教学、个别化教学、小组教学、协同教学的理念、原则和实施方式。

就整体而言，近两年关于特殊教育课程与教学的研究并不多，而且都集中于培智学校的校本课程改革研究和分析、描述西方特殊教育教学实践方式的研究方面。目前我国的特殊教育课程研究对象比较狭窄，很少有对盲、聋学校课程的探讨。关于融合教育的课程研究也不多，而且还是停留在引入和介绍国外课程模式的水平之上；缺乏对课程目标、课程实施和课程评价等课程论核心领域的分析；也缺乏对教学实践方式的本土化探索。

### 3. 特殊儿童教育干预研究

对特殊儿童个体实行有效的教育干预是一切关于特殊儿童心理特点研

---

① 王明娣．智障儿童社会适应性校本课程开发的问题与对策研究——以兰州市F学校为例［D］. 兰州：西北师范大学，2013.

② 吴春燕．培智学校校本课程开发的现状研究［J］. 中国特殊教育，2013（2）.

③ 蔡宝来，车伟艳．课堂有效教学：内涵、特征及构成要素［J］. 教育科学研究，2013（1）.

究和机制探讨的出发点和落脚点，也是广大特殊教育研究者关注的最根本问题。近年来，对特殊儿童进行教育干预的实验研究逐年增加，干预内容涉及提高特殊儿童的认知能力、语言水平、沟通技能、自我监控等多个领域。

自闭症儿童教育干预研究不断发展，其干预技术涉及综合干预、社会故事法、图片沟通系统等多种在西方被证实为有效的干预手段。胡晓毅梳理了美国近三十年开发的、专门针对1—5岁自闭症幼儿的十二项综合干预方案，总结了其采用的三大理论视角，以及呈现出的七项发展趋势。①

## 三、存在的问题

### （一）强化特殊教育研究的独特视角

近年来随着学科研究中的跨学科、跨领域现象愈加明显，学科研究的边界渐趋模糊；许多学术研究难以保持其研究对象和方法的独特性，导致研究者难以准确的定位本学科的研究立场和观点。虽然特殊教育学因其研究对象的特殊性而与其他学科显得泾渭分明，但作为一门应用性极强的综合性学科，特殊教育研究无论在理论还是在实践中都渗透着医学、心理学、教育学、社会学等多个学科的要素，与这些学科有着不可分割的联系。在面对纷繁复杂的学科交叉与结合中，一些特殊教育研究者眼花缭乱，很容易丧失特殊教育的专业立场。例如，近几年热议的“医教结合”，本是医生基于其医学的立场提出的一个概念，却被一些特殊教育工作者视作特殊教育发展的“最佳实践方式”和“必经之路”；纵观特殊教育领域唯一的、反映特殊教育最高研究水平的核心期刊《中国特殊教育》，里面真正涉及教育理论与实践、课程与教学等教育学的研究屈指可数，心理学研究成了特殊教育研究的主导力量；在解释特殊教育问题的时候，一些研

① 胡晓毅．美国自闭症幼儿早期综合干预研究［J］．中国特殊教育，2013（7）．

究者只是将其他学科的理论通过剪裁和模仿照搬过来，而不从特殊教育内部寻找问题根源。换句话说，多学科的加入并没有使得特殊教育作为一门教育学科的理论基础更加丰富，反而使得特殊教育学变成其他学科的“跑马场”，特殊教育研究成了其他学科研究的附属和拓展。这导致的结果就是使得特殊教育学把自己的学科发展寄托在其他学科的发展上，失去了本学科的话语权而过分依赖其他学科的营养补给，成了其他学科的附庸。

诚然，特殊教育研究者在研究过程中需要吸收和利用其他学科知识来解释和分析问题，建构特殊教育的学科基础。但特殊教育研究者需要明确，特殊教育研究不是康复治疗干预研究，也不是医学研究或心理学研究，而是教育学研究，归根结底是要解决特殊儿童的教育教学问题。在特殊教育研究中，特殊教育研究者需要始终保持特殊教育的“教育学”立场，站在教育学科的角度，运用教育学思维来寻求认识问题和解决问题的方式和方法。特殊教育学鼓励跨学科研究，但其目的应该是应用其他学科的理论与方法来解决特殊教育问题，丰富特殊教育理论体系，而不是解决其他学科的问题，将特殊教育学降为其他学科的子学科和附庸。

### （二）丰富特殊教育的研究方法

近些年来我国特殊教育研究领域发展较快，但从方法论的角度看还存在着较多的问题。首先，目前的特殊教育研究存在着理论探讨多、实证研究少的现象。多数研究都是总结经验和教训，或介绍国外的经验和理论，很少研究者能够深入特殊教育现场，以规范的、实证的科研方法开展研究与分析，理论分析与实证研究还没有很好地结合起来。从整体上看，懂理论的、以科研院所以及高校的学者们为主的研究人员习惯于演绎的方法进行逻辑推理，很少深入实际，按照严谨的、实证的方法获得数据，并从中归纳、抽取理论与概念之间的联系。而广大第一线的特殊教育实践者则因缺乏理论、范式的指导，不能从丰富的实践中归纳出有意义的理论观点，停留在经验总结的水平。其次，为数不多的实证研究又存在着量（定量）的研究多、质（定性）的研究与分析少的状况。在量的研究中，描述性的统计方法（百分比、平均值等）使用较多，而推理性的数据统计（方差分析、回归分析、因素分析）的使用还不普及，对数据的深入分析不够。在少量的质的研究报告中，叙述故事与堆砌资料的较多，系统的理论归纳与提升较少。将质与量的研究范式结合起来运用进行数据收集与分析的研究更是凤毛麟角，因而不能够从不同类型的数据中获得全面、系统的理论联系，不能对我国特殊教育的发展进行分析、概括与理论提升。

### （三）加强特殊教育的本土化研究

我国特殊教育研究起步较晚、基础薄弱。自 20 世纪 80 年代以来我国特殊教育研究者将西方大量的特殊教育理论和实践介绍到国内，大大开阔了中国特殊教育学者的视野。西方特殊教育的理论与实践成果在为国内特殊教育学研究注入新的资料、提供新的理论与方法的同时，也为中国特殊教育学研究的深化和发展开辟了新的范式和思路。在吸收、借鉴西方特殊教育学发展范式的同时，中国特殊教育研究者开始了中国本土化特殊教育学的建设历程。许多特殊教育研究者，努力运用辩证唯物主义观点分析和认识特殊教育，尤其是在对特殊教育对象的科学解释、对特殊教育的理论探索和对特殊教育的学科建设这三个方面长期致力于特殊儿童研究，形成了自己对特殊教育对象的辩证唯物主义解释，探索了具有中国特色的特殊教育事业和学科的发展道路。① 然而，尽管我国特殊教育学者在特殊教育的本土化方面做出了巨大的努力，原创性研究等缺乏的问题依然存在。特殊教育研究缺乏学术创新思维和自觉意识，与国外特殊教育学界相比的弱势状态及学术流向的单向性并未彻底改变。综观我国近年来对特殊教育的研究，外国名词与理论介绍，多本土化的理论探索与生成少；游说与动员式的论述多，深入的反思与批判少，结合各地特有文化特点的分析也不多见。特殊教育学术研究中大量充斥着西方的特殊教育成果和经验介绍，包括课程教学、师资培养、评估鉴定、干预训练等方面。很多研究者在引入时缺乏批判性的分析与思考，甚至是对于一些在国外处于争议的事物，也

① 肖非，刘全礼，钱志亮．本土化的特殊教育研究——朴永馨教授学术思想探微［J］．国家教育行政学院学报，2007（5）．

都不加区分地当作经验推广。例如，针对孤独症儿童康复训练的“地板时光”、“音乐治疗”、“听觉统合训练”等干预方法在国外均被视为缺乏研究支持的方法,[①] 在国内却被许多康复机构视作康复训练的“法宝”。对于那些已经被证实为切实有效的干预方法和教育实践方式，又由于实践技术与程序没有得到系统的规范，缺乏本土化的实证研究，在特殊教育实践中往往难以发挥其应有的效果。

因此，特殊教育需要更多的理论探索和创新，需要通过“扎根”的方式生成具有本土化特征的理论；通过反思与意义的重构探索鲜明的个性化理论；通过纳入社会批判的视角促进带有浓厚本土文化气息的理论的发展。

## 四、未来趋势

### （一）继续加强融合教育的本土化研究

特殊教育理论是建立在特定社会的政治、经济、文化基础之上的，当某一社会对残疾、平等观念发生变化时，特殊教育的基本理论与教育形式也会随之变化。我国当前已经有了关于融合教育本土化的一些讨论，例如关于随班就读与融合教育关系的争论、随班就读与同班就读的区分、融合教育与中国社会文化的特性等理论探讨。但这些仍然只是对融合教育理论本土化的初步探索，对融合教育实践方式的本土化甚至还远未开始。本土化涉及的是本土语言和思维范式与外来文化之间的沟通、碰撞。当外来的传统为我们所理解时就意味着外来传统的话语和本土的话语获得了沟通；当外来传统为我们所接受时就意味着外来话语和本土话语实现了融合，也就是外来传统的话语获得了本土的合法性。[②] 因此，如何使习惯于隔离式

① Halahan P D，Kauffman M J，Pullen. 特殊教育导论（第十一版）［M］. 北京：中国人民大学出版社，2011：304.

② 李承先，陈学飞．话语权与教育本土化［J］. 教育研究，2008（6）.

特殊教育的中国特殊教育研究者理解和接受外来的融合教育，如何将融合教育的理论及各种实践方式根植于中国的社会文化特性之中，包括我国社会中独有的意识形态、政治经济结构、历史传统、文化特质等，都是未来特殊教育研究所需要密切关注的。

在融合教育理论本土化方面，一方面从社会文化的宏观视野分析融合教育的本质特征。对此，需要从中西方不同的社会文化背景出发，将融合教育与中国特定历史文化背景相联系，从中归纳出生动具体的而非枯燥、抽象的融合教育理论；形成扎根于中国特定文化情景与过程之中的、具有独特性的融合教育的解读与本土化特征的理论。另一方面，还需要从国际比较教育的视角出发探索融合教育的理论，关注国际融合教育理论与实践的动态，立足于中西方不同的文化与教育特征，对外来文化精华采取吸纳与扬弃的态度；形成具有本土化的融合教育理论。

在融合教育实践本土化方面，一方面要继续引入西方融合教育环境下产生的各种教育实践方式，例如融合学校的创建，融合课程的调整，包括合作教学、差异教学和同伴辅导在内的融合教学等技术与策略。另一方面，需要认识到融合教育实践本土化所面临的巨大挑战。由于我国普通教育长期的精英教育模式，融合教育在普通学校中只是作为一个“边角料”而存在，残疾儿童在普通学校中一直处于被忽视的状态。在这种情况下，产生于西方文化和教育制度之下的融合教育实践几乎不可能完全复制到中国的教育体制之下。因此，相对于融合教育理论的本土化而言，融合教育实践本土化研究的任务更加艰巨。

### （二）强化特殊教育课堂教学研究

特殊教育的目标就是使有特殊教育需要的儿童获得高质量的教育。教学有效性是衡量特殊教育质量的根本指标，同时也是特殊教育专业人员孜孜不倦追寻的目标与长期困惑的根本问题。长久以来，我国特殊教育学者一直致力引入和介绍西方的有效教学形式，试图提高我国特殊教育教学落后的局面。现有特殊教育理论与实践多来自对西方的引进与移植，缺乏“扎根”于中国特有的文化土壤之上的碰撞与扬弃。

尽管融合教育思潮近年来成为全球特殊教育发展的主要趋势。但是，推动融合教育发展的是理想与政治力量，而非来自对教学有效性实证研究结果的回应。如果说西方的融合教育遭遇“未能提供有效教学”的“滑铁卢”，我国自20世纪80年代以来实施的随班就读除了在入学率登记方面的变化外，在教学质量方面并无本质的进展。传统的隔离性质的特殊教育学校也未能够提供有效的、高质量的教学。特殊学校教材老化、教学方式单一、教师专业成长不足、自身特色发展不够的现象广泛存在着。因此，对教学有效性进行探讨是目前特殊教育领域的当务之急，需要立足我国特有的国情与文化传统之上，在范式转变、教学环境设置、教学过程以及教学方法等方面进行改革与探索，发展具有我国本土化特征的特殊教育“最佳实践方式”，促进我国特殊教育质量的提高。

## （三）探索残疾儿童有效教育干预方式

我国研究者目前对各类残疾儿童干预方式的探索仍然是以介绍国外先进的干预方法和经验为主，本土化的实证研究较少；教育干预的程序和规范没有建立。近些年来，西方残疾儿童大量的教育干预方法被引入我国，例如，针对孤独症儿童的应用行为分析（ABA）、离散单元教学（DTT）、关键反应训练（PRT）等。这些在西方被研究证实有效的干预方法在国内都有介绍，并且被广泛应用与残疾儿童干预的教育实践之中。这些干预方法都是基于西方的社会文化、技术和学术研究的基础上产生的，应用于其他不同的社会环境中必然还需要干预程序的调整、干预效果的再检验。然而我国目前还十分缺乏对这些干预程序的规范和干预效果的实证研究。许多干预人员只是简单模仿西方的干预程序，而没有考虑干预方法的生态性背景。对干预方法及效果的研究更是缺乏，如针对孤独症儿童的社会故事法，国内关于其有效性的研究微乎其微。[①] 未来的特殊儿童教育干预研究应逐步规范目前所存各种干预方法的程序，探索系统的干预方法体系。研

① 孙玉梅，邓猛．自闭症谱系障碍儿童社会故事干预有效性研究综述［J］．中国特殊教育，2010（8）．

究者应该更多地关注干预方法的效果研究，包括干预方法对不同程度残疾儿童的效果的差异、不同情境下干预方法的使用效果以及多种干预方法如何综合使用等方面的研究。

### （四）重视特殊教育教师教育研究

改革开放以来，随着南京特殊教育师范学校的成立以及五所部属师范大学开办特殊教育专业，我国特殊教育教师培养逐步走向专业化与多样化的道路，初步形成了中国特殊教育学科规范与教师教育体系。相应的学科建设也全面起步，初步构建起了从专科到研究生层次相衔接的完整的特殊教育人才培养体系，为我国特殊教育师资的培养做出了重大贡献。但我国特殊教育教师与普通教育教师职前培养体系相互独立，壁垒森严。特殊学校教师数量少，专业化水平低；普通学校教师的职前与职后培训没有系统地包含特殊教育课程，教师资格证书的获得与考核也很少包含特殊教育的知识与技能。这与国际融合教育的趋势相违背，也不符合对“教育公平”、“全民教育”等价值观的共同追求。

当前特殊教育教师队伍建设及其专业化发展成为研究与实践的焦点集中于探索高等院校特殊教育专业人才培养新模式，探索特殊教育教师任职资格制度，促进特殊教育教师专业化发展。我国高等师范院校特殊教育师资培养仍停留在为盲校、聋校、培智学校三类特殊学校培养师资的“有限规模”状态，课程设置多以综合化的特殊教育通识人才培养模式为主，即师范生主要掌握特殊教育专业领域的各类知识，但很少针对某特定残疾类型进行深入的学习与实践。[①] 这种培养模式使毕业生具有较宽广的知识面和广泛的适应性，但难以承担对特定残疾类型进行专业性质较强的教育教学或者康复训练工作。近年来，特殊教育的对象不断扩大，已经远远超越了传统以聋、盲和智力落后为主的残疾类型，逐步扩展到自闭症、情绪行为障碍、多动症、学习障碍等多种类型。特殊教师培养模式应该在传统的

① 王雁，李欢，莫春梅，等．当前我国高等院校特殊教育专业人才培养现状分析及其启示[J]．教师教育研究，2013（1）．

综合与通识教育的基础上，进一步走专业分化的道路。同时，随着融合教育在我国的不断发展与其所倡导的“包容、尊重差异、拒绝排斥、平等自由”等理念的深入人心，传统的为特殊教育学校培养专门人才的特殊教育专业人才培养体系已经不适合现实发展的需求，亟须做出相应转变。我国高等师范院校应该结合融合教育发展的趋势，积极创造条件，培养具备在普通学校实施特殊教育的复合型专门人才，推进融合教育的发展。

# 第十二章

# 教育技术学

本章深入分析《中国电化教育》《电化教育研究》《开放教育研究》《现代教育技术》《远程教育杂志》五种专业期刊2013年度发表的全部学术论文，结合《教育研究》《北京大学教育评论》《清华大学教育研究》《中国高等教育》《外语电化教学》等期刊2013年度发表的与教育技术相关的学术论文，累积参阅学术论文1500余篇以及2013年国内出版的教育技术专著51部，剖析了教育技术2013年度研究发展状况。

研究发现，教育信息化发展战略、学习科学、信息技术促进教育公平、大规模在线开放教育、融合技术的学科教学知识、教育信息化绩效评价等，是2013年度教育技术学研究的热点。本章将按照技术视角下的教育技术基本理论研究、信息化学习环境与教学资源建设研究、网络学习与远程教育研究、信息化环境下的学习方式变革与教学模式创新研究、学生信息素养与教师信息技术应用能力提升研究、教育信息化发展战略与政策措施研究、教育信息化绩效评价研究七个方面展开详细阐述。

## 一、技术视角下的教育技术基本理论研究

教育技术基本理论研究所涉及的研究面广，并不断吸纳其他学科的基础理论、观点和研究方法，促进了教育技术学科理论的丰富与发展。学者

们对教育技术本质的思考、教育技术学研究对象、技术与教育的关系等基本理论问题的研究日臻完善。

## （一）技术支撑下的学习科学与教学理论研究

### 1. 学习的心理学基础研究

信息技术向教育和学习的全面渗透，深刻地影响着学习方式，技术如何促进有效的学习是2013年度教育技术研究的热点问题。心理学是教育技术学的理论基础之一，心理学理论为技术优化学习提供了必要的依据。技术的应用反过来也促进了心理学科的发展，产生了许多具有实践指导意义的学习科学新观点。例如，人是如何学习的？美国学者约翰·布兰思福特认为，认知心理学的研究使得人们对能力表现的本质和知识组织原则的理解更深一步；发展心理学的研究使我们能够理解大量的生物学原理，自然界原理等；学习和迁移的研究对构建学习经验的重要原理有了更进一步的解释；神经科学的发展为实验室研究获得学习原理提供证据；技术的研究使人们更注意创设真实的学习情景和对话空间。①

### 2. 技术支撑下的学习科学的研究

在线学习的繁荣、教育服务的拓展、大数据技术的出现，促进了学习科学的快速发展。② 从学习的现实场景来看，终身学习、混合学习和泛在学习等方面的研究都有新的进展。在信息时代，终身学习为生存所必需。随着新一代互联网的应用，手持移动设备成为支持终身学习最有效的工具。③ 对混合学习的研究，不再仅限于各种学习方式的“外在混合”，曾茂林等学者提出了基于学习主体神经系统与学习领域相互映射的有机混合学习理论。④ 对泛在学习的研究，开始深入到具体的学科领域，周东波等关注传统小学地理课堂教学所忽视的户外教学，利用校园云平台以及GPS全

① 约翰·布兰思福特，安·布朗，罗德尼·科金，等．人是如何学习的［M］．上海：华东师范大学出版社，2013.

② 祝智庭，沈德梅．学习分析学：智慧教育的科学力量［J］．电化教育研究，2013（5）.

③ 戴维·阿斯平，朱迪思·查普曼．终身学习的哲学思考［J］．开放教育研究，2013（5）.

④ 曾茂林．主体摄入视野中有机混合学习理论研究［J］．中国电化教育，2013（8）.

球定位技术、GIS 地图管理技术、Android 和 iOS 智能终端技术搭建户外地理泛在学习系统。①

### 3. 技术支撑下的教学理论研究

教学理论方面的研究，注重实证研究方法的具备实践价值取向的教学理论进一步强化。既能突出学生学习自主性，又能实现教师对学生学习引导特别是引导学生应用数字化学习资源的 Web Quest，成为技术支撑下的教学理论与实践研究的亮点。翁克山在分析专门用途英语教学特性的基础上，把在线协作探究学习引入专门用途英语教学的理论与实践中，所呈现的基于 Web Quest 的医学英语教学实例具有实践参考价值。② 双轨教学是对信息化环境下教学结构与过程本质的新认识与新概括，将教学内容以双画面形式呈现，促进意义关联的形成，提高认知建构的效率。华中师范大学国家数字化学习工程技术研究中心开发的双轨编码教学资源展示技术，解决了课堂教学中演示文稿只能顺序播放、无法前后对照的问题。③

## （二）信息化环境下的教学系统设计理论研究

### 1. 对建构主义理论认识的客观性增强

教学系统设计是教育技术专业的核心研究领域之一。2013 年度，教学系统设计指导思想方面有较活跃的探讨。何克抗在对《教育传播与技术研究手册》（第三版）发表的评论性文章中，论述了对“建构主义学习原则”和“建构主义教学设计”认识的深化，即以发现式学习和探究性学习为标志的建构主义学习原则有其可替代的特点与优越性，也有局限性；基于建构主义学习原则的教学设计和基于系统方法的传统教学设计并非誓不两立，而是可以取长补短；也澄清了一些夸大其词的研究结论。④

---

① 周东波，赵琼，钟正．构建基于泛在学习理论的地理户外探究学习系统［J］．中国远程教育，2013（2）．

② 翁克山，齐红．基于在线协作探究学习的 ESP 教学研究——以基于 Web Quest 的医学英语教学为例［J］．电化教育研究，2013（1）．

③ 杨宗凯，刘三女牙．双轨教学的理论省思［J］．中国电化教育，2013（8）．

④ 何克抗．对美国《教育传播与技术研究手册》（第三版）的学习与思考之一——对“建构主义学习原则”和“建构主义教学设计”认识的深化［J］．电化教育研究，2013（7）．

2. 微课程教学设计研究兴起

随着微视频、微课程的兴起，相关的教学设计理论与实践很快丰富起来。微型学习基于新的媒介生态环境应运而生，适应了学习者呼唤更丰富的非正式学习体验的需求。微课程的呈现形式主要是短小精悍的微视频，也可以是其他形式的多媒体微内容，如文本、音频等。为保证资源的有效性，微课程必须具备一套完整的教学设计，包含课程设计、开发、实施、评价等环节，尤其注重学习支持服务。微课程是半结构化的，以建构主义为指导，随着教学需求、资源应用、学生反馈的变化而处于不断的动态发展之中；微课程作为一种片段化的学习资源，学习者处于一种边缘性的投入与非联系的注意状态，需要资源开发者、教学者设计有效的支架，设计学习的路径，引导学习者有效利用微课程资源学习。①

3. 教学设计方法创新研究

教学策略推陈出新，从行为主义教学策略到认知主义教学策略，再到建构主义以及协作学习教学策略；学习技术、学习理论和教学策略不断交叠融合，教学设计中需要考虑的因素越来越多。美国北科罗拉多大学的学者 Linda L. Lohr 和 James E. Gall 提出了“三层工具箱”多媒体教学设计范式，第一层是学习理论，第二层是多媒体模型，第三层是多种信息呈现准则。何克抗认为，第一层还应该包括系统论与系统方法、教学理论、传播理论等。② 可视化是以直观的、易感知的图示方式表征信息。李芒认为，可视化教学设计能简洁明了地表达教学目标分析、学习者分析、学习内容分析、学习策略选择、教学评价等环节，是目前应该大力倡导的一种教学设计方法。钟晓流认为，信息化教学系统设计要从重视教育资源设计转向重视在线学习文化设计，利用智能化的认知工具、平台和知识资源集合体，来彻底改变学习方式。③

① 梁乐明，曹俏俏，张宝辉. 微课程设计模式研究——基于国内外微课程的对比分析［J］. 开放教育研究，2013（1）.

② 何克抗，赵文涛. 对美国《教育传播与技术研究手册》（第三版）的学习与思考之六——对本《手册》存在的主要缺陷与不足的分析［J］. 电化教育研究，2013（12）.

③ 钟晓流，宋述强，焦丽珍. i-时代的教学环境与教学设计——第四届全国数字校园建设与创新发展高峰论坛综述［J］. 现代教育技术，2013（6）.

### （三）教育技术哲学问题与教育公平理论研究

#### 1. 中国教育技术之“根”与“道”的研究

教育技术的哲学问题仍然是学者们关心的要点。哲学讨论的是人类思考的智慧，其侧重在思辨，是以多方位、多角度、追根溯源的方式思考问题。教育技术界有众多的学者关注教育技术的哲学问题。孙立会、李芒认为，教育技术之“道”就是让教育技术遵循本身的发展规律，而不是人为地过分夸大教育技术之本能。教育技术在充分展现桥梁学科的过程中，自然顺应教师、学生、教学环境等对教育技术的合理诉求，是教育技术学中最基本的、最一般的、最普遍的规律，也是教育技术的内在本质和发展变化的必然趋势。①

#### 2. 教育技术视野下的教育公平研究

教育的公平归根到底是教育资源配置的均衡，教育资源的核心是教育信息资源与教师资源。熊才平致力于探索技术支持下的基础教育信息资源公共服务均等化，构建“区域共建共享互换”教育信息资源建设新模式，动态调控教育信息资源建设经费和教育信息化环境建设经费比例，提升基础教育信息资源配置效益。依据用户反馈决定教育信息资源购买支付费率，提升基础教育信息资源建设质量。将用户使用教育信息资源的积分作为拨付学校信息化环境建设经费的重要依据，提高基础教育信息资源使用率。② 刘清堂所开展的村镇教育信息资源区域服务的理论与实践，为提升经济薄弱地区的教育信息服务提供了可行的技术方案与指导思想。③

从“集中观摩课教研活动”到“异地网络教研互动”，是信息技术给在职教师培养带来的变化。通过网络通信技术实现授课教师、点评专家和无数观摩终端观摩者之间的异地同步视频交流、研讨，降低了教师参与教

① 孙立会，李芒．论教育技术之“道”［J］．现代教育技术，2013（1）．

② 熊才平，杨文正，张文超．技术支持下的基础教育信息资源公共服务均等化［J］．教育研究，2013（11）．

③ 刘清堂．村镇教育信息资源区域服务的理论与实践［M］．北京：科学出版社，2013：6.

研活动的交通成本和时间成本，增加了农村教师参与教研活动的机会。①

## 二、信息化学习环境与教学资源建设研究

网络学习环境作为实现教育个性化和教育公平的重要途径已经越来越受到教育研究者的关注。信息化学习环境、平台、资源的设计、开发、应用是教育技术领域2013年度研究的热点。

### （一）信息化学习环境构建研究

#### 1. 网络学习空间研究

"空间"既指网络虚拟学习环境，又指个体能够分享知识的物理空间。② 学习空间建设的目标是实现教育机构物理空间和虚拟空间的有效融合，学习空间是个人学习环境和公共学习空间的有机统一，学习空间的建设要综合考虑技术的最新发展和学生的个性化学习需求。③ 祝智庭提出了网络学习空间的四个维度：空间结构、接入环境、支持服务、用户能力。④ 李克东则提出了基于Web2.0的网络学习空间的六个要素：工具、服务、资源、学习者、教师以及知识管理活动。⑤

#### 2. 网络学习平台研究

教育资源公共服务平台和教育管理公共服务平台是完整的网络教学环境的两大构成要素，是实现远程教育、网络教育不可或缺的两大支柱。焦建利认为，这里的两个平台，既不是技术平台，也不是业务平台，而是应

① 熊才平．教育在变革——论信息技术对教育发展具有革命性影响［M］．北京：科学出版社，2013.

② 焦建利．漫话"三通两平台"之"三通"［J］．中国信息技术教育，2013（10）．

③ 杨俊锋，黄荣怀，刘斌．国外学习空间研究述评［J］．中国电化教育，2013（6）．

④ 祝智庭，管珏琪，刘俊．个人学习空间：数字学习环境设计新焦点［J］．中国电化教育，2013（3）．

⑤ 陆芳，李克东．基于Web2.0的PLE结构模型构建研究［J］．电化教育研究，2013（9）．

用平台，以教师、学生以及教育管理人员为目标用户。① 张际平设计了一个适合各种学习终端接入、适应不同教学情境的实施网络教学互动平台，主要由教学内容运营、实时学习支持和教学服务终端三个子系统组成，并对教学节目单管理、协作平台、版权保护三个关键技术的实现进行了阐述。② 这种平台的使用能满足不同学习者的学习风格，并且具有更大的时间自由和空间自由，对促进信息化教学环境的建设具有一定指导意义。

#### 3. 网络学习环境研究

伴随网络学习环境的迅速发展，网络教学系统变得越来越成熟，系统组成要素之间的关系越来越复杂。在这种情况下，人和环境的关系建设显得尤为重要，生态学视角下的学习环境设计逐渐被重视起来。武法提认为，“生态”一词之所以用于网络学习环境的研究，一方面是由于网络社会化发展的推动，另一方面是由于信息技术对新型学习方式的支持。③ Web 技术使网络系统变得更加强大，为构建更好的环境提供支持；云计算技术让存储和计算更方便快捷；“混搭”突破了原有古板的思维方式，让网络环境中的资源建设变得更为灵活。④

### （二）信息化教学资源建设研究

#### 1. 信息化教学资源共建共享技术研究

《教育信息化十年发展规划（2011—2020 年）》行动计划首推教育资源的共享⑤，丰富、优质的信息化教学资源是实现教育信息化的基本条件之一。基于云计算的网络教育服务是一种可以预见的趋势，它的优势在于可以进一步体现教育信息资源建设的经济性、共享性、合作性、生成性。⑥

---

① 焦建利．漫话“三通两平台”之“两平台”［J］．中国信息技术教育，2013（11）．

② 徐苑苑，张际平．基于云架构的网络教学平台设计与实现［J］．远程教育杂志，2013（3）．

③ 武法提，李彤彤．网络学习环境生态化设计研究［J］．中国电化教育，2013（7）．

④ 杨现民，余胜泉．生态学视角下的泛在学习环境设计［J］．教育研究，2013（3）．

⑤ 王珠珠．国家教育资源公共服务平台及数字资源中心建设与教育资源共建共享［J］．中国教育信息化，2013（1）．

⑥ 陈学军，黄李华．基于云计算的义务教育学科课程资源共建共享模式［J］．中国电化教育，2013（1）．

Web3.0作为当前最让人期望的网络技术之一，能提供个性化的信息服务、精准和智能的信息检索、多语言多平台的信息共享、高校集成的整合资源。Web3.0的这些特点，使得它能提供用户最需要的信息资源。Web3.0的这些特征和资源共建共享的核心理念不谋而合，Web3.0技术支持的信息化教学资源共建共享，将来会有越来越多的应用。①

### 2. 信息化教学资源共建共享机制研究

信息化教育资源共建共享的系统应包括共建共享的主体（包括资源的供方和需方）、影响共建共享的外部技术环境支撑因素、内部的动力机制因素。信息化教学资源是共建共享的行为对象，主体是共建共享的实践者即供需双方，技术环境是实现资源共建共享的支撑条件，共享的动因则是主体行为的“催化剂”。在整个数字教育资源共建共享系统中，只有系统外部环境良好，系统内部各要素相互积极作用才能促成数字教育资源共建共享系统的良性运转。② 区域内教育信息资源共建共享、区域间教育资源交换共享，可进一步提高教育信息资源的建设效益和利用效率。

### 3. 教育信息资源外包供给模式研究

目前，我国优质教育信息资源匮乏且配置不均衡，没有充分发挥教育信息资源的共享特性。广大师生对教育信息资源的多元需求日益增长，而很多区域教育信息资源的建设还停留在封闭、自给自足的状态。同质教育信息资源的重复急剧增加，已有信息资源的整合、共享与应用重视程度不够杨文正等从公共服务的视角提出了教育信息资源外包供给模式，认为教育信息资源外包供给模式的优势包括，供给主体更明确、开发主体多元化，政府市场相结合、供给方式更灵活，经费划拨更合理、资金投入效益高，供给决策更科学、供给过程更透明，资源建设有规划、用户参与更主动。③

---

① 陈茫．基于Web3.0的信息资源共建共享应用研究及实现［J］．大众科技，2013（12）．

② 钱冬明，管珏琪，祝智庭．数字教育资源共建共享的系统分析框架研究［J］．电化教育研究，2013（7）．

③ 杨文正，熊才平，江星玲，等．公共服务外包视角下教育信息资源供给模式研究［J］．电化教育研究，2013（11）．

### （三）信息化环境下的教学资源应用研究

#### 1. 信息化教育资源通用网络服务平台研究

信息化教育资源迅速增加并呈现出分布、异构、海量等特征。由于技术的复杂性、教育的多样性以及资源开发过程的非标准性，各类教育资源系统底层结构和功能接口不一致，数字化教育资源之间难以进行有效的交流与融合。SOA（Service Oriented Architecture，面向服务的体系架构）具有松散耦合、平台无关、互操作和开放性等特性，为分布式异构教育资源之间的共享与集成创新提供了新的服务模式。① 张际平认为教育信息资源的“静态共享模式”与“社交互动模式”都存在一些问题，要促进信息化教育资源的应用，满足于学习者对于应用中实时互动的需求，需要有一种新的应用模式。实时互动教学模式是在结合静态共享模式与社交互动模式的基础上提出的新的教育信息资源应用模式。②

#### 2. 信息化教育资源应用数据挖掘研究

信息化教育资源最重要的特色之一是开放性，拥有庞大的学习者用户，学习者利用信息化教育资源时会产生一些经验性的知识，这些零散的、个人化的知识汇聚起来便是众多学习者的集体智慧。将这些集体智慧加以组织和利用，对于信息化教育资源的发展具有重要意义。Cohere 是一个已经在一些社区得到应用的在线社会性可视化语义注释工具，可以最大化地利用开放教育资源学习中产生的集体智慧。③ 随着信息化教育资源应用越来越广泛，应用的过程中涉及的数据越来越丰富，为学习分析、学术分析和教育数据挖掘提供了可能，有利于信息化教育资源的有效利用、再次开发、质量评价等。④

---

① 上超望，王智，赵呈领，杨琳，等．面向服务的数字教育资源安全整合框架设计及其实现［J］．现代教育技术，2013（4）．

② 徐苑苑，张际平．开放教育资源的应用模式研究［J］．现代教育技术，2013（5）．

③ 宋学峰，赵蔚，高琳，等．Cohere：有效利用开放教育资源学习中的集体智慧［J］．现代教育技术，2013（10）．

④ 朱珂，刘清堂．基于“学习分析”技术的学习平台开发与应用研究［J］．中国电化教育，2013（9）．

#### 3. 信息化教育资源应用硬件环境研究

信息化教育资源应用有三个层级：初级应用水平对应电子交互设备的视觉辅助工具应用层级，中级应用水平对应着电子交互设备的基于资源的学习应用层级，而高级应用水平则对应着电子交互设备的协同建构应用层级，教师是影响电子交互设备教学应用层级的关键因素。① 电子书包是应用信息化教育资源良好的平台，建立家-校-企协同教育模式，开展相应的电子书包项目研究课题，扩大试点学校的范围，为更多的教师提供项目实验的机会。② 易用性是电子课本得以应用的关键因素，因此电子课本的开发需要从用户的角度出发，减少使用的技术门槛。电子课本要充分发挥其富媒体特性，更好地满足师生的需求。③

## 三、网络学习与远程教育研究

《教育规划纲要》指出："构建灵活开放的终身教育体系"。终身教育的提出使得社区教育逐渐成为学者们关注的焦点，其中网络教学及远程教育均是实现终身教育的重要途径，而 MOOCs（Massive Open Online Courses，大规模在线开放课程）及开放大学极大地推动了网络教学及远程教育的发展。

### （一）MOOCs 与网络教学研究

#### 1. MOOCs 基本理论研究

在线教育在发展的过程中逐渐演变为两类课程："联结主义的大规模开放在线课程（cMOOCs）"和"行为主义的大规模开放在线课程

---

① 王陆，司治国，赵晓亮，等．电子交互设备的教学应用层级研究［J］．电化教育研究，2013（3）．

② 雒晓霞，沈书生．南京市电子书包的应用现状及推进策略［J］．中国电化教育，2013（12）．

③ 吴永和，雷云鹤，马晓玲．电子书包中的电子课本应用需求研究——基于电子课本标准的视角［J］．中国电化教育，2013（5）．

（xMOOCs）”。cMOOCs 是分布式的、浸入式教学模式，强调创作、创新性以及社会网络学习；xMOOCs 则是集中式的、教授传输模式，更注重传统的学习方法，聚焦于知识的复制。[①] cMOOCs 提出了基于网络的分布式认知过程的学习理论和教学模式，xMOOCs 通过互联网引入商业模式突破了高等教育的“知识产业链”，为在线教育的发展提供了可行的运行模式。[②]

### 2. 高等教育合理发展 MOOCs 的研究

大规模开放在线课程近年来引起了国际社会的广泛关注。MOOC 平台除了 edX，Coursera，还有 Udacity，Schoo，Veduca，FutureLearn，Iversity，Open2Study。[③] 北京大学、清华大学等众多知名高校也纷纷加入 MOOCs 热潮中。MOOCs 运用名校、名师、名课效应，采用高校加盟、平台统一、制作统一的运作方式，使得 MOOCs 效应只增不减。[④] 有学者认为，MOOCs 所影响到的除了以科研为基础的研究型大学，还有以教学与技术为基础的应用型大学，甚至开放大学也在其影响范围内。[⑤] 国内高校可以考虑将国外优秀的 MOOCs 和校内课程相结合，进而改善校内教与学的水平和质量。我国应该抓住在线教育发展机遇，变革高等教育方式，提升高等教育质量，推动教育公平。

### 3. 学习者合理应用 MOOCs 的研究

国内各大学应在原有开放资源基础上，有计划地推出自己的大规模开放在线课程，而不是盲目从[⑥]我国在 MOOCs 课程资源建设研究中，主要探讨了 MOOCs 课程资源建设要求、MOOCs 课程资源建设的影响因素及 MOOCs 本土化。国内高校在建设国家精品课程的同时，可以借鉴 MOOCs

---

① 约翰·丹尼尔．大规模开放在线课程的发展前景——对由相关神话、悖论和可能性所引发困惑的深层思考［J］．开放教育研究，2013（3）；胡艺龄，顾小清．从联通主义到 MOOCs：联结知识，共享资源——访国际知名教学学者斯蒂芬·唐斯［J］．开放教育研究，2013（6）．

② 韩锡斌，翟文峰，程建钢．cMOOC 与 xMOOC 的辩证分析及高等教育生态链整合［J］．现代远程教育研究，2013（6）．

③ 焦建利．MOOC 全球大行动［J］．中国教育网络，2013（9）．

④ 姚媛，韩锡斌，刘英群，等．MOOCs 与远程教育运行机制的比较研究［J］．远程教育杂志，2013（6）．

⑤ 张少刚．MOOCs：网络教育观念与学校管理制度的碰撞［J］．中国高教研究，2013（12）．

⑥ 焦建利．MOOC：大学的机遇与挑战［J］．中国教育网络，2013（4）．

课程资源开发模式，考虑如何将优秀课程资源面向社会大众开放，让更多的人们享受到优质资源。[①] 在利用 MOOCs 学习过程中，学习者应依据自己的学习需求和学习风格，而教学者也应辅以技术手段关注每一位学习者。

### （二）开放大学与远程教育研究

#### 1. 社会对开放大学的需求研究

2012 年 7 月，国家批准在中央广播电视大学、北京广播电视大学、上海广播电视大学的基础上组建国家开放大学、北京开放大学和上海开放大学。[②] 研究者指出，在我国发展远程教育是促进终身学习社会形成的重要途径[③]，而我国开放大学制度体系在建设过程中还存在诸多问题[④]，政府在政策制定过程中发挥着举足轻重的作用[⑤]。

#### 2. 远程教育国际概况研究

我国开放大学的建设还处于转型阶段，国外开放大学的建设已经经历较长时间的发展。印度英迪拉 · 甘地国立开放大学已成为印度高等远程教育系统最具影响力的引领者；[⑥] 澳大利亚的办学模式主要是“一体化双重办学”；美国凤凰城大学建设及课程设置根据学生和社会的需要，灵活地设置其专业，在不同受教育层次上均有多门课程供学生学习。英国开放大学的创建对世界远程教育的发展有着深刻的影响。[⑦] 我国开放大学在建设的过程中应广泛吸纳世界远程开放大学组织结构的优点，立足目前我国远

---

① 姜蔺，韩锡斌，程建钢．MOOCs 学习者特征及学习效果分析研究［J］．中国电化教育，2013（11）．

② 陈丽，郑勤华，殷丙山．论我国开放大学的现实责任：确立高等远程教育的质量地位［J］．中国电化教育，2013（10）．

③ 徐皓．开放大学在上海学习型城市建设中的定位与发展研究［J］．开放教育研究，2013（1）．

④ 王冰．我国开放大学制度体系建设的现状与发展探究——基于社会契约和主体间性理论视角［J］．远程教育杂志，2013（6）．

⑤ 杨敏，魏志慧．中国开放大学创建过程中的政策形成研究——以上海开放大学为例［J］．开放教育研究，2013（1）．

⑥ 张曼，胡钦晓．解析印度国立开放大学：模式移植的视角［J］．中国电化教育，2013（9）．

⑦ 张晓梅，钟志贤．开放大学的组织结构比较分析——以英、印、澳、美四国为例［J］．电化教育研究，2013（1）．

程开放教育发展的实际，构建我国灵活开放的终身教育体系，促进学习型社会的形成。

3. 远程教育绩效评价研究

远程教育作为继续教育的一种主要形式，在远程教育领域探索学分转换显得非常重要。有学者认为，远程学习者的在线学习行为具有习惯性、适应性特征，[①] 也有学者指出，对学习者的学习起决定性因素的是其个体因素，学习者自主学习能力、自我效能感可以有效地促进学习者学习。[②] 因此，远程教育者应通过改进教学策略来激发学习者的兴趣和自我效能感，从而提高远程学习者的学习效率，进而降低远程学习者的辍学率。

### （三）社区教育与网络学习研究

1. 社区教育基本问题研究

我国社区教育在发展进程中也经历了一些变化，社区教育成为联系学校、社会的重要纽带。[③] 但是，我国社区教育中还存在无顶层设计、尚未建立科学的理论体系、服务体系不健全以及人们对社区教育的认同度不高等方面的问题。[④] 在美国，社区学院是实施社区教育的主要载体，形成了独有的办学特点，主要体现在学生来源广泛、师资建设开放、以学生发展为主体、在线学习普遍、经费筹措多元化等。我们可以借鉴美国社区学院建设的优秀经验，来发展我国的社区教育，促进学习型社会的建设。

2. 社区教育课程评价研究

无论哪种教育形式，课程的建设始终是其重要环节，其评价指标都非常重要。社区教育课程评价指标体系是社区教育课程评价的核心构成。社区教育课程评价是社区教育课程建设的反馈环节，缺失社区教育课程评

---

① 张红艳，梁玉珍．远程学习者在线学习行为的实证研究［J］．远程教育杂志，2013（6）．

② 郑勤华，曹莉，陈丽，等．远程学习者学习绩效影响因素研究［J］．开放教育研究，2013（6）．

③ 杨东．社区教育发展：从德育范式到文化范式［J］．教育发展研究，2013（23）．

④ 宋亦芳，汪国新，金德琅．热点·焦点：社区教育发展三人谈［J］．中国成人教育，2013（1）．

价，社区教育课程建设就不能构成完整的系统。社区教育课程评价与社区教育工作者的课程建设能力密切相关，社区教育课程评价有助于社区教育相关部门加强社区教育课程管理。① 对于我国社区教育而言，正处于快速发展初期，课程设计及课程评价更具有特殊意义。应利用好各种资源为社区教育课程的建设提供服务，推动社区教育发展。

### 3. 社区教育学习动机研究

学习者在网络学习过程中其学习动机受各方面因素的影响。辅导教师、感知有用、虚拟奖励、学习资源、学习活动设计、同伴协作与竞争是影响学生网络学习动机的主要因素，其中辅导教师是影响学生网络学习动机的根本因素。② 大学生在参与网络社区的过程中，比较认可网络学习共同体的作用。影响非正式网络学习共同体深度互动因素主要包括知识性维度、技术性维度、社会性维度，③ 社区学习的影响因素还包括学生、教师、社区平台等。④ 社区中各因素之间相互影响、相互作用。社区教育者要充分考虑各种因素，不断激发社区中学习者的学习动机，才能促进社区教育的有效运转。

## 四、信息化环境下的学习方式变革与教学模式创新研究

信息化环境引发人类教育教学方式的变革与创新研究，成为近年来教育技术领域研究的一个着力点。新的学习方式不断涌现，如微型学习、移动学习、泛在学习、智慧学习、自主学习等，同时，信息技术的迅速发展为教学模式创新也注入了无限动力。翻转课堂颇受专家、学者关注，成为

① 张永，王一帆．社区教育课程评价指标体系构建研究［J］．中国成人教育，2013（1）．

② 张文兰，牟智佳．高师院校大学生网络学习动机影响因素的实证研究［J］．电化教育研究，2013（12）．

③ 赵呈领，闫莎莎，杨婷婷．非正式网络学习共同体深度互动影响因素分析［J］．现代远程教育研究，2013（1）．

④ 胡凡刚，郑会云，刘玮，等．教育虚拟社区凝聚力影响因素的实证分析［J］．中国电化教育，2013（11）．

教学模式创新研究的一大热点。

### （一）信息技术引领学习方式变革研究

#### 1. 信息技术支持的协作学习研究

协作学习成为信息时代的一种主流学习方式，涌现出了一大批有代表性的协作学习研究成果。未来课堂协作学习模型包括：课前协作学习任务设计、协作学习内容预习，课中协作分组，协作开展活动，课后协作反思等。[①]以小组共同创作作品的形式开展协作学习，将协作学习与创作实践二者紧密结合，促进学习者对知识的深度建构，提高学习者的实践能力，以及促进创新知识产品的形成。[②] 资源和角色要素的结构化会对学习者的协作学习产生较大影响，能有效促进学习者合作技能的习得。[③] 交互是协作学习研究的焦点和核心，采用新协作学习交互分析方法分析协作学习的交互过程，以达到有效预测交互的效果。[④]

#### 2. 信息技术支持的自主学习研究

现代信息技术的发展使得自主学习已经成为数字化学习的重要发展方向，与此同时，深度学习也备受业内人士关注。自主学习方式强调学习者的主动性。学习环境个性化和学习方式自主化的结合才是学习需求和技术发展的必然。[⑤] 信息通信技术（ICT）全面发展以来，学习共同体协作学习为学习者知识内化和外化创造有利条件，同时基于资源和基于互动学习的自主探究方式备受学习者青睐。[⑥] 学习策略是学习方式的一种具体化方法，知识碎片化、时间碎片化与学习碎片化倾向越来越严重，基于新建构主义

① 肖兵，黄烟波．未来课堂协作学习模式研究［J］．现代教育技术，2013（12）．

② 肖婉，张舒予．知识建构的有效途径：基于作品创作的协作学习［J］．现代教育技术，2013（10）．

③ 余亮，黄荣怀．资源、角色结构化对协作学习结果的影响研究［J］．电化教育研究，2013（1）．

④ 郑兰琴，杨开城，黄荣怀．基于信息流的面对面协作学习交互分析方法的实证研究［J］．中国电化教育，2013（11）．

⑤ 郁晓华，祝智庭．基于个人学习环境的自主学习模型——层级式碎片化关联的设计视角［J］．开放教育研究，2013（3）．

⑥ 杨文正，熊才平，江星玲，等．泛在技术环境下教学体验与教师角色［J］．现代远程教育研究，2013（6）．

学习理论的零存整取式学习策略被重视，[①] 学习方式向意义接受方式、研究性学习方式转变。

### 3. 技术支持的可视化等学习方式研究

技术支持的可视化学习、微型学习、移动学习也颇受众多学者关注。顾小清从可视化知识、可视化认知模式、可视化问题解决过程以及可视化系统思维四个维度梳理了典型的可视化学习过程的学习工具，为可视化学习的有效进行奠定基础。[②] 微型学习特征被概括为：学习内容微型化、学习媒介设备迷你化以及学习投入时间片段化。移动学习被称为下一代的学习方式，已被广泛认可。这种新型学习方式正在向泛在学习发展，为学习者提供无缝的动态学习体验。继数字学习、移动学习、泛在学习之后到智慧学习，学习的时空特性和状态已经发生了根本的转变，研究重心由“技术”应用向“学习”本身倾斜。[③]

## （二）信息化环境下的教学模式创新研究

### 1. 翻转课堂教学模式研究

“可汗学院”、“翻转课堂”成为备受教育界关注的词汇，翻转课堂把知识传授过程放在课前，把知识内化过程放在课中，实现这两个阶段的颠倒。杨九民构建以自主探究学习和小组协作学习为主、以微视频资源学习为核心的实验课程通用翻转课堂教学模式。该模式分为课前准备、微视频资源学习、实做测评、完成作品四个步骤。[④] 钟晓流将翻转课堂的理念、中国传统文化中的太极思想和本杰明·布鲁姆的认知领域教学目标分类理论进行深度融合，构建出太极环式翻转课堂教学模型。[⑤] 张宝辉认为，结合游戏化学习理论，采用游戏化闯关、游戏化升级、游戏化获取虚拟金币

---

① 王竹立．零存整取：网络时代的学习策略［J］．远程教育杂志，2013（3）．

② 蔡慧英，婧雅，顾小清．支持可视化学习过程的学习技术研究［J］．中国电化教育，2013（12）．

③ 冯翔，吴永和，祝智庭．智慧学习体验设计［J］．中国电化教育，2013（12）．

④ 杨九民，邵明杰，黄磊．基于微视频资源的翻转课堂在实验教学中的应用研究——以“现代教育技术”实验课程为例［J］．现代教育技术，2013（10）．

⑤ 钟晓流，宋述强，焦丽珍．信息化环境中基于翻转课堂理念的教学设计研究［J］．开放教育研究，2013（1）．

等学习方式完成知识建构，构建溢满游戏化学习理念的翻转式教学模式。①

### 2. 未来课堂研究

课堂是学习者收获知识、内化知识的场所，如何在短暂的课堂时间内让学习者获得最大化的“收益”一直是众多专家学者的研究焦点。许亚锋根据未来课堂的特点，搭建未来课堂设计框架，并从以人为本的基本理念，教育、空间和技术的构成要素，以及迭代过程三个方面进行介绍。②也有学者提出新型课堂“学习共同体”教学模式，该模式在真实性任务的教学基础上，在小组活动中学习者互相依赖，生生、师生之间的争论与协商达成共识；师生之间或合作或独立地分享观点，学习者课外与专家、教师或同伴自由沟通交流。③ 有学者提出基于网络课程的融合式教学模式，智能化学习平台可以强有力地支撑网上教学和面授导学，该模式可以促进在线“教”和面对面“导”的深度融合。④

### 3. 混合学习模式研究

理解性教学、混合式教学、合作性教学、MOOCs 等都是当前教育领域出现的新型教学模式。理解性教学是一种促进学习者深层认知发展的有效教学模式。郑旭东提出了正式与非正式学习境脉混合型教学模式，以混合学习理念为基础，把正式与非正式学习整合集成在一起。⑤ 利用智能化可移动设备的“对话式”教学，提升互动教学中师生之间、生生之间讨论和对话的效果，有利于学习者完成知识的意义建构，人的主体性得到发展与提升。⑥ 汪琼将 MOOCs 教学过程与传统高校教学过程比作平面上的两根直

---

① 张金磊，张宝辉．游戏化学习理念在翻转课堂教学中的应用研究［J］．远程教育杂志，2013（1）．

② 许亚锋，叶新东，王麒．未来课堂的设计框架研究［J］．远程教育杂志，2013（4）．

③ 时长江，刘彦朝．课堂“学习共同体”教学模式的探索——浙江工业大学《思想道德修养与法律基础》课建设的研究与实践［J］．教育研究，2013（6）．

④ 孟香惠．基于网络课程的融合式教学模式设计与实践探索［J］．中国远程教育，2013（6）．

⑤ 杨九民，郑旭东．面向教师教育的教学环境与模式创新研究［M］．科学出版社，2013：109-124．

⑥ 乔军，吴瑞华，熊才平．智能移动终端的教学应用及前景分析［J］．现代远距离教育，2013（2）．

线，以平面上两根直线的位置关系为模型，讨论验证两者之间的融合关系。①

## （三）信息技术与课程教学融合研究

### 1. 信息技术与语文教学的融合

新媒体技术和富足的数字化学习资源，以及可移动终端设备给课堂教学增添不少灵气，而课程教学是信息技术教学应用的主阵地，信息技术与各学科实现有效整合。② 信息技术与语文学科教学的融合，引起了许多研究者的广泛关注，基于概念图的小学语文写作教学模式被提出，概念图应用于小学语文写作学习中，能够促使小学生的写作技能向积极方面转化。③ 学术的信息加工水平、识别校对水平和阅读迁移水平都有提高。④ 应用信息技术营造教学环境来创新语文阅读教学，在课外利用现代信息技术手段完成事实性和理解性的阅读，在课堂上教师有针对性地培养学生的批判性和创造性阅读能力。⑤

### 2. 信息技术与英语教学的融合

也有不少专家学者长期关注于信息技术与英语学科教学以及环境保护课的融合。何克抗关注儿童利用多媒体学习资源改善听说学习的效果，认为资源匹配性设计对于英语多媒体资源的设计以及运用信息技术促进英语教学有指导意义。⑥ 电子书包在小学英语课堂学习中的应用，如混合式交际情境、基于多元工具的深度“对话”、基于安卓游戏的合作学习，促进

---

① 汪琼．MOOCs与现行高校教学融合模式举例［J］．中国教育信息化，2013（11）．

② 孙唯，董双威．小学课堂教学中信息技术支撑学生学习方式转变的研究［J］．中国电化教育，2013（2）．

③ 曹培杰，王济军，李敏，等．概念图在小学作文教学中应用的实验研究［J］．电化教育研究，2013（5）．

④ 贺平，余胜泉．1：1数字化学习对小学生阅读理解水平的影响研究［J］．中国电化教育，2013（5）．

⑤ 孙永强，钟绍春，钟永江．应用信息技术创新语文阅读教学的思路与策略研究［J］．电化教育研究，2013（10）．

⑥ 梁文鑫，何克抗，赵美琪．多媒体资源的词汇识别支持对于小学生英语听说学习的影响研究［J］．电化教育研究，2013（5）．

信息技术在英语学科的教学应用。[①] 关于中小学生环保知识的教育方面，有学者指出，移动设备、无线网络和在线协作讨论等技术的使用提供给学生在无缝学习环境中进行学习的机会，为学习者创造一个全新的学习模式，能够显著地加深学习者对减少浪费、重复使用、再回收等方面知识的认识。[②]

### 3. 信息技术与理科课程的融合

信息技术对数学、化学学科教学以及实验教学产生了重要影响，这一表述获得了众多学者的广泛认同。信息技术与数学教学的整合就是协调信息技术与数学教学这两个事物或力量，其中对数学教学中各个因素的理解是把握整合的关键，使信息技术和数学教学融为一体，共同产生作用。[③] 王光明提出了“融入信息技术的数学教学设计标准”，[④] 钟绍春提出用于化学实验教学的翻转课堂教学模式，以缓解实验教学中学生实验时间不足，动手机会少的问题。[⑤] 究者发现，数字化实验课程对学生的动手能力、观察能力和问题解决能力提升有很大的帮助，同时也注意到信息化实验教学内容完成率、教师对数字化实验系统的熟悉度、实验教学方法等方面还有待提高，需从教学模式创新、资源共享、加大一线教师培训力度等方面加以改进。[⑥]

---

① 白若微，周榕，张文兰．电子书包在小学英语教学中的应用策略研究［J］．现代教育技术，2013（8）．

② 张宝辉，Peter Seow，张金磊．环境教学中挑战型体验式无缝学习的设计研究［J］．中国电化教育，2013（10）．

③ 尚晓青．论信息技术与数学教学整合的过程［J］．电化教育研究，2013（1）．

④ 王光明，杨蕊．融入信息技术的数学教学设计评价标准［J］．中国电化教育，2013（11）．

⑤ 徐妲，钟绍春，马相春．基于翻转课堂的化学实验教学模式及支撑系统研究［J］．远程教育杂志，2013（5）．

⑥ 薛耀锋，祝智庭，陈汉军，等．上海市中学数字化实验教学现状抽样调查与分析［J］．中国电化教育，2013（1）．

# 五、学生信息素养与教师信息技术应用能力提升研究

在信息技术迅速发展的时代，学生信息素养的提高在一定程度上能够缩小信息环境下的数字鸿沟。教师如何在明确自己信息需求的基础上借助信息技术，更有效地获取、管理、整合和利用信息，提升教学能力、改善教学过程，引导学生掌握信息技术，提高其信息素养的主题越来越受到关注和重视。为改善课程教学，提高课堂效率，教师信息技术应用能力提升研究也迫在眉睫。

## （一）信息素养及信息技术应用能力解析

### 1. 信息素养理论研究

信息素养是数字化学习时代的动力引擎，是学会学习的支柱之一。信息素养包括辨别、发现、评估和有效使用信息几个方面。信息化社会要实现可持续发展，学生就必须具备终身学习的能力，而终身学习能力的核心就是信息素养。① 因此，信息素养教育应提供全方位、立体化、多层次的教育方式和途径，与课堂内教学、面对面传授相辅助，创建在线自学环境，通过课堂外培训和在线互动实现服务时空、服务方式和服务内容的个性化，② 而这要求教师要具有较高的信息技术应用能力。教师的信息技术能力主要是指将信息技术与课程整合的能力，包括现代教育观念、信息意识、信息能力、信息技术的操作技能、整合能力。③

### 2. 信息素养成为国际教育的关注点

身处信息时代，信息素养已成为个人未来发展的核心竞争力之一，培养适应社会经济发展需求的高信息素养人才已成为信息化改革过程中学校

① 钟志贤．面向终身学习：信息素养的内涵，演进与标准［J］．中国远程教育，2013（15）．

② 屈兴豫，周金莉，袁永翠．基于 Web2.0 的国外信息素养教育平台应用分析［J］．图书馆学研究，2013（9）．

③ 蔡启辉．如何提高小学教师信息技术能力［J］．小学教学研究：理论版，2013（6）．

必须面对的全新挑战。美国、英国、日本、挪威等发达国家都纷纷在21世纪初期将信息素养纳入本国基础教育培养体系，学生信息素养问题受到国际教育评估机构的重视。[①] 有学者通过研究指出，英国、美国、澳大利亚等国家对有关信息素养的研究给予了越来越多的关注和重视并出台了很多关于信息素养评价标准的研究成果。[②] 例如，英国SCONUL（Society of College，National and University Libraries，国立和大学图书馆协会）的信息素养七要素标准。[③] 另外，通过对日本文部科学省《小学学习指导纲要说明》的分析，可以清楚地知道日本对小学教师ICT活用指导力研修的重视。[④]

### 3. 我国提升教师信息素养的策略研究

以信息化带动教育现代化，突破制约我国教育发展的难题，促进教育的创新与变革，是加快从教育大国向教育强国迈进的重大战略抉择。[⑤] 为贯彻落实国家教育信息化总体要求，全面提升教师信息技术应用能力，教育部决定实施全国中小学教师信息技术应用能力提升工程，并提出将建立教师信息技术应用能力标准体系，到2017年底完成全国1000多万中小学（含幼儿园）教师新一轮提升培训，提升教师信息技术应用能力、学科教学能力和专业自主发展能力，推动每位教师在课堂教学和日常工作中有效应用信息技术。[⑥]

## （二）学生信息素养培养与信息技术课程改革

### 1. 学生信息素养培养策略研究

信息技术教育不仅要关注信息技术的有关知识和技能的学习，更要关

---

① 丁杰．初中学生信息素养跨国比较研究［J］．中国电化教育，2013（4）．

② 周美芳，杨静，王晓博．国内外信息素养评价标准对比研究［J］．图书馆学研究，2013（12）．

③ 杨鹤林．英国高校信息素养标准的改进与启示——信息素养七要素新标准解读［J］．图书情报工作，2013（2）．

④ 孙立会，李芒．日本小学教师ICT活用指导力研究及启示——基于日本文部科学省《小学学习指导纲要说明》的统计分析［J］．中国电化教育，2013（4）．

⑤ 李文昊．信息技术支持下的教师实践性知识研究［M］．北京：科学出版社，2013.

⑥ 宗河．中小学教师信息技术应用能力提升工程启动［N］．中国教育报．2013-11-07.

注学生的思维能力和认知能力的培养和提高。[①] 有学者认为，不同阶段的学生信息素养培养方式不同。高校信息素养培养主要围绕学生的信息获取、处理、分辨及利用等能力和信息道德教育等展开，主要包括图书馆利用指导，文献检索技巧和数据库利用培训，网络搜索工具和资源使用介绍等，总体涵盖比较丰富。[②] 虽然大学生访问互联网已经非常便捷，但由于成长环境的城乡差异，大学学习并没有缩小城乡大学生之间的信息素养差距。所以，重视基础教育，加大农村教育投入，实现教育资源优化公平配置，是全面提升大学生信息素养的长效机制。[③] 针对中职院校学生的信息素养存在的问题，有学者提出以下对策：开设相应的文献检索课程或相关培训；加强信息基础设施的软硬件建设，为提高学生信息能力创造良好的环境；发挥中职院校图书馆对学生信息素养教育的优势；结合职业资格认证，提高学生信息能力。

### 2. 各国信息技术课程改革对我国的启示

信息技术课程是学生信息素养的培养途径之一。在信息化社会的今天，中小学信息技术课程是基础教育信息化的重要内容，是培养未来社会人信息素养的核心和关键。[④] 有学者通过对美国的中小学信息技术课程结构分析，得出我国中小学信息技术课程发展要按不同学段设置中小学信息社会学课程目标，要不断丰富中小学信息技术课程中信息社会学课程内容、课程资源与学习方式。[⑤] 有学着通过对英国中小学信息社会课程分析，得出信息社会学课程内容应成为我国中小学信息技术课程的重要组成部分，应采用多样的教学方法，进行有效的信息社会学课程评价，系统设计信息技术课程。[⑥] 另有学者通过分析印度中小学信息技术课程新世纪发展，

① 傅德荣，王忠华，蒋玲．信息技术教育的价值取向——基于元认知的视角［J］．中国电化教育，2013（10）．

② 云霞，沈利华，李红，等．高校信息素养教育“云服务”平台构建［J］．现代教育技术，2013（5）．

③ 高元先，朱丽．教育公平视野下城乡大学生信息素养差距的现状及对策［J］．图书馆理论与实践，2013（8）．

④ 董玉琦，等．信息技术课程发展研究导论［M］．北京：教育科学出版社，2013.

⑤ 钱松岭，董玉琦．美国中小学信息社会学课程与教学述评［J］．中国电化教育，2013（8）．

⑥ 钱松岭，董玉琦．英国中小学信息社会学课程与教学述评［J］．中国电化教育，2013（9）．

指出应跳出强势文化的影响，重视课程开发的民族性；注重课程的顶层设计，一体化规划各学段的课程标准；重新定位课程目标，避免信息素养培养的泛化；追求严谨的知识体系，寻找科学、技术、社会之间的平衡。[①]在借鉴国外的信息技术课程变革经验的同时，我国要超越操作技能，信息技术课程价值取向要向学术性目标倾斜，要关注信息技术课程的人文价值。[②]

### （三）教师信息技术应用能力提升研究

#### 1. 教师信息技术应用能力研究

实现信息技术在教学中的创新应用，关键在于充分调动和发挥教师的积极性与创造性。有学者指出，信息技术并不是神奇的魔法，教师才是真正的魔术师，如果教师不了解如何更加有效地运用技术，所有与教育有关的技术都将没有任何实际意义。[③] 面向 21 世纪，教师必须具备信息通信技术、学科内容、教学法三种知识交互形成的“融合技术的学科教学知识”（简称 TPACK）。[④] TPACK 是教师专业化过程中出现的一个新概念，是教育信息化对教师知识提出的新要求，[⑤] 以 TPACK 理论作为指导进行教师信息技术应用能力的培训和发展。基于 TPACK 框架针对职前教师和在职教教师制定相应的教师培养模式与策略，探寻为什么要在实际学科教学中进行信息技术与学科融合，提高教师在实际工作中的信息技术与课程融合的意识，[⑥] 从而增强教师信息技术应用能力。

---

① 张晓卉，解月光，董玉琦．印度中小学信息技术课程新世纪发展——以 IITB 的“学校计算机科学课程模型”为例［J］．中国电化教育，2013（10）．

② 牛杰，刘向永．从 ICT 到 Computing：英国信息技术课程变革解析及启示［J］．电化教育研究，2013（12）．

③ 姜玉莲，刘莉．第七次“中国远程教育教师论坛”综述真正的魔术师——信息技术在开放大学教学中的创新应用［J］．中国远程教育，2013（12）．

④ 张宝辉，张静．技术应用于学科教学的新视点——访美国密歇根州立大学马修·凯勒教授［J］．开放教育研究，2013（2）．

⑤ 闫志明，徐福荫．TPACK：信息时代教师专业化的知识基础［J］．现代教育技术，2013（3）．

⑥ 徐鹏，张海，王以宁，等．TPACK 国外研究现状及启示［J］．中国电化教育，2013（9）．

### 2. 教师信息化教学能力发展研究

有学者针对高校青年教师信息化教学能力发展进行调研，提出制度建设与教学改革激发青年教师信息化教学能力发展的外部动力；创建良好的软硬件环境，积极支持青年教师信息化教学能力发展；激发青年教师信息化教学能力发展中的主体意识，强化信息化教学能力发展中的“学习者”角色；增强青年教师信息化教学能力发展的内在动力。① 还有学者指出，在中职学校教师信息技术能力培训过程中，可以采用目标培养法、小组合作法、学用结合法、因人施教法四种方法增强培训效果。② 另有学者提出，教师教学设计时要充分认识信息技术的影响力，优化设计系统；教学实施时让信息技术成为课堂建设的核心要素，推动教学革新；教学反思时不断强化信息技术与课堂教学的交融，提高课堂教学质量等对策。③

### 3. 信息环境下教师专业能力发展研究

充分利用网络的特点，设计并开发信息化环境下教师专业发展支持系统，从理论和实践两方面对信息化环境下的教师专业发展进行研究，强调教师专业发展的个性化，以重视教学反思、资源共享、知识管理和协作交流为原则，加强教师对专业发展的重视，提高教师们的教学能力、信息素养等综合素质。④ 有学者认为，构建完善的质量管理体系、提升课程资源的实践性、提高助学教师的能力素质、强调在线学习活动的设计、开发高可用的平台等，是提升教师远程培训成效的途径。⑤ 而网络教研是信息技术与教师教育融合催生的新型教研形式，将其纳入教师继续教育学分考评体系的观点，实现从制度保障和动机激励两方面提升网络教研的效果。⑥

---

① 李天龙，马力．高校青年教师信息化教学能力发展现状与对策研究［J］．现代教育技术，2013（6）．

② 夏淑华，纪国和．如何培养中职教师信息技术能力［N］．中国教育报．2013-10-30.

③ 张定强，陈国蕤．中学教师运用信息技术于教学决策的现状调查与对策研究［J］．中国电化教育，2013（9）．

④ 赵呈领，陈怡，陈蒙蒙，等．基于个性化的教师专业发展支持系统研究［J］．中国电化教育，2013（7）．

⑤ 魏非，祝智庭．价值导向的教师在线培训学习活动设计［J］．电化教育研究，2013（1）．

⑥ 边志贤，熊才平，杨文正，等．网络教研纳入教师继续教育学分考评体系的数学模型与仿真［J］．中国电化教育，2013（11）．

基于网络视频互动的远程教研创设了更为有效的异地协同互助，使分散于各地的教师形成教师共同体，[①] 促进信息技术环境下教师专业的协同发展。

## 六、教育信息化发展战略、政策与措施研究

教育信息化战略规划是引领教育信息化发展的纲领，是教育战略规划的重点内容。信息技术为教育跨越式发展带来了重大机遇和挑战，世界各国纷纷从国家战略层面对教育信息化予以充分重视，并制定符合本国国情的教育信息化发展规划和战略。2013 年度，教育技术界就教育信息化发展战略研究展开积极讨论，致力于探索推进我国教育信息化的有效路径。

### （一）教育信息化政策文件解读

#### 1. 信息技术与教育深度融合

教育部颁布的《教育信息化发展规划》描绘了我国未来十年的教育信息化蓝图，对未来十年的教育信息化建设具有重大指导意义。“信息技术对教育具有革命性影响”，这是教育信息化发展的重要思想指引，同时强调在推进教育信息化能力体系建设过程中需采用双重视角，既从教育看技术也从技术看教育，从而推动信息技术与教育的双向融合创新。要求信息技术与学科教学整合不要仅仅停留在运用技术改善教学环境或教学方式上，应该触动深层次的教育系统结构性变革问题。深度融合则要通过运用技术改善教与学环境和教与学方式，并进一步去实现教育系统的结构性变革。《2013 年教育信息化工作要点》、《2006—2020 年国家信息化发展战略》、《关于开展教育信息化试点工作的通知》、《教育信息化“三通平台”年度任务指标》等，都体现了我国在国家层面对教育信息化的总体规划。

#### 2. 美国的教育信息化发展战略

2013 年，美国在加紧贯彻《国家教育技术计划 2010：变革美国教

① 许波．远程视频教学研讨扩展交流空间［N］．中国教育报．2013-10-30.

育——技术推动学习》（NETP）这个纲领性文件。NETP 反映了教育信息化的核心价值取向——以人为本，重学习、减负担、促发展。① NETP 指出，教育部门可以从企业部门学习的经验是，如果想要看到教育生产力的显著提高，就需要进行由技术支持的教育系统重大结构性变革，而不是进化式的修修补补。所谓教育系统的重大结构性变革就是要“重新设计各级教育系统的工作流程和体系结构”。教育系统结构性变革的应对措施就是力图通过倡导、实施一种全新的“用技术支持的学习模型”来显著提高学习效果，显著提高教育生产力。对我国教育技术发展的启示是：教育信息化需要的最基本的变革是课堂结构的变革。②

#### 3. 日本的教育信息化发展战略

进入 21 世纪后，日本政府相继提出“e-Japan”、“u-Japan”和“i-Japan”三大信息化发展战略，使得日本教育信息化的发展有了质的飞跃。日本总务省 ICT 基本战略委员会发布了《面向 2020 的 ICT 综合战略（草案）》，提出实现“活跃在 ICT 领域的日本”的目标，设置了五个重点领域，并制定了相应的五大战略和具体措施。日本的信息化整体水平较高且较为均衡，日本的教育信息化政策已从“强调建立网络基础设施的《e-Japan 战略》”发展到“更加强调‘以人为本’的 u-Japan 和 i-Japan 战略”，目的是让信息化给人带来便利和服务。③

### （二）推进教育信息化路径探索

#### 1. 教育信息化评价标准研究

“标准”对教育信息化发展起到重要规范作用，应完善教育信息化技术和管理标准、信息化环境设备配置规范、教育信息化发展水平评估指标

---

① 王慧，聂竹明，张新明．探析教育信息化核心价值取向——基于美国“国家教育技术计划”历史演变的研究［J］．中国电化教育，2013（7）．

② 张宝辉，王颖，张金磊，等．2010 年美国国家教育技术计划带来的机遇和挑战——访美国密歇根大学拜瑞·费舍曼（Barry Fishman）博士［J］．中国电化教育，2013（6）．

③ 刘菊霞．中日两国基础教育信息化比较研究——第四届中日教育技术学研究与发展论坛侧记［J］．中国电化教育，2013（2）．

等系列标准。[①] 有学者指出，要制定分层次建设标准，以促进教育信息化均衡发展。就区域内来说，继续深化教育信息化建设促进城乡教育均衡发展需要结合区域内、城乡间中小学校的办学实际情况分层制定教育信息化建设标准。[②] 完善教育信息化标准、规范体系建设，可以参照国外教育信息系统的发展规律，以条件标准、功能标准、绩效标准三层为框架，建立并完善国家教育信息化领域标准体系的基本框架。[③]

### 2. 硬件资源科学布局，软件资源合理配置

在新技术层出不穷，信息化高速发展的今天，国家相关部门必须加紧行动，制定出系统的信息化基础设施建设方案。民族教育信息化必须提上日程。云技术的迅速发展与应用可以助力于民族教育信息化的发展。[④] 软件资源，尤其是优质资源的建设，是教育信息化推进过程中的“瓶颈”所在。我国的教育信息化开展过程中要建立资源建设保障机制，推进优质资源的开发与利用。要构建信息化环境下的“区域共建共享互换”教育信息资源建设新模式，实现区域内共建共享、区域间互换共享，从而以技术手段实现基础教育信息资源公共服务均等化。发达的区域要凝聚力量形成整体发展的动力和特色，要提升对外扩散的能力，辐射带动周边区域教育信息化的发展。[⑤]

### 3. 从教师入手提高教育信息环境与资源的应用效率

教师信息化能力建设和信息化人才队伍的培养对教育信息化发展的影响不容忽视。有学者指出，一个国家的教师信息化水平的高低直接影响着该国教育信息化发展的速度，教师教育信息化是一个相对的、动态发展的

---

① 张虹．我国基础教育教育信息化政策二十年（1993—2013 年）——以政策文本阐释为视角［J］．电化教育研究，2013（8）．

② 郭绍青，李小龙，张乐．西部地区基础教育信息化环境建设调查与分析——以甘肃省兰州市为例［J］．现代教育技术，2013（9）．

③ 曾天山，袁振国．国视教育研究书系：中国教育改革进展报告 2012［M］．北京：教育科学出版社，2013：159．

④ 杨改学，古丽娜·玉素甫．少数民族基础教育信息化发展的新思路［J］．电化教育研究，2013（9）．

⑤ 李芒，蔡旻君，吴颖惠，等．技术“极化”区基础教育信息化应用策略研究——以北京市海淀区为例［J］．中国电化教育，2013（7）．

持续性过程，教师教育信息化政策作为引导其发展方向、规范其发展过程、推动其发展水平、提高其发展质量的支持与保障措施，必须能增强政策的预见性和时效性，切实发挥政策对教师教育信息化发展的引导、调控、规范和保障作用，推动教师教育信息化的健康发展。[①] 教育现代化的实质和核心是人的素质现代化，在信息时代，人更好地发展的标志是成为具有创新精神、创新品质、创新思维、创新能力的人。在后信息时代、大数据时代，创新多样的数字化平台支持和加速创新人才培养，创新“视—传—研—创”教育新模式，是信息化带动和促进教育现代化的重要路径。[②]

### （三）教育信息化发展战略研究

#### 1. 以教育信息化带动教育现代化

党的十八大提出，到2020年基本实现教育信息化，以教育信息化带动教育现代化的战略目标。杜占元副部长在2013年全国电化教育馆馆长会议上肯定了全国教育信息化工作取得的新进展，强调要充分认识教育信息化面临的新形势和新要求，提出电教系统要增强紧迫感和使命感。[③] 有学者认为，面对教育信息化发展的大趋势，我国应顺势而上，加大教育信息化发展的力度，面对取得的阶段性成果，应该要总结成功经验，积累量变，积极促成最后的质变。[④] 也有学者从学前教育信息化的角度指出，政府应继续加大对学前教育信息化的政策支持，为学前教育信息化的发展提供良好的政策氛围。[⑤]

#### 2. 教育信息化发展注重“以人为本”

当前，教育信息化的发展从建设阶段正进入深化应用阶段，面临着教

① 杜玉霞．中国教师教育信息化政策的演进与特点［J］．电化教育研究，2013（8）．

② 陈琳，陈耀华．以信息化带动教育现代化路径探析［J］．教育研究，2013（11）．

③ 宋灵青．以实干的精神巧干的智慧实现2013年全国教育信息化工作重大进展——2013年全国电化教育馆馆长会综述［J］．中国电化教育，2013（6）．

④ 魏先龙，王运武．日本教育信息化发展战略概览及其启示［J］．中国电化教育，2013（9）．

⑤ 朱书慧，汪基德．我国学前教育信息化建设与应用研究现状［J］．电化教育研究，2013（10）．

育信息化与教育的整体发展不协调，教育信息化的社会认可度和行业认可度不高的“尴尬”。有学者指出，教育信息化应将服务于人的成长和发展作为起点和归宿，教育信息化的推进不应建立在教育的技术变革基础上，而应建立在为实现人的多种价值要求和人自身的价值基础之上，人的主体性应该受到重视。“三通两平台”是我国教育信息化建设“十二五”核心目标与标志工程。从“校校通”到“班班通”再到“人人通”，从以校为本的教育信息化软硬件基础设施建设与应用，到以班为本的教育教学应用，再到以人为本的基于数字学习环境的教学与学习，展示了教育信息化全面融合发展的建设目标。①

## 七、教育信息化绩效评价研究

教育评价作为教育活动中的关键环节，对学校办学和人才培养具有重要引导作用。2013 年关于教育信息化指标体系和建设绩效的研究颇多，涌现了诸多新的评价策略、评价指标体系和评价方法。

### （一）信息时代教育评价策略的多元化

#### 1. 在线学习过程评价研究

大数据和学习分析技术的兴起，各种学习系统涌现，电子学习档案评价逐渐盛行。学习管理系统自动记录学习过程信息，及时评价、及时反馈，这是信息技术支持的对在线学习的基于证据和过程的评价。基于学习分析的过程性评价可以为学生的学与教师的教提供及时干预和未来预测。学习分析以获取、分析和呈现学习者学习过程数据、提高教学和学习成效为终极目标，被认为是自学习管理系统问世以来教育技术发展的“第三次浪潮”。学习分析在教学活动过程中跟踪记录学生学习的过程和结果，跟

① 蒋东兴. 专家谈如何理解“三通两平台”的内涵［EB/OL］. http：//www.fjshjy.net/xxgk/jydt/sjzg/201306/t20130620_163689.htm，2013-07-01.

踪记录教师的教学行为和专业发展轨迹，评价更为全面客观、详细可靠。教师和学生根据与自己相关的数据进行自我评价、自我反馈、自我调整，从而在选择更加合适的教与学的方法。

### 2. 学习过程可视化评价研究

在国外，学习分析理论被深入研究，开始出现针对专门课程，旨在提升学习体验的学习分析系统，如普渡大学的 Course Signals 系统，美国密歇根大学的 M-Reports Dashboard 系统、马里兰大学的 Check MyActivity 系统，以及德国亚琛工业大学的 eLAT 系统等。为了更好地理解学生个性化学习过程，需要研发开放性学习分析平台，平台需提供四种工具和资源：学习分析引擎；自适应内容引擎；干预引擎，包括干预措施推荐和系统自动支持；仪表盘、报告以及资讯可视化工具。在国内，众多学者开始关注学习分析的理论研究。对 MOOCs 大数据的分析与研究将大大推动学习分析和教育测量的发展，促进教育质量的提升，并为未来雇主提供学生学习过程和结果数据。① 利用数据可视化工具将学习过程数据直观呈现从而进行可视化教学评价。②

### 3. 第三方评价的兴起

引入第三方评价，建立统一的评价指标体系与评价标准，实现更客观公正的评价。教育质量标准实施和评价的基本模式有行政主导、专业主导和专设机构主导等三种模式。③ 有学者指出，以第三方评价机构为主体开展的外部评价获得了较大成功，已经成为日本职业教育质量评价的主要形式。④若要努力办好人民满意的教育，我国必须落实公众对于教育的监督和评价权，形成独立于政府之外的有效的教育监督和评价体系，切实改变政府“自说自话”的状态。这需要更大程度的教育信息公开，建立专业化咨

---

① 张羽，李越．基于 MOOCs 大数据的学习分析和教育测量介绍［J］．清华大学教育研究，2013（4）．

② 张金磊，张宝辉，刘永贵．数据可视化技术在教学中的应用探究［J］．现代远程教育研究，2013（6）．

③ 中国教科院教育质量标准研究课题组．教育质量国家标准及其制定［J］．教育研究，2013（6）．

④ 孙颖，刘红，杨英英，等．日本职业教育质量外部评价的经验与启示——以短期大学为例［J］．比较教育研究，2013（12）．

询、第三方评价等新制度。[①]

### （二）信息化学习环境建设与教学资源应用评价

#### 1. 教育信息基础设施建设和应用质量评价

随着基础教育信息化的不断由城市向农村推进，2013 年度基础教育信息化的评价研究更多侧重于农村和少数民族地区。比如，有学者引入绩效技术 ISPI（International Society for Performance Improvement）模型，调查研究“农远工程”百校五年发展基本状况，从组织分析、环境分析和绩效差距分析三个方面，分析其应用发展绩效。[②] 杨晓宏从利益相关者视角研究了农村中小学现代远程教育工程应用效益评估体系框架。[③] 针对少数民族地区义务教育信息化问题，胡超等调研了湖南省湘西自治州保靖、凤凰两县义务教育学校信息化基础设施、网络学习环境、教育技术能力、数字资源建设和教育管理信息化等方面的发展状况，整理出评价少数民族地区义务教育信息化发展水平的关键性指标。[④]

#### 2. 数字化学习环境的建设、应用与管理的绩效评价研究

随着我国教育信息化建设的纵深推进，数字化学习环境建设的关注视角从“可用”向“好用”转移，并演变为新的评价标准。冯娜从资源建设和应用的全生命周期视角，深入、迭代研究，形成了具有普适意义的区域性数字资源应用环境评价指标体系，并验证了该评价指标的有效性。[⑤] 张屹研究中小学数字化校园管理水平影响因素，发现数字化校园管理水平受学校校长利用数字化工具沟通力及领导力，教师运用数字化工具参与教学

① 杨东平．政府教育治理能力的现代化［J］．教育发展研究，2013（23）．

② 黄涛，王继新，林迎迎，等．“农远工程”百校五年调查与绩效分析［J］．中国电化教育，2013（4）．

③ 杨晓宏，贾巍．基于利益相关者视角的农村中小学现代远程教育工程应用效益评估研究［J］．电化教育研究，2013（10）．

④ 胡超，陈妍，吴砥，等．少数民族地区义务教育信息化发展评估——以保靖、凤凰两县为例［J］．开放教育研究，2013（6）．

⑤ 冯娜，李玉顺，顾忆岚．区域性数字资源应用环境评价指标的构建——基于北京教育资源网的区域性数字资源应用环境评估［J］．中国电化教育，2013（9）．

教研能力以及学生使用数字化工具交流能力的影响较大。[①] 许央琳从信息共享的视角，基于信息共享基础上从校长的个人影响力以及学校信息化保障交互作用方面，提出了校长信息化领导力评价的具体指标体系。[②]

### 3. 信息化教育资源质量评价体系

《教育规划纲要》也明确指出需要“制定数字教育资源建设与共享的基本标准，建立数字教育资源评价与审查制度”。这就需要从宏观上确立资源质量评估框架，研制不同类型资源的评价指标体系。余胜泉从“进化”的视角出发，在借鉴已有资源评价规范的基础上，构建了生成性学习资源进化评价指标体系。[③] 通过借鉴维基百科质量控制机制，赵呈领提出了用户生成性学习资源的质量控制框架和策略。[④] 数字教育资源的核心是内容，实现内容的高度共享是“开放”理念的精髓。因此，研究开放教育资源的内容可共享性相关标准，针对不同资源粒度提出相应的扩展内容模型标准就显得尤为重要。

## （三）信息时代学与教的绩效评价研究

### 1. 教育信息化与教师专业素养和信息技术应用能力评价研究

作为对教师教育技术能力提升工程的回应，有学者比较了美国教师教育技术标准与我国《国家高校教师教育技术能力指南（试用版）》，从而确定了基于 Web2. 0 的高校教师教育技术能力评价指标体系。[⑤] 董玉琦从教师能力新发展和国际教师教育技术能力标准的新视野探究教师教育技术能

---

① 张屹，黄欣，周平红，等．中小学数字化校园管理水平影响因素分析——基于 X 省 16 个市区的问卷调查［J］．中国电化教育，2013（10）．

② 许央琳，孙祯祥．基于信息共享的校长信息化领导力评何指标体系研究［J］．中国电化教育，2013（4）．

③ 杨现民，余胜泉．生成性学习资源进化评价指标设计［J］．开放教育研究，2013（8）．

④ 万力勇，赵呈领．用户生成性学习资源的质量控制框架与策略研究——以维基百科为例［J］．远程教育杂志，2013（6）．

⑤ 杨琳．基于 Web2. 0 的高校教师教育技术能力评价指标体系研究［J］．中国电化教育，2013（1）．

力发展的核心，提出教育技术能力核心指标框架和目标层次。[①] 近年来，整合技术的学科教学知识（TPACK）的出现对信息时代的教师知识结构予以全新界定，有学者开始深入研究 TPACK 测量方法。[②] UNESCO 推出的第二版《教师信息与通信技术能力框架》，主要囊括技术素养、知识深化、知识创造三大方面，我国学者积极研究该框架及相关应用案例，从教师 TPACK 知识建构等方面探讨了该框架对我国的启示。[③]

### 2. 信息时代教师信息化教学效果与绩效评价研究

在远程教育质量评估方面，郭绍青在系统分析当前现有课堂教学评价方法与指标体系的基础上，提出适合"有效教学"课堂录像分析的混合式评价方法，即定量定性相结合、全貌评价与局部评价相结合。[④] 李辰颖用德尔菲法构建了评价指标体系，建立网络教育教师授课质量评价标准云模型和云权重，利用欧式距离来评价等级并予以评价实证。[⑤] 刘华从课堂教学客观结构、发展性学习内在规律等方面研究和构建以教学目标和问题解决为核心的发展性课堂是构建教学评价指标体系。[⑥] 王小根基于层次分析法，结合语文阅读多媒体教学实践，研究和构建了语文多媒体教学绩效评价指标体系并实证检验该指标的信度、效度和评价效果。[⑦]

### 3. 数字化学习时代学生学习效果绩效评价研究

解月光以高阶学习作为信息技术有效应用的主要标准，并以初中物理课堂教学为例，构建出学习活动设计和学习活动实施的信息技术应用有效

---

① 杨宁，包正委，董玉琦．师范生的教育技术能力发展：理念，框架与目标层次要求［J］．中国电化教育，2013（3）．

② 徐鹏，刘艳华，王以宁，等．整合技术的学科教学知识（TPACK）测量方法国外研究现状及启示［J］．电化教育研究，2013（12）．

③ 马宁，崔京菁，余胜泉．UNESCO《教师信息与通信技术能力框架》（2011 版）解读及启示［J］．中国电化教育，2013（7）．

④ 郭绍青，张绒，马彦龙．"有效教学"课堂录像分析方法与工具研究［J］．电化教育研究，2013（1）．

⑤ 李辰颖，张岩．基于云模型的网络教育教师授课质量评价研究［J］．中国远程教育，2013（10）．

⑥ 刘华．发展性课堂教学评价指标体系：构建思路及示例［J］．全球教育展望，2013（3）．

⑦ 王小根，王丽丽，吴仁昌．基于层次分析的语文阅读多媒体教学绩效评价指标研究［J］．电化教育研究，2013（7）．

性评价指标。[①] 张宝辉做了计算机建模在教学评价应用中的实证研究。[②] 任友群以 PISA 测试的设计与实施流程为参照，调查我国初中生数学成绩和问题解决能力，并分析相关影响因素指标。[③] 陈纯槿对近十年国际上关于混合学习和网上学习对学生学习效果影响的 47 个实验和准实验研究进行了量化分析，混合学习效果著高于单纯的网上学习和面对面学习。[④]

## 八、教育技术学研究进展的总体情况

由于“信息技术对教育发展具有革命性影响”、“以信息化促进教育的现代化”、“办好人民满意的教育”等理念得到学界广泛认同，2013 年度，教育技术学以技术的先进性、影响的广泛性、手段的灵活性成为国家人才培养体系的强力助推器，学科发展方向与国家教育发展的大政方针高度吻合，对提高教育质量、促进教育公平都起到了重要作用，而教育技术学领域的学术研究更是百花齐放、百家争鸣、卓有成效。

### （一）教育技术学研究取得的积极进展

#### 1. “以技术促进教育发展”为己任

教育技术学以“以技术促进教育发展”为己任，紧跟时代步伐与信息技术前沿，在学科研究中既注重凝练中国特色，又注重吸纳发达国家的成功经验。教育技术学的研究范式也悄然发生改变，逐渐由基于思辨的研究范式向基于设计、应用、证据的研究范式转变。在教育技术学的基本理论

① 孙宏志，解月光．信息技术应用有效性的评价指标体系研究——以初中物理课堂教学为例［J］．现代教育技术，2013（2）．

② 张宝辉，张金磊，黄龙翔．计算机建模在教学评价中的应用研究［J］．中国电化教育，2013（4）．

③ 任友群，杨向东，王美，等．我国五城市初中生学业成就及其影响因素的研究［J］．教育研究，2012（11）．

④ 陈纯槿，王红．混合学习与网上学习对学生学习效果的影响——47 个实验和准实验的元分析［J］．开放教育研究，2013（2）．

研究方面，诸多学者从技术的视角对学习科学理论、教学理论、信息化环境下的教学系统设计理论、教育公平理论以及教育技术的基本哲学问题进行了大量探讨，对信息化技术支撑下的学科基础和理论延伸进行了深度挖掘和反思，有效拓展了我国教育技术学学科自身的理论积累。尤其是其中的教育公平理论的研究，已经从理论意义上的认同研究开始转向多途径实现方法和机制的研究，甚至更有学者关注到更细致的民族间的教育公平实现途径和机制的层面。

### 2. 信息技术与教育正逐步走向深度融合

教育部教育信息化工作要点和中央电化电教馆教育资源建设与应用工作要点都指向教育网络、教学平台、学习空间、信息化教学资源建设与应用，教育技术学的研究也在信息化学习环境与教学资源建设方面呈现出比往年更加繁荣的局面。国内学者对信息化学习环境的构建、信息化教学资源建设以及信息化环境下的教学资源应用等方面进行了全面研究。对信息化学习会环境的概念、功能、结构以及实现方法和相关工具进行了多角度探讨；同时也对信息化教学资源的资源形式形态、资源设计原则、资源建设手段、资源自身发展再生规律等进行审视；对信息化教学资源应用过程中面临的问题、遇到的困难以及问题困难的解决策略进行了大量总结和尝试。这些研究无疑为我国教育信息化的实地落脚提供了有力的证明和实践支撑，同时也为下一步信息化教育的发展走向提供了思路和援引。

### 3. 在线学习研究炙手可热

在线学习研究成为教育技术领域最大的热门，良好的网络环境与教育资源服务为教学模式与学习方式的转变提供了便利。在网络学习与远程教育的宏观研究上，学者们对新兴的慕课、传统的开放大学和社区教育等进行全面审视。学者们对翻转课堂、MOOCs 的认识愈加深入、理性。在 MOOCs 的教学原理、运营方式等方面形成了系统的研究成果，为我国高等学校持续推进 MOOCs 健康快速发展提供了指导。2013 年，广播电视大学与时俱进，向开放大学办学理念靠拢。学者们对我国开放大学的历史回溯、对国际经验的思考借鉴、建设机制与管理问题的总结反思，学者们的研究对于我国开放大学这种远程教育的健康发展具有绝对的引领作用和实践指导意义。而学者们对社区教育和开放大学这类非正式教育中的学习者心理、行为等学习科学方面的研究，更是为我国非正式教育的践行提供了多方位的行动指南。

#### 4. 对多种方式进行理论设计和实践总结

针对信息化环境下的学习方式变革与教学模式创新上的研究，学者们对技术支持下协作学习、自主学习、探究式学习、可视化学习、微型学习等诸多方式变革进行了理论设计和实践总结，无疑能给教育工作者以多方面的启示和思考，带有较强的前瞻性；同时学者们对信息化环境下的教学模式的创新发现，诸如“翻转课堂”结合本土课程具体化后教学过程模式的探索，甚至“太极环式翻转课堂教学模式”的提出，都是学者们长期实践与思考的结果，具有较强的可操作性和指导意义；更为重要的是，学者们对信息技术与语文、英语、化学等学科融合的教学进行了一系列的实践，对正确处理信息技术与课程教学的关系进行了讨论，这无疑有助于加快信息技术与学科教学由强调“整合”向注重“融合”转变的步伐。

#### 5. 注重中小学生信息素养培养与教师信息技术应用能力提升研究

中小学生信息素养培养与教师信息技术应用能力提升是教育技术学研究的重点。在学生信息素养与教师信息技术应用能力的相关研究上，学者们结合国际化视野对我国国民素质中的信息素养和培养学生的教师信息技术应用能力进行了全方位功能性审视，对其培养的重要性进行了定位；同时也结合我国各级教育层面上的信息素养培养现状和问题进行了梳理，对学习信息素养培养的方式方法进行了大量主张。信息技术课程是培养中小学生信息素养的主要途径，中国一方面借鉴他国中小学信息技术课程的设置；另一方面结合中国中小学生学情，设计开发能有效培养中国中小学生信息素养的信息技术课程。专家们共同强调，教师具有足够的信息技术应用能力是把信息化教育基础设施建设与信息化教育资源建设的大量投入转化为教学效益的基本前提。他们对信息素养培养引导者的教师信息技术应用能力的提升策略和途径进行理性分析和合理化建议。这些研究和主张对于我国健康发展信息化教育、建设信息化社会有着理论引领作用。

### 6. 就教育信息化发展战略研究展开积极讨论

教育技术界就教育信息化发展战略研究展开积极讨论，对全世界范围内的国家层面教育信息化政策文件进行了解读，认真学习研讨了我国教育信息化战略文件的精神和要求，同时也以国际化的视野对比印证了我国教育信息化政策的正确性和合理性；诸多学者结合我国国情对教育信息化的有效路径进行了探索，从多个视角重新审视我国教育信息化的本质和发展问题；分析了我国教育信息化进程中在信息化硬件建设、资源配置和师资队伍培养等多方面已有的经验和存在的缺陷；从宏观上剖析了政府、教育机构和社会等多方面因素在教育信息化进程中的角色和智能，对教育信息化现阶段的关键任务和目标进行了设计和规划。毫无疑问，这些解读、设计和探索能够理清我国教育信息化进程中的方向和存在问题，也为解决其问题提供了实用的规划设计和策略。

### 7. 教育信息化指标体系和建设绩效的研究受到重视

为了引领教育信息化的健康发展，学者们关于教育信息化指标体系和建设绩效的研究颇多，研究围绕信息化评价策略、信息化学习环境与教学资源评价、信息化教与学绩效评价，涌现了诸多新的评价策略、评价指标体系和评价方法。研究强调建立信息化教学环境、教学资源、教学绩效等评价指标体系和评价标准的重要性；强调大数据技术与学习系统、学习分析技术相结合，可实现自动评价学习过程、学习风格、学习结果，并进一步服务于学习的可能性；研究强调数字化学习环境建设的关注视角从“可用”向“好用”转移，同时侧重于农村和少数民族地区基础教育信息化的评价研究。这些成果从操作层面上为评估信息技术与教育融合的效果提供了借鉴，为引领和把握教育信息化的发展方向完善了监督保障。

## （二）教育技术学研究尚存问题

### 1. 教育技术学科的研究存在“孤军奋战”现象

这具体表现为学者与学者间的协同、商榷较少，研究成果之间能互为印证、形成系列成果和知识体系的较少；而研究单位之间、研究者与其他单位间的协同也较少，使得部分研究成果是“坐而论道”式的理论演绎结果，缺少教育社会实践的价值土壤。

2. 教育技术学科研究有“盲目跟风”的嫌疑

其具体表现是热衷于国外相关研究热点的追捧。翻译、介绍、诠释国外研究成果很好，但直接拿来主义模仿、践行、推介不成熟的国外相关技术实践个案，则缺乏教育科学研究的严谨性。如，2013 年对慕课和颠倒课堂一边倒的盲目推进，这也是教育技术学研究领域长久以来存在的弊病。

3. 教育技术学科研究缺乏恒久影响的“高大尚”成果

其具体表现为三多一少，即文献研究、政策解读、释义诠释等研究成果居多，简单的资源开发，平台设计类实验室研究成果多，调查类、经验总结类研究成果多，而持续深入教学一线，通过一个或多个教学实验周期得到的经得起实践检验的研究成果少。这需要教育技术研究者能静下心来，不急于求成，用十年磨一剑的精神来做研究。

展望未来，教育技术学研究者们需要紧密结合国家教育信息化政策，全面合作，协同创新；在借鉴印证国外经验模式的同时，把握好国情，形成自己的话语体系，为中国特色的教育信息化推进贡献智慧；要立足应用学科、桥梁学科的特点，研究做在教学中，论文写在课堂上，用事实说话，用数据说话，形成“理论与实践”、“顶天与立地”相结合的研究成果。

# 后　记

《教育研究年度报告 2013》是中国教育科学研究院基本科研业务专项基金课题（课题批准号：GY2013019）成果。课题由中国教育科学研究院报刊中心承担。高宝立为课题负责人，课题组成员有于述胜、邓友超、王鉴、石伟平、乐传永、刘洁、刘颖、许建争、孙立新、安富海、杨雅文、宗秋荣、张平、张斌贤、金东贤、林克松、林伟、林光强、周剑铭、柳海民、郭丹丹、高伟、虞永平。

感谢中国教育科学研究院领导和相关部门对本报告给予的指导和关心，感谢东北师范大学、西北师范大学、宁波大学、南京师范大学、北京师范大学、华东师范大学、山东师范大学等单位专家对本报告的支持和帮助。

本报告写作时间较紧，加之资料有限，报告中不够完善和不够准确之处在所难免，敬请读者批评指正。

**中国教育科学研究院**
**基本科研业务专项基金课题组**
**2014 年 9 月**

出 版 人　所广一
责任编辑　夏辉映
版式设计　孙欢欢
责任校对　贾静芳
责任印制　叶小峰

**图书在版编目（CIP）数据**

教育研究年度报告. 2013 / 高宝立等著. —北京：教育科学出版社，2016. 3
（国视教育研究书系）
ISBN 978-7-5191-0360-6

Ⅰ. ①教… Ⅱ. ①高… Ⅲ. ①教育研究—研究报告—世界—2013 Ⅳ. ①G51

中国版本图书馆 CIP 数据核字（2016）第 052216 号

**教育研究年度报告 2013**
JIAOYU YANJIU NIANDU BAOGAO 2013

| | | | |
|---|---|---|---|
| 出版发行 | 教育科学出版社 | | |
| 社　　址 | 北京·朝阳区安慧北里安园甲 9 号 | 市场部电话 | 010-64989009 |
| 邮　　编 | 100101 | 编辑部电话 | 010-64989363 |
| 传　　真 | 010-64891796 | 网　　址 | http://www.esph.com.cn |
| 经　　销 | 各地新华书店 | | |
| 制　　作 | 北京金奥都图文制作中心 | | |
| 印　　刷 | 保定市中画美凯印刷有限公司 | | |
| 开　　本 | 169 毫米×239 毫米　16 开 | 版　　次 | 2016 年 3 月第 1 版 |
| 印　　张 | 23.75 | 印　　次 | 2016 年 3 月第 1 次印刷 |
| 字　　数 | 325 千 | 定　　价 | 72.00 元 |